Prof. Dr. Dieter Birk/RA Dr. Matthias Bruse, LL.M./
Prof. Dr. Ingo Saenger (Hrsg.)

Forum Unternehmenskauf 2014

Aus dem Münsteraner Studiengang
„Mergers & Acquisitions"

 **Nomos**

Die Deutsche Nationalbibliothek verzeichnet diese Publikation in
der Deutschen Nationalbibliografie; detaillierte bibliografische
Daten sind im Internet über http://dnb.d-nb.de abrufbar.

ISBN 978-3-8487-2009-5 (Print)
ISBN 978-3-8452-6152-2 (ePDF)

1. Auflage 2015
© Nomos Verlagsgesellschaft, Baden-Baden 2015. Printed in Germany. Alle Rechte, auch die des Nachdrucks von Auszügen, der fotomechanischen Wiedergabe und der Übersetzung, vorbehalten. Gedruckt auf alterungsbeständigem Papier.

Vorwort

Die Nachfrage nach Juristen und Wirtschaftswissenschaftlern mit vertieften Kenntnissen auf dem Gebiet M&A ist ungebrochen. Um diesem Bedarf gerecht zu werden, begründeten die Rechts- und die Wirtschaftswissenschaftliche Fakultät der Westfälischen Wilhelms-Universität Münster im Jahre 2002 gemeinsam den europaweit ersten reinen M&A-Masterstudiengang. Fester Bestandteil des M&A-Masterstudiengangs ist die Anfertigung einer häuslichen Abschlussarbeit. Viele der von den Teilnehmern vorgelegten Arbeiten waren auch in diesem Jahrgang von so hoher Qualität, dass wir uns wiederum entschlossen haben, eine Auswahl davon der Öffentlichkeit zugänglich zu machen. Der vorliegende Sammelband vereint unter dem Titel „Forum Unternehmenskauf 2014" die besten Masterarbeiten des inzwischen zehnten Studiengangs, der mit der feierlichen Graduierung im Oktober 2013 seinen erfolgreichen Abschluss genommen hat.

Unser besonderer Dank gilt den neun Autoren der Beiträge für die Zustimmung zur Veröffentlichung und ihre Tatkraft bei der redaktionellen Bearbeitung der Aufsätze. Die Dozenten des M&A-Studiengangs haben die Arbeiten betreut und standen den Teilnehmern als Ansprechpartner zur Verfügung. Die Mitarbeiter der JurGrad gGmbH haben den Studiengang organisiert und die vorgestellten Arbeiten sorgfältig redigiert. Auch bei den Dozenten und Mitarbeitern möchten wir uns daher herzlich bedanken. Unser Dank gilt schließlich der Kanzlei P+P Pöllath + Partners, die wiederum dazu beigetragen hat, die Drucklegung zu ermöglichen.

Münster, im Oktober 2014

Dieter Birk   Matthias Bruse   Ingo Saenger

Zur Entstehung und Ausrichtung der Masterstudiengänge in Münster

Die Idee der Master-Studiengänge verband „Theorie" und „Praxis" schon bei ihrer Geburt: Einige Hochschullehrer(innen) der Rechts- und der Wirtschaftswissenschaftlichen Fakultät und Anwälte der Unternehmenskauf-Kanzlei P+P Pöllath + Partners wollten einen interdisziplinären Studiengang Steuerwissenschaften einrichten. Parallel hierzu entwickelte sich der Plan eines M&A-Studiengangs, der auf die Bedürfnisse der Praxis zugeschnitten ist und in enger Zusammenarbeit mit bekannten Experten durchgeführt werden sollte. Gute Erfahrungen gab es schon aus dem Summer Course „International Taxation", der seit einigen Jahren Hochschullehrer und Praktiker aus Finanzverwaltung und Beratung mit Studenten und anderen Studierenden zusammenführt.

Auch für Infrastruktur und Inhalt wurden in diesem Kreis der Gründer schnell Lösungen gefunden. Der Freundeskreis der Rechtswissenschaftlichen Fakultät gründete eine gemeinnützige GmbH; eine Geschäftsführerin wurde eingestellt, die die Projekte mit großem Engagement vorantrieb. Für die fachlich-inhaltliche Begleitung des Curriculums sorgten P+P Pöllath + Partners. Sie gaben nicht nur wichtige Anregungen und Impulse für die Gestaltung des M&A-Kurses, sondern halfen auch, namhafte erstklassige M&A-Praktiker aus erstrangigen Kanzleien als Dozenten zu gewinnen. Die Kanzleien und andere Sponsoren sicherten den Start auch finanziell, von der ersten Werbung über Stipendien bis zu einer Schriftenreihe.

Mittlerweile ist der Masterstudiengang Mergers & Acquisitions Teil eines vielfältigen Studienprogramms. Die gemeinnützige JurGrad gGmbH betreut neben den weiteren Masterprogrammen „Steuerwissenschaften", „Versicherungsrecht", „Real Estate Law", „Private Wealth Management", „Wirtschaftsrecht & Restrukturierung" und „Medizinrecht" auch den Summer Course „International Taxation" sowie den Summer Course „M&A", organisiert M&A-Gespräche und fördert den Kontakt der Alumni untereinander sowie mit Praktikern und Arbeitgebern.

Das Programm des M&A-Studiengangs soll junge Juristen oder Wirtschaftswissenschaftler mit Hochschulabschluss praxisorientiert qualifizieren, um auf anspruchsvollen (und auch lukrativen) Beratungsgebieten tätig zu werden. Im Studiengang M&A wird in drei Semestern der komplette Vorgang eines Unternehmenskaufs in aufeinander aufbauenden Veranstaltungen behandelt. Neben einer umfassenden Behandlung der auftretenden steuerlichen Fragestellungen werden in eigenen Modulen unter anderem die Problemfelder der Finanzierung und der Due Diligence, das zu beachtende Vertragsrecht, arbeits-, kartell- und wettbewerbsrechtliche Vorgaben sowie strafrechtliche Risiken abgedeckt. Die einzelnen Studienmodule werden dabei im Co-Teaching jeweils von einem Universitätsprofessor und einem erfahrenen M&A-Praktiker betreut. Die Praktiker sind allesamt in führenden deutschen Kanzleien, Unternehmen, Unternehmensberatungen und Banken mit Schwerpunkt „M&A" tätig. Auf diese Weise partizipieren die Teilnehmer von den reichhaltigen Erfahrungen der Dozenten, die einige der bedeutendsten Übernahmen beratend begleitet haben. Diese Kombination der Stoffvermittlung durch Wissenschaftler und Praktiker gewährleistet den praktischen Erfolg der erworbenen Kenntnisse im Berufsalltag, der im Beratungswettbewerb hart umkämpft ist. Nur Qualität setzt sich durch, deshalb ist es das Ziel der Masterstudiengänge, Ausbildung in höchster Qualität zu bieten.

Inhaltsverzeichnis

Möglichkeiten eines Debt-Push-Down im Rahmen von M&A-Transaktionen bei Einsatz von ausgewählten Islamic Finance Finanzierungsinstrumenten nach deutschem Steuerrecht
Von Bekim Asani, LL.M.   11

Die integrierte Finanzplanung als Controlling-Instrument im Transaktionskontext – das Bindeglied zwischen der (Pre-) Financial Due Diligence und Post Merger Integration
Von Lars-Michael Böhle, EMBA   41

Einsatz von operativen Wertsteigerungsinstrumenten bei den Private Equity-finanzierten Buy-out-Unternehmen
Von Henryk Ciesielski, EMBA, CEFA   69

Der verschmelzungsrechtliche Squeeze-out – Ein probates Mittel, um sich von unliebsamen Aktionären zu trennen?
Von Jan Philipp Dulce, LL.M.   121

Die rechtliche Ausgestaltung von Kaufpreisanpassungsklauseln (insbesondere Earn-Out-Klauseln) in Unternehmenskaufverträgen
Von Heiko Hoffmann, LL.M.   151

Untersagung von Gemeinschaftsunternehmen nach §1 GWB
Von Malte Hönig, LL.M.   185

Das Rückrufrecht des Urhebers nach § 34 UrhG in seinen Auswirkungen auf den Unternehmenskauf
Von Gabriele Jansen, LL.M.   207

Individuelle Widerstände im Change Management im Anschluss an Unternehmenstransaktionen
Von Dr. Ute Richter, EMBA   255

Die Verfasser   287

Möglichkeiten eines Debt-Push-Down im Rahmen von M&A-Transaktionen bei Einsatz von ausgewählten Islamic Finance Finanzierungsinstrumenten nach deutschem Steuerrecht

Von Bekim Asani, LL.M.

- A. Einleitung 12
- B. Grundlagen 13
  - I. Ertragsteuerliche Optimierung im Kontext von M&A-Transaktionen 13
    1. Steuerlicher Debt-Push-Down..13
    2. Verschmelzung von AkquiCo und Zielunternehmen......................14
    3. Ertragsteuerliche Organschaft 15
    4. Ausschüttung offener Gewinnrücklagen 15
    5. Zwischenfazit 16
  - II. Islamic Finance 17
    1. Scharia als Rahmen für ethisches Wirtschaften..............................17
    2. Grundsätze bei der Ausgestaltung von Finanzierungsinstrumenten 18
    3. Eigenkapitalähnliche Instrumente 22
       - a.) Mudaraba 22
       - b.) Musharaka 24
    4. Fremdkapitalähnliche Instrumente 25
       - a.) Murabaha 25
       - b.) Tawarruq 28
    5. Strukturierte Instrumente..29
- C. Zivilrechtlicher Vergleich 30
  - I. Mudaraba 30
    1. Genussrechte 30
    2. Stille Beteiligung gemäß den §§ 230 – 236 HGB 31
  - II. Musharaka 32
  - III. Murabaha 33
  - IV. Tawarruq 33
  - V. Sukuk 34
- D. Ertragsteuerliche Behandlung von Finanzierungsaufwendungen 35
  - I. Mudaraba 35
    1. Typisch stille Beteiligung...35
    2. Atypisch stille Beteiligung 36
    3. Strukturierungshinweise für eine steueroptimierte Mudaraba 37
  - II. Murabaha und Tawarruq als unverzinsliche Verbindlichkeiten 38
- E. Fazit 38

A. Einleitung

Mit dem Ziel, die Schaffung eines regulatorischen Rahmens für islamische Finanzierungen in Deutschland zu fördern, hat die Bundesanstalt für Finanzdienstleistungsaufsicht (BaFin) am 10. Mai 2012 die zweite Islamic Finance Konferenz in Frankfurt am Main ausgerichtet.[1] Aufgrund hoher Wachstumsraten, relativer Stärke in Zeiten krisengeplagter Finanzmärkte und zunehmender Internationalisierung entwächst das Islamic Finance rasch seiner ehemaligen Nischenstellung.[2] Vor dem Hintergrund historischer jährlicher Marktwachstumsraten von über 15% und eines prognostizierten Anstiegs des Marktvolumens von 1.200 Mrd. USD in 2012 auf 2.800 Mrd. USD in 2015 lässt sich die mit den Konferenzen beabsichtigte Signalwirkung nicht von der Hand weisen: Deutschland ist bestrebt, mittels verbesserter Rahmenbedingungen einen Teil dieser sich abzeichnenden Kapitalströme in den eigenen Wirtschaftsraum zu lenken.[3] Der in der deutschen Realwirtschaft vorhandene Kapitalbedarf, vor allem im für die deutsche Volkswirtschaft so wichtigen Mittelstand, könnte durch zusätzliches Kapital teilweise abgedeckt werden und helfen, die viel zitierte Kreditklemme zu lindern.[4] Insbesondere die aus Sicht der konventionellen Banken risikoträchtigen Finanzierungsanlässe, wie Unternehmensnachfolgen, MBO-, MBI- und strategische Zukäufe im Mittelstand – dem Rückgrat der deutschen Wirtschaft – könnten für Geldgeber, welche unter Berücksichtigung der Grundsätze des Islamic Finance investieren, von großem Interesse sein.

Ein wesentlicher Entscheidungsparameter über die Begleitung einer M&A-Transaktion in Deutschland dürfte insbesondere die steuerliche Behandlung der zur Verfügung gestellten Finanzierung sein.[5]

Ziel der vorliegenden Arbeit ist es daher, zu prüfen, ob die in Deutschland herrschenden steuerrechtlichen Rahmenbedingungen einem ausschließlich über Finanzierungsinstrumente des Islamic Finance finanzierten, haftungsbeschränkten deutschen Akquisitionsvehikel – trotz des bei Finanzierungsinstrumenten des Islamic Finance zu berücksichtigen Zinsverbotes – ermöglichen, etwaige Finanzierungsaufwendungen steuerlich mit den Erträgen einer in Deutschland ansässigen haftungsbeschränkten Zielgesellschaft zu verrechnen.

---

1   *BaFin*, Islamic Finance: Eine gar nicht so fremde Welt , BaFinJournal 06/2012, S. 12 f.
2   *Gassner/Wackerbeck*, Islamic Finance – Islamgerechte Finanzanlagen und Finanzierungen, 2. Auflage, S. 26.
3   *Thießen/Saggau*, Starke Förderung durch islamische Regierungen, Betriebswirtschaftliche Blätter 2009, S. 1; *Momen*, Ausgewählte Islamic Finance-Vertragsmodelle – Beurteilung aus Sicht des deutschen Steuerrechts, RIW 2010, S. 368.
4   *DZ Bank AG*, DZ Bank Resarch, ABS 2.0 – Orient hilft Okzident, ABS & Structured Credits 2009, S. 9.
5   *Momen*, RIW 2010, S. 368; *DZ Bank AG*, (o. Fn. 4), S. 9.

B. Grundlagen

I. Ertragsteuerliche Optimierung im Kontext von M&A-Transaktionen

1. Steuerlicher Debt-Push-Down

Aus betriebswirtschaftlichen Überlegungen heraus werden Unternehmenserwerbe in der Praxis regelmäßig unter Einsatz eines hohen Fremdkapitalanteils dargestellt.[6] Hierdurch lässt sich nicht nur die Eigenkapitalrendite des Käufers mittels des Leverage-Effekts optimieren, sondern bei entsprechender steuerlicher Strukturierung der Transaktion lassen sich unter Umständen weitere Liquiditätsvorteile durch eine mögliche Abzugsfähigkeit der Fremdkapitalzinsen aus der Akquisitionsfinanzierung erzielen.[7] Die steuerliche Abzugsfähigkeit von Fremdkapitalzinsen als Betriebsausgaben ist – vorbehaltlich der Restriktionen nach § 3 c Abs. 1, 2 EStG (Zinsen in Zusammenhang mit steuerfreien Einnahmen), § 4 Abs. 4 a EStG (Überentnahme), § 4 Abs. 5 Nr. 8 a EStG (Hinterziehungszinsen) und § 4 h EStG (Zinsschranke) – in voller Höhe gegeben. Zum Zwecke der Gewerbesteuer sind gemäß § 8 Nr. 1 GewSt lediglich 75% der Zinsaufwendungen abzugsfähig.[8]

Im Rahmen von M&A-Transaktionen streben die Käufer daher regelmäßig eine Strukturierung an, welche es ihnen ebenfalls erlaubt, einen steuerlichen Debt-Push-Down zu realisieren, d. h., die im Zusammenhang mit der Akquisition entstandenen Finanzierungsaufwendungen möglichst in voller Höhe mit den operativen Erträgen der Zielgesellschaft zu verrechnen.[9] Der Umstand, dass – aus haftungsrechtlichen Überlegungen heraus – Unternehmenskäufe i. d. R. über eine Kapitalgesellschaft als Akquisitionsvehikel (AkquiCo) erfolgen, führt nach deutschem Steuerrecht unter Umständen zu weiteren Strukturierungserfordernissen, um dem Ziel einer ertragsteuerlichen Verrechnung gerecht werden zu können. Bei einem Unternehmenserwerb in Form eines Asset-Deals oder dem Erwerb von Anteilen einer Personengesellschaft ist die Verrechnung der Finanzierungsaufwendung auf Ebene der AkquiCo ohne weitere strukturelle Maßnahmen möglich.[10] Erwirbt eine haftungsbeschränkte AkquiCo hingegen eine Kapitalgesellschaft mittels eines Share-Deals, so führt dies aufgrund der Regelungen des § 8 b Abs. 1 KStG in Verbindung mit § 8 b Abs. 5 KStG dazu, dass die Zinsaufwendungen der Akquisitionsfinanzierung nur zu einem sehr geringen Teil mit Erträgen der AkquiCo steuerlich verrechnet werden können.[11] In Summe führen die zuvor erwähnten Normen zu einer 95%igen Steuerfreiheit für etwaige Dividenden des Zielunternehmens auf Ebene der AkquiCo. Unter der Prämisse, dass die AkquiCo über keine anderen „eigenen" operativen Erträge[12] verfügt, entstünde ohne weitere strukturelle Maßnahmen

---

6 *Dautel*, Steueroptimierter Unternehmenskauf nach der Unternehmenssteuerreform, Finanz Betrieb 2001, S. 424; *Ettinger/Jaques*, Beck'sches Handbuch Unternehmenskauf im Mittelstand, 2012, S. 414, Rn. 8.
7 *Eilers/Rödding*, Der fremdfinanzierte Unternehmenskauf, in: Picot, Gerhard (Hrsg.), Unternehmenskauf und Restrukturierung, 2004, S. 723, Rn. 128F; *Weiss*, Finanzierungsfragen, in: Hölters, Wolfgang (Hrsg.), Handbuch des Unternehmens- und Beteiligungskaufs, 2002, S. 236, Rn. 157; *Rotthege/Wassermann*, Unternehmenskauf bei der GmbH, 2011, S. 274, Rn. 77.
8 *Sinewe/Winzel*, Fremdfinanzierung des Unternehmenskaufs, in: Brück, Michael (Hrsg.), Steueroptimierter Unternehmenskauf, 2010, S. 302 f., Rn. 1; *Holzapfel/Pöllath*, Unternehmenskauf in Recht und Praxis – rechtliche und steuerliche Aspekte, 2010, S. 338, Rn. 568; *Rotthege/Wassermann*, (o. Fn. 7), S. 308, Rn. 43.
9 *Luther Rechtanwaltsgesellschaft*, Mergers & Acquisitions im Lichte des MoMiG, 2010. S. 35.
10 *Sinewe/Winzel*, (o. Fn. 8), S. 302 f., Rn. 4 – 6.
11 *Sinewe/Winzel*, (o. Fn. 8), S. 302 f., Rn. 8.
12 Z.B. aus eigenem operativen Geschäft, Management- oder Servicegebühren etc.

sukzessive ein zunehmender Verlustvortrag auf Ebene des Akquisitionsvehikels.[13] Die verbleibenden, zu den ertragsteuerlichen Bemessungsgrundlagen hinzuzurechnenden 5% reichen i.d.R. nicht zur Verrechnung mit den Zinsaufwendungen aus. Auf Ebene des Zielunternehmens unterläge das operative Einkommen ohne Abzug der Finanzierungskosten in voller Höhe der Körperschaft- und Gewerbesteuer.[14] Dieser Nachteil lässt sich jedoch mittels verschiedener struktureller Maßnahmen eliminieren. Hierzu zählen u.a. die Verschmelzung von AkquiCo und Zielunternehmen, die Begründung einer ertragsteuerlichen Organschaft und die Ausschüttung offener Gewinnrücklagen.[15]

2. Verschmelzung von AkquiCo und Zielunternehmen

Ein steuerlicher Debt-Push-Down kann durch eine gesellschaftsrechtliche Zusammenführung der AkquiCo mit der Zielgesellschaft in Form einer Verschmelzung (Merger) herbeigeführt werden.[16] Auf diese Art und Weise werden sowohl Vermögenswerte und Schulden als auch operative Erträge und Finanzierungsaufwendungen beider Gesellschaften zusammengeführt.[17] In der M&A-Praxis erfolgt die Verschmelzung typischerweise in der Form eines sogenannten Up-Stream-Mergers.[18] Hier wird die Zielgesellschaft auf die AkquiCo verschmolzen.[19] Auch der umgekehrte Weg als Down-Stream-Merger kann – insbesondere dann, wenn die Zielunternehmung über Immobilienvermögen verfügt – durchaus sinnvoll sein. Ist nämlich Immobilienvermögen vorhanden, würde nach § 1 Abs. 3 GrEstG ein Up-Stream-Merger Grunderwerbsteuer auslösen. Welche der beiden Spielarten tatsächlich zu präferieren ist, hängt zudem im hohen Maße von den jeweiligen steuerlichen Attributen der involvierten Gesellschaften ab, da im Zuge einer Verschmelzung nach § 12 Abs. 3 UmwStG i. V. m. § 4 Abs. 2 Satz 2 UmwStG Verlust-, Zins- und EBITDA-Vorträge der übertragenden Gesellschaft verloren gehen.[20] Um das Auslösen von Grunderwerbsteuer und den Verlust von Verlustvorträgen zu vermeiden, ergibt es Sinn, als AkquiCo eine neue Kapitalgesellschaft zu gründen oder sich einer Vorratsgesellschaft zu bedienen, welche weder über Grundstücke noch über Verlustvorträge verfügt.[21]

---

13 *Ettinger/Jaques*, (o. Fn.6), S. 431, Rn. 60.; im Falle eines späteren Verkaufs oder einer Verschmelzung der AkquiCo könnten nach § 8 c KStG die so entstandenen Verlustvorträge verloren gehen. Vgl. hierzu auch Sinewe/Winzel, (o. Fn. 8), S. 307 f., Rn. 19.
14 *Ettinger/Jaques*, (o. Fn.6),, S. 431, Rn. 60.
15 *Freshfields Bruckhaus Deringer LLP*, Zwölf Punkte zur weiteren Modernisierung und Vereinfachung des Unternehmenssteuerrechts, 2012 S. 11; weitere Varianten des Debt-Push-Down, wie fremdfinanzierte Anteilsrückkäufe u. a. werden hier nicht weiter behandelt.
16 *Eilers/Rödding*, (o. Fn. 7), S. 725, Rn. 132; *Ettinger/Jaques*, (o. Fn.6), S. 431, Rn. 61.
17 *Freshfields Bruckhaus Deringer LLP*, (o. Fn. 15), S. 11; *Luther Rechtanwaltsgesellschaft*, (o. Fn. 9), S. 35.
18 *Ettinger/Jaques*, (o. Fn. 6), S. 431, Rn. 61.
19 *Freshfields Bruckhaus Deringer LLP*, (o. Fn. 15), S. 11.
20 *Sinewe/Winzel*, (o. Fn. 8), S. 310, Rn. 28; *Ettinger/Jaques*, (o. Fn. 6), S. 431, Rn. 62.
21 *Sinewe/Winzel*, (o. Fn. 8), S. 310, Rn. 28.

3. Ertragsteuerliche Organschaft

Eine weitere Möglichkeit zur Gewährleistung der steuerlichen Verrechnung von Zinsaufwendungen mit den operativen Erträgen ist – sofern es sich bei dem Zielunternehmen ebenfalls um eine Kapitalgesellschaft handelt – die Begründung einer körperschaft- und gewerbesteuerlichen Organschaft.[22] Nach Maßgabe der §§ 14 ff. KStG liegt im Kontext eines Unternehmenserwerbes eine Organschaft vor, sofern:[23]

  i. ein Ergebnisabführungsvertrag im Sinne eines Unternehmensvertrages nach § 291 Abs. 1 AktG zwischen der AkquiCo (Organträgerin) und dem Zielunternehmen (Organgesellschaft) vorliegt und
  ii. eine finanzielle Eingliederung seit Beginn des Wirtschaftsjahres vorliegt.

An die steuerlich wirksame Herstellung der Organschaft sind weitere Bedingungen geknüpft, welche bei der Begründung zwingend in Summe erfüllt werden müssen. Der Ergebnisabführungsvertrag muss nach § 14 Abs. 1 Nr. 3 KStG auf mindestens fünf Jahre abgeschlossen sein, wobei sich die Laufzeit nach Zeit- und nicht nach Kalenderjahren bemisst.[24] Mit der Regelung zur Übernahme der positiven Ergebnisse muss zwingend eine Verpflichtung zur Übernahme etwaiger Verluste durch die Organträgerin einhergehen.[25] Die finanzielle Eingliederung liegt vor, wenn die Organträgerin mehr als 50% der Stimmrechte am Zielunternehmen hält – und zwar ununterbrochen vom Beginn des Wirtschaftsjahres bis zum Ende desselben.[26] Dabei muss die Organträgerin nicht zwingend unmittelbar an der Organgesellschaft beteiligt sein. Eine Beteiligung im Rahmen einer Organkette über eine rein vermögensverwaltende AkquiCo ist zur wirksamen Begründung der Organschaft ausreichend.[27]

4. Ausschüttung offener Gewinnrücklagen

Ein steuerlicher Debt-Push-Down lässt sich auch als fremdfinanzierte Ausschüttung der Zielgesellschaft strukturieren.[28] Die Zielunternehmung schüttet hierzu ihren gesamten ausschüttbaren Gewinn unter Auflösung aller offenen Rücklagen an die AkquiCo aus. Da die erworbene Gesellschaft jedoch regelmäßig nicht über ausreichend freie Liquidität verfügt, um den handelsrechtlich zulässigen Betrag auszuschütten, nimmt diese zu diesem Zweck ein Darlehen auf.[29] Die auf diese Art und Weise freigesetzte Liquidität kann an die AkquiCo ausgeschüttet werden, welche ihrerseits die Mittel zur Tilgung der zur Finanzierung des Erwerbsvorgangs aufgenommenen Akquisitionsfinanzierung verwendet.[30]

---

22 *Sinewe/Winzel*, (o. Fn. 8), Rn. 21; *Eilers/Rödding*, (o. Fn. 7), S. 723, Rn. 135.
23 *Schimmelschmidt*, Unternehmensübernahmen im Steuerrecht – Neue Entwicklungen aufgrund des Unternehmenssteuerfortentwicklungsgesetzes und des Steuervergünstigungsabbaugesetzes, in: Semmler, Johannes (Hrsg.), Arbeitshandbuch für Unternehmensübernahmen, Band 2: Das neue Übernahmerecht, 2003, S. 354, Rn. 19 – 20; *Sinewe/Witzel*, (o. Fn. 8), S. 310, Rn. 28.
24 BFH, 12.01.2011 - I R 3/10; FG Köln, 09.12.2009 - 13 K 4379/07.
25 *Sinewe/Winzel*, (o. Fn. 8), S. 308, Rn. 24.
26 *Sinewe/Winzel*, (o. Fn. 8), S. 309, Rn. 26; bei unterjährigen Unternehmenskäufen empfiehlt sich daher eine Umstellung des Wirtschaftsjahres beim Zielunternehmen; vgl. hierzu auch *Ettinger/Jaques*, (o. Fn. 6), S. 433 f., Rn. 66.
27 BFH, 22.04.1998 - I R 132/97; FG Köln, 23.09.1997 - 13 K 5160/96.
28 *Freshfields Bruckhaus Deringer LLP*, (o. Fn. 15), S. 11.
29 *Sinewe/Winzel*, (o. Fn. 8), S. 311, Rn. 29.
30 *Sinewe/Winzel*, (o. Fn. 8), S. 311, Rn. 29.

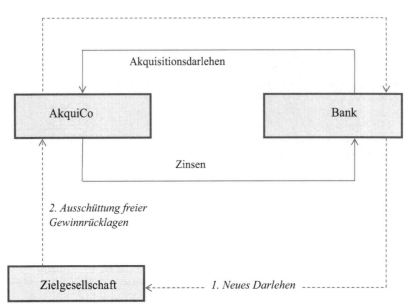

Abbildung 1: Ausschüttung offener Gewinnrücklagen. Quelle: *Sinewe/Witzel*, S. 311, modifizierte Darstellung.

Die Realisierung dieser Variante des Debt-Push-Down lässt sich mittels der Vereinbarung einer Schuldübernahme gemäß den §§ 414 ff. BGB auch ohne Zahlungen erzielen und wird daher i.d.R in der Praxis bevorzugt.[31]

5. Zwischenfazit

Unabhängig davon, welche der obigen Maßnahmen ergriffen wird, um einen steuerlichen Debt-Push-Down im Rahmen eines Unternehmenskaufes zu verwirklichen, gibt es bei allen Varianten stets dieselbe essenzielle Voraussetzung für ihr Gelingen: Die eingesetzten Finanzierungsbausteine müssen stets steuerlichen Fremdkapitalcharakter aufweisen und Finanzierungskosten verursachen, welche sich als steuerlich abzugsfähige Betriebsausgaben qualifizieren lassen.

Werden M&A-Transaktionen in Deutschland ausschließlich mittels Finanzierungsinstrumenten des Islamic Finance abgewickelt, so ist es fraglich, ob trotz der zu beachtenden religiösen Restriktionen – insbesondere des Zinsverbots – Strukturierungen zu finden sind, welche den Ansatz und Abzug von steuerlichen Finanzierungsaufwendungen ermöglichen. Um diesen Aspekt näher zu beleuchten, werden im folgenden Abschnitt die elementaren Rahmenbedingungen und die gängigen Finanzierungsinstrumente des Islamic Finance untersucht.

---

31 *Freshfields Bruckhaus Deringer LLP*, (o. Fn. 15), S. 11.

II. Islamic Finance

1. Scharia als Rahmen für ethisches Wirtschaften

Unter dem Begriff Islamic Finance werden Finanzdienstleistungen subsumiert, welche den Anforderungen des islamischen Rechts, der Scharia, d. h. sowohl ihrer Ausgestaltung als auch ihrer Abwicklung entsprechen.[32] Bei der Scharia handelt es sich – auch wenn die gängige deutsche Übersetzung als islamisches Recht eine derartige Vermutung nahelegt – weder um ein Gesetzbuch noch um nationales Recht. Sie stellt vielmehr einen verbindlichen Verhaltenskodex bzw. ein Normensystem für Muslime dar, welcher bzw. welches in allen Lebensbereichen der Gläubigen Berücksichtigung findet.[33] Kennzeichnend für dieses Normensystem ist, dass nach islamischem Verständnis das Wohl der Gesellschaft Vorrang vor individuellen Interessen genießt.[34] Die Scharia bezieht sich primär auf den heiligen Koran und wird ergänzt um die Sunna, d. h. die Taten und Aussprüche des Propheten Mohammed (Friede sei mit Ihm).[35] Sie wurde über Jahrhunderte von den Ulema, den islamischen Rechtsgelehrten, interpretiert. Diese berücksichtigten bei ihrem Wirken neben dem Koran und der Sunna sekundäre Rechtsquellen; hierzu zählen insbesondere „der erzielte Konsensus unter den Rechtsgelehrten (Ijma), Analogien (Qiyas), Vernunft (Ijtihad), das öffentliche Interesse (Itihsan), rechtliche Präsumtionen (Istihab, Istislah, Masalih-al-Mursalah) sowie lokale Bräuche (Urf und Adat)".[36] Auch wenn es in der muslimischen Welt ein gemeinsames Verständnis von der Verbindlichkeit des Korans und der Sunna als primären Rechtsquellen gibt, so stellt die Scharia kein einheitliches Rechtssystem nach westlichem Verständnis dar. Bedingt durch die geografische Ausbreitung des Islams und die kulturelle Vielfalt in der islamischen Gemeinschaft haben sich unterschiedliche Rechtsschulen[37] mit unterschiedlichen Standpunkten zur Anwendbarkeit der sekundären Rechtsquellen herausgebildet. Die Interpretationen der Rechtsgelehrten, in der muslimischen Welt als Fiqh bekannt, stellen die Rechtswissenschaft im Islam im engeren Sinne dar.[38] Während die Scharia tendenziell die Funktion eines allgemeinen Rahmenwerkes innehält und Erlaubtes (Halal) und Verbotenes (Haram) voneinander abgrenzt[39], beinhalten die Fiqh detaillierte Regeln für alle Lebensbereiche der Muslime.

Hierbei erstrecken sich die von den Fiqh behandelten Sachverhalte von der Liturgie über zwischenmenschliche Beziehungen bis hin zur Fragestellungen, welche das religiös-ethisch anzustrebende Verhalten von Muslimen im wirtschaftlichen Verkehr behandeln.[40]

---

32 *Gassner/Wackerbeck*, (o. Fn. 2), S. 21; *Momen*, Vertragsmodelle – Islamic Finance Steuerliche Würdigung im nationalen und internationalen Kontext, 2010, S. 13.
33 *Gassner/Wackerbeck*, (o. Fn. 2), S. 32 ff.; *Roser*, Die steuerliche Qualifikation der Finanzierungsinstrumente des Islam, Diss. Hamburg, Baden-Baden 1994, S. 27 f.
34 *Scherer/Elsen*, Islamische Finanzierung und deutsches Aufsichtsrecht, Corporate Finance Law 2012, S. 238.
35 *Ayub*, Understanding Islamic Finance, 2007, S. 21.
36 *Gassner/Wackerbeck*, (o. Fn. 2), S. 33; *Ayub*, (o. Fn. 35), S. 22.
37 Zu den wesentlichen sunnitischen Rechtsschulen zählen die Hanafiten, die Malikiten, die Schafiiten und die Hanbaliten; vgl. u. a. *Roser*, (o. Fn. 33), S. 45; *Gassner/Wackerbeck*, (o. Fn. 2), S. 34.
38 *Casper*, Islamische und ethisches Wirtschaftsrecht – Risikoverteilung bei fehlender Vereinbarkeit mit den religiösen oder ethischen Vorgaben, Rechtswissenschaft 2011, S. 258; *Roser*, (o. Fn. 33), S. 44 f.; *Gassner/Wackerbeck*, (o. Fn. 2), S. 33 f.
39 *Ayub*, (o. Fn. 35), S. 21 f.
40 *Ayub*, (o. Fn. 35), S. 22.

Die sogenannten Fiqh-al Mu'alamat bündeln u.a. sämtliche Fiqh zu Wirtschaftsfragen und stellen eine Art islamisches Wirtschaftsrecht bzw. einen Rahmen für islamische Wirtschaftsethik dar. Die Fiqh-al-Mu'alamat dienen als Maßstab bei der Ausgestaltung von schariakonformen Finanzdienstleistungen.[41]

Ob Finanzdienstleistungen in ihrer jeweiligen Ausgestaltung tatsächlich der Scharia entsprechen, wird bei islamischen Finanzinstitutionen mittels eines Scharia-Boards entschieden, welches sich in der Regel aus drei bis fünf Scharia-Gelehrten zusammensetzt und seiner Funktion nach einem religiösem Aufsichtsrat entspricht.[42] Dieser ist vollkommen unabhängig und erarbeitet eigene Rechtsauslegungen, auch Fatwas genannt. Diese Fatwas sind für die Geschäftätigkeit der Finanzinstitutionen als Folge einer gesellschaftsrechtlichen Selbstverpflichtung bindend. In ihren Entscheidungen, insbesondere bei geschäftlichen Aktivitäten in nichtmuslimischen Ländern, berücksichtigen die Scharia-Boards regelmäßig auch das jeweils vor Ort herrschende nationale Recht. Da sich die Scharia bei der Ausgestaltung von Finanzdienstleistungen in der Praxis nicht in allen Märkten bis ins letzte Detail umsetzen lässt, verfügen die Boards im Rahmen gewisser Grenzen über das Instrument einer Güterabwägung. Sollte eine zwingende Notwendigkeit (Darura) dafür sprechen, so können diese rechtlichen Prinzipien die Scharia in einzelnen Facetten überlagern.[43]

2. Grundsätze bei der Ausgestaltung von Finanzierungsinstrumenten

Die Anwendung der Scharia auf das Finanzwesen in der heutigen Form und Intensität ist ein recht junges Phänomen. Seit den späten 1960er-Jahren befassten sich islamische Rechtsgelehrte verstärkt mit wirtschaftlichen Fragestellungen und entwickelten sukzessive das Grundgerüst eines islamischen Wirtschaftssystems[44], mit dem Ziel, mittels des Einhaltens von göttlichen Geboten und Restriktionen das Ungleichgewicht an den Märkten zu reduzieren, die Verteilungsgerechtigkeit zu erhöhen und die Chancengleichheit der Marktteilnehmer zu verbessern.[45] Islamische Finanzinstrumente sind in ihrer Ausgestaltung daher stark vom Gedanken der sozialen Verantwortung geprägt.[46]

Diese Restriktionen haben folglich auch bei der Ausgestaltung von schariakonformen Finanzierungsinstrumenten Berücksichtigung gefunden. Bei der Abgrenzung konventioneller Finanzierunginstrumente von denen des Islamic Finance sind insbesondere folgende Grundsätze als wesentlich zu bezeichnen:[47]

i. Zinsverbot:

Gemäß der Scharia müssen alle Verträge und Transaktionen frei von Riba sein. Der arabische Begriff Riba lässt sich wohl am trefflichsten als Geldzins übersetzen. Sowohl das Zahlen als auch das Empfangen von Riba ist Muslimen untersagt. Das

---

41 *Gassner/Wackerbeck,* (o. Fn. 2), S. 33.
42 *Momen,* (o. Fn. 32), S. 13; *Bälz,* Islamische Aktienfonds in Deutschland, Zeitschrift für Bank- und Kapitalmarktrecht 2002, S. 450 f.
43 *Gassner/Wackerbeck,* (o. Fn. 2), S. 42 ff.
44 *Scherer/Elser,* CFL 2012, S. 238; *Gassner/Wackerbeck,* (o. Fn. 2), S. 34 ff.
45 *Ayub,* (o. Fn. 35), S. 13 f.; *Usmani,* An Introduction to Islamic Finance, 1999, S. 10 f.
46 *Scherer/Elsen,* Corporate Finance Law 2012, S. 238.
47 *Momen,* (o. Fn. 32), S. 13 f.

Zinsverbot stellt das zentrale Unterscheidungsmerkmal zwischen konventionellen Finanzierungsinstrumenten und denen des Islamic Finance dar. Das Zinsverbot dient als Schutzmechanismus gegen Ausbeutung im Wirtschaftsleben und zielt somit darauf ab, einen Beitrag zur Anhebung des Gerechtigkeitsniveaus nach islamischem Verständnis zu erreichen.[48] Verleiht ein Muslim Geld, so darf er, auch unabhängig von einer etwaig eintretenden Inflation, von seinem Gläubiger lediglich seinen werthaltigen Besitz, d. h. die Tilgung der nominalen Schuld, verlangen.[49] Riba stellt bei konventionellen verzinslichen Darlehen eine Kompensation für die vereinbarte Rückzahlungsperiode dar. Ausgehend von der Überzeugung, dass diese Periode ihrerseits keinen werthaltigen Besitz eines Kapitalgebers darstellen kann, ist somit auch kein Ertrag aus dieser Periode zulässig.[50] Geld (im Sinne von Kapital) gilt entgegen dem konventionellen Verständnis nicht als Wirtschaftsgut oder separater Produktionsfaktor. Demnach wird ihm auch kein eigener Wert im Sinne eines Preises beigemessen.[51] Die Funktion des Geldes wird bewusst auf die eines Tauschmittels reduziert.[52] Durch das Riba-Verbot scheidet somit eine Vielzahl von konventionellen Bankgeschäften, insbesondere das Darlehen, per se als mögliches Finanzierungsmodell aus.[53]

ii. Verbot von Spekulationen (Gharar):

Gharar lässt sich mit den Begriffen Unsicherheit, Risiko und in bestimmten Zusammenhängen auch mit Spekulation umschreiben, wobei keiner dieser Begriffe für sich allein als treffendes Synonym für Gharar dienen kann. Dieser Begriff ist weniger klar abgegrenzt als Riba und wird zudem von den unterschiedlichen Rechtsschulen durchaus unterschiedlich interpretiert.[54] Im Gegensatz zur Riba unterliegt Gharar keinem absoluten Verbot, sondern ist – insbesondere in seiner Dimension als unternehmerisches Risiko – in einem bestimmten Maß durchaus akzeptabel, sogar als wünschenswert zu betrachten. Das Verbot zielt a priori darauf ab, zu unterbinden, dass ein Vertragspartner mittels Unsicherheiten bezüglich wesentlicher Vertragsbestandteile oder durch Täuschung seines Geschäftspartners unzulässig Profit zieht. Das Gharar-Verbot betrifft demnach reine Spekulationsgeschäfte, wie Leerverkäufe oder das Handeln von Finanzderivaten, welche lediglich zu spekulativen Zwecken eingesetzt werden.[55] Auch ein Handel mit Waren, welche noch nicht fertiggestellt sind, sowie klassische Versicherungsgeschäfte sind demnach zu unterlassen.[56]

---

48 *Grieser*, Islamic Finance, Wertpapier-Mitteilungen 2009, S. 586; *Roser*, (o. Fn. 33), S. 48.
49 *Roser*, (o. Fn. 33), S. 48; abgeleitet vom Riba-Verbot ist ein Verkauf von Geldforderungen nur zum Nennwert zulässig. Ein Handel von Forderungen mit Auf- oder Abschlag ist somit nicht zulässig. Vgl. hierzu auch *Ayub*, (o. Fn. 35), S. 74.
50 *Gassner/Wackerbeck,* (o. Fn. 2), S. 34 ff.; *Usmani*, (o. Fn. 45), S. 13.
51 *Roser*, (o. Fn. 33), S. 55.
52 *Grieser*, WM 2009, S. 586; *Momen*, (o. Fn. 32), S. 15.
53 *Casper*, Islamische Finanztransaktionen ohne Erlaubnis nach dem KWG?, Zeitschrift für Bankrecht und Bankwirtschaft 2010, S. 346.
54 *Gassner/Wackerbeck*, (o. Fn. 2), S. 38.
55 *Momen*, (o. Fn. 32), S. 13; *Trinkhaus/Prüm*, Unternehmensfinanzierung und Islamic Finance – Rechtliche und praktische Aspekte, Corporate Finance Law 2010, S. 149.
56 *Usmani*, (o. Fn. 45), S. 66.

iii. Verbot des Glücksspiels (Maysir und Qimar):

Im Kontext von Islamic Finance kommt dem Verbot von Maysir und Qimar eine wichtige Bedeutung zu. Beide Begriffe stehen für das Glücksspiel und umfassen abstrakt formuliert sämtliche Vereinbarungen, bei denen der Besitz an einer Sache für die Parteien davon abhängt, dass ein zukünftiges, vorher festgelegtes unsicheres Ereignis eintritt oder nicht.[57] Dieses Verbot folgt dem Grundsatz, dass Erträge, die auf bloßem Zufall und nicht auf erbrachter Anstrengung bzw. Arbeitsaufwand beruhen, nicht statthaft sind.[58] Glücksspiel ist gekennzeichnet durch Verträge, bei denen eine oder mehrere Parteien das gewinnt bzw. gewinnen, was die andere oder mehrere Parteien verliert bzw. verlieren. In der Konsequenz gleicht das Glücksspiel einem Nullsummenspiel. Bei nach der Scharia zulässigen Handelsgeschäften entsteht hingegen durch Tausch der Ware gegen Geld eine Win-win-Situation, von der beide Parteien profitieren.[59]

iv. Gebot des profit and loss sharing:

Bedingt durch das Riba-Verbot erhalten Kapitalgeber keinen festen Zinssatz als Gegenleistung für das bereitgestellte Kapital. Vielmehr partizipieren Kapitalgeber von schariakonformen Finanzierungsinstrumenten am Gewinn und ebenso am Verlust aus der getätigten Investition.[60] Im Kontext von Islamic Finance kommen die Kapitalgeber dem Chancen-Risiko-Profil der Kapitalnehmer sehr viel näher als bei klassischen Finanzierungsmodellen nach westlicher Prägung.[61]

Nach islamischem Verständnis werden Kapital und Arbeit keinesfalls als zwei unterschiedliche Produktionsfaktoren wahrgenommen. Kapital verfügt im Islamic Finance vielmehr über den zusätzlichen Charakter dispositiver Arbeit, wobei sich dieser insbesondere aus der Teilhabe an den Chancen und Risiken des der Transaktion zu Grunde liegenden Investitionsgegenstandes bzw. Grundgeschäftes ableiten lässt.[62]

Die Berücksichtigung der zuvor geschilderten Grundsätze führte in Summe dazu, dass die Finanzierungsinstrumente des Islamic Finance regelmäßig an einem konkreten Finanzierungsgegenstand ansetzen. Die Finanzierungstechniken verfügen allesamt über das prägende Merkmal einer asset-backed bzw. asset-based Struktur.[63]

Sämtliche finanziellen Transaktionen stehen in direkter Verbindung zu realwirtschaftlichen Transaktionen wie dem Erwerb von Investitions- und Konsumgütern, Immobilien, Dienstleistungen etc.[64]

Eine Finanzierung von Gütern und Dienstleistungen, welche gemäß der Scharia verboten sind oder ihrer Natur nach der gesellschaftlichen Moral oder Gesundheit zum Schaden

---

57 Gassner/Wackerbeck, (o. Fn. 2), S. 40.
58 *Momen*, (o. Fn. 32), S. 13; *Grieser*, WM 2009, S. 586.
59 Gassner/Wackerbeck, (o. Fn. 2), S. 40.
60 Scherer/Elsen, Corporate Finance Law 2012, S. 238.
61 *Trinkhaus/Prüm*, CFL 2010, S. 148.
62 *Usmani,* (o. Fn. 45), S. 14.
63 *Trinkhaus/Prüm*, CFL 2010, S. 148.
64 *Usmani,* (o. Fn. 45), S. 14.

gereichen, ist ebenfalls nicht möglich.⁶⁵ Hierzu zählen insbesondere geschäftliche Aktivitäten mit Bezug zu Alkohol, Glücksspiel, Pornografie, Waffenhandel und Schweinefleisch.⁶⁶ Bei den unterschiedlichen Finanzierungsinstrumenten lassen sich hinsichtlich ihrer Grundform nach dem Grad der Partizipation des Kapitalgebers am unternehmerischen Risiko des zu Grunde liegenden Investitionsgegenstandes fremd- und eigenkapitalähnliche Strukturen unterscheiden.⁶⁷ Zudem gibt es auch beim Islamic Finance strukturierte Finanzierungsinstrumente, welche in ihrer Ausgestaltung teilweise mit asset-backed securities vergleichbar sind.⁶⁸

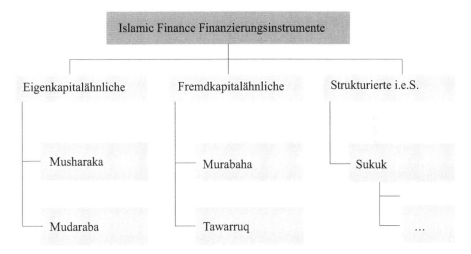

Abbildung 2: Islamic Finance Finanzierungsinstrumente. Quelle: Momen, (o. Fn. 32), S. 15.

Um im weiteren Verlauf der Untersuchung eine zivil- und steuerrechtliche Einordnung vornehmen zu können, wird im Folgenden vor dem Hintergrund der strukturgebenden Scharia-Gestaltungserfordernisse das Wesen der gängigsten Finanzierungsinstrumente herausgearbeitet und diese werden in ihren Grundzügen dargestellt.

Zum besseren Verständnis der einzelnen Finanzierungsinstrumente seien folgende, für alle Instrumente gültigen Sachverhalte bereits an dieser Stelle erwähnt:

i. Die im Folgenden verwendeten Begriffe Vertragspartei, Kapitalgeber sowie Unternehmer und deren arabische Pendants können sich nach dem islamischen Rechtsverständnis sowohl auf natürliche als auch juristische Personen beziehen.⁶⁹

ii. Nach herrschender Meinung der islamischen Rechtsgelehrten ist bei den eigenkapitalähnlichen Finanzierungsformen Mudaraba und Musharaka das Kapital ausschließlich in liquider Form zu gewähren. Die Einbringung von Sachkapital ist nach der

---

65 *Usmani*, (o. Fn. 45), S. 13.
66 *Gassner/Wasserbeck*, (o. Fn. 2), S. 160 ff.
67 *Trinkhaus/Prüm*, CFL 2010, S. 150.
68 *Momen*, (o. Fn. 32), S. 17 f.
69 *Ayub*, (o. Fn. 35), S. 312.

hanafitischen Rechtsschule ebenfalls möglich, sofern sich die Parteien im Vorwege auf einen Wert für die Sachkapitaleinlage vor der Durchführung der Finanzierung verständigen. Forderungen können keine Sachkapitaleinlage darstellen.[70]

3. Eigenkapitalähnliche Instrumente

a.) Mudaraba

Bei einer Mudaraba handelt es sich um eine spezielle Form eines Joint Ventures, bei dem der Kapitalgeber (Rabb-al-Mal) einem Unternehmer (Mudarib) Mittel für eine bestimmte Unternehmung zur Verfügung stellt.[71] Die Mudaraba kann sich auf ein einzelnes Projekt, im Sinne eines Einzelgeschäfts, oder auf eine Vielzahl von Projekten, im Sinne eines Unternehmens, beziehen.[72]

Die Aufgabe des Mudarib ist es, im Gegenzug für die gewährten Mittel sein wirtschaftliches und/oder technisches Know-how in die unternehmerische Aktivität einzubringen.[73] Die Rolle des Rabb-al-Mal bei dieser Spielart des Joint Ventures ist die eines passiven Gesellschafters, welcher nach außen hin nicht in Erscheinung tritt und zudem explizit von der Geschäftsführung ausgeschlossen ist. Gegenüber Dritten ist lediglich der Mudarib verantwortlich.[74]

Etwaige Gewinne werden nach einem im Vorwege zu vereinbarenden Verteilungsschlüssel zwischen den involvierten Parteien aufgeteilt. Verluste gehen bei diesem Finanzierungsinstrument hingegen ausschließlich zu Lasten des Kapitalgebers, es sei denn, dem Mudarib ist bei eventuell schadhaftem Handeln grobe Fahrlässigkeit oder Vorsatz nachzuweisen.[75]

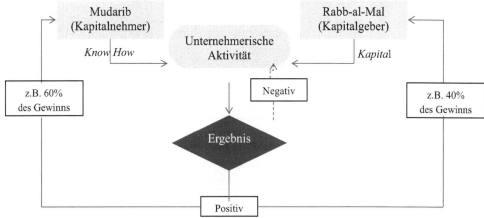

Abbildung 3: Grundstruktur der Mudaraba. Quelle: *Gassner/Wackerbeck*, **(o. Fn. 2), S. 80.**

---

70 *Ayub*, (o. Fn. 35), S. 313 f.
71 *Trinkhaus/Prüm*, CFL 2010, S. 152.
72 *Roser*, (o. Fn. 33), S. 75.
73 *Gassner/Wasserbeck*, (o. Fn. 2), S. 79.
74 *Usmani*, (o. Fn. 45), S. 31.
75 *Gassner/Wasserbeck*, (o. Fn. 2), S. 80.

Die Verluste bei dieser Spielart des Islamic Finance beschränken sich für den Kapitalgeber auf die Höhe der geleisteten Einlage.[76] Die Gewinnverteilung darf jedoch nicht in Form fixer Beträge oder als Prozentsatz des bereitgestellten Kapitals vorgenommen werden, vielmehr ist der erzielte Gewinn als Anknüpfungspunkt zu wählen.[77] Im Falle von Verlusten erhält der Mudarib für seine Tätigkeit grundsätzlich keine Vergütung, es sei denn, die Parteien haben sich auf eine anderslautende Regelung geeinigt.[78]

Bei Beendigung der wirtschaftlichen Aktivität erhält der Rabb-al-Mal grundsätzlich seinen vollen Kapitaleinsatz zurück, sofern dieser nicht durch Verluste gemindert wurde.[79] Die Bestellung von werthaltigen Sicherheiten zur Absicherung des eingesetzten Kapitals ist nicht zulässig[80], da Verluste zwingend nur den Kapitalgeber treffen und eine Sicherheitenstellung durch den Mudarib dem Prinzip eines islamischen Maßstabs gerechter Risikoverteilung widerspricht.[81]

Als mögliche Besicherung für den Rabb-al-Mal kommt lediglich eine Garantie für die Rückzahlung der Einlage durch den Mudarib in Betracht. Diese kann jedoch nur in Fällen greifen, wo diesem entweder ein fahrlässiger und schadhafter Umgang mit dem anvertrauten Kapital, Unehrlichkeit oder ein klarer Bruch der getroffenen Mudaraba-Vereinbarungen nachgewiesen werden kann.[82]

Ein Mudaraba-Kontrakt kann in seiner ursprünglichen Form jederzeit von einem der jeweiligen Vertragspartner gekündigt werden. Verfügt die Mudaraba Zeitpunkt der Kündigung lediglich über liquide Mittel, welche der Höhe nach das Anfangskapital übersteigen, so wird dieser Überschuss nach dem vereinbarten Verteilungsschlüssel ausgekehrt und der Rabb-al-Mal erhält seine geleistete Einlage zurück. Ist das Vermögen der Mudaraba teilweise in anderen Assets gebunden, so ist der Mudarib angehalten, diese innerhalb einer angemessenen Zeit zu liquidieren.[83]

Um die geleistete Kapitaleinlage zu schützen, werden dem Rabb-al-Mal jedoch weitreichende Auskunfts- und Kontrollrechte eingeräumt, welche unter Umständen sogar zu einem Vetorecht für wesentliche geschäftliche Entscheidungen führen können. Um ein faktisches Erschleichen von Geschäftsführungsbefugnissen durch den Kapitalgeber zu verhindern, wurde von den unterschiedlichen Rechtsschulen ein Maximalkatalog an zulässigen Bedingungen und Beschränkungen erarbeitet.[84]

---

76 *Usmani*, (o. Fn. 45), S. 32.
77 *Ayub*, (o. Fn. 35), S. 312.
78 *Momen*, (o. Fn. 32), S. 21.
79 *Trinkhaus/Prüm*, CFL 2010, S. 152.
80 *Gassner/Wasserbeck*, (o. Fn. 2), S. 80.
81 *Roser*, (o. Fn. 33), S. 72 ff.
82 *Ayub*, (o. Fn. 35), S. 322; *Usmani*, (o. Fn. 45), S. 31.
83 *Usmani*, (o. Fn. 45), S. 35; die Verteilung eines etwaigen Liquidationserlöses dürfte bei der steuerrechtlichen Abgrenzung von Relevanz sein.
84 *Roser*, (o. Fn. 33), S. 76.

Die Mudaraba kann in unterschiedlichen Spielarten in Erscheinung treten, von denen nachfolgend die wichtigsten kurz skizziert werden:

i. beschränkte und unbeschränkte Mudaraba

Bei einer beschränkten Mudaraba (Al-Mudaraba al-Muqayyada) reduziert der Rabb-al-Mal die Möglichkeit der Verwendung der bereitgestellten Mittel – im Innenverhältnis für den Mudarib verbindlich – auf eine bestimmte (Art) wirtschaftliche(r) Aktivitäten. Ist der Mudarib hingegen bei der Wahl der zu tätigenden Geschäfte, unter der Restriktion der Schariakonformität, völlig frei, so spricht man von einer unbeschränkten Mudaraba (Al-Mudaraba Al-Multaqa).[85]

ii. multilaterale Mudaraba

Die multilaterale Mudaraba tritt in unterschiedlichen Formen in Erscheinung. Entweder schließt hierbei eine Vielzahl von Kapitalgebern eine Mudaraba-Vereinbarung mit einem Mudarib oder ein Kapitalgeber eine entsprechende Vereinbarung mit einer Gruppe von Mudaribs ab.[86]

iii. diminishing Mudaraba

Wird bei einer Mudaraba die Vereinbarung getroffen, dass die Gewinnanteile des Mudarib fortlaufend ganz oder teilweise zur Tilgung des bereitgestellten Kapitals verwendet werden müssen, so kann in diesem Zusammenhang von einer diminishing Mudaraba gesprochen werden.[87] Im Falle einer Tilgung reduziert sich auch der Anteil des Kapitalgebers am Gewinn des gemeinsamen Projektes.[88]

b.) Musharaka

Bei der Musharaka handelt es sich ebenfalls um eine Spielart eines Joint Ventures, welches in seiner Ausgestaltung tendenziell stärker dem westlichen Verständnis eines Joint Ventures entspricht.

Im Gegensatz zur Mudaraba stellen hier sowohl ein Kapitalgeber als auch ein Unternehmer liquide Mittel zur Finanzierung eines gemeinsamen Investitionsprojekts zur Verfügung, was auch das wesentliche Unterscheidungsmerkmal der beiden Finanzierungsformen darstellt.[89] Die Gewinnverteilung erfolgt nach herrschender Meinung nach einem frei zu vereinbarenden Schlüssel, wobei dieser in der Regel durch die jeweilige Risikoeinschätzung des Projekts sowie die Reputation und den Grad der beabsichtigten zu erbringenden Arbeitsleistung der Vertragspartner determiniert wird.[90] Etwaige Verluste werden quotal im Verhältnis zur geleisteten Einlage bzw. der gehaltenen Anteile getragen.[91]

---

85 *Usmani*, (o. Fn. 45), S. 32.
86 *Ayub*, (o. Fn. 35), S. 322.
87 *Vogel/Hayes*, Islamic Law and Finance – Religion, Risk, Return, 1998, S. 138; *Momen*, (o. Fn. 32), S. 20.
88 *Vogel/Hayes*, (o. Fn. 87), S. 138; *Grieser*, WM 2009, S. 588.
89 *Griese*, WM 2009, S. 588.
90 *Trinkhaus/Prüm*, CFL, S. 242; *Usmani*, (o. Fn. 45), S. 24.
91 *Usmani*, (o. Fn. 45), S. 24.

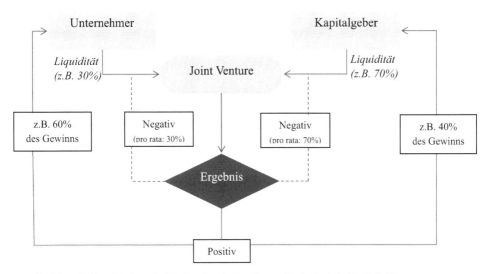

Abbildung 4: Grundstruktur der Musharaka. Quelle: *Gassner/Wackerbeck*, (o. Fn. 2), S. 82.

Anders als bei der Mudaraba beschränkt sich das Verlustpotenzial jedoch nicht auf die geleistete Einlage. Vielmehr haften bei der Musharaka in ihrer Grundform die beteiligten Parteien unbeschränkt und gesamtschuldnerisch.[92]

Auch bei den Geschäftsführungsbefugnissen zeigen sich deutliche Unterschiede zur Mudaraba. Bei der Musharaka sind beide Parteien gleichermaßen zur Geschäftsführung berechtigt.[93] Die Vertragsparteien können sich jedoch im Vorwege darauf verständigen, dass die Geschäftsführung lediglich einer der beiden Parteien zusteht. Eine solche Vereinbarung beschränkt implizit jedoch auch den maximal möglichen Gewinnanteil des „passiven Gesellschafters" (sog. sleeping partner) auf seinen quotalen Anteil am Gesamtinvestitionsbetrag.[94]

Analog zur Mudaraba lässt sich die Musharaka auch als Diminishing-Variante vereinbaren.

4. Fremdkapitalähnliche Instrumente

a.) Murabaha

Die in diesem Abschnitt dargestellten fremdkapitalähnlichen Instrumente stellen nach islamischer Auffassung – entgegen den zuvor dargestellten Instrumenten Mudaraba und Musharaka – keinen Idealtypus der Finanzierungstechniken des Islamic Finance dar und sind daher Gegenstand kritischer Diskussionen der Rechtsgelehrten. Während der Einsatz von eigenkapitalähnlichen Instrumenten in der Praxis des heutigen Wirtschaftslebens sowohl in der islamischen Welt als auch im Westen auf Grund der rechtlichen Rahmenbe-

---

92 *Momen*, (o. Fn. 32), S. 19.
93 *Ayub*, (o. Fn. 35), S. 314.
94 *Usmani*, (o. Fn. 45), S. 28.

dingungen in der jeweils zu berücksichtigen Jurisdiktion oft mit Schwierigkeiten verbunden ist, werden fremdkapitalähnliche Finanzierungstechniken von den Rechtsgelehrten tendenziell eher geduldet als befürwortet. Ihre Anwendung soll sich auf Situationen beschränken, in denen der Einsatz von Mudaraba und Musharaka nicht praktikabel ist.[95] In ihrer Ausgestaltung unterliegen fremdkapitalähnliche Instrumente einem starren Korsett von Bedingungen.[96] Aufgrund des Riba-Verbotes fallen verzinsliche Geldmittelkredite als Finanzierungtechnik definitiv aus.[97] Finanzierungen, die einen festen Rückzahlungsanspruch des Kapitalgebers begründen und aus gewerblichen Motiven heraus gewährt werden, werden im Islamic Finance in der Form eines Sachmittelkredites ausgelegt.[98] Der in den Fiqh-al Mu'alamat definierte Terminus Murabaha steht in seiner ursprünglichen Bedeutung lediglich für eine spezielle Form eines Kaufvertrages, welcher in seiner reinen Form keine Finanzierungsfunktion erfüllt.[99]

Das einzige Merkmal, welches die Murabaha von einem konventionellen Kaufvertrag unterscheidet, ist, dass hier der Verkäufer dem Käufer einer Sache explizit sowohl die mit der Beschaffung entstandenen Kosten als auch einen festen Gewinnaufschlag (Mark-up) mitteilt.[100] Finanzierungscharakter erhält dieser schariakonforme (Kauf-)Vertragstyp erst durch einen fest vereinbarten Zahlungsaufschub zwischen Käufer und Verkäufer. Um den Effekt einer Fremdkapitalfinanzierung nahezu zu substituieren, werden in der Praxis zwei Kaufverträge hintereinander geschaltet. Die Partei, welche im späteren Verlauf als Kapitalgeber fungieren soll, kauft zunächst, im Auftrag des Unternehmers, per sofort und auf eigene Rechnung ein Wirtschaftsgut von einem Dritten. Anschließend verkauft der Kapitalgeber dieses Wirtschaftsgut an denselben Unternehmer unter Einsatz einer Murabaha-Vereinbarung, welche einen Zahlungsaufschub beinhaltet.[101]

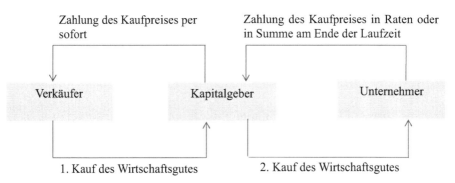

Abbildung 5: Grundstruktur der Murabaha. Quelle: Momen, (o. Fn. 32), S. 27, modifizierte Darstellung.

---

95 Usmani, (o. Fn. 45), S. 72.
96 Ayub, (o. Fn. 35), S. 214 f.; Usmani, (o. Fn. 45), S. 66.
97 Casper, ZBB 2010, S. 354.
98 Gassner/Wackerbeck, (o. Fn. 2), S. 67.
99 Usmani, (o. Fn. 45), S. 65.
100 Usmani, (o. Fn. 45), 65 f.
101 Roser, (o. Fn. 33), S. 208.

Der vereinbarte Kaufpreis kann hierbei dem Kapitalgeber entweder innerhalb einer bestimmten Laufzeit in Raten oder am Ende der vereinbarten Laufzeit in einer Summe zufließen.[102]

Die Vergütung des Kapitalgebers ergibt sich aus einem festen Gewinnaufschlag, welcher im Zuge des zweiten Verkaufs fest mit dem Unternehmer vereinbart wird und beiden Parteien der Höhe nach bekannt ist.[103]

Auch wenn der Kapitalgeber oft nur eine juristische Sekunde lang die Stellung eines Eigentümers erlangt, trägt dieser grundsätzlich alle mit dem Erwerbsvorgang und der Beschaffenheit der Ware verbundenen Risiken.[104] Der erzielte Mark-up ist hier, anders als beim Geldmittelkredit, nicht das Resultat aus der bloßen Überlassung von Kapital, sondern der Ertrag basiert – im Einklang mit den Prinzipien der Scharia – auf der Übernahme von Verantwortung und Risiken (Al-kharaj bildaman).[105]

In der Praxis sind Gestaltungskomponenten zu beobachten, welche in Summe dazu führen könnten, dass ein Kapitalgeber bei einer Murabaha die wirtschaftliche Stellung eines Darlehensgebers nach klassischem Verständnis erlangen könnte.[106]

Dem Risiko einer Nichtabnahme des Wirtschaftsgutes durch den Unternehmer kann mittels eines – vor der eigentlichen Murabaha-Transaktion einzuholenden – bindenden Angebots des Unternehmers über den Abschluss eines zweiten Kaufvertrages mit dem Kapitalgeber begegnet werden.[107] Risiken aus Gewährleistungsansprüchen des Kapitalgebers gegenüber dem Unternehmer aus dem zweiten Kaufvertrag lassen sich theoretisch ebenfalls reduzieren. Hierzu käme die Vereinbarung eines Ausschlusses von Gewährleistungsansprüchen zwischen Kapitalgeber und Unternehmer in Betracht, wobei gleichzeitig eine Abtretung etwaiger Gewährleistungsansprüche aus dem ersten Kaufvertrag an den Unternehmer vereinbart wird. Dieses Instrument zur Risikoreduktion dürfte jedoch im Hinblick auf die Schariakonformität der gesamten Transaktion äußerst fraglich sein. Der Ausschluss sämtlicher Risiken aus dem Kaufvertrag könnte einen Verstoß gegen die Maxime Al-kharaj bildaman darstellen und den Ertrag des Kapitalgebers aus einem solchen Geschäft in die Nähe einer Riba rücken.[108]

Damit eine Murabaha-Vereinbarung im Lichte der Scharia ihre Wirksamkeit entfaltet, müssen zudem alle Bedingungen der Scharia für wirksame Kaufverträge erfüllt werden.[109] Die wohl wichtigste Voraussetzung für den Abschluss einer Murabaha ist, dass der Vermögens-

---

102 *Momen*, (o. Fn. 32), S. 16.
103 *Trinkhaus/Prüm*, CFL 2010, S. 589.
104 *Casper*, RW 2011, S. 355.
105 *Gassner/Wackerbeck*, (o. Fn. 2), S. 70.
106 *Trinkhaus/Prüm*, CFL 2010, S. 150; Beck, IStR 2010 S. 229 f.
107 *Usmani*, (o. Fn. 45), S. 74.
108 *Casper*, ZBB 2010, S. 355.
109 Vgl. hierzu im Detail *Ayub*, (o. Fn. 35), S. 214; *Usmani*, (o. Fn. 45),, S. 66. Insbesondere im Kontext eines M&A-Deals könnten die nach der Scharia zu erfüllenden Bedingungen bei der Ausgestaltung eines Unternehmenskaufvertrages und einer etwaigen damit einhergehenden Murabaha-Vereinbarung die beteiligten Juristen vor eine Herausforderung stellen. Dieses Problemfeld wird im Rahmen dieser Arbeit nicht näher behandelt.

gegenstand des jeweiligen Kaufvertrages zum Zeitpunkt des Vertragsabschlusses existiert und sich im Eigentum der Verkäufer befindet.[110]

Im Gegensatz zu den eigenkapitalähnlichen Finanzierungsinstrumenten kann der Kapitalgeber bei einer Murabaha durchaus Sicherheiten zur Absicherung seines Rückzahlungsanspruches verlangen. Der Kapitalgeber genießt hier nach islamischen Vorstellungen im Falle einer Insolvenz des Unternehmers vor allen anderen Gläubigern Vorrang bezüglich der finanzierten Sache. Um die Durchsetzbarkeit dieses „islamischen Eigentumsvorbehalts" auch in der jeweiligen Jurisdiktion zu gewährleisten, empfiehlt es sich, diesen ausdrücklich im Kaufvertrag zu benennen.[111]

b.) Tawarruq

Das Finanzierungsinstrument Tawarruq ist eine Modifikation des Murabaha-Modells. Durch Erweiterung einer Murabaha um einen weiteren Kaufvertrag kann in Summe ein Geldmittelkredit wirtschaftlich nachgebildet werden.[112] Der dritte Kaufvertrag wird hierbei mit einer bislang nicht involvierten Partei geschlossen, wobei der Kaufpreis per sofort an den Unternehmer zahlbar ist. Die Zahlungsverpflichtung aus dem zweiten Kaufvertrag bleibt hingegen weiter gestundet und wird in Raten oder am Ende der vereinbarten Laufzeit zurückgezahlt. Wie bei einem konventionellen Darlehensgeschäft erhält der Unternehmer mittels dreier Kaufverträge mit voneinander abweichenden Zahlungsbedingungen nun Liquidität, worüber dieser frei verfügen kann.[113]

Abbildung 6: Grundstruktur der Tawarruq. Quelle: Momen, (o. Fn. 32), S. 34, modifizierte Darstellung.

Die Zulässigkeit dieses Finanzierungsinstruments ist bei den Gelehrten der unterschiedlichen Rechtsschulen höchst umstritten, da bei dieser Konstruktion das Interesse der Parteien an dem zu Grunde liegenden Wirtschaftsgut regelmäßig sehr gering ist.[114] Insbesondere die hanbalitische und die malakitische Rechtsschule sehen die Kombination dreier, isoliert

---

110 *Usmani,* (o. Fn. 45), S. 66 f.
111 *Casper,* ZBB 2010, S. 355.
112 *Casper,* ZBB 2010, S. 356.
113 *Momen,* (o. Fn. 32), S. 33.
114 *Casper* , ZBB 2010, S. 356.

betrachtet, schariakonformer Kaufverträge sehr kritisch. Bei ihrer Bewertung stellen diese in erster Linie auf die eigentliche Intention (Niyya) – nämlich die Beschaffung frei verfügbarer Liquidität – als eigentliches Motiv der Parteien ab.[115]

5. Strukturierte Instrumente

In der Welt des Islamic Finance werden strukturierte Finanzierungen oft über sogenannte Sukuk dargestellt.[116] In der Literatur wird der Begriff Sukuk oft mit islamischer Anleihe oder Islamic Bonds übersetzt[117], wobei diese Übersetzung das Wesen dieses grundsätzlich auch kapitalmarktfähig ausgestaltbaren Finanzierungsinstruments nicht voll erfasst. Sukuk ist der Plural des Wortes Sak und steht für Zertifikate. Diese verbriefen jedoch, anders als die Begriffe Bond oder Anleihe vermuten lassen könnten, keine Forderungen, sondern vielmehr Anteile an einem Vermögensgegenstand oder einem Pool von Vermögensgegenständen. Der zu Grunde liegende Vermögengegenstand bzw. Pool aus Vermögensgegenständen muss aus physischen Assets bestehen. Rein finanzielle Assets, wie Forderungen oder Kreditportfolios, welche regelmäßig bei konventionellen asset-backed securities Gegenstand einer Verbriefung sind, kommen im Islamic Finance als Underlying nicht in Frage.[118]

Basis einer Sukuk-Emission bildet stets eine eigens hierfür zu gründende Zweckgesellschaft (special purpose vehicle – SPV). Dieses SPV bündelt über die Emission von Sukuk-Zertifikaten die liquiden Mittel einer Vielzahl von Investoren und verwendet diese für einen in den Emissionsbedingungen festgelegten Zweck. Die SPV tritt somit stets als Kapitalgeber auf. In der Praxis des Islamic Finance wurde in der jüngsten Vergangenheit eine Vielzahl von unterschiedlichen Arten von Sukuk kreiert. Allen gemeinsam ist jedoch, dass ihre Emission stets in Verbindung mit einer der zuvor dargestellten fremd- bzw. eigenkapitalähnlichen Finanzierungsinstrumente steht, welche als Basisgeschäft etwaigen Zertifikatinhabern die Partizipation an aus ihnen resultierenden Erträgen ermöglichen. Der Emittent des Sukuk erwirbt treuhänderisch Vermögensgegenstände für die Sukuk-Inhaber und finanziert mit Hilfe des Emissionserlöses seine Zahlungsverpflichtung aus dem zu tätigenden Grundgeschäft.[119] Zu den wohl gängigsten Sukuk-Strukturen zählen die Varianten Sukuk-al-Mudaraba und Sukuk-al-Musharaka.[120]

---

115 *Gassner/Wackerbeck*, (o. Fn. 2), S. 71.
116 *Momen*, (o. Fn. 32), S. 18.
117 *Gassner/Wackerbeck*, (o. Fn. 2), S. 122.
118 *Trinkhaus/Prüm*, CFL 2010, S. 151.
119 *Momen*, RIW 2010, S. 376.
120 *Trinkhaus/Prüm*, CFL 2010, S. 151.

C. Zivilrechtlicher Vergleich

I. Mudaraba

1. Genussrechte

Die Mudaraba weist – insbesondere aufgrund der erfolgsabhängigen Vergütung und der möglichen Teilnahme am Verlust durch den Kapitalgeber – Überschneidungen mit den im deutschen Rechtsverkehr bekannten Finanzierungsinstrumenten Genussrecht und der stillen Gesellschaft gemäß den §§ 230 – 236 HGB auf.[121] Zur zivilrechtlichen Einordnung werden diese im Folgenden mit der Mudaraba verglichen.

Obwohl der Begriff des Genussrechts in verschiedenen Normen Erwähnung findet, wie § 221 Abs. 3 AktG oder § 8 Abs. 3 Satz 2 KStG, findet sich keine gesetzliche Definition für dieses Finanzierungsinstrument.[122] Lediglich in § 10 Abs. 5 KWG finden sich Bedingungen, welche zur aufsichtsrechtlichen Qualifikation von Genussrechten als Eigenkapital erfüllt werden müssen.[123] Genussrechte sind aufgrund fehlender zwingender gesetzlicher Vorgaben sehr flexibel und frei gestaltbar.[124] Für die Überlassung von Kapital erhält der Genussrechtsinhaber rein schuldrechtliche Ansprüche gegen die ausgebende Gesellschaft.[125]

Auch wenn Genussrechte – wie auch höchstrichterlich entschieden[126] – somit keine Mitgliedschaft- und Verwaltungsrechte begründen, so können den Genussrechtsinhabern über schuldrechtliche Vereinbarungen Rechte eingeräumt werden, die typischerweise lediglich Gesellschaftern zustehen. Hierzu zählen insbesondere die auch bei der Grundform der Mudaraba anzutreffende Beteiligung am Gewinn sowie an einem Liquidationserlös.[127]

Beim Vergleich mit den in einer Mudaraba obligatorisch zu vereinbarenden Auskunfts-Kontrollrechten und gegebenenfalls sogar Vetorechten wird schnell klar, dass diese das nach der deutscher Rechtsprechung erlaubte Maß der zulässigen Berechtigung von Genussrechtsinhabern sprengen. Zustimmungsvorbehalte sowie Anfechtungsrechte gegen Beschlüsse der Gesellschafterversammlung können nämlich einem Genussrechtinhaber vertraglich nicht eingeräumt werden.[128]

---

121 Ein Vergleich mit dem partiarischen Darlehen, bei welchem es sich ebenfalls um ein erfolgsabhängiges Finanzierungsmodell handelt, ergibt aus Sicht des Verfassers keinen Sinn. Eine Verlustbeteiligung, wie sie die Mudaraba zwingend vorsieht, ist bei diesem Instrument nämlich nicht möglich, Vgl. hierzu auch *Schneider/Sommer/Wagner*, Partiarisches Darlehen, in: Bösl, Konrad (Hrsg.), Mezzanine Finanzierung, 2006, 271 ff.
122 *Heinemann/Kraus/Schneider*, Genussrechte, in: Bösl, Konrad (Hrsg.), Mezzanine Finanzierung, 2006, S. 172.
123 *Roser*, (o. Fn. 33), S. 128.
124 *Lühn*, Genussrechte – Grundlagen, Einsatzmöglichkeiten, Bilanzierung und Besteuerung, 2013, S. 41.
125 *Lühn*, (o. Fn. 124), S. 42; *Herfurth & Partner*, Caston Compact – International Law & Business Information, Genussrechte als Finanzierungsinstrument, 2006, S. 1.
126 BGH, 05.10.1992 - II ZR 172/91.
127 *Deloitte & Touche*, Mezzanine-Finanzierung – Bridging the Gap, 2. Auflage, 2004, S. 21; *Lühn*, (o. Fn. 124), S. 42; *Herfurth & Partner*, (o. Fn. 125), S. 1; *Häger/Nottmeier*, Genussrechte – Bilanzierung von Genussrechten in nationalen und internationalen Rechnungslegungs-systemen, in: Häger, Michael (Hrsg.), Mezzanine Finanzierungsinstrumente – Stille Gesellschaft – Nachrangdarlehen – Genussrechte, 2004. S. 290.
128 *Heinemann/Kraus/Schneider*, (o. Fn. 122), S. 172; *von Alvensleben*, Genussrechte – Gesellschaftsrecht, in: Häger, Michael (Hrsg.), Mezzanine Finanzierungsinstrumente – Stille Gesellschaft – Nachrangdarlehen – Genussrechte, 2004, S. 268; *Deloitte & Touche*, (o. Fn. 127), S. 21.

Auch wenn wesentliche Kennzeichen der Mudaraba bei der Ausgestaltung von Genussrechten berücksichtigt werden können, wie die Beteiligung am Gewinn, die Verlustbeteiligung sowie eine etwaige Beteiligung am Liquidationserlös, scheitert der Vergleich mit der Mudaraba nach Ansicht des Verfassers am schuldrechtlichen Charakter dieser Finanzierungsform.

2. Stille Beteiligung gemäß den §§ 230 – 236 HGB

Die stille Gesellschaft wird in den §§ 230 – 236 HGB geregelt. Der als Kapitalgeber auftretende stille Gesellschafter und das Unternehmen sind jedoch bezüglich der Ausgestaltung der stillen Gesellschaft frei und können von dem in den §§ 230 ff. HGB kodifizierten Leitbild der sogenannten typisch stillen Gesellschaft abweichen.[129] Um eine strukturelle Annäherung der stillen Gesellschaft an die Mudaraba zu erreichen, so sei an dieser Stelle bereits vermerkt, sind Abweichungen vom Leitbild der stillen Gesellschaft zwingend notwendig.

Die Begründung einer stillen Gesellschaft erfordert den Abschluss eines Gesellschaftsvertrages zwischen dem Kapitalgeber und dem finanzierten Unternehmen. Dieser regelt insbesondere die Partizipation am Gewinn und Verlust der Gesellschaft, wobei die Teilhabe an einem Verlust der Gesellschaft gemäß § 231 Abs. 2 HGB ausgeschlossen werden kann.[130] Unter der Berücksichtigung der Vorgaben der Scharia kommt aber ein Ausschluss der Verlustbeteiligung für den Kapitalgeber nicht in Frage, da gerade dieser die Verluste bis zur Höhe seiner geleisteten Einlage tragen soll.[131]

Gemäß § 232 Abs. 2 Satz 1 HGB ist eine schariakonforme Vereinbarung einer Verlustbeteiligung bis zur Höhe der vom Kapitalgeber geleisteten Einlage möglich.[132]

Der stille Gesellschafter beteiligt sich hier nach Maßgabe des § 230 Abs. 1 HGB am Handelsgewerbe eines Unternehmers mit einer Vermögenseinlage dergestalt, dass die Einlage in das Vermögen des Unternehmers übergeht. Die Einlage begründet aber keinesfalls eine dingliche Beteiligung am Gesellschaftsvermögen. Der stille Gesellschafter nimmt lediglich schuldrechtlich an der Entwicklung der Gesellschaft teil.[133] Wie bei der Mudaraba handelt es sich bei der stillen Gesellschaft um eine reine Innengesellschaft, da die Kapitalgeber in beiden Fällen nicht nach außen in Erscheinung treten.[134] Die finanzierte Gesellschaft betreibt, wie bei der Mudaraba, das Handelsgewerbe im eigenen Namen. Nach § 230 HGB wird das Unternehmen allein aus den geschlossenen Verträgen berechtigt und verpflichtet.[135]

Die im Gesetz verankerten Informations- und Kontrollrechte eines stillen Gesellschafters sind als rudimentär zu bezeichnen. Im Rahmen des Gesellschaftsvertrages können einem

---

129 *Rauch/Schimpfky/Schneider*, Stille Beteiligungen, in: Bösl, Konrad (Hrsg.), Mezzanine Finanzierung, 2006, S. 120; Momen, (o. Fn. 32), S. 23.
130 *Deloitte & Touche*, (o. Fn. 127), S. 19.
131 Vgl. II 3 a).
132 *Rauch/Schimpfky/Schneider,* (o. Fn. 129), S. 126.
133 *Rauch/Schimpfky/Schneider,* (o. Fn. 129), S. 126.
134 *Partikel*, in: Handelsgesetzbuch, Handkommentar, 2011, § 230, Rn. 3.
135 *Rauch/Schimpfky/Schneider*, (o. Fn. 129), S. 129.

stillen Gesellschafter stärker ausgeprägte Mitwirkungsrechte in Form von Widerspruchs-, Zustimmungs- und detaillierteren Informationsrechten bis hin zu einer Berechtigung, welche in ihrer Reichweite eine Beteiligung an der Geschäftsführung ermöglicht, gewährt werden.[136] Diese mögliche Bandbreite zur Erweiterung der Mitwirkungsrechte des Kapitalgebers bis hin zur Beteiligung an der Geschäftsführung lässt vermuten, dass sich sogar die Maximalkataloge zulässiger Mudaraba-Bedingungen realisieren lassen.[137]

Abschließendes Kennzeichen des Vergleichs einer Mudaraba mit einer stillen Beteiligung ist die von der Scharia beabsichtigte Beteiligung des Kapitalgebers an den stillen Reserven der Gesellschaft.[138] Auch diese kann abweichend von dem gesetzlichen Leitbild der stillen Beteiligung vereinbart werden.[139]

Das deutsche Steuerrecht unterscheidet grundsätzlich zwischen typischer und atypischer stiller Beteiligung, wobei die Intensität und Ausprägung der vereinbarten Abweichungen vom Leitbild zur Abgrenzung der beiden Varianten von entscheidender Bedeutung für die ertragsteuerliche Qualifikation sind. Welche Abgrenzungsmerkmale zur steuerlichen Qualifikation von entscheidender Bedeutung sind, welche Unterschiede sich in der ertragsteuerlichen Behandlung der Gewinnanteile daraus ergeben und welche Gestaltungshinweise sich für eine steueroptimale Strukturierung einer Mudaraba ableiten lassen, wird in Abschnitt D dieser Arbeit vertieft.

II. Musharaka

Ein zivilrechtlicher Vergleich der Musharaka mit fremdkapitalähnlichen oder hybriden Finanzierungsverträgen nach deutschem Recht läuft zwangsläufig ins Leere. Kennzeichnend für diese Finanzierungsform des Islamic Finance ist keine schuld-, sondern eine gesellschaftsrechtliche Vereinbarung. Hierbei schließen sich zwei Gesellschafter zur Erzielung eines gemeinsamen Zwecks zusammen. Dies kann entweder mittels einer Kapitalerhöhung bei einem bestehenden Unternehmen oder durch Gründung einer neuen Gesellschaft erfolgen. Bei letzterer Variante bringen beide Parteien echtes Eigenkapital in Form von liquiden Mitteln ein.[140] Die Gesellschafter haften idealtypisch – vergleichbar mit den Gesellschaftern einer deutschen Gesellschaft bürgerlichen Rechts oder einer offenen Handelsgesellschaft –[141] gesamtschuldnerisch und unbeschränkt.

Durch den Einsatz haftungsbeschränkter Kapitalgesellschaften als gesellschaftsrechtliches Vehikel wird in jüngster Vergangenheit jedoch das Haftungsrisiko der Parteien reduziert, was von den unterschiedlichen Rechtsschulen zunehmend gebilligt wird und Einzug in die Finanzierungspraxis des Islamic Finance gefunden hat.[142]

---

136 *Deloitte & Touche*, (o. Fn. 127), S. 19; *Rauch/Schimpfky/Schneider*, (o. Fn. 129), S. 129; *Herfurth & Partner*, (o. Fn. 125), S. 1; *Partikel*, in: Handelsgesetzbuch, Handkommentar, 2011, § 230, Rn. 26; *Merkt/Koller*, Beck'sche Kurz-Kommentare, Handelsgesetzbuch, 33. Auflage, 2008, § 230, Rn. 18.
137 Vgl. B II 3 a), Fn. 83; Sinn und Zweck dieser Maximalkataloge von Mudaraba-Bedingungen und – Beschränkungen ist es explizit, eine Beteiligung des Kapitalgebers an der Geschäftsführung der Mudaraba zu verhindern. Nach dem Leitbild der Scharia obliegt diese nämlich ausschließlich dem Kapitalnehmer.
138 *Momen*, (o. Fn. 32), S. 24.
139 *Deloitte & Touche*, (o. Fn. 127), S. 20; *Merkt/Koller*, Beck'sche Kurz-Kommentare, Handelsgesetzbuch, 33. Auflage, 2008, § 232, Rn. 4.
140 *Roser*, (o. Fn. 33), S. 153 ff. sowie 171 ff.
141 *Momen*, (o. Fn. 32), S. 19.
142 *Casper*, ZBB 2010, S. 354.

Unabhängig davon, welcher gesellschaftsrechtliche Mantel für die Ausgestaltung gewählt wird, bleibt festzustellen, dass die jeweiligen Gewinnanteile keinesfalls abzugsfähige Betriebsausgaben darstellen können. Die Musharaka scheidet somit als debt-push-down-fähiges Finanzierungsinstrument zur Akquisitionsfinanzierung aus.

III. Murabaha

Die Murabaha wird durch zwei hintereinander geschaltete Kaufverträge gemäß § 433 BGB abgebildet. Der zweite Kaufvertrag beinhaltet eine Stundung des Kaufpreises, welche gegebenenfalls um eine Ratenzahlungsvereinbarung ergänzt werden kann. Aus dem zweiten Kaufvertrag resultiert eine unverzinsliche Verbindlichkeit des Unternehmers gegenüber dem Kapitalgeber, welche gemäß § 253 Abs. 1 Satz 2 HGB grundsätzlich mit ihrem Erfüllungsbetrag anzusetzen ist.[143]

Auch wenn der Kapitalgeber im Zuge des zweiten Kaufvertrags bei einer Murabaha einen Ertrag durch den in Abschnitt B II. 4. a) näher erläuterten Gewinnaufschlag erzielt, welcher in der Praxis der Höhe nach mittels Aufzinsung gültiger Referenzzinssätze für Fremdkapital bestimmt wird,[144] begründet dieser zumindest handelsrechtlich keine korrespondierenden Finanzierungsaufwendungen bei dem finanzierten Unternehmen. Eine Abzinsung der durch die Durchführung der Murabaha bei Unternehmen entstandenen unverzinslichen Forderung ist hier aufgrund des zwingend einzuhaltenden Realisationsprinzips gemäß § 252 Abs. 1 Nr. 4 HGB nicht zulässig.[145]

IV. Tawarruq

Das Finanzierungsinstrument Tawarruq unterscheidet sich von der Mudaraba lediglich durch die Vereinbarung eines weiteren Kaufvertrags, bei welchem das Wirtschaftsgut an eine dritte Partei verkauft wird und die Bezahlung des Kaufpreises per sofort erfolgt.[146]

Im Ergebnis entsteht hier – wie bei der zuvor behandelten Murabaha – eine unverzinsliche Verbindlichkeit des Unternehmers gegenüber dem Kapitalgeber mit derselben handelsrechtlichen Bewertung dieser Verbindlichkeit.

---

143 *Momen*, (o. Fn. 32), S. 27; *Ballwieser*, in: Münchener Kommentar, HGB, Band 4, 2. Auflage, 2008, § 253, Rn. 81; *Merkt*, Beck'sche Kurz-Kommentare, Handelsgesetzbuch, 33. Auflage, 2008, § 253, Rn. 2; Koller/Roth/Morck, § 252, Rn. 3; *Jonas/Elprana*, in: Handelsgesetzbuch, Handkommentar, 2011, § 253, Rn. 80.
144 *Beck*, Der Zinsbegriff im islamischen Finanzrecht und deutschen Steuerrecht, Internationales Steuerrecht, 2010, S. 229.
145 *Ballwieser*, in: Münchener Kommentar, HGB, Band 4, 2. Auflage, 2008, § 253, Rn. 81; *Merkt*, Beck'sche Kurz-Kommentare, Handelsgesetzbuch, 33. Auflage, 2008, § 253, Rn. 2; *Morck*, Handelsgesetzbuch, Kommentar, 7. Auflage, 2011, § 252, Rn. 3; *Jonas/Elprana*, in: Handelsgesetzbuch, Handkommentar, 2011, § 253, Rn. 80.
146 *Momen*, (o. Fn. 32), S. 34.

V. Sukuk

Bei einem Sukuk tritt, wie an anderer Stelle beschrieben, eine haftungsbeschränkte Zweckgesellschaft (SPV) als Kapitalgeber für ein Finanzierungsinstrument des Islamic Finance auf.[147]

Da zwingend immer eines der oben dargestellten Grundmodelle des Islamic Finance mit einem Sukuk in Verbindung stehen muss, hängt die zivilrechtliche Einordung der bereitgestellten Mittel bei finanzierten Unternehmen jeweils von dem verwendeten Grundmodell ab. Bei einem Sukuk-al-Mudaraba kann z.B. auf die Einordnung einer Mudaraba verwiesen werden, beim Sukuk-al-Murabaha auf die Murabaha usw. [148]

---

147 Vgl. B II 5.
148 Scherer/Elser, Corporate Finance Law 2012, S. 244.

D. Ertragsteuerliche Behandlung von Finanzierungsaufwendungen

I. Mudaraba

1. Typisch stille Beteiligung

Folgt die stille Beteiligung dem Regelstatut des HGB, so ist diese auch ertragsteuerlich regelmäßig als typisch stille Gesellschaft zu qualifizieren.[149] Der Gewinnanteil eines typisch stillen Gesellschafters stellt für die zu finanzierenden AkquiCo nach KStG eine abzugsfähige Betriebsausgabe dar.[150] Gemäß § 4 Abs. 4 EStG i. V. m. § 8 Abs. 1 KStG mindert – sofern § 4 h EStG einem Abzug nicht entgegensteht und sofern die Gewinnbeteiligung des stillen Gesellschafters in Relation zur eingebrachten als angemessen erscheint – die Vergütung des stillen Gesellschafters die Bemessungsgrundlage zur Berechnung der Körperschaftsteuer.[151]

Auch aus gewerbesteuerlicher Sicht stellen die Gewinnanteile des stillen Gesellschafters (teilweise) abzugsfähige Betriebsausgaben in der Sphäre der AkquiCo dar. Bemessungsgrundlage für die Gewerbesteuer ist der sogenannte Gewerbeertrag. Ausgehend vom körperschaftsteuerlichen Gewinn wird dieser durch in § 8 GewStG benannte Hinzurechnungstatbestände erweitert oder durch in § 9 GewStG benannte Kürzungstatbestände gekürzt. Unter die Hinzurechnungstatbestände fallen neben Fremdkapitalzinsen, Leasingraten und Mietaufwendungen die Gewinnanteile einer stillen Gesellschaft, welche zu 25% dem Gewerbeertrag hinzugerechnet werden.[152]

Aus der Perspektive des Kapitalgebers gehören die Gewinnanteile aus seiner typisch stillen Beteiligung zu den Einkünften aus Kapitalvermögen gemäß § 20 Abs. 1 Nr. 4 EStG. Wurde die Einlage aus dem Betriebsvermögen heraus geleistet, so gehören diese nach § 20 Abs. 8 EStG zu den Einkünften aus Gewerbebetrieb nach § 15 EStG und unterliegen dort, je nach Rechtsform des Kapitalgebers der Gewerbe- und Körperschaftsteuer.[153]

Im Falle einer typisch stillen Beteiligung ist zu beachten, dass der Gewinnanteil gemäß § 43 Abs. 1 Nr. 3 EStG mit der Kapitalertragsteuer belastet wird, wobei es zur Erhebung der Steuer – für den Fall, dass der Gesellschaftervertrag keinen Fälligkeitszeitpunkt für die Zahlung bestimmt – nicht auf den tatsächlichen Zufluss beim Kapitalgeber ankommt.[154] Eine vertragliche Stundung der Kapitalerträge schiebt die Fälligkeit der Kapitalertragsteuer auf.[155]

---

149 *Schulze zur Wiesche*, Die GmbH & Still, 5. Auflage, 2009, S. 76, Rn. 149; *Weber-Grellet*, in: Einkommensteuergesetz, Kommentar, 31. Auflage, 2012, § 20, Rn. 81.
150 *Herrmann/Heuer/Raupach*, in: Einkommensteuer- und Körperschaftssteuergesetz, Kommentar, 2013, § 4 h, Rn. 75.
151 *Gosch*, Beck'sche Steuerkommentare, Körperschaftssteuergesetz, 2. Auflage, 2009, § 8, Rn. 1230; *Schulze zur Wiesche*, (o. Fn. 149), S. 247 f., Rn. 392.
152 *Schulze zur Wiesche*, (o. Fn. 149), S. 212 f., Rn. 363 – 364; wobei eine Hinzurechnung nur erfolgt, sofern der Gesamtbetrag der hinzurechnungspflichtigen Beträge die Summe von 100.000 EUR im Sinne einer Freigrenze überschreitet.
153 *Weber-Grellet*, in: Einkommensteuergesetz, Kommentar, 31. Auflage, 2012, § 20, Rn. 81.
154 *Blaurock*, Handbuch der stillen Beteiligung, 6. Auflage, 2003, S. 618, Rn 23.3; § 44 Abs. 3 EStG; *Weber-Grellet*, in: Einkommensteuergesetz, Kommentar, 31. Auflage, 2012, § 20, Rn. 81.
155 *Weber-Grellet*, in: Einkommensteuergesetz, Kommentar, 31. Auflage, 2012, § 44, Rn. 6.

2. Atypisch stille Beteiligung

Weicht die stille Beteiligung von den Regelungen des HGB derart ab, dass der stille Gesellschafter steuerlich als Mitunternehmer zu qualifizieren ist, so spricht man von einer atypisch stillen Beteiligung.[156] Der Begriff der Mitunternehmerschaft ist im Gesetz nicht definiert. Dieser wird in § 15 Abs. 1 EStG lediglich genannt und gilt als vorausgesetzt. Die in der Literatur gängigen Definitionen knüpfen an Definitionen und Voraussetzungen des Unternehmerbegriffes an. Demnach ist die (Mit-)Unternehmer-eigenschaft geprägt durch ein (Mit-)Unternehmerrisiko und eine (Mit-)Unternehmerinitiative.[157] Zur Qualifikation als atypisch stille Beteiligung müssen beide Merkmale kumulativ im Rahmen eines Gesamtbildes vorliegen, wobei diese unterschiedlich stark ausgeprägt sein dürfen.[158]

Die Mitunternehmerinitiative schlägt sich insbesondere in den Kontroll-, Informations- und Mitwirkungsrechten des stillen Gesellschafters nieder. Angenommen werden kann eine Mitunternehmerinitiative, wenn der Gesellschafter im Innenverhältnis mit den Rechten eines Kommanditisten ausgestattet wird, insbesondere mit Vetorechten bei außergewöhnlichen Geschäften.[159] Auch die Vereinbarung von typischen Rechten eines Gesellschafters, z.B. die Zustimmung bei der Änderung des Geschäftszwecks oder der Aufnahme neuer Gesellschafter, spricht für die Annahme einer atypisch stillen Beteiligung.[160]

Ein Mitunternehmerrisiko eines still Beteiligten besteht nach Ansicht der Finanzverwaltung auf jeden Fall dann, wenn diesem bei Beendigung der stillen Gesellschaft ein Anspruch am tatsächlichen Zuwachs des Gesellschaftsvermögens inklusive der stillen Reserven und eines Geschäftswertes zusteht.[161]

Eine Folge der Qualifikation einer stillen Beteiligung als atypisch stille Beteiligung wäre die Wertung der Gewinnanteile derselben als Einnahmen aus Gewerbebetrieb gemäß § 15 Abs. 1 Satz 1 Nr. 2 EStG. Für die GmbH & Still erwächst hieraus die Verpflichtung, den Gewinn über eine einheitliche und gesonderte Gewinnermittlung gemäß den §§ 179 Abs. 2 Satz 2, 180 Abs. 1 Nr. 2 a AO durchzuführen.[162] Der Gewinnanteil eines atypisch stillen Gesellschafters stellt für das finanzierte Unternehmen keine abzugsfähigen Betriebsausgaben dar.[163] Eine ertragsteuerliche Optimierung eines mittels atypisch stiller Beteiligung finanzierten Unternehmenskaufs kommt demnach nicht in Frage.

---

156 BFH, 25.06.1984 - GrS 4/82.
157 *Reiß*, in: Einkommensteuergesetz, Kommentar, 11. Auflage, 2012, § 15, Rn. 206.
158 *Herrmann/Heuer/Raupach*, in: Einkommensteuer- und Körperschaftsteuergesetz, Kommentar, 2013, § 15, Rn. 304; *Schulze zur Wiesche*, (o. Fn. 149), S. 76, Rn. 150 – 151. Aus dieser weichen Abgrenzung lässt sich keine Rechtssicherheit ableiten. Sie kann lediglich zu einzelfallbezogenen Entscheidungen führen.
159 Wacker, in: Einkommensteuergesetz, Kommentar, 31. Auflage, 2012, § 15, Rn. 341; Schulze zur Wiesche, (o. n. 149), S. 82, Rn. 159.
160 *Schulze zur Wiesche*, (o. Fn. 149), S. 82, Rn. 159.
161 Wacker, in: Einkommensteuergesetz, Kommentar, 31. Auflage, 2012,§ 15, Rn. 343; BFH, 13.07.1993 – VIII R 85/91; BFH, 31.08.1999 - VIII R 21/98.
162 *Schulze zur Wiesche*, (o. Fn. 149), S. 125 f., Rn. 228 – 229; *Blaurock*, (o. Fn. 154), S. 629, Rn. 23.40.
163 *Blaurock*, (o. Fn. 154), S. 629, Rn. 23.39; Dötsch/Franzen/Sädtler/Sell/Zenthöfer, Körperschaftsteuer, 15. Auflage, 2012, S. 122.

3. Strukturierungshinweise für eine steueroptimierte Mudaraba

Damit die Gewinnanteile einer Mudaraba als ertragsteuerlich abzugsfähige Betriebsausgaben qualifiziert werden können, ist diese derart konzipiert, dass sie ihrem Wesen nach einer typisch stillen Beteiligung entspricht.

Hierzu sind insbesondere die in B II erwähnten Informations- und Kontrollrechte in der Mudaraba-Vereinbarung schwächer ausgestaltet worden als die eines Kommanditisten.[164] Zu den Mitwirkungs- und Kontrollrechten eines Kommanditisten gehören folgende:[165]

i. gleichberechtigtes Stimmrecht bei der Beschlussfassung der Gesellschaft;

ii. Recht zum Widerspruch gegen Handhabungen der Geschäftsführung, welche über den gewöhnlichen Betrieb des Handelsgeschäftes hinausgehen;

iii. Recht auf Mitteilung des Jahresabschlusses und Einsichtnahme in die Bücher und Papiere.

Sofern bei der Konzeption von Mudaraba-Vereinbarungen auf die Einräumung von Vetorechten verzichtet wird, dürfte steuerlich eine Mitunternehmerinitiative zu verneinen sein.

Problematischer bei der Strukturierung einer steueroptimierten Mudaraba ist der Umgang mit der Beteiligung des Kapitalgebers am Liquidationserlös. Wie in Abschnitt B dargestellt, orientiert sich die Gewinnbeteiligung des Rabb-al-Mal bei der Grundform der Mudaraba am Totalgewinn, d.h. den laufenden Gewinnen zuzüglich des Liquidationserlöses der gemeinsamen Gesellschaft.

Diese Art der Gewinnbeteiligung deckt sich jedoch vollständig mit der in der Literatur beschriebenen Gewinnbeteiligung, welche nach deutschem Steuerrecht das Mitunternehmerrisiko kennzeichnet.[166]

Neben dem Grundmodell der Mudaraba wurde in der jüngeren Finanzierungspraxis des Islamic Finance das Modell der sogenannten diminishing Mudaraba entwickelt. Hier wird die Einlage des Rabb-al-Mal, zu Lasten der Gewinnansprüche des Mudarib, sukzessive bis zur endgültigen Tilgung zurückgeführt. Der Kaufpreis des jeweiligen Anteils der Einlage ist der jeweilige nominelle Anteil der ursprünglichen Einlage.[167] Die Nutzung dieses Konzeptes bei der Strukturierung dürfte dazu führen, dass eine derartige Mudaraba-Struktur steuerlich als typisch stille Beteiligung bewertet werden kann. Durch die Vereinbarung fester Kaufpreise für die ratierliche Ablösung der Mudaraba handelt es sich hierbei um eine stille Beteiligung, bei der von Anfang an eine Gewinnbeteiligung im Sinne des Mitunternehmerrisikos

---

164 *Wacker*, in: Einkommensteuergesetz, Kommentar, 31. Auflage, 2012, § 15, Rn. 341; *Schulze zur Wiesche*, (o. Fn. 149), S. 82, Rn. 159.
165 *Herrmann/Heuer/Raupach*, in: Einkommensteuer- und Körperschaftssteuergesetz, Kommentar, 2013, § 15, Rn. 310.
166 *Reiß*, in: Einkommensteuergesetz, Kommentar, 11. Auflage, 2012, § 15, Rn. 208; *Wacker*, in: Einkommensteuergesetz, Kommentar, 31. Auflage, 2012, § 15, Rn. 343; *Herrmann/Heuer/Raupach*, in: Einkommensteuer- und Körperschaftssteuergesetz, Kommentar, 2013, § 15, Rn. 321.
167 *Vogel/Hayes*, (o. Fn. 87), S. 138.

fehlt.[168] Durch den Umstand, dass die Einlage zu festen Preisen abgelöst bzw. getilgt wird, wird der stille Gesellschafter faktisch nicht an den stillen Reserven und am Geschäftswert beteiligt.[169]

Da die deutsche Rechtsprechung eine rechtssichere Qualifikation einer stillen Gesellschaft bei Abweichungen vom Leitbild des HGB nicht zweifelsfrei ermöglicht, ist stets eine verbindliche Stellungnahme der zuständigen Finanzbehörde einzuholen.[170]

II. Murabaha und Tawarruq als unverzinsliche Verbindlichkeiten

Entgegen der in Abschnitt C dargestellten handelsrechtlichen Beurteilung unverzinslicher Verbindlichkeiten enthalten diese aus ertragsteuerlicher Sicht einen verdeckten Zinsanteil. Mittels Abzinsung wird die unverzinsliche Verbindlichkeit in einen Kapitalabteil und einen zuvor verdeckten Zinsanteil aufgespalten.[171] Eine Abzinsung ist auch dann vorzunehmen, wenn – wie auch bei der Vereinbarung von Murabaha und Tawarruq zwangsläufig der Fall – die Vertragsparteien ausdrücklich eine Verzinsung ausschließen.[172] Notwendige Voraussetzung zur Abzinsung ist gemäß § 6 Abs. 1 Nr. 3 EStG eine Laufzeit der Verbindlichkeit von mindestens zwölf Monaten.[173] Auch unverzinsliche Anschaffungsverbindlichkeiten, wie sie bei der Mudaraba und der Tawarruq entstehen, sind mit einem Zinssatz von 5,5 abzuzinsen. Dies gilt auch für den Fall, dass eine langfristige Ratenzahlung vereinbart wurde.[174] Die abgezinste Forderung ist während ihrer Laufzeit von Jahr zu Jahr aufzuzinsen. Die hierdurch enstehenden Aufzinsungsbeträge stellen die anzusetzenden Zinsaufwendungen nach Maßgabe des § 4 h EStG dar.[175]

Die Behandlung unverzinslicher Verbindlichkeiten nach deutschem Steuerrecht führt zu abzugsfähigen Betriebsausgaben, obwohl die Parteien einer Murabaha oder einer Tawarruq ausdrücklich eine Zinsvereinbarung vermeiden wollen.

E. Fazit

Die vorangegangene zivilrechtliche und steuerliche Untersuchung zeigt, dass trotz des zu beachtenden Riba-Verbots die Vergütungen der Instrumente Murabaha, Tawarruq und – bei entsprechender Strukturierung als typisch stille Gesellschaft – selbst das eigenkapitalähnliche Instrument Mudaraba zu abzugsfähigen Betriebsausgaben führen. Somit erfüllen diese Finanzierungsformen die notwendige Voraussetzung, um bei ihrem Einsatz zum Zwecke eine Unternehmenskaufs der AkquiCo einen Debt-Push-Down zu ermöglichen.

---

168 *Reiß*, in: Einkommensteuergesetz, Kommentar, 11. Auflage, 2012, § 15, Rn. 208.
169 *Reiß*, in: Einkommensteuergesetz, Kommentar, 11. Auflage, 2012, § 15, Rn. 208; *Wacker*, in: Einkommensteuergesetz, Kommentar, 31. Auflage, 2012, § 15, Rn. 343; *Herrmann/Heuer/Raupach*, in: Einkommensteuer- und Körperschaftssteuergesetz, Kommentar, 2013, § 15, Rn. 321.
170 *Vogel/Hayes*, (o. Fn. 87), S. 138.
171 *Kulosa*, in: Einkommensteuergesetz, Kommentar, 31. Auflage, 2012, § 6, Rn. 454; *Kiesel*, in: Einkommensteuer- und Körperschaftssteuergesetz, Kommentar, 2013, § 6, Rn. 1143.
172 BFH, 25.06.1974 - VIII R 163/71; BFH, 25.02.1975 - VIII R 19/70; BFH, 21.10.1980 - VIII R 190/78.
173 BMF v. 26.05.2005 - IV B 2 -S 2175 - 7/05.
174 *Kulosa*, in: Einkommensteuergesetz, Kommentar, 31. Auflage, 2012, § 6, Rn. 454.
175 *Hick*, in: Einkommensteuer- und Körperschaftssteuergesetz, Kommentar, 2013, § 4 h, Rn. 81.

Der Einsatz einer Murabaha zur Finanzierung eines Unternehmenskaufs erscheint indes kaum praktikabel, denn hierbei muss notwendigerweise der Kapitalgeber das Zielunternehmen erwerben. Um der Scharia zu genügen, tritt der Kapitalgeber bei einer solchen Transaktion auch für die Risiken der Unternehmenskaufverträge ein, ohne – aufgrund des fest vereinbarten Gewinnaufschlags – ausreichend an den Chancen der Transaktion partizipieren zu können.

Die Verwendung einer – aus Sicht der Scharia ohnehin nur grenzwertig zulässigen – Tawarruq ist aus Sicht des Verfassers lediglich im Kontext der Ausschüttung offener Gewinnrücklagen sinnvoll. Hierzu könnte das Zielunternehmen selbst eine Tawarruq abschließen. Als Kaufgegenstand der Tawarruq käme ein hochpreisiges, sehr fungibles Wirtschaftsgut, z.B. Edelmetalle, in Frage. Die auf diese Art und Weise beschaffte Liquidität kann an die AkquiCo ausgeschüttet werden, welche dadurch wiederum in die Lage versetzt wird, ihre zuvor getätigte Akquisitionsfinanzierung zu tilgen.

Abgesehen von der aufwendigeren steuerlichen Strukturierung erscheint die Mudaraba als das zur Finanzierung eines Unternehmenserwerbs in Deutschland zu präferierende Finanzierungsinstrument. Vertragspartner im Unternehmenskaufvertrag kann hier ohne Umwege die AkquiCo selbst sein. Die Haftung aus dem Unternehmenskaufvertrag verbleibt hier in der AkquiCo. Die gewinnabhängige Vergütung des Kapitalgebers korrespondiert bei der Mudaraba in einem höheren Maße mit dem Risiko der bereitgestellten Finanzierung und macht diese als Instrument zu Begleitung eines Unternehmenserwerbes dadurch mit hoher Wahrscheinlichkeit für potenzielle Kapitalgeber interessanter.

Die integrierte Finanzplanung als Controlling-Instrument im Transaktionskontext – das Bindeglied zwischen der (Pre-) Financial Due Diligence und Post Merger Integration

Von Lars-Michael Böhle, EMBA

A. Anspruch an ein phasenverbindendes Controlling-Instrument in der Unternehmens- transaktion 41
  I. Problemstellung und Zielsetzung 41
  II. Aufbau der Arbeit 43
B. Grundlagen 43
  I. Transaktionsphasen und Integrationserfolg 43
  II. Wertorientierung im M&A-Controlling 44
  III. Konzepte eines wertorientierten M&A-Controlling 45
  IV. Modell der Integrierten Finanzplanung 48
C. Werttreiberbasierte Finanzplanung 50
  I. Identifizierung von Werttreibern 50
  II. Planung von Werttreibern 54
    1. Leistungswirtschaftliche Werttreiber 54
      a.) Umsatzwachstum 54
      b.) Kostenstruktur 55
      c.) Working Capital 56
    2. Finanzwirtschaftliche Werttreiber 57
  III. M&A-relevante Zielkennzahlen 58
  IV. Plausibilisierung des Finanzplanungsmodells 61
D. Implikationen für eine integrationsorientierte Financial Due Diligence 62
  I. Strategische und operative Verzahnung 62
  II. Unterstützung durch Business Intelligence 64
E. Zusammenfassung und kritische Würdigung 66
F. Anhang 68

A. Anspruch an ein phasenverbindendes Controlling-Instrument in der Unternehmenstransaktion

I. Problemstellung und Zielsetzung

> *"Planung ersetzt den Zufall durch den Irrtum"*
> Albert Einstein

Um zu IBM und Oracle aufzuschließen, erwirbt Hewlett-Packard (HP) im Jahr 2008 den Outsourcing-Dienstleister Electronic Data Systems (EDS) für 13,9 Mrd. US-Dollar. Nur vier Jahre später, Ende 2012, schreibt HP den Beteiligungsbuchwert von EDS um 8 Mrd. US-Dollar ab.[1] Ein Ausnahmefall? Keineswegs – die Misserfolgsquote von Post Merger

---
[1] Vgl. http://www.nytimes.com/2012/08/09/technology/hp-takes-8-billion-charge-on-eds-acquisition.html?_r=0 (Abruf vom 04.06.2013).

Integration liegt bei über 60%.[2] Zahlreiche Veröffentlichungen führen das Scheitern auf die mangelnde Planung, Steuerung und Kontrolle von Unternehmenszusammenschlüssen zurück[3] – klare Aufgaben, die sich unter einem effizienten Akquisitionscontrolling subsumieren lassen. Das obige Beispiel zeigt: Im Mittelpunkt der Diskussion steht der Kaufpreis bzw. Unternehmenswert als Ergebnis zukünftiger Wachstums-, Synergie- und Restrukturierungspotenziale.

Der Anspruch dieser Arbeit besteht darin, wie das in der Financial Due Diligence[4] verwendete Werkzeug zur Unternehmensbewertung sog. *Financial Modeling* optimiert werden kann, um den betriebswirtschaftlichen Integrationserfolg sicherzustellen. Die Hauptkritik am – fast ausschließlich Excel-basierten – Financial Modeling resultiert aus sachlichen Inkonsistenzen bei einer werttreiberorientierten Planung, bspw. bei der Planung einer Wachstumsstrategie ohne Berücksichtigung der Working Capital-Veränderung.[5] Diese fehlende Dynamik wirkt ebenso auf die Erfordernis in Szenarien zu denken bzw. zu planen. So werden Synergiepotenziale in der Transaktion häufig überschätzt (sog. "Synergiefallen"[6]). Welche Auswirkung hat die (Nicht-)Realisierung vorgesehener Synergiepotenziale auf den Unternehmenswert? Ist der Kaufpreis für diesen Fall noch angemessen? Das Financial Model bleibt zudem in der Hand der transaktionsberatenden Consultants. Eine Übergabe in die Hände des Erwerbes findet i.d.R. nicht statt. Damit lässt sich der Effekt identifizierter und zur Unternehmensbewertung herangezogener Werttreiber ex-post nicht mehr nachvollziehen, wodurch die Nutzbarkeit dieses Ansatzes für eine wirkungsvolle Integrationsphase stark eingeschränkt wird. Hieraus leiten sich folgende Arbeitshypothesen ab:

Nr. 1: *Integration beginnt nicht erst im Zeitpunkt des Closing.* Die Basis für eine erfolgreiche Transaktion wird bereits in der Financial Due Diligence durch eine realitätsnahe Bewertung des Akquisitionsobjekts geschaffen.

Nr. 2: *Der Erfolg des Geschäftsmodells wird durch wenige Werttreiber bestimmt.* Die Identifikation und Kommunikation operativer Stellhebel erhöht das Verständnis über Wirkungszusammenhänge im Unternehmen und sensibilisiert die Entscheidungsträger hinsichtlich des Wertbeitrages bei (Nicht-)Realisierung von Planpotenzialen in der Integrationsphase.

Nr. 3: *Die Integrierte Finanzplanung stellt ein phasenverbindendes Controlling-Instrument zur Planung, Steuerung und Kontrolle der Transaktion dar.* Durch die sachliche, organisatorische und zeitliche Verknüpfung von GuV, Bilanz und Cashflow ist die IFP ein in sich schlüssiges Planungsmodell.

Die *Integrierte Finanzplanung* kann dabei nur als geeignet betrachtet werden, wenn es am Markt eine hohe Akzeptanz aufweist und möglichst manipulationsresistent ist.

---

2   Vgl. *Gerds/Schewe,* Post-Merger-Integration, 3. Auflage, 2006, S. 3.
3   Vgl. allgemein *Eulerich,* Strategische Planung und Steuerung von Mergers & Acquisitions – Strategische Herausforderung in Krise und Aufschwung, in: Saenger, Ingo/Schewe, Gerhard, Forum Mergers & Acquisitions 2012, 2012, S. 259 (260) und die dort zitierten Quellen. *Horzella,* Wertsteigerung im M&A-Prozess: Erfolgsfaktoren-Instrumente-Kennzahlen, 2010, S. 157 bezieht selbige These auf die Realisierung von Synergiepotenzialen im Rahmen von M&A.
4   Im Deutschen sinngemäß als "gebührende Sorgfalt" übersetzt.
5   Vgl. hier und im folgenden *Palepu,* Business analysis and valuation, 2007, S. 376 f.
6   Vgl. *Wala/Messner,* Synergiecontrolling im Rahmen von Mergers & Acquisitions, 2007, S. 6.

II. Aufbau der Arbeit

Kapitel B ordnet die Financial Due Diligence und Post Merger Integration zunächst in ein Transaktionsphasenmodell ein (Kapitel B. I.). Die Bedeutung einer strengen Liquiditätsorientierung aus Gläubigersicht wird konkretisiert (Kapitel B. II.). In der Praxis dominieren zwei Ansätze, der Economic Value Added und der für die Integrierte Finanzplanung bedeutsame Free Cashflow-Ansatz (Kapitel B. III. und B. IV.).

Das Kapitel C beschreibt die zu identifizierenden (Kapitel C. I) und zu planenden leistungs- und finanzwirtschaftlichen Werttreiber im Rahmen einer wertorientierten Unternehmensführung (Kapitel C. II). Im Mittelpunkt stehen konkrete Maßnahmen zur Steigerung des Unternehmenswertes. Die im Rahmen einer Transaktion sowohl für die Geschäftsführung als auch Gläubiger relevanten Zielkennzahlen werden in Kapitel C. III. näher beschrieben. Dieser Teil schließt mit Prüfungsschwerpunkten zur Plausibilisierung des Business Plans (Kapitel C. IV.).

Kapitel D leitet aus den gewonnenen Erkenntnissen Empfehlungen für eine Financial Due Diligence ab, die stärker auf den Integrationserfolg ausgerichtet ist. Die frühzeitige Verzahnung von Fach- und Führungskräften (Kapitel D. I.) und Standardisierung mittel IT-basierten Lösungsansätzen (Kapitel D. II.) stehen hier im Mittelpunkt. Kapitel E fasst die Ergebnisse der Arbeit zusammen und bewertet diese kritisch vor dem Hintergrund der Anwendbarkeit einer integrierten Finanzplanung als Controlling-Instrument im Transaktionskontext.

B. Grundlagen

I. Transaktionsphasen und Integrationserfolg

M&A-Transaktionen weisen einen hohen Komplexitätsgrad auf.[7] Teams aus interdisziplinären Fachrichtungen müssen in kürzester Zeit Entscheidungen in einem dynamischen Marktumfeld treffen. Zur grundsätzlichen Strukturierung eines Transaktionsprozesses werden in der wirtschaftswissenschaftlichen Literatur Prozessmodelle von unterschiedlicher Detaillierung diskutiert.[8]

Es dominieren Drei-Phasenmodelle mit der Unterteilung in eine Vorbereitung-, Transaktions- und Integrationsphase:[9]

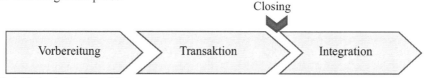

Abb. 1: Idealtypischer Transaktionsprozess

---

7 Zur Kategorisierung der M&A-Projektmerkmale vgl. *Mörsdorf,* Konzeption und Aufgaben des Projektcontrolling, 1998, S. 62.

8 Vgl. hier und im folgenden *Rademacher,* Prozess- und wertorientiertes Controlling von M&A-Projekten, 1. Auflage, 2011, S. 25 ff.

9 In Anlehnung an *Rademacher,* (o. Fn. 8), S. 26 i.V.m. *Galpin/Herndon,* The complete guide to mergers and acquisitions, 2. Auflage, 2007, S. 9.

Die Vorbereitungsphase dient einer umfassenden Unternehmens- und Umfeldanalyse. Es muss die Frage beantwortet werden, ob sich die strategische Lücke durch eine Verbesserung der Wettbewerbsposition, geografische Expansion, Marktdurchdringung, Kosteneffizienz, Diversifizierung, o.ä. schließen lässt oder (externe) M&A-Aktivitäten erforderlich sind. Dabei bestimmt das M&A-Projektziel das weitere Vorgehen hinsichtlich der Identifikation und Auswahl geeigneter Kandidaten (engl. Targets).

Die Transaktionsphase dient der systematischen Überprüfung des Targets hinsichtlich seinem strategischen, finanziellen, rechtlichen, steuerlichen und kulturellen Fit zum Erwerber. Die Ergebnisse der in dieser Arbeit untersuchten Financial Due Diligence fließen in die Unternehmensbewertung (Financial Modeling) und Kaufpreisverhandlung ein. Die tatsächliche Informationsgrundlage richtet sich dabei maßgeblich nach der Kooperationsbereitschaft des Targets. Im Fall einer feindlichen Übernahme ist diese bspw. stark eingeschränkt. Mit dem sog. Closing geht das Target in die Verfügungsgewalt des neuen Eigentümers über.

Im Mittelpunkt der Integrationsphase steht die Realisierung der im Business Plan definierten Restrukturierungs- und Synergiepotenziale. In dieser Phase haben externe Adressaten (insb. Gesellschafter und Banken) ein erhöhtes Informationsbedürfnis. Die einzelnen Phasen der Transaktion sind dabei nicht isoliert voneinander zu betrachten, vielmehr verlangt der Transaktionsprozess nach einem phasenübergreifenden Akquisitionscontrolling.[10] Der Integrationserfolg leitet sich dabei aus dem Erreichungsgrad der oben genannten M&A-Ziele ab.[11]

II. Wertorientierung im M&A-Controlling

Der außergewöhnliche Koordinationsbedarf von M&A-Projekten macht ein effizientes und zielorientiertes Controlling zur Führungsunterstützung erforderlich.[12] COENENBERG ET AL. (2009) beschreiben Controlling allgemein als "zielorientierte Steuerung durch Information, Planung und Kontrolle".[13] Damit steht die Ableitung eines unternehmerischen Oberziels in einem untrennbaren Zusammenhang mit den Interessen der Anspruchsgruppen der Unternehmung. In der Praxis hat sich der auf RAPPAPORT zurückzuführende Shareholder Value-Ansatz als Instrument der strategischen Unternehmensführung durchgesetzt.[14] Hiernach leitet sich der Unternehmenserfolg aus den Barwerten der Zahlungsströme künftiger Perioden ab. Diese gelten aus Sicht der Unternehmenseigentümer als Ausdruck der gegenwärtigen Leistungsfähigkeit wie auch der künftigen Wettbewerbsfähigkeit ihres Unternehmens.[15] Unternehmenswertorientiertes Controlling ist damit auf eine strenge Liquiditätsorientierung ausgerichtet. Empirische Untersuchungen zeigen, dass sich seine vielfach diskutierte Eindimensionalität, d.h. die Vernachlässigung der Interessen anderer

---

10 Vgl. *Eberl,* Der M&A-Prozess: Struktur, Rationalitätsdefizite und die Rolle des Controllings, Controlling & Management 2009, 80.
11 Vgl. *Bachmann,* Synergie- und Nutzungspotentiale von Unternehmenszusammenschlüssen, 1. Auflage, 2001, S. 124.
12 Vgl. *Rademacher,* (o. Fn. 8), S. 22.
13 Vgl. *Coenenberg*/Haller/Mattner/Schultze, Einführung in das Rechnungswesen, 3. Auflage, 2009, S. 9.
14 Vgl. *Coenenberg/Fischer/Günther,* Kostenrechnung und Kostenanalyse, 8. Auflage, 2012, S. 779, *Coenenberg/Salfeld,* Wertorientierte Unternehmensführung, 2003, S. 3. Zum Shareholder Value – Ansatz vgl. im Detail *Rappaport,* Creating shareholder value, 1986.
15 Vgl. *Coenenberg/Fischer/Günther,* (o. Fn. 14), S. 30.

Anspruchsgruppen, nicht per se bestätigen lässt.[16] Auch die Kritik der Kurzfristorientierung ist aufgrund der Einbeziehung künftiger Perioden nicht haltbar. Das unternehmerische Oberziel lässt sich folglich durch eine konsequente Wertorientierung operationalisieren.

III. Konzepte eines wertorientierten M&A-Controlling

In der wertorientierten Unternehmensführung haben sich vorrangig zwei Konzepte durchgesetzt.[17] Der von STERN (2002) und STEWART (1991) entwickelte Ansatz des Economic Value Added (nachfolgend EVA[18]) stellt ein Residualgewinnkonzept dar, bei dem sich der absolute Wertbeitrag einer Periode aus der Differenz zwischen dem mit dem investierten Kapital erwirtschafteten Ergebnis und den Kapitalkosten errechnet.[19] Entgegen der traditionellen Kennzahlen[20] berücksichtigt der EVA auch den Preis für das im Unternehmen gebundene Eigen- und Fremdkapital.[21] Das erwirtschaftete Ergebnis führt hingegen auf die periodisierten, vergangenheitsorientierten Größen aus dem externen Finanz- und Rechnungswesen zurück. Geprägt vom Kapitalerhaltungsgrundsatz[22] kommt es durch Anwendung des Vorsichts-, Imparitäts- und Realisationsprinzips damit zu einer verzerrenden Darstellung von Geschäftsergebnis und Geschäftsvermögen.[23] Die Auswertung buchhalterischer Erfolgsgrößen bietet jedoch Manipulationsspielraum.[24] Um sich an zahlungsorientierte Ziel- und Steuerungsgrößen anzunähern sind über 200 sog. Adjustments (dt. Anpassungen) notwendig.[25] Aufgrund dieser Komplexität werden in der Praxis nur eine begrenzte Anzahl von Anpassungen vorgenommen, was die Aussagefähigkeit und Vergleichbarkeit in Frage stellt.[26]

Der EVA-Ansatz wird bei der retrospektiven Performancemessung eingesetzt. Bei der prospektiven Unternehmens- und Strategiebewertung ist hingegen die Discounted Cashflow- (DCF) Methode weit verbreitet.[27]

---

16 Vgl. *Koller/Goedhart/Wessels/Benrud,* Valuation workbook, 5. Auflage, 2011, S. 11 f.
17 Vgl. *Matschke/Brösel,* Unternehmensbewertung, 3. Auflage, 2007, S. 611.
18 EVA ist ein eingetragenes Warenzeichen von STERN STEWARD & CO. Vgl. zu den Grundlagen im Detail *Stern/Shiely/Ross,* Wertorientierte Unternehmensführung mit E(conomic) V(alue) A(dded), 1. Auflage, 2002 und *Stewart,* The quest for value, 1991.
19 Vgl. *Pape,* Wertorientierte Unternehmensführung, in: Petersen, Karl/Zwirner, Christian/Brösel, Gerrit (Hrsg.), Handbuch Unternehmensbewertung, 2013, S. 646.
20 Neben dem Return on Investment (ROI), Return on Equity (ROE) werden auch der Return on Capital Employed (ROCE) noch häufig zur Operationalisierung des monetären Oberziels herangezogen. Da bei diesen Kennzahlen aber die Kapitalkosten unberücksichtigt bleiben handelt es sich hierbei nicht um wertorientierte Größen im eigentlichen Sinne. Vgl. *Langguth,* Kapitalmarktorientiertes Wertmanagement, 2008, S. 139. WELGE/ AL-LAHAM, Strategisches Management, 2008, S. 222 f. fassen die in der Literatur genannte Kritik zusammen.
21 Vgl. *Heppelmann/Koch,* Wertorientierte Unternehmensführung in deutschen Unternehmen – eine Bestandsaufnahme, Controlling & Management, 2011, 284.
22 Vgl. *Baetge/Kirsch/Thiele,* Bilanzen, 10. Auflage, 2009, S. 96 ff.
23 Vgl. *Pape,* Wertorientierte Unternehmensführung, in: Petersen, Karl/Zwirner, Christian/Brösel, Gerrit (Hrsg.) Handbuch Unternehmensbewertung, 2013, S. 647.
24 Vgl. *Mensch,* Finanz-Controlling: Finanzplanung und -kontrolle, 2. Auflage, 2008, S. 284 f.
25 Vgl. *Welge/Al-Laham,* Strategisches Management, 5. Auflage, 2008, S. 234.
26 Vgl. *Pape,* (o. Fn. 23), S. 648. Vgl. auch *Heppelmann/Koch,* (o. Fn. 21), 284 (286), die den EVA als "Brandingthema" in der Außendarstellung von Unternehmen beschreiben.
27 Vgl. hierzu die empirischen Ergebnisse einer Befragung unter den 400 größten deutschen Unternehmen aus dem CDAX durch *Homburg/Lorenz/Sievers,* Unternehmensbewertung in Deutschland: Verfahren, Finanzplanung und Kapitalkostenermittlung, Controlling & Management, 2011, 119 (120). So auch *Hofmann/Sasse/Hauser/Baltzer,* Investitions-, Finanz- und Working Capital Management als Stellhebel zur Steigerung der Kapitaleffizienz: Stand und neuere Entwicklungen, Controlling & Management, 2007, 153 (156) oder *Aders/Hebertinger/Schaffer/Wiedemann,* Shareholder Value-Konzepte - Umsetzung bei den DAX100-Unternehmen, Finanz-Betrieb, 2003, 719 (721).

Nach der Grundidee der DCF-Methode ergibt sich der Unternehmenswert als Barwert aus den für die Kapitalgeber verfügbaren Zahlungsmittelüberschüsse zukünftiger Perioden. Beim Equity Approach wird der Marktwert des Eigenkapitals direkt ermittelt (Nettomethode).[28] Demgegenüber wird beim Entity Approach zunächst der Gesamtunternehmenswert ermittelt (Bruttomethode) und in einem weiteren Schritt der Marktwert des Fremdkapitals eliminiert. Da der Entity Approach Erfolgsgrößen vor Fremdkapitalzinsen verwendet eignet sich dieser Ansatz nach PAPE (2010) besonders bei der Beurteilung dezentraler Wertsteigerungsstrategien als Ziel- und Steuerungsgröße.[29] 80% der CDAX-Unternehmen nutzen den Free Cashflow (FCF)-Ansatz für eine wertorientierte Unternehmensbewertung. Dieser stellt eine Ausprägung des Entity Approach dar.[30]

Die Renditeforderung der Unternehmenseigentümer wird bei der FCF-Methode über einen gewichteten und risikoadjustierten Kapitalkostensatz (WACC) berücksichtigt.[31] Unter der Maßgabe der Unternehmensfortführung nach der Akquisition sind die FCFs über einen unendlichen Planungshorizont zu prognostizieren. In der Praxis kommen angesichts einer begrenzten Prognosefähigkeit typischerweise Phasenmodelle zum Einsatz.[32] Das gängige Zweiphasenmodell differenziert nach einer Detailplanungsphase, die zwischen drei und fünf Jahren beträgt[33] und einem pauschalierten Restwert, dem sog. Terminal Value (TV)[34]:

$$UW^{FCF} = EK^{FCF} = \sum_{t}^{T-1} \frac{FCF_t}{(1+WACC)^t} + TV_T - FK$$, wobei

$$WACC = r_{EK} \frac{EK}{GK} + r_{FK}(1-s)\frac{FK}{GK}$$

Im FCF drückt sich die Höhe der finanziellen Mittel aus, die zur Bedienung der Ansprüche von Eigen- und Fremdkapitalgebern herangezogen werden können. Korrigiert um den Steuervorteils aus Fremdfinanzierung umfasst er den Cashflow aus Betriebs- und Investitionstätigkeit:

---

28 Vgl. *Ballwieser*, Unternehmensbewertung, 3. Auflage, 2011, S. 132.
29 Vgl. *Pape*, Wertorientierte Unternehmensführung, 4. Auflage, 2010, S. 155.
30 Vgl. *Homburg/Lorenz/Sievers*, (o. Fn. 27), 120.
31 Vgl. zur grundlegenden Arbeit *Sharpe*, Capital Asset Prices - A Theory of Market Equilibrium under Condition of Risk, Journal of Finance, 1964, 425.
32 Vgl. hier und nachfolgend *Pape*, (o. Fn. 23), S. 644.
33 Vgl. *Homburg/Lorenz/Sievers*, (o. Fn. 27), 124.
34 Vgl. nachfolgend in Anlehnung an *Matschke/Brösel*, (o. Fn. 17), S. 673.

(1)		Jahresüberschuss
(2)	+	Zinsaufwendungen
(3)	=	Gewinn vor Zinsen, nach Steuern
(4)	-	Steuern auf den „Tax Shield"
(5)	+/-	Abschreibungen/Zuschreibungen
(6)	+/-	Erhöhung/Verbinderung der Rückstellungen
(7)	+/-	Erhöhung/Verbinderung der Sonderposten mit Rücklageanteil
(8)	-/+	Erhöhung/Verringerung des „working capital" (Vorräte + Forderungen aus Lieferungen und Leistungen + geleistete Anzahlungen – Verbindlichkeiten aus Lieferungen und Leistungen – erhaltene Anzahlungen)
(9)	+/-	Erhöhung/Verbinderung passivischer Rechnungsabgrenzungsposten
(10)	-/+	Erhöhung/Verbinderung aktivischer Rechnungsabgrenzungsposten
(11)	-	weitere nicht zahlungswirksame Erträge
(12)	+	weitere nicht zahlungswirksame Aufwendungen
(13)	=	**Cashflow aus Betriebstätigkeit** (nach „Tax Shield")
(14)	+	**Cashflow aus Investitionstätigkeit** (Saldo aus Auszahlungen für Investitionen und Einzahlungen aus Desinvestitionen)
(15)	-/+	Erhöhung/Verringerung des Zahlungsmittelbestandes
(16)	=	**Free Cashflow (FCF)**

Abb. 1: **Indirekte Ermittlung des "Free Cashflow".**[35]

Die Grenzen der FCF-Methode zeigen sich in der retrospektiven periodenbezogenen Performancemessung.[36] Die häufig kritisierte Prognoseunsicherheit der DCF-Methoden lässt sich jedoch auf ihre verfahrensimmanente Zukunftsorientierung zurückführen und kann keinen Anlass bieten, auf prospektive Bewertungsverfahren zu verzichten.[37] Vielmehr ist darauf zu achten, dass sich der FCF aus einer sorgfältigen und transparent nachvollziehbaren Unternehmensplanung ergibt. Hierbei ist dem Faktor Unsicherheit, ebenso wie der Subjektivität der Planannahmen angemessen Rechnung zu tragen.[38]

Aufgrund seiner Verbreitung in der Praxis[39], seinem theoretischen Fundament und seiner klaren Liquiditätsorientierung und daraus resultierenden Manipulationsresistenz[40] ist der FCF-Ansatz nach PAPE (2013) dem Residualgewinnverfahren EVA für die wertorientierte Planung vorzuziehen[41] und stellt die Grundlage der weiteren Untersuchungen dar.

---

35 In Anlehnung an *Matschke/Brösel,* (o. Fn. 17), S. 667.
36 Vgl. *Pape,* (o. Fn. 23), S. 649 f.
37 Vgl. *Pape,* (o. Fn. 29), S. 119.
38 Ebenda.
39 Vgl. *Brauner/Neufang,* Financial Due Diligence II: Liquidität und Finanzierung, in: Berens, Wolfgang/Brauner, Hans U./Strauch, Joachim, Due Diligence bei Unternehmensakquisitionen, 2011, S. 412, *Mensch,* (o. Fn. 24), S. 283.
40 Vgl. *Schulze/Hirsch,* Unternehmenswertsteigerung durch wertorientiertes Controlling, 2005, S. 104.
41 Vgl. zur Gegenüberstellung des FCF- und EVA-Ansatzes im Detail *Pape,* (o. Fn. 23), S. 649 f. und *Pape,* (o. Fn. 29), S. 119.

IV. Modell der Integrierten Finanzplanung

Die integrierte Erfolgs-, Bilanz und Finanzplanung (nachfolgend Integrierte Finanzplanung) führt nach LACHNIT/MÜLLER (2012) zu einer "vollständigen Verknüpfung der betrieblichen Teilpläne im Hinblick auf die Erfolgs- und Liquiditätsziele des Unternehmens"[42]. Dabei gilt die Liquidität als zwingende Voraussetzung des Erfolgs. Schließlich müssen die Einsatzfaktoren für die Leistungserstellung bezahlt werden. Jedoch kann der Erfolg auch als "Vorsteuergröße der Liquidität"[43] betrachtet werden. Denn die Grundlage für den Liquiditätsfluss ist zunächst die Wertentstehung. Folglich dürfen die Erfolg- und Liquiditätssteuerung im Rahmen einer ganzheitlichen Unternehmensplanung nicht isoliert voneinander betrachtet werden.[44] Die Integrierte Finanzplanung ist nach ihrer sachlichen, zeitlichen sowie organisatorischen Integration zu differenzieren.[45]

Sachliche Integration

Die Grundlage der Finanzplanung bildet der sachlich-buchhalterische Zusammenhang von Gewinn- und Verlust-Rechnung[46], Bilanz und Kapitalflussrechnung. Nach dem Konzept der Finanzplanung leitet sich die Kapitalflussrechnung derivativ aus der GuV und Bilanz ab.[47] Die Zahlungsströme ergeben sich hierbei aus den Stromgrößen der GuV und den Bestandsveränderungen der Bilanz zweier aufeinander folgender Stichtage. Positive Beträge werden bei dieser sog. Bewegungsbilanz als Bestandsmehrungen, negative Beträge als Bestandsminderungen interpretiert. Die nachfolgende Abbildung soll die Interdependenz zwischen GuV, Bilanz und Kapitalflussrechnung verdeutlichen:

Vorgang	GuV		Bewegungsbilanz		Kapitalflussrechnung	
	Aufwand	Ertrag	+ Aktiva - Passiva	+ Passiva - Aktiva	Aus- zahlungen	Ein- zahlungen
I. Erfolgszahlungen						
Erfolgseinzahlungen		←				→
Erfolgsauszahlungen	→				←	
Nicht zahlungsbegleitete Erträge		←		→		
Nicht zahlungsbegleitete Aufwendungen	→		←			
II. Investitions- und Finanzzahlungen						
Investitionsauszahlungen			←		←	
Kreditrückzahlungen				←	←	
Eigenkapitalauszahlungen				←	←	
Desinvestitionseinzahlungen				←		→
Krediteinzahlungen				←		→
Eigenkapitaleinzahlungen				←		→
III. Erfolgssaldo	←					
IV. Liquiditätssaldo					←	

Abb. 2: Sachliche Integration von GuV, Bilanz und Kapitalflussrechnung.[48]

---

42 Vgl. *Lachnit/Müller*, Unternehmenscontrolling, 2. Auflage, 2012, S. 218.
43 Vgl. *Lachnit/Müller*, (o. Fn. 42), S. 217 sowie nachfolgend.
44 Vgl. *Lachnit*, Modell zur integrierten Erfolgs- und Finanzlenkung (ERFI), in: Lachnitz, Laurenz Controllingsysteme für ein PC-gestütztes Erfolgs- und Finanzmanagement, 1992, S. 42 f.
45 Vgl. zur Strukturierung *Lachnit/Müller*, (o. Fn. 42), S. 219-221.
46 Im Transaktionskontext findet häufig eine Differenzierung nach umsatzabhängigen und fixen Kosten in Form einer Deckungsbeitragsrechnung (DB) statt. Dieser Ansatz führt in der Integrierten Finanzplanung zum selben Ergebnis.
47 Vgl. *Lachnit*, Finanzplanung, in: Gerke, Wolfgang Handwörterbuch des Bank- und Finanzwesens, 1995, S. 779.
48 In Anlehnung an *Lachnit*, (o. Fn. 47), S. 784.

Mit dem sog. "DRS 2" hat das Deutsche Rechnungslegungs Standard Committee (DRSC) im Jahre 1999 einen Standard zur Ermittlung, Festsetzung und Auslegung der Kapitalflussrechnung verabschiedet.[49] Nach § 297 Abs. 1 HGB ist die Kapitalflussrechnung fester Bestandteil des Konzernabschlusses. Sie untergliedert sich in Cashflow aus laufender Geschäftstätigkeit, Investitions- und Finanzierungstätigkeit.[50] Des Weiteren besteht Kompatibilität zwischen dem DRS 2 und den internationalen Standards IAS 7 (IFRS) und SFAS 95 (US-GAAP).[51] Hieraus resultiert eine internationale Vergleichbarkeit. In drei Anpassungsschritten lässt sich der FCF aus der Kapitalflussrechnung nach DRS 2 entwickeln:

Cashflow aus der laufenden Geschäftstätigkeit
+ gezahlte Zinsen (soweit dem operativen Bereich zugeordnet)
+ gezahlte Ertragssteuern (KSt und GewSt, soweit dem operativen Bereich zugeordnet)
= **Operativer Cashflow vor gezahlten Zinsen und Ertragssteuern**
+ **Cashflow aus der Investitionstätigkeit**
- fiktiver Betriebssteueraufwand (EBIT x s)
= **Free Cashflow**

Abb. 4: Überleitung der Kapitalflussrechnung nach DRS 2 zum FCF[52]

Hinsichtlich der sachlichen Integration lässt sich damit zusammenfassen, dass die Integrierte Finanzplanung herangezogen werden kann, um im Rahmen der Financial Due Diligence einen Unternehmenswert nach dem FCF-Ansatz zu ermitteln.

Zeitliche Integration

Die zeitliche Integration beschreibt die Verzahnung der kurz- bis mittelfristigen (operativen) und langfristigen (strategischen) Planung.[53] Letztere dient der Aufdeckung und Quantifizierung von strategischen Erfolgs- und Finanzpotenzialen.[54] Den Aufsatzpunkt bildet hierbei die Plan-GuV, wobei eine Fokussierung auf die Wesentlichkeit der GuV-Positionen angestrebt werden sollte.[55] Im Anschluss erfolgt eine Planung des Anlagevermögens, der Rückstellungen sowie des Eigenkapitals (Plan-Bilanz). In einem dritten Schritt werden die beiden vorherigen Teilpläne automatisch im Plan-Cashflow zusammengefasst. Insbesondere in der kurzfristigen, oft unterjähren Detailplanung ist der Tatsache nicht zahlungsbegleitender Erträge und Aufwendungen Rechnung zu tragen. Unter Verwendung des ermittelten Zahlungsverhaltens lässt sich so der liquiditätswirksame Abbau von Forderungen und Verbindlichkeiten näherungsweise ermitteln.[56] Bei Investitionen und Krediten wird der korrespondierende Abschreibungs- bzw. Zinsaufwand plausibel in GuV, Bilanz und Cashflow-Rechnung ausgewiesen.

---

49 Vgl. ausführlich zur Aufstellungs- und Publizitätspflicht *Perridon/Steiner/Rathgeber,* Finanzwirtschaft der Unternehmung, 16. Auflage, 2012, S. 655.
50 Vgl. im Detail http://www.drsc.de/docs/drafts/2a.html (Abruf vom 09.06.2013).
51 Vgl. *Wiedmann,* Was bewirkt das KonTraG?, in: Coenenberg, Adolf Gerhard Internationale Rechnungslegung, 2001, S. 218.
52 Vgl. *Coenenberg,* Kapitalflussrechnung als Instrument der Bilanzanalyse, Der Schweizer Treuhänder, 2001, 311 (319). „EBIT" steht für „Earnings before Interest and Taxes", „s" entspricht dem effektiven Unternehmenssteuersatz unter der Annahme einer vollständigen Eigenkapitalfinanzierung.
53 Vgl. *Lachnit/Müller,* (o. Fn. 42), S. 220, *Lachnit,* (o. Fn. 44), S. 43.
54 Vgl. *Lachnit,* (o. Fn. 44), S. 48.
55 Vgl. hierzu im Detail Kapitel C. I.
56 Vgl. *Lachnit,* (o. Fn. 44), S. 48 f.

Organisatorische Integration

In der Verknüpfung der strategischen und operativen Planung scheint hingegen die größte Herausforderung zu liegen.[57] Dies scheint nicht zu verwundern, schließlich sind viele Unternehmen global und diversifiziert aufgestellt.[58] Nach HUNGENBERG/WULF (2003) ist die "Lücke" bereits auf das Unternehmensorganigramm zurückzuführen. So ist die Abteilung "Strategisches Controlling" oft dem Vorstand unterstellt, das "Operative Controlling" hingegen dem Finanzvorstand zugeordnet.[59] Damit die Auswirkungen bei Abweichungen im Rahmen von Forecasts auf die übergeordnete Unternehmensstrategie unmittelbar deutlich werden, muss sich die Unternehmensgesamtplanung auch in den dezentralen bereichs- und stellenbezogenen Budgets widerspiegeln.[60] Um eine organisatorisch konsistente Integration von Teilplänen zu gewährleisten bietet sich neben einer reinen Top-Down-Planung das Gegenstromverfahren an, um das Top-Management und die Fach- und Führungskräfte bei der Planung enger zu verzahnen. Hierbei werden alle am strategischen Oberziel beteiligten Organisationseinheiten in den Planungsprozess eingebunden. Dieser Ansatz ermöglicht eine transparente und nachvollziehbare Darstellung unternehmenswertrelevanter Treiber bei Plananpassungen und Forecasts.

C. Werttreiberbasierte Finanzplanung

I. Identifizierung von Werttreibern

Bei der Ermittlung des Unternehmenswertes ist eine ausschließliche Betrachtung des eigenständigen Wertes des Übernahmeobjektes nicht ausreichend (sog. Stand alone-Wert). Vielmehr preisen Käufer auch Wertsteigerungspotenziale in den subjektiven Unternehmenswert ein. So berücksichtigen strategische Investoren bei der Integration i.d.R. auch Verbundeffekte bzw. Synergiepotenziale, die aus der künftig gemeinsamen Geschäftsentwicklung resultieren.[61] Finanzinvestoren fokussieren sich derweil auf Restrukturierungspotenziale, insb. in Form von "Buy & Build"-Strategien[62]. Aus der Transaktion resultieren aber auch Kosten, die zum einen direkt auf den Erwerb (z.B. in Form von Beraterhonoraren, Grunderwerbssteuer o.ä.), zum anderen auf strukturelle Umstellungen (z.B. resultierend aus dem Aufbau eines standardisierten Berichtswesens oder Erlöseinbußen aufgrund einer veränderten Sortimentspolitik) zurückzuführen sind. Dabei unterliegt die monetäre Bewertung dieser Preiskomponenten[63] der Unsicherheit hinsichtlich Werthaltigkeit und Realisierbarkeit. Die realitätsnahe Identifikation und Quantifizierung von Werttreibern entscheidet dabei über einen Gewinn oder Verlust aus der Transaktion:

---

57 Vgl. *Zwicker,* Zur Verknüpfung von operativer und strategischer Planung, in: Reimer, Marko/Fiege, Stefanie Perspektiven des Strategischen Controllings, 2010, S. 33.
58 Vgl. hierzu exemplarisch die Marktpositionierung der Beiersdorf AG, *Eberenz/Ralf/Heilmann,* Finanzwirtschaftliche Aspekte der strategischen Planung bei Beiersdorf, Controlling & Management, 2011, 311 (312).
59 Vgl. *Zwicker,* (o. Fn. 57), S. 45.
60 Vgl. *Lachnit/Müller,* Integrierte Erfolgs-, Bilanz- und Finanzrechnung als Instrument des Risiko-Controllings, in: Freidank, Carl-Christian Controlling-Konzepte, 2003, S. 570.
61 Vgl. *Küting,* Zur Bedeutung und Analyse von Verbundeffekten im Rahmen der Unternehmensbewertung, BFuP, 1981, 175 (185 f.).
62 Vgl. *Bergauer,* Wie Finanzinvestoren den Wert ihrer Beteiligungen steigern: Operative Hebel wirken stärker als Finanzakrobatik, M&A Review, 2007, 338 (341).
63 Das DCF – Verfahren hat sich auch bei der Bewertung von Synergien durchgesetzt. Vgl. hierzu im Detail *Hering,* Unternehmensbewertung, 2. Auflage, 2006, S. 231.

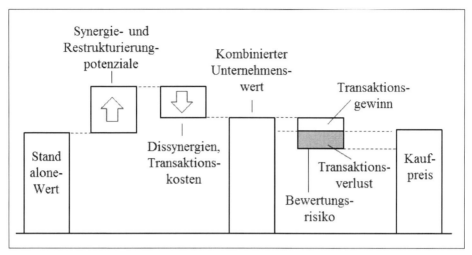

Abb. 5: Einfluss des Bewertungsrisikos auf den Transaktionserfolg-/misserfolg.

Nach GEBHARDT/MANSCH (2005) stellen Werttreiber "grundlegende Ansatzpunkte zur Verbesserung des Unternehmenswertes" dar.[64] Im Fokus stehen Prozesse, die maßgeblichen Einfluss auf den Unternehmenserfolg haben.[65] Das Kriterium der Entscheidungsrelevanz gilt dabei als zentrale Anforderung bei der Identifikation und Auswahl bestimmter Werttreiber. Demnach muss ein konsistenter und durchgängiger Ursache-Wirkungs-Zusammenhang zwischen dem Unternehmenswert und den einzelnen wertsteigernden Maßnahmen bestehen.[66] Die Planung auf Maßnahmenebene sollte dabei stets zukunftsbezogen und mehrperiodig erfolgen (Zukunftsorientierung). Die Unsicherheit über den Eintritt künftiger Entwicklungen ist bspw. über alternative Szenarien (Best-, Worst-, Base Case) angemessen zu berücksichtigen (Risikoorientierung). Zielorientierte Werttreiber zeichnen sich dadurch aus, dass sie auf jeder Hierarchieebene die Zielstruktur des Gesamtunternehmens widerspiegeln. Demnach führt eine Erhöhung/Verringerung des Erfolgsniveaus eines Profit Centers zwangsläufig zu einem gestiegenen/gesunkenen Unternehmenswert. Damit der Unternehmenswert zur Verhaltenssteuerung herangezogen werden und auf dessen Grundlage eine effektive Leistungsbeurteilung erfolgen kann, sind Ermessens- und Interpretationsspielräume bei der Definition von Werttreibern auszuschließen (Anreizverträglichkeit). Zudem gelten Wesentlichkeit und Einfachheit als Maßstäbe bei der Auswahl geeigneter Werttreiber. Die Konzentration auf wenige, dafür ausgewählte Werttreiber trägt zur Orientierung an einer zunehmenden Unsicherheit des wirtschaftlichen Umfeldes bei. Fokussierung reduziert nicht nur die Planungsdauer sondern schafft auch Raum für eine Verbesserung der Prognosequalität und verkürzt die Reaktionszeit. Dies gilt insb. in Krisenzeiten als vorteilhaft.[67] Die identifizierten Werttreiber sollten außerdem

---

64 Vgl. *Gebhardt/Mansch,* Wertorientierte Unternehmenssteuerung in Theorie und Praxis, 2005, S. 52.
65 Vgl. *Wagner/Russ,* Due Diligence, in: IDW (Hrsg.), WP Handbuch 2008, 2008, S. 1102.
66 Vgl. hierzu sowie nachfolgend *Coenenberg/Fischer/Günther,* (o. Fn. 14), S. 776 ff., *Horzella,* (o. Fn. 3), S. 71 f., *Schulze/Hirsch,* (o. Fn. 40), S. 15 ff.
67 Vgl. *Nevries/Strauß/Goretzki,* Zentrale Gestaltungsgrößen der operativen Planung, Controlling & Management, 2009, 237 (240 f.).

allgemein verständlich (Kommunikationsfähigkeit) und messbar (Wirtschaftlichkeit) sein. Nur hierdurch lässt sich die Akzeptanz für den Unternehmenswert als maßgebendes Instrument der Performancemessung in der wertorientierten Unternehmensführung sicherstellen.

Der subjektive Unternehmenswert kann als Ergebnis leistungs- und finanzwirtschaftlicher Strategien interpretiert und entsprechend systematisiert werden. Leistungswirtschaftliche Werttreiber zielen dabei auf eine Optimierung der laufenden Geschäftsprozesse des Übernahmeobjekts und damit auf eine Steigerung der Free Cashflows ab. Hingegen setzen finanzwirtschaftliche Werttreiber bei der Finanzierungsstruktur an. Ziel der zuletzt genannten ist es, die den WACC[68] des Targets zu senken, um so eine Steigerung des Unternehmenswertes zu erzielen.[69] Die Quantifizierung der Strategien erfolgt in der Phase der Financial Due Diligence.

Basierend auf dem FCF-Ansatz und seiner Herleitung aus dem indirekten Cashflow nach dem DRS 2 verdeutlicht die nachfolgende Abbildung 6 die Auswirkung in der Praxis angewandter Maßnahmen auf die Höhe des Unternehmenswertes und M&A-relevante Zielkennzahlen. Die in Kapitel C. II. beschriebenen Planungsansätze und Handlungsempfehlungen basieren auf einer Auswahl empirischer Analysen. So untersuchen HOMBURG/WREDE (2007) welche leistungswirtschaftlichen Werttreiber die operativen Cashflows eines Unternehmens als Ausdruck für seine Innenfinanzierungskraft möglichst zuverlässig vorhersagen. Im Ergebnis empfehlen die Autoren ein möglichst differenziertes Planungsmodell. Das operative Ergebnis weist neben den Komponenten der Abschreibungen, der Veränderung der Vorräte, den Forderungen aus Lieferungen und Leistungen und den Rückstellungen einen besonders hohen Erklärungszusammenhang zum operativen Cashflow auf.[70] Aufgrund ihrer hohen Signifikanz wird in Kapitel C. II. 1. vornehmlich auf die Planung des operativen Ergebnisses sowie der Bedeutung des Working Capital als wesentliche Hebel zur leistungswirtschaftlichen Wertsteigerung im Rahmen der Unternehmensakquisition eingegangen. Dabei wird die sachliche Integration der Integrierten Finanzplanung anschaulich verdeutlichen.

---

68 Vgl. Kapitel B. III.
69 Vgl. *Pape,* (o. Fn. 23), S. 652 f., *Hahn/Burger/Kuhn,* Wertorientierte Unternehmensplanung, in: Funk, Wilfried/ Rossmanith, Jonas Internationale Rechnungslegung und Internationales Controlling, 2011, S. 313 ff.
70 Vgl. *Homburg/Wrede,* Persistente Bestimmungsgrößen Persistente Bestimmungsgrößen des künftigen operativen Cash Flows, ZfB, 2007, 875 (896 f.).

A	B	C	D	E	F	G
Werttreiber-Klassifizierung	Komponenten I	Komponenten II	Retrograde Ermittlung des FCF	Zusammensetzung der Komponenten/ Einzelmaßnahmen	Korrelation	Kennzahlen
Leistungswirtschaftliche Werttreiber	FCF	Operativer Cashflow	Betriebsergebnis	*Branchen- und strategiespezifische Positionen*		
				Umsatzwachstum	0,85	Umsatz/EBIT/ EBITDA adjusted* (-Rendite)
				Gemeinkostenreduktion		
			+ Abschreibungen	Investitionsplanung (vgl. Cashflow aus Investitionstätigkeit)	0,28	
			-/+ Working Capital	-/+ Vorräte	-0,27	CCC, DIH
				Standardisierung auf Produktebene (I)		
				Normierung auf Einzelteilebene (II)		
				Optimierung der Bestandsdisposition (III)		
				Lieferantenmanagement (IV)		
				Optimierung der Durchlaufzeiten (V)		
				Reduzierung der Sortimentstiefe /-breite (VI)		
				-/+ Forderungen L&L	-0,20	DSO
				Überprüfung der Bonität (I)		
				Auswertung offener Forderungen (II)		
				Verkürzung der Zahlungsbedingungen (III)		
				Einführung von Überziehungszinsen (IV)		
				Verkürztes Mahnwesen (V)		
				+/- Verbindlichkeiten L&L	0,08	DPO
				Skontooptimierung		
			+/- Rückstellungen			
			+/- Passive Rechnungsabgrenzung			
			-/+ Aktive Rechnungsabgrenzung			
		Cashflow aus Investitionstätigkeit	- Auszahlungen für Investitionen + Einzahlungen aus Desinvestitionen	Leasing	0,20	
				Sale-and-Lease-Back	0,06	
					-0,04	Anlagenintensität
Finanzwirtschaftliche Werttreiber	Kapitalkosten (WACC)			Finanzierungsstruktur		
				Verschuldungspolitik (I)		Verschuldungsgrad, Eigenkapitalquote
				Alternative Finanzinstrumente (II)		

Financial Covenants (Spalte G): Schuldendienstdeckungsgrad, Zinsdeckungsgrad, Nettoverschuldungsgrad

Erklärungen:

Spalte E: Einzelmaßnahmen in Anlehnung an HOFMANN ET AL. (2007).

Spalte F: positiv/negativ = signifikant positive/negative Korrelation nach Pearson und Spearman zwischen dem Operativen Cashflow und den Komponenten in Spalte E nach HOMBURG/WREDE (2007), S. 888.

* Nach Sondereffekten aus der Transaktion (Restrukturierungskosten, insb. Beratungsaufwand)

Abb. 6: Werttreiberklassifizierung.[71]

[71] Eigene Darstellung.

II. Planung von Werttreibern

1. Leistungswirtschaftliche Werttreiber

a.) Umsatzwachstum

Bereits in seinem "Shareholder-Value-Netzwerk" hebt RAPPAPORT (1999) das Umsatzwachstum als einen der bedeutendsten operativen Werttreiber hervor.[72] Dieser Ansatz spiegelt sich auch in der Motivation von M&A wider. Denn der Anlass von Firmenübernahmen resultiert häufig aus der Notwendigkeit, externes Wachstum zu erzielen, nachdem die Möglichkeiten organisch zu wachsen als erschöpft gelten. Auch Private Equity-Gesellschaften beurteilen eine wachstumsinduzierte Wertsteigerung inzwischen für wichtiger als Kostensenkungsprogramme oder eine bloße Erhöhung des Verschuldungsgrades.[73] Umsatzwachstum lässt sich generell durch eine Intensivierung der Vertriebsaktivitäten in Wachstumsmärkten erzielen.[74] Auch Innovation und Serviceorientierung gelten als weitere wichtige Wachstumshebel.[75] Märkte lassen sich zum einen geografisch als auch nach Segmenten bzw. Produktgruppen und Produkten untergliedert. Dabei ermöglicht eine weitere Unterteilung des Gesamtmarktes in Regionen und Länder die Differenzierung nach spezifischen Charakteristika, wie das Verbraucherverhalten oder die Kaufkraft.[76]

Diese Determinanten bilden die Grundlage für das Preis-/Mengengerüst in der Überleitung der strategischen, hin zu einer operativen Planung. Unabhängig von der Granularität der Umsatzplanung[77] bewirkt die sachliche Integration der Finanzplanung eine zwingende Erhöhung der Forderungen L&L sowie der ertragssteuerlichen Bemessungsgrundlage. Gemäß des Zahlungsverhaltens der Kunden bauen sich die Forderungen L&L liquiditätswirksam wieder ab und erhöhen damit den FCF, bzw. den Unternehmenswert. Neben dem allgemeinen Zahlungsverhalten unterliegt der Absatz je nach Branche einer unterjährigen Saisonalität, die ebenso eine Schwankung der finanziellen Mittel mit sich bringt und in der Detailplanungsphase gesondert betrachtet werden sollte.

Bei der Umsatzplanung ist allerdings nicht nur von steigenden Umsätzen auszugehen. Aus strategischen Unternehmenszusammenschlüssen resultieren häufig auch Dissynergien als Folge einer Konzentration auf das bestehende Produktportfolio des strategischen Investors. In diesem Fall liegt die Strategie in der geografischen Expansion und Präsenz in Absatzgebieten, die ohne Übernahme des Targets nicht oder aufgrund des starken Wettbewerbs nur unter Schwierigkeiten realisierbar wäre. Wie bereits in Kapitel C. I. (Abbildung 5) verdeutlicht, kommt es hierdurch zu einer Reduktion des subjektiven Unternehmenswertes.

---

72 Vgl. *Rappaport,* Shareholder Value, 2. Auflage, 1999, S. 67 f. So auch *Coenenberg/Salfeld,* (o. Fn. 14), S. 101 ff.
73 Vgl. *Bergauer,* (o. Fn. 62), 341.
74 Vgl. *Gebhardt/Mansch,* (o. Fn. 64), S. 53.
75 Vgl. *Bergauer,* (o. Fn. 62), 341.
76 Vgl. hierzu beispielhaft das Kriterium des "Marktbezugs" als Anforderung an die strategische Planung der Beiersdorf AG, *Eberenz/Ralf/Heilmann,* (o. Fn. 58), 312.
77 Zur Ausgestaltung der Planung unter Einbindung von Top-Management und Fachabteilungen vgl. Kapitel D. I.

b.) Kostenstruktur

Im Rahmen der Budgetplanung wird in der Praxis häufig viel Zeit damit verbracht, die voraussichtlichen Kosten abzuschätzen. Vor dem Hintergrund der Entscheidungsrelevanz und der Forderung nach Wesentlichkeit und Einfachheit ist die Ausrichtung der Planung an der Kostenstruktur dagegen wichtiger als eine Scheingenauigkeit und ein hoher Detailgrad.[78] Die Kostenstruktur ergibt sich aus dem individuellen Geschäftsmodell des Unternehmens.[79] Dabei zeigt sich, dass bereits wenige Kostenarten den Großteil der Kosten ausmachen. Auf der Grundlage einer sog. ABC-Analyse lässt sich dieser Zusammenhang verdeutlichen und die Empfehlung vertreten, zukünftig zur noch A-Positionen detailliert zu planen und C-Positionen auf Grundlage der Vorjahre fortzuschreiben. Ein weiterer Ansatz zur Steigerung der Effizienz ist die Planung von Kostenartengruppen anstelle von Kostenarten oder von Produktgruppen anstelle einzelner Produkte.[80] Im M&A-Kontext stellt die Analyse der Kostenstruktur eine wesentliche Funktion dar, um die Werttreiber und Risiken des Geschäfts des Targets zu identifizieren.[81] Um die Fristigkeit realisierbarer Ergebnisverbesserungen und Synergiepotenziale transparent zu machen empfiehlt sich eine Differenzierung der Kostenarten nach variablen Einzelkosten und fixen Gemeinkosten.[82] Direkte EBIT-Auswirkung und geringe Barrieren in der Umsetzung bieten sich im Bereich des Einkaufs.[83] Abhängig von dem Einkaufsvolumen und der erlangten Macht auf den Beschaffungsmärkten kann bereits eine geringe Einkaufspreisreduktion zu einer kurzfristigen und signifikanten Steigerung der Profitabilität beitragen. Bei der Due Diligence von Produktionsunternehmen liegt der Fokus damit häufig im Bereich Sourcing mit Wirkung auf den Materialaufwand in der GuV. Vor dem Hintergrund der sachlichen Integration der Finanzplanung führt der Kauf von Roh-, Hilfs- und Betriebsstoffen zunächst zu einer Erhöhung von Vorräten und Verbindlichkeiten L&L. Erst mit der Fälligkeit und Begleichung der Verbindlichkeiten L&L findet auch der Liquiditätsabfluss statt. Der Materialverbrauch wirkt sich erfolgswirksam auf das Betriebsergebnis aus. Weitere Maßnahmen zur Kostensenkung, wie etwa das Outsourcing durch Produktionsverlagerung oder das Zusammenlegen von Funktions- und Servicebereichen (bspw. Personal, IT, Qualitäts-Management, Finanzen und Controlling), setzen primär beim Aufwand für Löhne und Gehälter an. Diese Maßnahmen haben hingegen eher langfristigen Charakter. In der Praxis entwickeln Anwender ihre Planung überwiegend auf der Grundlage von Vorjahreswerten (39%), gefolgt von Szenario-Techniken (22%).[84]

---

78 Vgl. zu den Kriterien zur Identifizierung von Werttreibern ausführlich Kapitel C. I.
79 Vgl. *Günther/Schomaker*, 10 Thesen für mehr Effizienz in der Planung mittelständischer Unternehmen, Controlling & Management, 2012, 18 (26), *Zell*, Kosten- und Performance Management in Fallstudien, 1. Auflage, 2008, S. 179.
80 Vgl. *Kappes/Müller*, Effiziente Planung und Budgetierung als Bestandteil eines leistungsstarken Controllings, in: Gleich, Ronald Controlling-Prozesse optimieren, 2013, S. 136 f. So auch die Empfehlung der Schmalenbach-Gesellschaft e.V.; zu den Anforderungen an eine moderne Budgetierung vgl. insb. *Gleich*, Whitepaper Moderne Budgetierung – einfach, flexibel, integriert, Internationaler Controller Verein, Fachkreis Moderne Budgetierung, 2009.
81 Vgl. *Bredy/Strack/Volker*, Financial Due Diligence I: Vermögen, Ertrag und Cashflow, in: Berens, Wolfgang/Brauner, Hans/Strauch, Joachim, Due Diligence bei Unternehmensakquisitionen, 2011, S. 393 f.
82 Einen guten Überblick über die möglichen Quellen materieller Verflechtungen nach dem Wertketten-Konzept bietet *Porter*, Wettbewerbsvorteile (Competitive Advantage), 7. Auflage, 2010, S. 433 ff.
83 Vgl. hier und im Folgenden *Studt*, Nachhaltigkeit in der Post Merger Integration, 2008, S. 70 f. sowie *Bergauer*, (o. Fn. 62), 342.
84 Vgl. zu den Ergebnissen der empirischen Untersuchung *Homburg/Lorenz/Sievers*, (o. Fn. 27), 125 f.

c.) Working Capital

Durch die Reduzierung des Nettoumlaufvermögens (Working Capital) steht Liquidität aus der Innenfinanzierungskraft des Targets zur Verfügung. Dieses Potenzial kann als Quelle für neue Investitionen und für den Ausbau von Vertriebsaktivitäten nutzbar gemacht werden. EITELWEIN/WOHLTHAT (2005) sehen im Working Capital Management große Wertsteigerungspotenziale, die sich kurzfristig durch interne Optimierungsmaßnahmen realisieren lassen.[85] Dabei beschreibt das Nettoumlaufvermögen die Differenz aus Umlaufvermögen und kurzfristigen Verbindlichkeiten. Umlaufvermögen umfasst jene Gegenstände, die nicht dazu gedacht sind dauerhaft dem Unternehmen zu dienen. Hierzu zählen Vorräte, Forderungen aus L&L, sonstige Vermögensgegenstände, Wertpapieren und liquiden Mitteln. Kurzfristige Verbindlichkeiten weisen Verpflichtungen auf, die eine Fälligkeit von einem Jahr nicht übersteigen. Hierzu gehören kurzfristige Finanzverbindlichkeiten, Verbindlichkeiten aus L&L, kurzfristige Rückstellungen und sonstige kurzfristige Verbindlichkeiten:

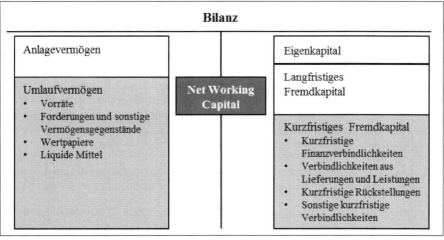

Abb. 7: Net Working Capital.[86]

Besondere Bedeutung wird in der Praxis einer nachhaltigen Reduzierung der Forderungen aus L&L und Vorräten beigemessen. Außenstehende Forderungen stellen für das Unternehmen "eingefrorene Liquidität"[87] dar, die temporär nicht zum Wirtschaften zur Verfügung steht und zwischenfinanziert werden muss. Zentrale Maßnahmen eines Forderungsmanagements bestehen bei Aufnahme einer neuen Kundenbeziehung in der Überprüfung seiner Kreditwürdigkeit bzw. Bonität des Kunden (I). So lässt sich das Risiko eines späteren Zahlungsausfalls bereits im Vorfeld reduzieren. Für bestehende Kundenbeziehungen empfiehlt sich ein regelmäßiges Monitoring der offenen Posten (II). Diese Aufgabe gilt nicht nur als "Chefsache". Überfällige Positionen sollten vielmehr regelmäßig mit dem Vertrieb durchgesprochen und die Konsequenzen für das Unternehmen aufgezeigt werden.

---

85 Vgl. *Eitelwein/Wohlthat,* Steuerung des Working Capital im Supply Chain Management über die Cash-to-Cash Cycle Time, Controlling & Management, 2005, 416.
86 Vgl. *Hofmann/Maucher/Piesker/Richter,* Wege aus der Working Capital-Falle, 2011, S. 17.
87 Vgl. *Hofmann/Sasse/Hauser/Baltzer,* (o. Fn. 27), 160.

Neben einer grundlegenden Verkürzung von Zahlungszielen (III) und der Einführung von Überziehungszinsen[88] (IV) gegenüber dem Kunden empfiehlt sich auch ein verkürzter Mahnprozess (V).[89] Weiteres Optimierungspotenzial liegt in einer Reduzierung der Vorräte.[90] Variantenvielfalt und Produktkomplexität sind häufig die Ursache für hohe Lagerbestände und Ergebnis gewachsener Kundenanforderungen. Produktseitige Ansatzpunkte liegen vorrangig in der Standardisierung auf Produkt- (I) bzw. Normierung auf Einzelteilebene (II). Der Schwerpunkt liegt hingegen in einer bestandsseitigen Optimierung, insb. durch eine Verbesserung der Bestandsdisposition (III) in den unternehmensinternen Funktionsbereichen Einkauf und Logistik wie auch einem verbesserten Lieferantenmanagement (IV). Weiteres Verbesserungspotenzial liegt in der Optimierung der Wertschöpfungskette, insb. durch eine Reduzierung von Durchlaufzeiten (V) sowie Reduzierung der Sortimentstiefe/-breite (VI). Da an der Wertschöpfungskette sowohl der Einkauf (insb. Roh-, Hilfs- und Betriebsstoffe, RHB), als auch die Produktion (RHB, unfertige und fertige Erzeugnisse) und Logistik (insb. fertige Erzeugnisse) beteiligt sind, ist die enge Zusammenarbeit bzw. integrierte Planung aller Abteilungen Voraussetzung für eine Optimierung der Vorratsbestände. Hervorzuheben ist, dass das Working Capital – Management sowohl für Finanzinvestoren als auch für strategische Investoren gleichermaßen Ansatzpunkte zur Optimierung des operativen Cashflows vom Target darstellen.

2. Finanzwirtschaftliche Werttreiber

Die Renditeforderung der Unternehmenseigentümer ermittelt sich im FCF-Ansatz über den gewichteten und risikoadjustierte Kapitalkostensatz WACC.[91] Die Identifikation und Analyse finanzwirtschaftlicher Werttreiber verfolgt dabei das Ziel der Unternehmenswertsteigerung durch eine nachhaltige Reduzierung der Kapitalkosten. Grundlegende Ansatzpunkte bilden dabei die Verschuldungspolitik (I) und der Einsatz alternativer Finanzinstrumente (II).[92]

Im Rahmen der Verschuldungspolitik ist die Kapitalstruktur stets unter Abwägung der aus Verschuldung resultierenden Vor- und Nachteile zu optimieren. Dieser Ansatz folgt der Grundannahme, dass Eigenkapital aufgrund seiner nachrangigen Bedienung teurer ist als Fremdkapital.[93] Wohingegen die Vorteile in der steuerlichen Absetzbarkeit von Fremdkapitalzinsen liegen, erhöht eine zunehmende Verschuldung das Bonitätsrisiko und damit i.d.R. auch die Kosten für Fremdkapital (Leverage-Risiko). Dieses Risiko gilt es u.a. im Rahmen der Financial Due Diligence transparent zu machen. Denn eine gesicherte Liquidität und nachhaltige Kapitalausstattung des Targets gelten als wichtige Nebenbedingungen bei der

---

88 Die Bundesregierung diskutiert derzeit einen Gesetzesentwurf mit dem die Richtlinie 2011/7/EU des Europäischen Parlaments und des Rates vom 16.02.2011 zur Bekämpfung von Zahlungsverzug im Geschäftsverkehr in deutsches Recht umgesetzt werden soll. Hiernach sind neben Zahlungs-, Überprüfungs- und Abnahmefristen auch Überziehungszinsen gesetzliche Verzugszinsen vorgesehen; vgl. http://www.bundesgerichtshof.de/ SharedDocs/ Downloads/DE/Bibliothek/Gesetzesmaterialien/17_wp/Zahlungsverzug/rege.pdf?__blob=publicationFile (Abruf vom 14.05.2013).
89 Vgl. *Meyer,* Working capital und Unternehmenswert, 1. Auflage, 2007, S. 56 ff.
90 Vgl. hier sowie nachfolgende Untersuchungsergebnisse nach *Hofmann/Sasse/Hauser/Baltzer,* (o. Fn. 27), 160 ff. Der Einfluss einer Reduzierung der Vorräte auf den operativen Cashflow lässt sich auch am hohen Korrelationskoeffizienten in Spalte F der Abbildung 6 (Kapitel C. I.) ablesen.
91 Vgl. ausführlich Kapitel B. III.
92 Vgl. *Pape,* (o. Fn. 23), S. 653.
93 Vgl. *Perridon/Steiner/Rathgeber,* (o. Fn. 50), S. 528.

Realisation zukünftiger Rentabilitätserwartungen.[94] Wenn es durch die Akquisition nicht ohnehin zu einer Ablösung bestehender Darlehensbeziehungen durch die die Transaktion finanzierende Bank kommt, sollte der (oftmals strategische) Investor auch die Optionen einer Umschuldung prüfen, um die nominale Höhe der Fremdkapitalzinsen zu reduzieren.[95] Mit der zurückliegenden Finanzmarktkrise hat sich auch für Finanzinvestoren das Risikokapital verteuert. Damit hat sich die Attraktivität einer "künstlichen" Verschuldung[96] zu Gunsten einer strategischen Entwicklung des Targets verschoben.

Im Rahmen alternativer Finanzierungsformen bietet das Leasing (engl. Miete) gegenüber der Finanzierung von Investitionsvorhaben durch klassische Bankdarlehen weitere Vorteile zur Optimierung der Kapitalstruktur. Das besondere Merkmal dieser Finanzierungsform ist die zeitlich begrenzte Überlassung von Wirtschaftsgütern gegen Entgelt.[97] Die bilanzielle Auswirkung von Leasingverträgen richtet sich danach, ob die wirtschaftlichen Chancen und Risiken auf Wertsteigerung/ -verlust vom Leasinggeber oder Leasingnehmer getragen werden. Verbleiben sie beim Leasinggeber, so erfolgt keine Aktivierung des Wirtschaftsgutes in der Bilanz des Leasingnehmers. Dieser erfasst nur die Leasingraten aufwandswirksam in seiner GuV.[98] Insbesondere in der Ausprägung als Sale-and-lease-back wirken diese alternativen Finanzierungsformen liquiditäts- und Rating-schonend.[99]

III. M&A-relevante Zielkennzahlen

Die Ausführungen zur Identifikation und Planung leistungswirtschaftlicher Werttreiber eines Übernahmeobjektes haben gezeigt, dass die Working Capital Optimierung eine besondere Rolle im Rahmen der Unternehmenswertsteigerung einnimmt. So lässt sich durch die Reduktion des Nettoumlaufvermögens Liquidität freisetzen und der FCF, respektive der Unternehmenswert erhöhen. Die beschriebenen Maßnahmen ermöglichen die Finanzierung von Wachstumsinvestitionen aus dem operativen Cashflow. Zielsetzung ist damit eine dauerhafte Reduzierung der Kapitalbindung, gemessen in Tagen. Dieser sog. Cash Conversion Cycle (CCC) beschreibt in Industrieunternehmen, wie lange es dauert bis ein Euro, der für Rohmaterialien ausgegeben wurde zur Einzahlung vom Kunden führt. In Dienstleistungsunternehmen repräsentiert der CCC den Zeitraum von der Bezahlung der für die Leistung eingesetzte Ressource durch das Unternehmen bis zum Zeitpunkt des Eintreffens der Zahlung für die in Anspruch genommene Leistung durch den Kunden.[100]

Der CCC errechnet sich über die durchschnittliche Vorratsdauer (Days Inventory Held – DIH) zuzüglich der durchschnittlichen Forderungsdauer (Days Sales Outstanding – DSO) abzüglich der durchschnittlichen Verbindlichkeitendauer (Days Payables Outstanding – DPO):[101]

---

94 Vgl. *Brauner/Neufang*, (o. Fn. 39), S. 409.
95 Vgl. *Tröger*, Wertorientierter Ansatz zur Optimierung von Unternehmensimmobilien, 1. Auflage, 2008, S. 49.
96 Hierzu zählt insb. das Financial Engineering bspw. in einer überwiegend mit Fremdkapital finanzierten Akquisition (sog. LBO-Finanzierung).
97 Vgl. *Rinderknecht*, Leasing von Mobilien: schuld-, eigentums-und sicherungsrechtliche Analyse, 1984, S. 3.
98 Vgl. ausführlich zur Vorteilhaftigkeit zwischen Leasing und kreditfinanziertem Kauf und der bilanziellen Hinzurechnung *Beigler*, Analyse der Vorteilhaftigkeit zwischen Leasing und kreditfinanziertem Kauf, 2012, S. 28.
99 Vgl. *Hofmann/Sasse/Hauser/Baltzer*, (o. Fn. 27), 159.
100 Vgl. Supply Chain Council, Supply Chain Operations Reference Model: SCOR 7.0, 2005, S. 314.
101 Vgl. *Losbichler/Rothböck*, Der Cash-to-cash Cycle als Werttreiber im SCM - Ergebnisse einer europäischen Studie, Controlling & Management, 2008, 47 (48).

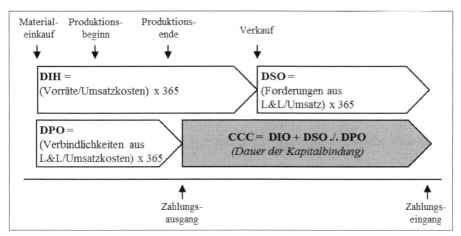

Abb. 8: Prototypische Berechnungslogik des CCC für ein Industrieunternehmen. [102]

Bei organisatorischer Integration der Finanzplanung bietet das CCC-Konzept sowohl auf Unternehmensebene als auch auf der Ebene der Primärfunktionen Beschaffung, Produktion und Logistik eine ganzheitliche Betrachtung und Ansatzpunkte zur Optimierung der Schnittstellen zu Kunden (DSO), Lieferanten (DPO) sowie entlang der gesamten innerbetrieblichen Wertschöpfungskette (DIH).[103] Entgegen einer statischen Betrachtung von Bilanzbeständen bietet diese dynamische Methode einen guten Einblick in die Liquiditätslage des Unternehmens.[104] Nach der jährlich durchgeführten Studie der REL CONSULTANCY GROUP beträgt der CCC deutscher Firmen im Jahre 2011 durchschnittlich 65 Tage bei einer leichten Erhöhung der DIH gegenüber dem Vorjahr, begründet durch die anziehende Exporttätigkeit deutscher Unternehmen.[105] Im europäischen Länder- und Branchenvergleich stellt sich der CCC wie auch seine Komponenten sehr heterogen dar. Bei der Auswahl geeigneter Benchmarks empfiehlt sich daher eine genaue Einordnung des Unternehmens gemäß obiger Cluster.[106] Allerdings sind bei der Optimierung des Working Capital auch Wechselwirkungen, bspw. zur Erlös- und Kostenstruktur zu beachten. So führt eine Reduzierung der Vorräte zwar zu einer Verringerung der DIH, die damit verbundene Verbesserung des CCC geht jedoch zu Lasten steigender Transportkosten aufgrund geringerer und damit häufigerer Bestellmengen (Just-In-Time). Auch kann die Working Capital Optimierung konträr zu weiteren Unternehmenszielsetzungen stehen. So etwa bei der Forderung nach Fristenkongruenz gemäß der goldenen Bilanzierungsregel. Denn bei einem CCC > 0 wird ein Teil der kurzfristigen Vermögensgegenstände mit langfristig zur Verfügung stehendem Kapital finanziert, wohingegen ein CCC < 0 auf die Finanzierung

---

102 In Anlehnung an *Alexandre/Sasse/Weber*, Steigerung der Kapitaleffizienz durch Investitions- und Working Capital Management, Controlling & Management, 2004, 125 (126).
103 Vgl. *Losbichler/Rothböck*, (o. Fn. 101), 49 sowie die in Abb. 6 und Kapitel C. II. 1. a.) beschriebenen Maßnahmen.
104 Vgl. *Eitelwein/Wohlthat*, (o. Fn. 85), 417.
105 Vgl. http://www.relconsultancy.com/working-capital/REL2012-Europe-Working-Capital-Survey.pdf (Abruf vom 14.05.2013), S. 5 f.
106 Eine Auswertung des CCC, sowie der DSO, DPO und DIH nach Mitgliedsländern der europäischen Union bietet etwa http://www.relconsultancy.com/working-capital/REL2012-Europe-Working-Capital-Survey.pdf (Abruf vom 14.05.2013), S. 6.

eines Teils des Anlagevermögens mit kurzfristigem, aber zugleich zinslosem Fremdkapital hindeutet.[107]

Neben der stark liquiditätsorientierten Betrachtungsweise des CCC sind im M&A-Prozess auch Rentabilitätskennziffern von Bedeutung. So wird mit der EBIT/ EBITDA-Marge das operative Ergebnis dem Umsatz gegenübergestellt. Innerhalb einer Branche dient die operative Marge als Indikator für die Wirtschaftlichkeit eines Übernahmeobjektes bzw. seinen Leistungserstellungsprozess. Auf Gesamtunternehmensebene wird die operative Marge auch zur Steuerung und Beurteilung der Fortführung strategischer Geschäftsein-heiten genutzt.[108] Im M&A-Kontext werden dabei außergewöhnliche Belastungen (insb. Rechts- und Beratungskosten) neutralisiert.

Vor der Krise auf den internationalen Kapitalmärkten dominierten überwiegend kreditfinanzierte Firmenübernahmen (LBO). Bedingt durch die Baseler Richtlinien (aktuell Basel 3), wonach Banken zu einer steigenden Eigenkapitalhinterlegung von Krediten verpflichtet sind ist das Risikobewusstsein wieder an die Märkte zurückgekehrt. Dies drückt sich zum einen in der zurückhaltenden Kreditvergabe und der Rückkehr vertraglicher Gläubigerschutzmechanismen,[109] den sog. Financial Covenants aus. Besteht das Risiko der nicht fristgerechten Rückführung des Kredits verschlechtert dies automatisch die Bonität des Schuldners. Häufig greifen Sanktionsmechanismen in Form von Pflichtsondertilgungen in die Kapitalrücklage des Schuldners.[110] In einer weiteren Instanz frieren Banken Kreditlinien ein, gefolgt von Nachverhandlungen mit der Folge von Risikoaufschlägen auf bestehende Kreditkonditionen sowie der Forderung nach weiteren Sicherheiten. In letzter Instanz räumt sich die Bank ein außerordentliches Kündigungsrecht ein. Nach einer Studie von ROLAND BERGER STRATEGY CONSULTANTS (2008) sind die folgenden Financial Covenants aufgrund ihrer Funktionalität, Praktikabilität sowie Robustheit von hoher Praxisrelevanz[111]:

$$Schuldendienstdeckungsgrad = \frac{Free\ Cash\ flow}{Schuldentilgung\ und\ Zinszahlung}$$

$$Zinsdeckungsgrad = \frac{EBITDA}{Zinsaufwand}$$

$$Nettoverschuldungsgrad = \frac{Nettoverschuldung}{EBITDA}$$

In regelmäßigen, oft quartalsweisen Abständen findet ein bankenseitiges Monitoring der Financial Covenants beim Schuldner statt. Die Korridore in denen sich die Kennzahlen

---

107 Vgl. *Eitelwein/Wohlthat*, (o. Fn. 85), 416.
108 Vgl. Eberenz/Ralf/*Heilmann*, (o. Fn. 58), 311.
109 Vgl. *Achleitner/Braun/Hinterramskogler/Tappeiner,* Structure and Determinants of Financial Covenants in Leveraged Buyouts, Review of Finance, 2012, 647 (682), http://www.economist.com/node/9953358 (Abruf vom 15.05.2013).
110 Diese Maßnahme wirkt sich erhöhend auf den WACC aus und führt zu einer Reduzierung des Unternehmenswertes.
111 Vgl.
http://www.rolandberger.com/media/pdf/rb_press/RB_Bedeutung_und_Management_von_Financial_Covenants_20080429.pdf (Abruf vom 15.05.2013), S. 6 und 13. Diese Auswahl wird von aktuellen Untersuchungen bestätigt, vgl. *Achleitner/Braun/Hinterramskogler/Tappeiner,* (o. Fn. 109), 663.

bewegen sind Branchen- und "Investment-Case" abhängig. Dabei werden die vom Management getroffenen Annahmen zur Entwicklung wesentlicher Werttreiber überprüft und für den Fall eines Downside-Szenarios simuliert. Die Grundlage hierfür ist der Business Plan des Unternehmens, "also die integrierte GuV-, Bilanz- und Cashflow-Planung"[112].

IV. Plausibilisierung des Finanzplanungsmodells

In den vorangehenden Kapiteln wurden neben ihrer Bedeutung zunächst die Anforderungen an und Methoden zur Identifikation leistungs- und finanzwirtschaftlicher Werttreiber beschrieben. Weitergehend wurden auf der Basis empirischer Untersuchungen Maßnahmen zur Steigerung des Unternehmenswertes herausgearbeitet und die sachliche, zeitliche sowie organisatorische Integration dieser Stellhebel als Einflussgrößen der Finanzplanung aufgezeigt. Abschließend soll nun auf typische Risiken und Plausibilitätsprüfungen im Rahmen der Planung eingegangen werden.

Das wohl am weitesten verbreitete Phänomen ist der sog. Hockey-Stick-Effekt. Hiernach geht der Business Plan von kontinuierlich steigenden Ergebnissen aus, obwohl das Management des Veräußerungsobjektes in der Vergangenheit keine nachhaltige Verbesserung der Ertragskraft erzielen konnte.[113] Spätestens im Rahmen der Financial DD werden die zugrundeliegenden Planannahmen hinterfragt. Der Fokus liegt hier zunächst auf dem geplanten Umsatzwachstum. Dieser wird in seine Preis- und Mengenkomponente zerlegt. Es gilt die Frage zu klären, ob geplante Preiserhöhungen auch in der Vergangenheit erfolgreich am Markt durchgesetzt werden konnten. Auch das geplante Mengenwachstum sollte sich im prognostizierten Marktwachstum unabhängiger Studien widerspiegeln oder mit der Entwicklung neuer Produkte oder Erschließung neuer Absatzmärkte plausibilisieren lassen. Gute Indikatoren sind in diesem Zusammenhang der Auftragsbestand sowie die Entwicklung der Auftragseingänge.

Im Fall einer Integration des Übernahmeobjektes in das Portfolio des strategischen Investors sind u.U. Kanibalisierungseffekte[114] bei der Ermittlung des subjektiven Unternehmenswertes angemessen zu berücksichtigen. Das Umsatzwachstum spiegelt sich in der Regel auch in einer Erhöhung des Working Capital wider, da das Unternehmen im Fall einer Expansionsstrategie auch einen höheren Vorratsbestand vorhalten wird, um so die steigende Nachfrage kurzfristig bedienen zu können. Auch im Bereich der Forderungen und Verbindlichkeiten aus L&L lassen sich im Fall steigender Plan-Umsätze positiv korrelierende Bilanzbewegungen[115] beobachten. Geht das Management hingegen von einem sinkenden Working Capital aus, sollten hierfür entsprechende Maßnahmen[116] festgehalten und erste Schritte bereits eingeleitet sein. Durch eine Gegenüberstellung der geplanten und historischen DSO lassen sich die Annahmen über das künftige Kundenzahlungsverhalten schnell plausibilisieren.

---

112 Vgl. (o. Fn. 111), S. 18.
113 Vgl. *Brauner/Neufang*, (o. Fn. 39), S. 416 sowie nachfolgend *Wagner/Russ,* Due Diligence, in: IDW (Hrsg.) WP Handbuch 2008, 2008, S. 1122 ff.
114 Vgl. hier die Ausführungen zu Dissynergien in Kapitel C. II. 1. a.).
115 Vgl. *Perridon/Steiner/Rathgeber,* (o. Fn. 50), S. 689 f.
116 Vgl. ausführlich Kapitel C. II. 1. c.).

In Industrieunternehmen sollte sich das geplante Mengenwachstum auch in den erforderlichen Produktionskapazitäten widerspiegeln. So ist zu klären, ob sich das erhöhte Produktionsaufkommen über eine effizientere Auslastung realisieren lässt oder Neu-/ Erweiterungs-Investitionen erforderlich sind. Bei der Erstellung eines Investitionsplans, ebenso wie bei einem Darlehensplan sollte insb. auf die zeitliche und sachliche Integration der Planung geachtet werden.[117] Ein weiterer bedeutender Werttreiber ist der Materialaufwand. Immanent ist daher die Fragestellung, mit welcher Preisentwicklung das Übernahmeobjekt auf den wichtigsten Beschaffungsmärkten rechnet und ob sich durch steigende Einkaufsvolumina auch Einsparpotenziale realisieren lassen.

Ein wichtiger Werttreiber in der Kostenstruktur gerade personalintensiver Branchen ist der Personalaufwand. Vor dem Hintergrund häufig formulierter Maßnahmen zur Gemeinkostenreduktion empfiehlt sich eine Differenzierung nach Funktionsbereichen und der Fragestellung welcher Personalbedarf für die geplante Kapazitätserweiterung tatsächlich erforderlich ist. Hilfreich sind Kenngrößen wie der durchschnittliche Umsatz je Mitarbeiter, der sich mit Branchenbenchmarks vergleichen lässt. Für die Beurteilung geplanter Kosteneinsparungen und deren zeitlicher und wertmäßiger Umfang empfiehlt sich die Unterscheidung nach umsatzproportionalen und (sprung-) fixen Kostenbestandteilen für spätere aussagekräftige Sensitivitätsanalysen und Szenariorechnungen.

Die Feststellung eines idealtypischen Hockey-Stick Effektes, negative Soll-Ist-Abweichungen in den zurückliegenden Planperioden, ein unzureichend ausgebautes Frühwarn- und Berichtswesen oder auch eine aggressive Bilanzpolitik lösen Alarmzeichen in der Financial DD aus.[118] Stellen sich die Erkenntnisse als unüberwindbare Hindernissen heraus (sog. Deal Breaker), führt dies zum Abbruch der Transaktion.[119] Nur eine integrierte Planung – unterlegt mit realistischen Annahmen und konkreten Maßnahmen – gewährleistet eine sachliche, zeitliche und organisatorische Plausibilität des Business Modells. Dies stärkt die Verhandlungsposition in der Kaufpreisverhandlung und bildet eine solide Grundlage für die spätere Integration.

D. Implikationen für eine integrationsorientierte Financial Due Diligence

I. Strategische und operative Verzahnung

Zur Sicherstellung des Integrationserfolgs ist eine zeitnahe Einrichtung der Planungs- und (Finanz-) Reportingprozesse von entscheidender Bedeutung.[120] Das überrascht nicht, denn um die Geschäftsführung in die Lage zu versetzen, das Informationsbedürfnis von Shareholdern, Banken, dem Aufsichtsrat und dem Betriebsrat proaktiv erfüllen und den Integrationsfortschritt mit belastbaren Zahlen dokumentieren zu können, bedarf es einem effektiven Führungs- und Kontrollinstrumentarium. Sie sollen auch dazu dienen Fehlentwicklungen

---

117 Vgl. Abb. 3 in Kapitel B. IV.
118 Vgl. *Russ*, Due Diligence, in: Kirchhoff, Klaus Rainer/Piwinger, Manfred, Praxishandbuch Investor Relations, 2009, S. 282.
119 Vgl. *Bredy/Strack/Volker*, (o. Fn. 81), S. 404.
120 Vgl. *Gerds/Schewe*, (o. Fn. 2), S. 157 ff., *Häfner/Biendarra*, Post-Merger-Integration als Herausforderung und Chance für den Finanzbereich am Beispiel der Integration des Alstom-Industrieturbinengeschäfts in den Bereich Power Generation der Siemens AG, in: Keuper, Frank Der M&A-Prozess, 2006, S. 510.

rechtzeitigen zu erkennen und frühzeitig gegensteuern zu können. Folgt man den Empfehlungen von GERDS/SCHEWE (2006) zur "Integration Excellence" gehört die Analyse von Synergiequellen und Planung ihrer monetären Ziele zu den Aufgaben der ersten Stunde *nach* Closing.[121] Dies bestätigen empirische Untersuchungen. So haben im Zeitpunkt der Akquisition nur ca. 80% aller Unternehmen ihre Synergien in geringem Umfang geplant.[122]

Nach BREDY/STRACK (2011) sollte die Planung jedoch schon fester Bestandteil der Financial Due Diligence sein.[123] BIBERACHER (2011) empfiehlt ergänzend die Synergiepotenziale nicht nur Top-down vom strategischen Management vorgeben zu lassen, sondern die operativ Verantwortlichen möglichst frühzeitig in die Planung mit einzubinden.[124] Dabei besteht kein Erfordernis "auf der Ebene maximaler Granularität zu planen"[125] bzw. die Planung auf Ebene der untersten organisatorischen Ebene durchführen zu lassen und nach oben hin zu konsolidieren (Bottom-up-Planung). Diese Forderung ließe sich im Transaktionskontext vor dem Hintergrund höchster Diskretion und Zeitdruck[126] ohnehin nicht erfüllen. Vielmehr unterstützt die Integrierte Finanzplanung im Rahmen einer Financial Due Diligence die organisatorische Verzahnung zwischen strategischem Management und den operativen Fach- und Führungskräften, um hierdurch

- den Business Plan auf ein plausibles Fundament zu stellen,
- erreichbare Synergie- und Restrukturierungsziele zu formulieren,
- ein Bewusstsein für die unternehmenswertbeeinflussenden Hebel in der Kaufpreisverhandlung zu schaffen,
- die Kernmitarbeiter frühzeitig an das Unternehmen zu binden,[127]
- und die Grundlage für ein effizientes Führungs-, Frühwarn- und Kontrollinstrument für die Integrationsphase vorzubereiten.

Um der zeitlichen Restriktion der Financial Due Diligence-Phase Rechnung zu tragen, empfiehlt sich bis zum Closing eine Planungstiefe, die *nicht* über die Zentralfunktionen Controlling, Finanzen, Einkauf, Vertrieb, Produktion und Personal hinausgeht. Damit fungiert die Integrierte Finanzplanung als Kommunikationsmedium bzw. "gemeinsame Sprache"[128] zwischen den am Integrationserfolg beteiligten Personen.

---

121 Vgl. *Gerds/Schewe,* (o. Fn. 2), S. 161.
122 Vgl. *Biberacher,* Synergiecontrolling - Bindeglied zwischen Akquisitionszielen und Realisierung, Controlling & Management, 2006, 291 (292).
123 Vgl. *Bredy/Strack/Volker*, (o. Fn. 81), S. 388.
124 Vgl. *Biberacher,* (o. Fn. 122), 292.
125 Vgl. *Günther/Schomaker,* (o. Fn. 79), 29.
126 Der Zeitbedarf für die Detailplanung kann im Bottom-up-Ansatz mehr als 3 Monate betragen, vgl. *Nevries/Strauß/Goretzki,* (o. Fn. 67), 241.
127 Vgl. *Gerds/Schewe,* (o. Fn. 2), S. 167. Diese Mitarbeiter tragen maßgeblich dazu bei, die angestrebten Synergie- und Restrukturierungsziele zu realisieren. Sie verfügen über besondere Fähigkeiten im Projektmanagement und pflegen einen intensiven Kontakt zu wichtigen Kunden, vgl. *Galpin/Herndon,* (o. Fn. 9), S. 129.
128 Vgl. *Lachnit/Müller,* (o. Fn. 60), S. 569.

II. Unterstützung durch Business Intelligence

Der Begriff "Business Intelligence" (BI) hat sich als Synonym für eine innovative, IT-basierte Lösung zur Analyse, Planung und Steuerung unternehmensrelevanter Informationen seit Mitte der 90er Jahre fest etabliert.[129] Im Mittelpunkt steht die Entscheidungsunterstützung für das Management. GLUCHOWSKI (2004) systematisiert die verwendeten Anwendungen anhand eines zweidimensionalen Ordnungssystems.[130] Auf der vertikalen Achse werden die Phasen des Datenverarbeitungsprozesses abgetragen (Datenbereitstellung bis -auswertung). Die horizontale Achse differenziert zwischen einer Technik- und Anwendungsperspektive. Der so entstehende Ordnungsrahmen lässt drei Definitionsansätze zu, wonach die Integrierte Finanzplanung in das *analyseorientierte BI-Verständnis* einzuordnen ist. Hierunter fallen sämtliche Anwendungen, die insb. von der Führungsebene benötig werden, um vorhandenes Datenmaterial betriebswirtschaftlich modell- und methodenbasiert zu analysieren.[131]

Dabei gilt die Datenhaltung der betriebswirtschaftlichen Daten in relationalen Datenbanken (sog. Data Warehouses, SQL-Datenbanken) als Grundvoraussetzung für die Anwendung von Business Intelligence.[132] Gegenüber konventionellen Tabellenkalkulationsprogrammen (insb. Microsoft Excel) vermeiden BI-Systeme damit eine redundante Datenhaltung und erhöhen zugleich die Datensicherheit und Performance im Handling mit großen Datenmengen. Die Datenbereitstellung zur Weiterverarbeitung in der Software erfolgt automatisiert über vorkonfigurierte Integrationen zu Vorsystemen (per SQL-Abfragen) oder teilautomatisiert per Excel-, CSV- oder TXT-Import. Die Datenbank-Architektur ermöglicht außerdem das simultane Arbeiten der Anwender auf dem gleichen Datenbestand (sog. Multi-User-Umfeld). Über Berechtigungskonzepte wird dabei der Zugriff eines jeden Anwenders genau gesteuert.

Damit bedingt die *technische BI-Dimension* unmittelbar auch die *organisatorische Dimension*. Denn die Verwendung eines einheitlichen Systems ermöglicht eine "gemeinsame Sprache" und ein gemeinsames Verständnis darüber, welchen Wert jeder Mitarbeiter zum unternehmerischen Oberziel beiträgt.[133] BI als Kommunikationsmedium zwischen den Abteilungen liefert damit Transparenz über die betrieblichen Wirkungszusammenhänge im Unternehmen.

Zum Funktionsumfang von BI-Anwendungen im Bereich der Integrierten Finanzplanung gehören i.d.R. auch vordefinierte betriebswirtschaftliche Logiken (sog. Business Content). Diese *inhaltliche BI-Dimension* bietet dem Anwender neben einem standardisierten GuV-, Bilanz- und Cashflow-Modell auch Unterstützung bei der integrierten Planung von Erlösen, Aufwendungen, Rückstellungen, Rechnungsabgrenzungen, Vorräten, Investitionen, Krediten, etc. an. Je nach Software-Anbieter liegt der Schwerpunkt der Integration entweder

---

129 Vgl. *Kemper/Baars/Mehanna,* Business Intelligence - Grundlagen und praktische Anwendungen, 2010, S. V und S. 9, *Gluchowski/Dittmar/Gabriel,* Management Support Systeme und Business Intelligence, 2. Auflage, 2008, S. 93.
130 Vgl. im Detail *Gluchowski,* Business Intelligence-Konzepte, Technologien und Einsatzbereiche, HMD-Praxis der Wirtschaftsinformatik, 2001, 5 (7).
131 Vgl. *Kobrin,* Corporate Performance Management als Weiterentwicklung von Business Intelligence, 2010, S. 6.
132 Vgl. *Kobrin,* (o. Fn. 131), S. 7.
133 Vgl. ausführlich Kapitel C. I.

in der Verzahnung der operativen vorgelagerten Planung mit der Finanzplanung oder der Vernetzung von Finanzplanung und Finanzkonsolidierung. Es gibt nur wenige Anbieter, die über eine vollständige Integration der operativen Detailplanung, Finanzplanung und Legal-Konsolidierung mit der Möglichkeit einer integrierten Top-down-, Bottom-up- und Gegenstromplanung verfügen.

Im Transaktionskontext wird häufig auch auf sog. "Synergiefallen" hingewiesen,[134] dessen Ursachen in einer permanenten Überschätzung positiver Synergiepotenziale und Vernachlässigung oder Unterschätzung von Dissynergien bzw. Integrationskosten liegen. LUCKS/MECKEL (2002) empfehlen den Wegfall aufgedeckter Synergiepotenziale im Hinblick auf die Veränderung des Unternehmenswertes mittels Sensitivitätsanalysen zu überprüfen und die Eintrittswahrscheinlichkeit kritisch zu hinterfragen.[135] BI-Anwendungen im Planungsumfeld verfügen neben dieser Funktion i.d.R. auch über Simulationsfunktionen und der Möglichkeit beliebig viele Szenarien zu speichern und den Ist-Daten gegenüberzustellen. ABC-Analysen unterstützen den Anwender bei der Identifikation leistungs- und finanzwirtschaftlicher Werttreiber (z.B. Produkte, Mitarbeiter, Absatzgebiete oder Kostenstruktur). Mittels Abweichungsanalysen und einem Standard- sowie ad-hoc Reporting kann ex-post der Integrationserfolg gegenüber den Interessengruppen proaktiv und konsistent kommuniziert werden. Die nachfolgende Abbildung fasst die technische, organisatorische und inhaltliche BI-Dimension abschließend zusammen:

Technische BI-Dimension	
+	Vermeidung einer redundanten Datenhaltung
+	(Teil-)automatisierte Anbindung an Vorsysteme
+	Erhöhung der Datensicherheit
+	Performanceverbesserung im Umgang mit großen Datenmengen
+	Multi-user-Umfeld ermöglicht simultanes Arbeiten auf gleichemDatenbestand
+	Berechtigungskonzepte steuern Zugriff der Anwender
Organisatorische BI-Dimension	
+	Einheitliches Kommunikationsmedium
+	Transparenz über die betrieblichen Wirkungszusammenhänge
+	Operationalisierung des unternehmerischen Oberziels
Inhaltliche BI-Dimension	
+	Vordefinierte betriebswirtschaftliche Logiken durch Business Content
+	ABC-Analysen, Oll-i/Ist-Abweichungsanalysen
+	Simulation, Sensitivitäten, Szenarien (Worst-, Best-, Base-Case)
+	Top-down-, Bottom-up und Gegestrom-Planung
+	Rollierender Forecast
+	Standard- und Ad-hoc Reporting

Abb. 9: Zielkatalog von BI-Anwendungen im Segment der Integrierten Finanzplanung.[136]

Für Interessenten und Anwender sind im Bereich der Planungssoftware die folgenden Kriterien entscheidend: Benutzerfreundlichkeit (Bedienung und intuitive Verständlichkeit), Anpassbarkeit (insb. Reporting), Flexibilität (bei organisatorischen Veränderungen von Kos-

---

134 Vgl. hier sowie nachfolgend *Wala/Messner,* (o. Fn. 5), S. 6 und 11.
135 Vgl. *Lucks/Meckel,* Internationale Mergers & Acquisitions, 2002, S. 186 f.
136 Eigene Darstellung.

tenstellen oder Gesellschaften), Performance, Erweiterbarkeit (Benutzer), Datenqualität und -volumen (Aufbereitung, Datenhaltung), relevanten Schnittstellen zu Vorsystemen, geringe Investitionskosten und kurze Implementierungszeiten[137] Das BUSINESS INTELLIGENCE RESEARCH CENTER (BARC) veröffentlich jährlich Studien über Softwareanbieter im Bereich der Integrierten Finanzplanung.[138]

E. Zusammenfassung und kritische Würdigung

Die vorliegende Arbeit untersucht, ob sich die Integrierte Finanzplanung als phasenverbindendes und wertorientiertes Controlling-Instrument eignet, um den Erfolg einer Transaktion nachhaltig zu steigern. Den Analyserahmen bilden drei Arbeitshypothesen:

Nr. 1: *Integration beginnt nicht erst im Zeitpunkt des Closing*. Die Ausführungen haben deutlich gemacht, dass die Grundlage eines soliden Business Plans *in der Planung selbst* liegt. "Planung ersetzt den Zufall durch den Irrtum."[139] Mit dieser zunächst paradox klingenden Aussage möchte KIRSCH (1983) zum Ausdruck bringen, dass erst durch Planung eine Referenz geschaffen wird, die das Lernen aus (Fehl-) Entscheidungen ermöglicht. Diese Möglichkeit bietet der Zufall nicht. Nach aktuellen empirischen Untersuchungen planen 91% der Unternehmen die GuV, 60% die Kapitalflussrechnung und nur 45% auch ihre Bilanz.[140] Vor dem Hintergrund einer sich derivativ ermittelnden Cashflow-Rechnung klingt diese Auswertung nach einem Widerspruch in sich. Sie bringt allerdings das Problem auf den Punkt: Die Komplexität einer integrierten – auf die zukünftige Liquidität des Unternehmens ausgerichtete – Finanzplanung scheint nur Beratern zugänglich. Gegenteiliges ist der Fall. Kapitalmarktbedingt hat sich die Unternehmenssteuerung über den FCF nicht nur bei den DAX-30-Titeln durchgesetzt. Auch mittelständische Unternehmen treffen auf dieser Grundlage strategische Investitionsentscheidungen und koppeln die Geschäftsführervergütung an die Zielgröße FCF. Somit haben sich auch viele Software-häuser aus dem anwendungsorientierten BI-Umfeld auf die Integrierte Finanzplanung spezialisiert. Sie liefern nicht nur vormodellierte GuV-, Bilanz- und Cashflow-Strukturen, sondern auch vorgedachte betriebswirtschaftlich Planungslogiken (Business Content). Im M&A-Kontext sorgt diese Entwicklung für Standardisierung im Planungsprozess und leistet einen Beitrag, die Fehleranfälligkeit der Excel-basierten Finanzplanung zu vermeiden.

Nr. 2: *Der Erfolg des Geschäftsmodells wird durch wenige Werttreiber bestimmt*. Die Popularität der GuV-Planung lässt es bereits vermuten: Der Detaillierungsgrad der Erfolgsplanung hat über die letzten Jahre immer weiter zugenommen. Unabhängig von der Unternehmensgröße wird kostenstellen-, kostenträger- und kostenartengenau geplant. Diese Scheingenauigkeit nimmt bei den jährlichen Budgetplanungen zwischen drei und sechs Monaten in Anspruch.[141] Diese Zeit steht im Unternehmenskauf und -verkaufsprozess nicht zur Verfügung. Die Aufforderung besteht in einer deutlichen Komplexitätsreduktion der Planung und

---

137 Vgl. *Eberenz/Ralf/Heilmann,* (o. Fn. 58), 314.
138 Anlage I beschreibt die BI-Lösungen, klassifiziert nach flexiblen und standardisierten (Finanz-) Planungswerkzeugen.
139 Vgl. *Kirsch/Roventa,* Bausteine eines Strategischen Managements, 1983, S. 419.
140 Vgl. *Homburg/Lorenz/Sievers,* (o. Fn. 27), 125.
141 Vgl. *Nevries/Strauß/Goretzki,* (o. Fn. 67), 241.

Fokussierung auf die zentralen Werttreiber des Geschäftsmodells.[142] Diese leistungs- und finanzwirtschaftlichen Stellgrößen wirken unmittelbar auf die Höhe des Unternehmenswertes. Das Kriterium der Entscheidungsrelevanz ist damit die Haupt-anforderung an die Identifikation und Auswahl planungsrelevanter Werttreiber. Wichtige Nebenbedingungen sind ihre Zukunfts- und Risikoorientierung und die Freiheit von Ermessens- und Interpretationsspielräumen (Anreizverträglichkeit). Die Akzeptanz der Werttreiber wird insbesondere durch die Kommunikationsfähigkeit und Transparenz zur Beeinflussbarkeit der Werttreiber gefördert. Erfolgsseitig wurde in Kapitel C die Bedeutung der Umsatzplanung herausgestellt. Die Werttreiber innerhalb der Kostenstruktur sind hingegen branchen- und geschäftsmodellabhängig und bedürfen einer detaillierten Analyse hinsichtlich ihrer Sensitivität auf den Unternehmenswert. Hinsichtlich der Bestrebungen zur Gemeinkostenreduktion nach Closing empfiehlt sich eine Differenzierung nach umsatz-proportionalen und (sprung-) fixen Kostenbestandteilen. Erfolgs- und Liquiditätssteuerung dürfen im Rahmen einer ganzheitlichen Unternehmensplanung jedoch nicht isoliert voneinander betrachtet werden. Dies zeigen die Ausführungen zum aktiven Working Capital Management. Hohe Forderungs- und Vorratsbestände stellen für das Unternehmen "eingefrorene Liquidität"[143] dar, mit dem bei Freiwerden Wertsteigerungsstrategien aus der reinen Innenfinanzierungskraft des Unternehmens getragen werden können. Im Rahmen der Financial Due Dilgence Prüfung werden nach dieser Vorgehensweise Synergie- und Restrukturierungspotenziale ermittelt und mit Hilfe von wertorientierter Zielkennzahlen im Business Plan plausibilisiert. Der vorausschauende Verkäufer ist sich dieser Tatsache bewusst und wartet nicht erst bis zur Transaktionsphase, um mit der liquiditätsorientierten Unternehmensführung zu beginnen.

Nr. 3: *Die Integrierte Finanzplanung stellt ein phasenverbindendes Controlling-Instrument zur Planung, Steuerung und Kontrolle der Transaktion dar.* Das Financial Modeling ist ein Werkzeug externer Berater zum Anlass der Unternehmensbewertung. Durch diesen singulären Ansatz besteht kein direkter Nutzen für die Post Merger Integration. Es ist auch nicht Bestandteil der Vorbereitungsphase. Demgegenüber verbindet der Ansatz der Integrierten Finanzplanung durch seine sachliche, zeitliche und organisatorische Verzahnung die einzelnen Phasen einer anstehenden Transaktion. Durch ein einheitliches Medium sprechen die Mitarbeiter eine gemeinsame Sprache, was die Planabstimmung zwischen dem strategischem Management und den operativen Fach- und Führungskräften vereinfacht. Der Einsatz von BI-Software mit vordefinierten Logiken und Datenmodellen gewährleistet zudem Flexibilität in der Projektskalierung, Standardisierung im Vorgehen, kurze Implementierungszeiten, Konsistenz in der Datenhaltung und sorgt für Vertrauen in die Validität der Finanzplanung gegenüber internen und externen Adressaten. Optimale Bedingungen für eine IT-basierte Lösung finden sich bei freundlichen Firmenübernahmen, etwa bei einem Management Buy-out (MBO) oder der durch den Verkäufer eingeleiteten Vendor Due Diligence. Die frühzeitige Implementierung als Führungs-, Frühwarn- und Kontrollinstrument ermöglicht eine Ausrichtung aller Mitarbeiter auf das – nicht nur im M&A-Kontext entscheidenden – unternehmerische Oberziel: *Erfolg* und *Liquidität*.[144]

---

142 Vgl. *Günther/Schomaker,* (o. Fn. 79), 21, *Rieg/Gleich/Schentler,* Der Kern der Planung, CFOaktuell, 2009, 249 (250).
143 Vgl. *Hofmann/Sasse/Hauser/Baltzer,* (o. Fn. 27), 160.
144 Vgl. *Krützfeldt,* Die integrierte Erfolgs-, Bilanz- und Finanzrechnung als Instrument der Prognose und Simulation, in: Freidank, Carl-Christian Controlling und Rechnungslegung, 2008, S. 73.

F. Anhang

Anlage I

	Software-Lösungen	Kurzbeschreibung
Standardisierte Finanzplanungswerkzeuge	Denzhorn - BPS-ONE	Standardisiertes Werkzeug mit Fokus auf Erfolgs- und Finanzplanung im Mittelstand.
	Ecomplan - UnternehmensController	Planungswerkzeug speziell für Einzelanwender ohne betriebswirtschaftliche Vorkenntnisse.
	elKomSolutions - elKomPlan	Integrierte Finanzplanungslösung auf Basis der multidimensionalen Datenbank IBM Cognos TM1.
	IDL - IDLFORECAST	Planungslösung für die integrierte Finanzplanung mit relationaler Datenhaltung.
	Kern - Allevo Produktanalyse	Werkzeug für die operative Planung, integriert in das Controlling-Modul von SAP ERP. Plandateneingabe über Excel.
	LucaNet - LucaNet.Planner	Standardisierte Software-Lösung für die Erstellung einer integrierten GuV-, Bilanz- und Liquiditätsplanung sowie für Finanz- und Konzerncontrolling.
	Tagetik - Tagetik Produktanalyse	Integrierte Plattform zur Unterstützung verschiedener Performance-Management-Aufgaben wie Planung, Konsolidierung, Compliance oder Strategiemanagement.
Flexible Planungswerkzeuge	CoPlanner - CoPlanner	Planungs- und Analysewerkzeug auf Microsoft-Basis mit integriertem Finanzplanungsmodell.
	Corporate Planning - Corporate Planner	Softwarelösung zur ganzheitlichen Unternehmenssteuerung mit Modulen für Planung, Analyse, Berichtswesen, legale und Managementkonsolidierung, Balanced Scorecard, Risiko und
	Cubus - Outperform	Flexibles Planungswerkzeug auf Basis von Oracle Essbase oder Microsoft SQL Server mit vielen vordefinierten Planungsmodellen.
	Evidanza - Evidanza[3]	Analyse-, Berichts- und Planungslösung basierend auf dem Microsoft SQL Server.
	Infor - Infor10 ION BI	Lösung für den Aufbau individueller, typischerweise webbasierter Berichts-, Analyse- und Planungsapplikationen.
	MIK - MIK.BIS.PLANNER	Planungswerkzeug der MIK.bis BI-Suite auf Basis der eigenen multidimensionalen Datenbank MIK.olap.
	Oracle - Hyperion Planning	Web-basierte Lösung für die integrierte Unternehmensplanung basierend auf der multidimensionalen Datenbank Oracle Essbase.
	Prevero - Enterprise P7	Integrierte Plattform für Berichtswesen, Analyse und Planung zum Aufbau individueller Planungsapplikationen. Starke Verbreitung im Bereich Energieversorgungsunternehmen.
	Prevero - Professional Planner	Ehemalige Lösung der Firma Winterheller, übernommen von Prevero Mitte 2011. Software-Lösung mit Schwerpunkt im Bereich integrierte Finanzplanung; andere Planungsmodelle
	Procos - STRAT&GO	Produktfamilie STRATandGO Performance Management für Balanced Scorecard, Dashboard, Analyse und Planung.
	SAP - Planning and Consolidation	Planungslösung mit web-basiertem Workflow, verfügbar in zwei Versionen (SAP BW oder Microsoft SQL Server als Datenbasis). Plandateneingabe über Excel.
	Software4You - 4PLAN2009 Enterprise	Planungs- und Controlling-Lösung für Personalcontrolling und Liquiditätsplanung. Es werden vordefinierte Applikationen angeboten.

Abb. 10: Kurzbeschreibung der Softwarelösungen zur Integrierten Finanzplanung.[145]

---

145 Vgl. *BARC*, Marktsegmentierung, Übersicht Planungsanbieter am deutschen Markt, 2012, S. 17 ff.

Einsatz von operativen Wertsteigerungsinstrumenten bei den Private Equity-finanzierten Buy-out-Unternehmen

Von Henryk Ciesielski, EMBA, CEFA

A. Einleitung 69
B. Grundlagen des PE und von Buy-out-Transaktionen 71
    I. PE-Modell 71
    II. Funktionsweise von Buy-out-Transaktionen 72
C. Wertsteigerungspotenziale im Rahmen von PE-finanzierten Buy-out-Transaktionen 73
    I. Hauptquellen der Wertschöpfung 73
    II. Messung der erreichten Wertsteigerung und von deren Komponenten ... 79
    III. Wertgenerierung in Secondary-Buy-out-Transaktionen 82
    IV. Umsetzung operativer Wertsteigerungskonzepte in der Praxis 84
D. Operative Wertsteigerungsinstrumente 90
    I. Einführung 90
    II. Maßnahmen zur Umsatzerweiterung 91
    III. Instrumente der Renditeoptimierung 95
    IV. Weitere Verbesserungen des freien Cashflows 96
    V. Verbleibende Wertsteigerungsinstrumente 97
E. Praktische Einsatzbeispiele von operativen Wertsteigerungsinstrumenten ... 97
    I. Buy-out der Tognum AG durch EQT 97
    II. Buy-out der Brenntag GmbH durch BC Partners 100
    III. Buy-out der Norma Group AG durch 3i 103
F. Zusammenfassung 106
G. Anhang 107

A. Einleitung

Die Marktentwicklungen im Bereich Private Equity (PE) zeigen in den letzten Jahren deutliche Veränderungen, die bis hin zu Anpassungen des Geschäftsmodells bezüglich der Wertgenerierung reichen. Erstens sind die Finanzierungsmöglichkeiten für Buy-out-Transaktionen aufgrund immer volatilerer Kreditmärkte nach wie vor limitiert und die Konditionen im Vergleich zu früheren PE-Zyklen immer noch nicht günstig. Zweitens existiert durch die zunehmende Verbreitung von PE als Finanzierungsform ein dauerhaft substanzieller Kapitalüberhang[1], der bedingt durch das PE-Investmentmodell nur in begrenzten Zeiträumen zur Verfügung steht. Drittens ist durch die zunehmende Reifung des PE-Marktes ein deutlich zunehmender Wettbewerb unter den PE-Fonds zu beobachten. Dieser Wettbewerb verstärkt sich sowohl in Bezug auf das Sammeln von Kapital (Fundraising) bei institutionellen Investoren[2] als auch regelmäßig im Rahmen von mittleren und großen Auktionsprozessen. Somit wird derzeit die Konkurrenz unter den PE-Fonds oft über eine

---
[1] Vgl. *Bain & Company*, Global Private Equity Report 2013, S. 1.
[2] Vgl. *Gleisberg*, The changing face of fund manager selection, unter http://www.unquote.com/print_article/unquote/analysis/2272489/the-changing-face-of-fund-manager-selection (Abruf vom 04.06.2013).

Differenzierung bezüglich der Wertgenerierungsstrategien geführt[3]. Wegen der nach wie vor begrenzten Exit-Möglichkeiten über einen Börsengang werden die neuen Käufer dazu öfters durch Finanzinvestoren repräsentiert (sog. Secondary Buy-outs), die trotz bereits beim primären Buy-out eingesetzter Arbitrage-/Leverage-Instrumente auch die PE üblichen hohen Renditen realisieren wollen.

Diese genannten Aspekte rufen in der PE-Branche bereits Kommentare über das Ende des „einfachen Private Equity-Geschäfts"[4] hervor, das überwiegend nur über Finanzstrukturoptimierung erfolgt, sowie die Feststellung der Notwendigkeit eines „massiven Strategiewechsels weg vom Financial Engineering hin zu aktiven Methoden zur Umsatz- und/per EBIT-Steigerung"[5]. Obwohl der Fokus vieler PE-Fonds in der operativen Wertschöpfung ehemals eher auf der Kostenoptimierung lag, sind jetzt viele PE-Häuser bei der Wertgenerierung in viel stärkerem Maße zu einer Konzentration auf die operative Verbesserung durch eine Effizienzsteigerung bei den Portfoliounternehmen gezwungen.

Die Möglichkeiten zur Wertgenerierung durch die operative Effizienzsteigerung stellen einen komplexen Prozess dar, der trotz der gegenwärtigen akademischen Veröffentlichungswelle bezogen auf PE sowie der hohen Aufmerksamkeit der Finanzbranche bezüglich dieses Themas, bis dato in keinem umfangreichen Rahmen insgesamt analysiert worden ist. Durch eine Kombination aus empirischer Literaturrecherche sowie mehrere Interviews mit PE-Experten wurde ein Konzept zur optimalen und praxisbezogenen Darstellung der operativen Wertsteigerungsinstrumente entwickelt.

Die vorliegende Arbeit ist wie folgt aufgebaut: Zuerst folgt in Kapitel B. eine kurze Vorstellung der für die Arbeit relevanten theoretischen Grundlagen der PE-finanzierter Buy-out-Transaktionen. In Kapitel C. werden zuerst die Hauptelemente des komplexen PE-Wertschöpfungsprozesses diskutiert und relevante Aspekte aus der empirischen Literatur zu operativen Wertsteigerungsmechanismen dargestellt. Im nächsten Schritt wird basierend auf marktbezogenen Analysen die Bedeutung der operativen Wertsteigerungsmöglichkeiten und von deren Komponenten verdeutlicht. Ferner wird die spezielle Art des Buy-outs mit besonderer praktischer Bedeutung für substanzielle Wertschöpfungsmöglichkeiten in Form von Secondary Buy-outs präsentiert. Abschließend wird mit Fokussierung auf das Operating-Partner-Konzept die Umsetzung der operativen Wertsteigerungskonzepte in der Praxis aufgezeigt. Kapitel D. ist der Darstellung der operativen Wertsteigerungsinstrumente gewidmet – diese werden zwecks effektiver Darstellung mit Hilfe einer durch die Literaturrecherche und die Experteninterviews ausgearbeiteten Kategorisierung in den jeweiligen Unterkapiteln näher dargestellt.
In Kapitel E. werden praktische Einsatzbeispiele der zuvor skizzierten Wertsteigerungsinstrumente präsentiert. Dies erfolgt auf Basis ausgewählter PE-finanzierter realer Buy-out-Transaktionen. Anschließend wird in Kapitel F. die Schlussbetrachtung vorgenommen.

---

3   Vgl. *Berg/Gottschalg*, Wertsteigerungshebel in Buyout-Transaktionen, M&A Review 5/2004, S. 207.
4   *Eilers/Koffka/Mackensen*, Private Equity - Unternehmenskauf, Finanzierung, Restrukturierung, Exitstrategien – Handbuch, 2. Aufl. 2012, S. 1.
5   *Lauszus/Hock, Market* Due Diligence, in: Berens, Brauner, Strauch (Hrsg.), Due Diligence bei Unternehmensakquisitionen, 6. Aufl. 2011, S. 504.

B. Grundlagen des PE und von Buy-out-Transaktionen

I. PE-Modell

PE entspricht dem englischen Begriff für das Beteiligungskapital, das in nicht börsennotierten Unternehmen überwiegend von institutionellen Anlegern investiert wird und als Oberbegriff für alle Eigenkapital-Anlageformen (Venture Capital, Buy-outs und Mezzanine) genutzt wird[6]. Die Bedeutung dieses Begriffs hat sich in den letzten zwei Dekaden deutlich verändert: Während in den Anfangsjahren der Beteiligungsbranche Venture Capital als Obergriff dominierte, wurde nach dem Investitionsaufschwung in späten neunziger Jahren sowie der deutlichen Zunahme der Leveraged-Buy-out-Transaktionen PE zum Oberbegriff für privates Beteiligungskapital[7]. Da es sich hierbei um ein praktisch entwickeltes Finanzierungskonzept handelt, sind eine eindeutige Definition und Abgrenzung von anderen Finanzierungsformen sehr schwierig. Im Rahmen der vorliegenden Arbeit wird PE als die mittel- bis langfristige Bereitstellung von Eigenkapital für den Erwerb von entwickelten (d.h. nicht mehr in der Aufbauphase befindlichen) Unternehmen definiert – wobei der Unternehmenskauf „privat", d. h. außerhalb von Institutionen wie die Börse, erfolgt. Dieser Form des Beteiligungskapitals wird auch Buy-out genannt[8].

Das PE-Model beinhaltet im Rahmen der Fundraising-Phase zunächst das Sammeln von Kapital, überwiegend von institutionellen Anlegern, das meistens in Form eines Fonds gebündelt und von einer Beteiligungsgesellschaft für eine bestimmte Zeit (in der Regel zwischen drei und sieben Jahre) in verschiedene Unternehmen investiert wird. Am Ende der Beteiligungsdauer werden die Portfoliounternehmen mit Gewinn verkauft. Da hierbei im Gegensatz zur klassischen Bankdarlehen kein Rückzahlungsanspruch besteht, generiert die PE-Gesellschaft als Eigenkapitalgeber den Gewinn durch die Unternehmenswertsteigerung während der Beteiligungsphase. Die PE-Fonds werden von Initiatoren geründet, die als Fondorganisatoren (auch General Partner genannt) und Mittler zwischen kapitalsuchenden Unternehmen und den Anlegern (auch Limited Partner genannt) agieren[9]. Die Initiatoren stellen ihre investmentspezifische Erfahrung sowie ihre Kontakte und Netzwerke zur Verfügung und betreiben den Fonds. Als Vergütung dafür sowie für deren eigenes finanzielles Investment in den Fonds erhalten sie eine Management-Fee und das sog. Carried Interest. Das Carried Interest repräsentiert die Erfolgsbeteiligung am gesamten Erfolg des PE-Fonds für die Betreiber und ist überproportional höher als die eigentliche finanzielle Beteiligung. Somit stellt es den entscheidenden Anreiz für die erfolgreiche Führung eines PE-Fonds dar.

6　Vgl. Bundesverband Deutscher Kapitalbeteiligungsgesellschaften - Glossar, URL: http://www.bvkap.de/privateequity.php/cat/31/title /Glossar (Abruf vom 1.06.2013).
7　Vgl. hier und zum Folgenden *Eilers/Koffka/Mackensen*, (o. Fn. 4), S. 1-2; *Niederdrenk/Müller*, Commercial Due Diligence, 1. Aufl. 2012, S. 29-31.
8　Vgl. *Eilers/Koffka/Mackensen*, (o. Fn. 4), S. 2.
9　Vgl. hier und zum Folgenden *Eilers/Koffka/Mackensen*, (o. Fn. 4), S. 9.

II. Funktionsweise von Buy-out-Transaktionen

Als Buy-out-Transaktion wird ein Kauf der Mehrheit der Anteile an einem Unternehmen bzw. eines Teiles davon für eine bestimmte Zeit definiert, wobei diese Transaktion normalerweise durch einen Mix von Eigen- und Fremdkapital finanziert wird und unter der federführenden Beteiligung einer spezialisierten Investmentgesellschaft erfolgt[10]. In Abhängigkeit von den unterschiedlichen Ausgestaltungsmerkmalen eines Buy-outs lassen sich mehrere Typen und Formen von Buy-outs unterscheiden. Überwiegt bei dem Finanzierungsmix der Fremdkapitalanteil, spricht man von einem Leveraged Buy-out[11]. Übernimmt eine PE-Gesellschaft die Rolle der spezialisierten Investmentgesellschaft, spricht man von einem PE-Buy-out[12]. Nachfolgend werden die beiden Begriffe Leveraged Buy-out und PE-Buy-out vereinigt und eine Buy-out-Transaktion wird definiert als eine unter überwiegendem Anteil der Fremdkapitalfinanzierung, federführend von einer PE-Gesellschaft durchgeführte Unternehmenskauftransaktion.

Die mit überwiegendem Anteil des Fremdkapitals finanzierte Buy-out-Transaktion stellt eine besondere Form der Akquisitionsfinanzierung dar, indem der Preis für den Unternehmenskauf unter Nutzung von besonderen Strukturen über eine spezielle Akquisitionsgesellschaft finanziert wird[13]. Diese Akquisitionsgesellschaft führt das für den Kauf aufgenommene Fremdkapital zurück und bedient die Finanzierungszinsen durch Zugriff auf den freien Cashflow des erworbenen Unternehmens. Dadurch spielen die Verfügbarkeit und Stabilität des freien Cashflows beim gekauften Unternehmen für die Finanzierung eine entscheidende Rolle. Für die Eigenkapitalgeber lassen sich in Abhängigkeit von der Höhe des möglichen Verschuldungsgrads sowie des Fremdkapitalzinssatzes dadurch Verbesserungen der Eigenkapitalrendite durch den Leverage-Effekt erreichen. Nachfolgend werden die Möglichkeiten der Wertsteigerung bei den Buy-out-Transaktionen dargestellt.

---

10 Vgl. *Berg/Gottschalg*, Understanding Value Generation in Buyouts, INSEAD Working Paper Series (2003/26/SM) 2003, S. 3.
11 Vgl. *Mittendorfer*, Praxishandbuch Akquisitionsfinanzierung, 1. Aufl. 2007, S. 12.
12 Vgl. *Gietl*, Substanzielle Wertschöpfungsbeiträge durch Private Equity-Gesellschaften in europäischen Secondary Buyout Investments: Eine vergleichende Analyse mit europäischen Primary Buyout Investments, 1. Aufl. 2009, S. 29.
13 Vgl. hier und zum Folgenden *Mittendorfer*, (o. Fn. 11), S. 11ff.

C. Wertsteigerungspotenziale im Rahmen von PE-finanzierten Buy-out-Transaktionen

I. Hauptquellen der Wertschöpfung

Die Wertsteigerung stellt aufgrund des vorgestellten spezifischen Umfangs der Buy-out-Transaktionen einen komplexen Prozess dar, der durch verschiedene Maßnahmen (z.B. Financial Engineering oder operative Wertschöpfung) erreicht wird, somit werden die Wertsteigerungstreiber in Literatur und Praxis unterschiedlich dargestellt und kategorisiert. In einer der ersten und später häufig zitierten Untersuchungen zum Thema Leveraged Buy-out-Transaktion wurden im Jahr 1989 von Michael Jensen[14] sowie Steven Kaplan[15] als wichtigste Wertsteigerungsfaktoren der hohe Leverage-Effekt, die starke Anreizwirkung der Managementbeteiligung/-incentivierung sowie die signifikante Verbesserung der operativen Leistungsfähigkeit der Portfoliounternehmen genannt. In mehreren akademischen Studien und empirischen Marktanalysen wurden diese verschiedenen Aspekte sowohl für den US-amerikanischen als auch den europäischen Markt weiteruntersucht. Bei der Analyse dieser empirischen Arbeiten im Zeitablauf fällt jedoch eine Veränderung auf: Von dem ursprünglichen Erklärungsansatz ausgehend, dass die Wertsteigerung maßgeblich durch Financial Engineering und Principal-Agency-Kosteneffekte getrieben wird, wurde im Zeitablauf der Wertgenerierung durch die operative Effizienzsteigerung immer mehr Bedeutung beigemessen[16].

Im Rahmen der Erforschung von PE-Besonderheiten wurde in den letzten Jahren ebenfalls mehrmals ausführlich untersucht, ob die PE-Transaktionen im Vergleich zu entsprechenden Investments am Aktienmarkt über längere Zeiträume tatsächlich eine Überrendite erwirtschaften. Diese Überrendite wird basierend auf der klassischen Investmenttheorie durch den Faktor Alpha beschrieben und gemessen. In Bezug auf PE wurde eine der ersten Analysen von einem Team um Viral Acharya für den britischen Markt durchgeführt[17]. Fußend auf der Entwicklung der entsprechenden Methode, die ermöglicht den realen Vergleich zwischen PE- und der Aktienmarkt-Rendite zu messen, wurden im Rahmen der Analyse auch die wichtigsten Wertsteigerungsfaktoren der substanziellen Wertschöpfung untersucht. Neben der Bestätigung des positiven Alphas für die PE-Transaktionen, wurden als die wichtigsten Gründe für die Überrendite insbesondere die Verbesserung der EBITDA-Marge sowie die Erhöhung der Bewertungsmultiplikatoren während der Investitionsphase genannt[18].

---

14   Vgl. *Jensen*, Eclipse of the public corporation, Harvard Business Review, Sept.-Oct. 1989, S. 61-74.
15   Vgl. *Kaplan*, The effects of management buyouts on operations and value, Journal of Financial Economics 24/1989, S. 217-254.
16   Vgl. *Berg/Gottschalg*, (o. Fn. 3), S. 207; Guo/Hotchkiss/Song, Do Buyouts (Still) Create Value?, The Journal of Fi-nance 2011, Vol. LXVI, No. 2, S. 481; Kaplan/Strömberg, Leveraged Buyouts and Private Equity, Journal of Economic Perspectives 23(1) 2008, S. 132.
17   Vgl. *Acharya/Hahn/Kehoe*, Corporate Governance and Value Creation: Evidence from Private Equity, Working Paper 2009, S. 14-22.
18   Vgl. *Acharya/Hahn/Kehoe* (o. Fn. 17), S. 1.

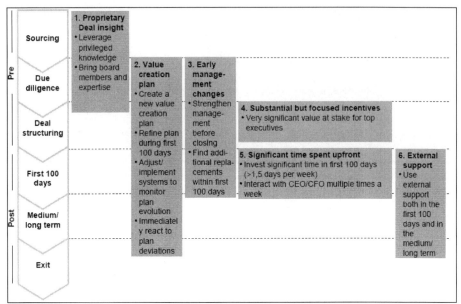

Abbildung 1: Wertgenerierung beim aktiven PE-Eigentümerkonzept Quelle: *Acharya/Hahn/Kehoe*, Corporate Governance and Value Creation: Evidence from Private Equity, Working Paper 2009, S. 41.

Abschließend wurde als einer der wichtigsten Faktoren für die Wertsteigerung das Konzept der aktiven Eigentümer verdeutlicht, das durch strukturiertes Vorgehen und den Einsatz von operativen Wertgenerierungsmaßnahmen die signifikante Wertschöpfung über verschiedene Phasen ermöglicht.

Bei der späteren Aktualisierung und Erweiterung der obigen Forschungsarbeit, wurde als wichtigster Grund für die PE-Überrendite neben den beiden zuvor genannten Faktoren die höhere Umsatzsteigerung erwähnt[19]. Zusätzlich wurde der Zusammenhang des beruflichen Hintergrunds des PE-Managers mit dem erreichten Wertgenerierungsergebnis untersucht. Dabei wurde basierend auf den Ergebnissen der Transaktionsanalysen eine Korrelation zwischen der Kombination aus früheren Berufserfahrungen des PE-Managers sowie Wertschöpfungsstrategien einerseits und der Höhe der im Zuge der PE-Transaktionen erwirtschafteten Überrenditen anderseits bestätigt: Bei den Transaktionen, bei denen die substanzielle Wertschöpfung wichtig war, führte die Beteiligung von PE-Managern mit Berufserfahrung in der Industrie oder Beratungsbranche regelmäßig zu einer deutlich höheren Überrendite[20]. Ähnliche Ergebnisse zeigen auch andere Studien in dem Bereich auf, die sowohl durch eine höhere Zahl analysierter Transaktionen sowie ein geografisch viel breiteres Marktsegment abdecken, als die zuvor aufgeführten Untersuchungen[21]. Da wird eben-

---

19 Vgl. *Acharya/Gottschalg/Hahn/Kehoe*, Corporate Governance and Value Creation: Evidence from Private Equity, Working Paper 2011, S. 4.
20 Vgl. *Acharya/Gottschalg/Hahn/Kehoe*, (o. Fn. 19), S. 5.
21 Vgl. *Gottschalg/Golding* Capital Partners, Im Auge des Sturms – Die Performance von Private Equity während der Finanzkrise, Executive Summary/Präsentation einer Studie von Golding Capital Partners und HEC Paris 2013, S. 2.

falls verdeutlich, dass neben der Corporate Governance und Interessengleichheit der wichtigste Treiber des Alphas das Wertsteigerungsmanagement ist, wobei der PE-Fonds eine Rolle als aktiver Eigentümer übernimmt. Ferner lässt sich festhalten, dass das Wertsteigerungsmanagement als wichtigster Erfolgsfaktor in letzten PE-Zyklen erheblich an Bedeutung gewonnen hat[22].

Obwohl, wie zuvor dargestellt, mehrere Untersuchungen zum Thema Wertgenerierung durch PE durchgeführt worden sind, stellt die Forschungsarbeit von Achim Berg und Oliver Gottschalg[23] bis dato das umfassendstes Gerüst zur Analyse der Wertgenerierung bei Buy-out-Transaktionen in der Literatur dar. Bei dieser Arbeit besteht ein dreidimensionaler Analyserahmen, innerhalb dessen unter Berücksichtigung der drei Hauptaspekte (Phasen, Gründe, Quellen) die Komplexität des Wertgenerierungsvorgangs umfänglich erklärt wird. Diese Untersuchung diente nachfolgend als Richtungsvorgabe und Grundlage für mehrere akademische Forschungen sowie empirische Untersuchungen in dem Bereich[24].

Erstens wird die Wertgenerierung entsprechend den Phasen eines Buy-out-Investments unterschieden: Akquisitions-, Halte- und Verkaufsphase[25]. In der Akquisitionsphase werden viele wichtige Parameter für die mögliche Wertsteigerung sowie den Erfolg des Investments entscheidend vorbestimmt. Die bedeutendste den Wert determinierende Entscheidung ist die Festlegung des Unternehmenskaufpreises, die den festen Ausgangspunkt für die Finanzierungsstrukturen, spätere Bewertungen sowie Transaktionserfolgsparameter bildet. Weitere den Wert determinierende Entscheidungen für den späteren Investmenterfolg sind die Abstimmung des Businessplans mit dem Management bezüglich der geplanten Steigerung der operativen Effizienz, die Form der Ausgestaltung der Managementbeteiligung/Anreizstrukturen sowie die Strukturierung des Buy-outs bezüglich des Ausmaßes des Fremdkapitalanteils. Während die Wertgenerierungsmaßnahmen in der Akquisitionsphase schwerpunktmäßig eher einen Leverage- und Transaktionsarbitrage-Charakter haben, verschiebt sich der Schwerpunkt in der folgenden Investmentphase (Halteperiode) eindeutig hin zur operativen Effizienzsteigerung: In den Vordergrund tritt die Umsetzung der im Businessplan abgestimmten strategischen, organisatorischen und operativen Maßnahmen. In der letzten Phase wird der Verkauf vorbereitet sowie der Veräußerungspreis bestimmt, der entscheidender Transaktionsbestandteil des Buy-outs für die Wertrealisierung ist. Obwohl der Schwerpunkt der Wertgenerierungsmaßnahmen in der Verkaufsphase zwar im Arbitragebereich liegt, sind die operativen Effizienzsteigerungsmaßnahmen jedoch auch hier von großer Bedeutung, da deren Nachhaltigkeit für den potenziellen Käufer entscheidend ist und somit einen wichtigen Beitrag zur angestrebten Erhöhung der Bewertungsmultiplikatoren („multiple riding") seitens des PE-Verkäufers liefert.

---

22 Vgl. *Gottschalg/Golding* Capital Partners, (o. Fn. 21), S. 12.
23 Vgl. *Berg/Gottschalg*, (o. Fn. 10).
24 Vgl. *Borowicz/Mittermair*, Strategisches Management von Mergers and Acquisitions: State of the Art in Deutschland und Österreich, 1. Aufl. 2006, S. 76-78; *Gietl*, (o. Fn. 12), S. 37-38; *Klockenbrink/Wömpener*, Krisenunternehmen als Marktchance für Private-Equity?, Finanz Betrieb Heft 11/2007, S. 644-645; *Loos*, Value Creation in Leveraged Buyouts - Analysis of Factors Driving Private Equity Investment Performance, 1. Aufl. 2006, S. 21-34; *Meier*, Post-Investment Value Addition to Buyouts: Analysis of European Private Equity Firms, 1. Aufl. 2006, S. 1-2; *Roemmelt*, Creating Value with Strategic Management in Buyouts in Dynamic Markets - Empirical Study on the Management of Buyouts, 1. Aufl. 2010, S. 43, sowie Anhang 2 dieser Arbeit.
25 Vgl. hier und zum Folgenden *Berg/Gottschalg*, (o. Fn. 10), S. 5.

Zweitens werden die Wertsteigerungsmechanismen gemäß den Gründen der Wertgenerierung unterschieden. Der erste Bereich betrifft Maßnahmen, die zu einer Wertsteigerung führen können, ohne dass hierzu unmittelbar die Veränderung der wirtschaftlichen Leistungsfähigkeit des Unternehmens notwendig ist. Es handelt sich somit meistens um die Transaktionsarbitrage, die allein durch den Unterschied des Bewertungsmultiples zum An- und Verkaufszeitpunkt zu begründen ist. Weil es sich dabei nicht direkt um die Wertsteigerung aus Sicht des Unternehmens selbst handelt, wird es als Werttransfer („value capturing") bezeichnet[26]. Die zweite Form der Wertgenerierung wird durch die substanzielle Veränderung der wirtschaftlichen Leistungsfähigkeit des Unternehmens selbst beeinflusst und als Wertschöpfung („value creation") charakterisiert. Dabei wird die Effizienzverbesserung entweder durch Umsatzsteigerung, Margenvergrößerung oder Verringerung des notwendigen Betriebskapitals erreicht. Weiterhin können je nach dem Grad des Wirkungsmechanismus primäre von sekundären Wertschöpfungshebeln unterschieden werden: Während sich die erste Maßnahmengruppe direkt auf die wirtschaftliche Leistungsfähigkeit auswirkt (z. B. Verbesserung der strategischen Positionierung), beeinflussen die Aktionen der zweiten Gruppe nur indirekt die Wertschöpfung (z.B. Verbesserung der Anreizstrukturen für das Management).

Die dritte und letzte Dimension der Wertgenerierung betrifft die Quellen der Wertschöpfung, die sich durch die spezifischen Charakteristika der PE-Gesellschaften beschreiben lässt. Einerseits kann die Wertgenerierung ohne aktive Mithilfe und unabhängig vom PE-Investor erfolgen (z. B. durch wirtschaftliche Effizienzsteigerung des Unternehmens selbst) und wird dann als intrinsische Wertgenerierung bezeichnet[27]. Andererseits kann die Wertschöpfung direkt mit den spezifischen Merkmalen der PE-Gesellschaft zusammenhängen (z.B. Industrieerfahrung oder relevante Netzwerke) und sich somit überwiegend aus der Zusammenarbeit des Unternehmens mit dem PE-Investor ergeben. Diese Form wird als extrinsische Wertgenerierung bezeichnet.

Um zu verdeutlichen, wodurch Buy-out-Transaktionen durch PE Werte geschaffen werden können, erläutert dieser Analyserahmen die Wertgenerierung unter Berücksichtigung der zuvor erwähnten drei Dimensionen mit sechs Gruppen von Wertgenerierungshebeln sowie insgesamt siebzehn Sub-Hebeln[28]. Eine nähere Beschreibung aller Sub-Hebel mit deren Zuteilung zu den jeweiligen Gruppen wird im Anhang 1 der Arbeit präsentiert. Die Übersicht sowie die Zuordnung der Wertgenerierungshebel/-Sub-Hebel zu der jeweiligen Dimension hebt folgende Abbildung hervor.

---

26 Vgl. hier und zum Folgenden *Berg/Gottschalg*, (o. Fn. 10), S. 7.
27 Vgl. hier und zum Folgenden *Berg/Gottschalg*, (o. Fn. 10), S. 9.
28 Vgl. *Berg/Gottschalg* (o. Fn. 3), S. 207-208.

Lever	1 Phases			2 Causes			3 Sources	
	Acqui-sition	Holding	Divest-ment	Value capturing	Value creation		In-trinsic	Ex-trinsic
					Pri-mary	Seconda-ry		
A. Financial arbitrage								
A-1 ...based on changes in market value	x		x	x				x
A-2 ...based on private information about the portfolio company	x		x	x				x
A-3 ...through superior market information	x		x	x				x
A-4 ...through superior dealmaking capabilities	x			x				x
A-5 ...through an optimization of corporate scope	x	x	x	x				x
B. Financial								
B-1 ...Optimizing the capital structure	x	x			x			x
B-2 ...Reducing corporate tax	x	x			x			x
C. Increasing operational								
C-1 ...Cost cutting & margin improvement	(x)	x			x		x	(x)
C-2 ...Reducing capital requirements	(x)	x			x		x	(x)
D-3 ...Removing managerial inefficiencies	(x)	x			x		x	x
D. Increasing strategic								
D-1 ...Corporate refocusing	(x)	x			x		(x)	x
D-2 ...Buy and build strategies	(x)	x			x		x	x
E. Reduction of agency								
E-1 ...Reducing agency cost of FCF	X	(x)				X	x	
E-2 ...Improving incentive alignment	x	X				x		x
E-3 Improving monitoring and controlling		x				x		x
F. The parenting								
D-1 ...Restoring entrepreneurial spirit	x	x	x			x	(x)	x
D-2 ...Advising and enabling	x	x				x		x

Abbildung 2: Wertgenerierungshebel in Buy-out-Transaktionen
Quelle: *Berg/Gottschalg*, Understanding Value Generation in Buyouts, INSEAD Working Paper Series (2003/26/SM) 2003, S. 34.

Bezugnehmend auf diese Kategorisierung umfasst der Gegenstand dieser Arbeit die primären Wertsteigerungsinstrumente, die durch wirtschaftliche Effizienzsteigerung des Unternehmens selbst zur intrinsischen Wertgenerierung beitragen (in obiger Abbildung finden sich die Wertsteigerungstreiber in den Gruppen C und D).

Nach der Durchsicht der aktuellen empirischen Literatur sowie der darauf aufbauenden Marktstudien lässt sich zusammenfassend festhalten, dass die Wertsteigerung bei den PE-finanzierten Buy-out-Unternehmen grundsätzlich durch folgende drei Hauptfaktoren[29] bestimmt wird:

- den Leverage-Effekt (auch „debt repayment" Effekt),
- die Verbesserung der Bewertungsmultiplikatoren (auch „multiple expansion", „multiple arbitrage" oder Transaktionsarbitrage) und
- die Steigerung der operativen Effizienz (auch „operational improvement", „EBITDA growth" oder substanzielle Wertschöpfung).

Bei der Analyse dieser Hauptfaktoren fällt auf, dass die Wertgenerierung durch die operative Effizienzsteigerung im Zeitablauf deutlich an Geweicht gewonnen hat, was durch folgende Abbildung hervorgehoben wird.

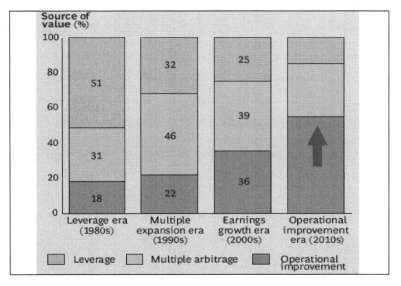

Abbildung 3: Veränderung von Wertsteigerungsarten in europäischen PE-Buy-out-Transaktionen
Quelle: *Meerkatt/Rose/Brigl/Liechtenstein/Prats/Herrera*, The Advantage of Persistence – How the Best Private-Equity Firms "Beat the Fade", The Boston Consulting Group & IESE Business School of Navarra Report 2008, S. 10.

Als wesentliche Gründe für diese Entwicklung werden unter anderem die zunehmende Popularität von PE als Assetklasse und der damit verbundener Kapitalüberhang sowie der steigende Wettbewerb unter den PE-Fonds genannt. Ferner werden sowohl die Verfügbarkeitsbegrenzung und die Verteuerung von Fremdkapital als auch die zunehmende Reifung des PE-Marktes sowie die damit verbundene steigende Professionalisierung sowohl aufsei-

---

29 Vgl. *Achleitner/Braun/Engel/Figge/Tappeiner*, Value Creation Drivers in Private Equity Buyouts: Empirical Evidence from Europe, The Journal of Private Equity 13 (2) 2010, S. 18; *Gietl*, (o. Fn. 12), S. 4; *Guo/Hotchkiss/Song*, (o. Fn. 16), S. 480; *Kaplan/Strömberg*, (o. Fn. 16); *Loos*, (o. Fn. 24); *Meerkatt/Rose/Brigl/Liechtenstein/Prats/Herrera*, The Advantage of Persistence - How the Best Private-Equity Firms "Beat the Fade", The Boston Consulting Group & IESE Business School of Navarra Report 2008, S. 9-10; *Pindur*, Value creation in successful LBOs, 1. Aufl. 2007.

ten der PE-Fonds als auch der Verkäufer/Unternehmen genannt[30]. Diese Entwicklung wurde auch im Rahmen der vom Autor mit PE-Managern geführten Gesprächen bestätigt, in denen viele den Fokus auf die operative Effizienzsteigerung als einen der wichtigsten PE-Trends gerichtet haben. Nach Ansicht mehrerer Gesprächspartner wird die Kompetenz der Buy-out-Transaktion Beteiligten in Bezug auf die operative Wertschöpfung in Zukunft einer der entscheidenden Wettbewerbsfaktoren nicht nur in der Halteperiode, sondern auch in der Akquisitionsphase (Überzeugung des Managements für sich als die geeignetste PE-Gesellschaft bei mehreren PE-Angeboten) sowie bei den Fundraising-Aktivitäten (Überzeugung der Investoren, dass definitiv Ressourcen für die erwartete Überrendite in Zeiten begrenzter Leverage-Möglichkeiten existieren) sein.

Die Wertschöpfung durch den Leverage-Effekt und die Verbesserung der Bewertungsmultiplikatoren hat keinen direkten wesentlichen Einfluss auf die Wertsteigerungsmechanismen durch die Steigerung der operativen Effizienz. Sie steht somit nicht im Fokus dieser Arbeit und wird daher auch nicht näher beschrieben.

II. Messung der erreichten Wertsteigerung und von deren Komponenten

Der PE-Markt zeichnet sich wegen der spezifischen Besonderheiten dieses Geschäftes (z.B. privat/außerhalb der Institutionen, begrenzter Publizitätspflicht, mehrstufiger Strukturierung) durch erhebliche Intransparenz aus. Trotz erhöhter Aufmerksamkeit innerhalb der Finanzbranche als auch seitens akademischer Kreise seit einigen Jahren, existieren nur eine begrenzte Zahl von qualitativen Studien, die sich mit der Messung der erreichten Wertsteigerung sowie von deren Komponenten beschäftigen. Dabei können die Forschungsarbeiten inhaltlich generell zwei Hauptgruppen zugeordnet werden: Analysen auf der Fonds- und der Transaktionsebene. Während die Untersuchungen auf Fondsebene stärker auf die Strukturen und Performance der Fonds ausgerichtet sind, fokussieren die Analysen auf Transaktionsebene eher auf die Risiken und Rendite einzelner PE-Deals. Die wichtigsten Studien sowie deren Ergebnisse werden im Anhang 2 der vorliegenden Arbeit präsentiert.

Die erwähnten Studien fokussieren meistens hauptsächlich auf den angelsächsischen Markt und beinhalten keine umfassende Analyse der verschiedenen Wertsteigerungstreiber. Diese Lücke wurde durch diverse Forschungsarbeiten von dem Team um Prof. Ann-Kristin Achleitner mit auf europäische Transaktionen ausgerichteten Analysen bezüglich der Wertschöpfungstreiber in PE-Buy-outs gefüllt[31]. Um den Beitrag verschiedener Wertsteigerungstreiber besser analysieren zu können, wurde von Achleitner et al. zuerst die traditionelle Analyse der PE-Renditen mittels erweiterter Methodik ausgearbeitet und die Wertsteigerungsmechanismen wurden zuerst generell in finanzielle und operative Hauptgruppen unterteilt. (Dies ist ein ähnlicher Ansatz wie bei den Forschungsarbeiten des Teams um Viral Acharya[32], der jedoch weiter sich auf andere Analysebereiche fokussiert). Diese Aufteilung erlaubte einerseits eine nähere Analyse der Renditen aus PE-Investments auch ohne die Be-

---

30   Vgl. *Berg/Gottschalg*, (o. Fn. 3), S. 207; *Eilers/Koffka/Mackensen*, (o. Fn. 4), S. V; *Meerkatt/Rose/Brigl/ Liechtenstein/Prats/Herrera*, (o. Fn. 29), S. 10.
31   Vgl. *Achleitner/Lichtner/Diller*, Value Creation in Private Equity, Studie 2009, Capital Dynamics and Center for Entrepreneurial and Financial Studies; *Achleitner/Braun/Engel/Figge/Tappeiner*, (o. Fn. 29); *Engel*, Essays on value creation and risk assessment in private equity-sponsored buyouts, Dissertation Technische Universität München 2012.
32   Vgl. *Acharya/Hahn/Kehoe* (o. Fn. 17), S. 14-18.

rücksichtigung vom Leverage-Effekt. Andererseits wurde somit eine angemessene Vergleichsbasis für einzelne PE-Transaktionen geschaffen, da wegen des oft signifikant unterschiedlich hohen Verschuldungsgrads einzelner Transaktionen die im Vergleich erreichten Renditen ohne die Bereinigung des Leverage-Faktors trügerisch sein können[33]. Weiterhin wurde – basierend auf der in der Praxis meistens genutzten sowie in der empirischen Literatur oft zitierten Haupttreiber für die Wertsteigerung („EBITDA growth", „multiple expansion", „free cash flow (FCF) effect") – ein erweitertes Model für die Wertgenerierung der PE-finanzierten Unternehmen entwickelt (in der Praxis auch „IRR decomposition"-Modell genannt[34]).

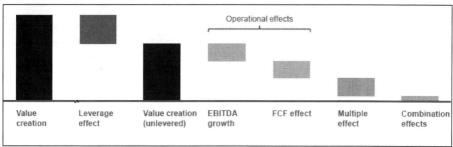

Abbildung 4: Erweitertes Model der Wertgenerierung bei PE-finanzierten Unternehmen, Quelle: *Achleitner/Lichtner/Diller*, Value Creation in Private Equity, Studie 2009, Capital Dynamics and Center for Entrepreneurial and Financial Studies, S. 10.

Der Wertgenerierungstreiber EBITDA-Wachstum wird weiter in Umsatzwachstums- und Margenverbesserungstreiber unterteilt, um die operative Effizienzsteigerung näher analysieren zu können. Der Effekt des freien Cashflows als Werttreiber basiert auf der Betrachtung einer der wichtigsten operativen Messgrößen in Unternehmen, die dem aus der Geschäftstätigkeit erzielten Nettozufluss liquider Mittel entspricht, welche aus der Buy-out-Perspektive wiederum für die Fremdkapitalrückzahlung oder Dividendenfinanzierung entscheidend ist. Der Multiplikator-Effekt ist Ausdruck von Bewertungsdifferenzen zwischen dem An- und Verkaufszeitpunkt. Aus der Werttreiberperspektive wird der Bewertungsmultiplikator hauptsächlich durch folgende Aspekte beeinflusst:[35] Veränderungen des wirtschaftlichen Umfelds und der Kapitalmärkte, angepasste Positionierung des Unternehmens (z.B. Strategie- oder Größenanpassung), Verhandlungsqualität sowie aktuelle Verhandlungsposition jeweils von Käufer und Verkäufer. Weiterhin wurde ein Korrekturfaktor eingebaut, um die besonderen Effekte von gleichzeitigen Veränderungen bei mehreren Wertgenerierungstreibern abzubilden („combination effects").

Unter Einbeziehung des erweiterten Modells wurden von Achleitner et al. über 200[36] europäische PE-finanzierte Buy-out-Transaktionen aus dem Zeitraum von 1989 bis 2006 ausgewählt, für die entsprechende Daten für den Modellansatz zur Verfügung standen. Als Messgröße für die Wertsteigerung wurden neben dem klassischen internen Zinsfuß (Internal Rate

---

33 Vgl. hier und zum Folgenden *Achleitner/Braun/Engel/Figge/Tappeiner*, (o. Fn. 29), S. 18.
34 Vgl. *Kehoe*, Why European Private Equity Still Delivers Superior Returns, McKinsey & Company presentation for the EVCA Mid Market Forum 2010, S. 18.
35 Vgl. *Achleitner/Lichtner/Diller*, (o. Fn. 31), S. 38.
36 Es handelt sich um zwei ähnliche Studien/Publikationen (vgl. *Achleitner/Lichtner/Diller*, (o. Fn. 31) eine Analyse von 241 Transaktionen in dem Zeitraum 1989-2006 und *Achleitner/Braun/Engel/Figge/Tappeiner*, (o. Fn. 29) eine Analyse von 206 Transaktionen in dem Zeitraum 1991-2005), die zu fast identischen Ergebnissen kommen.

of Return – IRR) die Multiplikatoren-Kennzahlen genutzt (Money Multiple[37] und Times Money[38]), um den Wertgenerierungshebel durch den PE-Investor auch direkt ausdrücken zu können. Die über alle analysierten Transaktionen gemessene Wertsteigerung entsprach einer durchschnittlichen IRR von 43% bis 48% und einem Wertsteigerungshebel in Höhe des 2.5- bis 2.7-Fachen (gemäß Times Money-Multiplikator)[39]. Dabei ergab die Analyse der einzelnen Wertsteigerungstreiber, dass zwei Drittel der Wertsteigerung durch operative Verbesserungen in Unternehmen generiert wurden und nur ein Drittel auf den Leverage-Effekt entfällt.

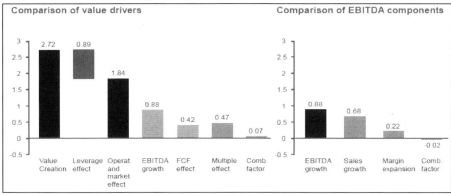

Abbildung 5: **Wertgenerierungstreiber bei PE-finanzierten Unternehmen (gemessen als Times Money Multiplikator), Quelle:** *Achleitner/Lichtner/Diller*, **Value Creation in Private Equity, Studie 2009, Capital Dynamics and Center for Entrepreneurial and Financial Studies, S. 12.**

Als Fazit der Ergebnisse hinsichtlich der operativen Wertsteigerungsinstrumente bleibt festzuhalten, dass aus der gesamten 2.72-fachen Wertsteigerung durchschnittlich fast die Hälfte direkt durch operative Effizienzsteigerung erbracht wurde. Das heißt, dass das 0.88-Fache oder der 32% gesamten Wertsteigerung durch das EBITDA-Wachstum und das 0.42-Fache oder 15% der gesamten Wertsteigerung durch den FCF-Effekt generiert wurde. Wichtig ist auch, zu verdeutlichen, dass für das EBITDA-Wachstum größtenteils das Umsatzwachstum als Werttreiber verantwortlich ist und mit dem 0.68-Fachen oder 25% der gesamten Wertsteigerung sogar wichtiger als der gesamte Bewertungsmultiplikator-Effekt ist. Die zuvor präsentierten Beiträge einzelner Wertsteigerungskomponenten zur gesamten Wertschöpfung bei den PE-finanzierten Buy-out-Transaktionen sind auch vergleichbar mit den Ergebnissen anderer Untersuchungen des europäischen Buy-outs-Marktes[40].

Zusammenfassend bleibt festzuhalten, dass der in der empirischen Literatur beschriebene Trend zu einer stärken Gewichtung der operativen Effizienzsteigerung im Rahmen des

---

[37] Entspricht dem Verhältnis zwischen Kapitalaufwand zu Beginn der Investition und der kumulierten Kapitalrückflüsse bis zu Veräußerung.
[38] Entspricht dem tatsächlichen Unternehmenswertsteigerung und wird bestimmt als: Times Money = Money Multiple - 1.
[39] Vgl. *Achleitner/Lichtner/Diller*, (o. Fn. 31), S. 7; *Achleitner/Braun/Engel/Figge/Tappeiner*, (o. Fn. 29), S. 20.
[40] Vgl. *Gottschalg/Golding* Capital Partners, (o. Fn. 21); *Meerkatt/Rose/Brigl/Liechtenstein/Prats/Herrera*, (o. Fn. 29).

Wertgenerierungsprozesses durch die Marktanalysen bestätigt werden kann[41]. Dieser Trend sowie der Anteil der Wertsteigerung durch operative Verbesserungen in der gesamten Wertgenerierung wurden auch durch die Aussagen der Private-Equity- sowie Operating-Partner-Experten in den im Rahmen dieser Arbeit stattgefundenen Gesprächen bestätigt. Nach Auskunft einiger dieser Experten konnten in den letzten fünf-sechs Jahren bei mehreren Portfoliounternehmen nur dadurch annähernd die angestrebten Renditen erreicht werden – trotz der begrenzten Leverage-Möglichkeiten sowie ausbleibenden marktbedingten Verbesserungen der Bewertungsmultiplikatoren.

III. Wertgenerierung in Secondary-Buy-out-Transaktionen

Secondary-Buy-out-Transaktionen stellen aufgrund deren Gegebenheiten eine besondere Form der Buy-out-Transaktionen dar und können als Verkauf des Portfolio-Unternehmens von dem ursprünglichen an dem nächsten PE-Investor definiert werden[42]. Die Bedeutung solcher Transaktionen hat in den letzten zwei Dekaden stark zugenommen: Während diese Transaktionen in der ersten Aufschwungsphase des PE-Marktes (1985 – 1989) ca. 2% der gesamten Buy-out-Transaktionswerte ausmachten, ist deren Anteil im Zeitraum von Januar 2005 bis Juni 2007 auf 26% gestiegen[43]. Andere Untersuchungen zeigten, dass für das gesamte Jahr 2007 die Secondary-Buy-out-Transaktionen fast die Hälfte des gesamten Buy-out-Transaktionswertes oder knapp ein Drittel aller Buy-out-Transaktionen ausgemacht hatten[44]. Aktuelle Zahlen der BVK für das gesamte Jahr 2012 bei der Analyse der Divestments nach Exit-Kanälen zeigen, dass über 27% des Transaktionsvolumens auf Verkäufe an andere Beteiligungsgesellschaften entfielen[45].

Dieser wachsende Secondary-Buy-out-Trend im PE-Markt wurde bezüglich der Wertsteigerungspotenziale in der empirischen Literatur zunächst mit Skepsis betrachtet[46]. Einerseits wurde daran gezweifelt, ob und wie, wenn die PE-Investoren generell bei den gleichen Wertsteigerungsmechanismen ansetzen und normalerweise in der ersten Phase der Halteperiode immer die effektivsten (sog. „low hanging fruit") und oft einmaligen Wertsteigerungspotenziale nutzen (z.B. Auflösung der anfänglichen höheren Working-Capital-Bestände), der nachfolgende PE-Investor in einem solchen Unternehmen zusätzlichen Wert generieren sollte. Dies führte zu generellen Aussagen, dass wegen des angenommenen geringeren operativen Wertsteigerungspotenzials die Secondary Buy-outs geringere Renditen als Primary Buy-outs[47] erzielen. Als der deutlicher Anstieg der Secondary-Buy-out-Transaktionen in den Jahren von 2005 bis 2007 fast zu den gleichen Hochkonjunkturzeiten des PE-Marktes und der Leverage-Finanzierung stattfand, wurde das Phänomen somit zusätzlich mit einer höheren Liquidität und günstigeren Finanzierungskonditionen

---

41 Vgl. *Ernst & Young*, Branching out: How do private equity investors create value, Private Equity Euro Study 2012; *Gottschalg/Golding Capital Partners*, (o. Fn. 21); *Meerkatt/Rose/Brigl/Liechtenstein/Prats/Herrera*, (o. Fn. 29) sowie siehe auch die Ergebnisse der relevanten Studien im Anhang 2.
42 Vgl. *Eilers/Koffka/Mackensen*, (o. Fn. 4), S. 660.
43 Vgl. *Kaplan/Strömberg*, (o. Fn. 16), S. 130.
44 Vgl. *Gietl*, (o. Fn. 12), S. 2, basierend auf Private Equity Insight Report 2008.
45 Vgl. *BVK – Bundesverband Deutscher Kapitalbeteiligungsgesellschaften*, BVK – Statistik Das Jahr in Zahlen 2012, 1. Aufl. 2013, S. 15.
46 Vgl. hier und zum Folgenden *Achleitner/Figge*, Private Equity Lemons? Evidence on Value Creation in Secondary Buyouts, Working Paper, European Financial Management 2011, S. 1.
47 Als Primary Buy-outs werden hier als Gegenteil von Secondary Buy-outs definiert und stellen eine klassische Form des Buy-outs dar, in der PE Investor das Unternehmen nicht von einem anderen PE Investor erwirbt.

verbunden. Dieses führte zu der Aussage, dass die Wertsteigerung bei dieser Art von Buy-outs vor allem über den Einsatz von Fremdkapital erfolgt. Schließlich wurde behauptet, dass die Secondary Buy-outs wegen des überteuerten Unternehmenskaufpreises weniger Potenzial für Bewertungsverbesserungen bieten – dies sollte durch das Zusammenfallen des deutlichen Anstiegs der Secondary Buy-outs und der steigenden Fundraising-Aktivitäten der PE-Investoren (z.B. wurden wegen des Kapitalüberhangs höhere Bewertungen/Preise durchgesetzt) erklärt werden. Als weiterer Grund für die überteuerten Einstiegspreise wurde das für PE-Investoren typische Verhalten genannt, dass der Verkauf – wegen der speziellen Finanzexpertise und Erfahrung sowie überlegenen Fähigkeiten zur Transaktionsabwicklung – normalerweise immer zum besten Zeitpunkt („timing") sowie zum höchsten Preis durchgeführt wird. Dies sollte dem nachfolgenden Investor, der generell mit den gleichen Wertsteigerungsmechanismen agiert, die wiederholte Wertsteigerung deutlich erschweren.

Sowohl die Marktentwicklung mit dem hohen Anteil von Secondary Buy-outs in der PE-Rezessions-Zeit nach 2008 als auch diverse empirische Forschungsarbeiten/ Marktuntersuchungen[48] haben die obigen Argumente wiedergelegt. Es wurde bewiesen, dass Secondary Buy-outs erstens keine signifikant geringeren Renditen als Primary Buy-outs erzielen und zweitens bei dieser Form ein hohes operatives Wertsteigerungspotenzial möglich ist.

Neben dem Marktnachweis, dass die aus Secondary Buy-out-Transaktionen generierten Renditen tatsächlich mit denen von Primary Buy-outs vergleichbar sind, wurden zur Erklärung des Phänomens der immer vorhandenen operationalen Wertschöpfungspotenziale bestimmte Hypothesen in der empirischer Literatur entwickelt und bestätigt. Zuerst wurde durch die Untersuchungen deutlich, dass der verkaufende PE-Investor in vielen Fällen nicht das volle Potenzial der operativen Effizienzsteigerung realisiert und, bevor die komplette Wertsteigerung aus substanzieller Wertschöpfung erreicht ist, das Unternehmen verkauft wird (sog. „forced seller"-Hypothese)[49]. Dies wird sowohl durch strukturelle als auch marktbedingte Faktoren begründet. Strukturelle Gründe ergeben sich aus dem Fakt, dass die Dauer bis zur kompletten Wertsteigerung aus der operativen Effizienzsteigerung meistens länger ist als die üblichen PE-Fonds-Zyklen/-Laufzeiten (bei einer typischen Fonds-Laufzeit von durchschnittlich sieben bis zehn Jahren ist die Halteperiode oft auf durchschnittlich vier bis fünf Jahre begrenzt). Marktbedingte Anlässe ergeben sich aus der Spezifik des PE-Mechanismus, dass das Fundraising für neue Fonds im gleichen Zeitraum fehlt wie das letzte Stadium der Halteperiode von früheren Fonds und ein erfolgreicher Verkauf/Exit mit hoher Rendite den andauernden Fundraising-Prozess oft sehr positiv beeinflussen kann. Weiterhin wird, da für die PE-Investoren ein stabiler Cashflow als Faktor für die Fondsexistenz relevant ist, der Verkaufsprozess gestartet, obwohl die operative Effizienzsteigerung bei dem Portfoliounternehmen noch nicht vollständig abgeschlossen ist. Als weiterer Erklärungsversuch wurde der Fakt der Risikoreduzierung durch die Erfahrungen aus dem ersten Buy-out (sog. „reduced risk"-Hypothese)[50] entwickelt. Bei Primary Buy-out ist das Unternehmen bereits im Rahmen des Due Diligence-Prozesses genau analysiert und durch die spätere Corporate Governance-Einführung sind die betrieblichen Abläufe schon professionalisiert worden. Beides hat zu

---

48 Vgl. *Gietl*, (o. Fn. 12); *Achleitner/Figge*, (o. Fn. 46); *Achleitner/Figge/Lutz*, Drivers of Value Creation in a Secondary Buyout: The Acquisition of Brenntag by BC Partners, Working Paper Qualitative Research in Financial Markets 2012; *Wang*, Secondary Buyouts: Why Buy and at What Price?, Working Paper California State University – Fullerton 2011.
49 Vgl. hier und zum Folgenden *Achleitner/Figge*, (o. Fn. 46), S. 7; *Achleitner/Figge/Lutz*, (o. Fn. 48), S. 27.
50 Vgl. hier und zum Folgenden *Achleitner/Figge*, (o. Fn. 46), S. 8.

einer deutlichen Senkung der Informationsasymmetrie sowohl auf Seiten des PE-Investors als auch der Fremdkapitalgeber geführt. Weiterhin kann davon ausgegangen werden, dass das Management und die Mitarbeiter des Portfoliounternehmens bereits mit dem Buy-out-Konzept und den Wertsteigerungsmechanismen vertraut sind. Basierend auf obigen Faktoren wird davon ausgegangen, dass beim Secondary Buy-out eine umgehende Fokussierung auf die operative Effizienzsteigerung von Anfang an besser durchsetzbar sowie ein höheres Leverage möglich ist. Abschließend wurden auch die Differenzierungsmerkmale zwischen den verschiedenen PE-Investoren verdeutlicht und somit wurde die Möglichkeit der Wertgenerierung durch den unterschiedlichen aktiven Einfluss dieser auf das Unternehmen begründet (sog. „smart money"-Hypothese)[51]. Diese Differenzierungsmerkmale können sich aus der Größe und dem geografischen Tätigkeitsfokus, dem Netzwerk, bestimmten Industriekenntnissen/-erfahrungen sowie der funktionalen Expertise (z.B. in bestimmten strategischen Bereichen, wie Buy-and-Build-Strategien) ergeben. Somit kann der nachfolgende PE-Investor wegen seiner anderen besonderen Fähigkeiten (z.B. durch andere Umsetzungsmaßnahmen oder einen stärkeren Fokus auf anderen Bereichen der operativen Effizienzsteigerung) immer noch eine substanzielle Wertschöpfung erreichen.

Wegen der begrenzten Möglichkeiten zur Hebung des Wertsteigerungspotenzials aus der Transaktionsarbitrage sowie dem Leverage-Effekt ist die Wertgenerierung mittels der operativen Effizienzsteigerung bei den Secondary Buy-outs für den Erfolg des Investments noch erfolgskritischer als im Standardfall. Wegen der zuvor beschriebenen Besonderheiten können jedoch nicht immer alle Ansätze und Erfahrungen aus Primary Buy-outs erfolgreich sein. Somit ist die Überlegung entscheidend, auf welche Art und Weise sowie wie intensiv PE-Investoren im Rahmen eines Secondary Buy-outs ihren Einfluss auf die Unternehmen gestalten sollen[52]. Es bleibt auf jeden Fall wichtig, die Wertsteigerungsmechanismen für substanzielle Wertschöpfung bei solchen Transaktionen besonders wohlüberlegt und entsprechend dem komplexen Wertgenerierungsprozess umfassend einzusetzen.

IV. Umsetzung operativer Wertsteigerungskonzepte in der Praxis

Der Trend hin zu einer stärkeren Gewichtung der operativen Effizienzsteigerung beim Einsatz von Wertgenerierungsmechanismen durch PE, beschrieben im Zuge der Analyse der empirischen Literatur in Kapitel C.I. als auch der in Kapitel C.II. dargestellten Marktanalysen, spiegelt sich seit einigen Jahren auch im praktischen Buy-out-Geschäft wieder. Da die Wertsteigerungsopportunitäten durch die operative Effizienzsteigerung von mehreren Faktoren abhängig sind (z.B. Investmentfokus, Größe des Fonds, Industrie, etc.), gibt es dafür kein generelles Rezept bzw. keine Universallösung. PE-Manager haben bereits seit Jahren das notwendige Know-how und die praktische Erfahrung mit den operativen Wertgenerierungsmechanismen auf unterschiedliche Art und Weise in das eigene Business integriert – von der Einstellung erfahrener Branchenspezialisten mit Managementhintergrund in den eigenen Teams/Beiratsgremien bis hin zu organisierten Systemen der Nutzung von Hilfe seitens interner sowie externer Berater[53]. Dabei hat sich durch die in der letzten Zeit wachsende Bedeutung des Themas für diese Art von operativer Unterstützung im Rahmen von PE-Buy-out-Transaktionen der Begriff Operating-Partner (auch Operation-, Value-

---

51 Vgl. hier und zum Folgenden *Achleitner/Figge*, (o. Fn. 46), S. 9.
52 Vgl. *Gietl*, (o. Fn. 12), S. 6.
53 Vgl. *Kaplan/Strömberg*, (o. Fn. 16), S. 133.

Creation- oder Value-Enhancement-Teams) etabliert[54]. Als Operating-Partner agieren meistens ehemalige obere Führungskräfte, die in der Industrie/Branche, im Consulting-Business und/oder im PE-Geschäft erfahren sind (sog. Brancheninsider)[55]. Durch einen aktiven Einsatz („hands-on role") unterstützen sie die Portfoliounternehmen bei der strategischen Planung und beaufsichtigen die vereinbarten operativen Initiativen und Effizienzsteigerungsprogramme. Dabei setzen sie ihre profunden Kenntnisse aus relevanten Industrieunternehmen, über deren Wettbewerber sowie ihre Erfahrungen in der gesamten Branche und dem Markt ein. Normalerweise agieren sie auf den oberen Führungsebenen der Portfoliounternehmen (als Interimsmanager, Vorstands- oder Aufsichtsratsmitglieder, Beiräte oder Berater), bringen aber durch ihre Erfahrung und die Zusammenarbeit mit anderen Unternehmen (auch in anderen Industrien) meistens eine breitere Perspektive als die eigenen Unternehmensvorstände ein. Idealerweise identifizieren und wenden sie verschiedene Best-Practice-Lösungen an, die sie basierend auf den tiefreichenden Kenntnissen des Geschäfts sowie den breiten Erfahrungen in verschiedenen Wettbewerbsumfeldern entwickelt haben. Weiterhin verschaffen sie den normalerweise auf das Tagesgeschäft konzentrierten Unternehmensvorständen Entlastung und können somit, ohne jenen die operative Führung zu entziehen, besser für eine erfolgreiche Ingangsetzung der geplanten Effizienzsteigerungs-mechanismen sorgen.

Obwohl wegen der zuvor erwähnten Komplexität des Wertsteigerungsprozesses in der Praxis keine universellen Methoden existieren, kann eine bestimmte Kategorisierung der Modelle vorgenommen werden. Generell können einerseits folgende drei Formen des Operating-Partner-Konzeptes unterschieden werden[56]:

- „elder statesman"-Konzept: Dabei werden Netzwerke mit ehemaligen Top-Führungskräften gebildet, die den PE-Fonds sowohl bei der Investmentanbahnung als auch der Realisierung der operativen Effizienzsteigerungsprogramme helfen. Bei dem Konzept arbeiten die Operating-Partner normalerweise als Berater für die PE-Fonds auf Von-Deal-zu-Deal-Basis. Sie werden wie PE-Manager erfolgsabhängig vergütet und können somit an der generierten Wertsteigerung partizipieren. Eine Variation dieses Konzeptes besteht darin, eine talentierte, ehemalige Top-Führungskraft einzustellen und gemeinsam nach interessanten Investments in der gleichen Branche zu suchen, um danach mit ihr als neuem CEO im Portfoliounternehmen die Wertsteigerung zu realisieren („CEO in waiting"-Konzept). Als Beispiel für das „elder statesman"-Konzept kann die Zusammenarbeit von Lou Gerstner (ehemaliger CEO von RJR Nabisco und IBM) mit dem PE-Fonds Carlyle dienen[57].
- „in-house consultant"-Konzept: Betriebsinterne Consultants des PE-Fonds betreuen Portfoliounternehmen als Berater für bestimmte Themengebiete (z.B. Einkauf, Marketing oder IT) auf Projektbasis und oft auch über einen längeren Zeitraum. Obwohl sie als festeingestellte Mitarbeiter des PE-Fonds agieren, werden sie normalerweise nicht wie

---

54 Vgl. *Brigl/Nowotnik/Pelisari/Rose/Zwillenberg*, Private Equity – Engaging for Growth, The Boston Consulting Group 2012 Private-Equity Report; *Bye/Howland/Matthews*, Operational improvement: the key to value creation in private equity, Morgan Stanley Investment Management Publication 2009; *Hemptinne/Hoflack*, The value of in-house operations teams in private equity firms, INSEAD Independent Study Project 2009; *Yamada/Hollasch*, Wertsteigerung: Private Equity-Investoren erweitern Teamstrukturen - Die zunehmende Bedeutung von Operations-Teams in Private Equity, M&A Review 3/2011, S. 123 - 127.
55 Vgl. hier und zum Folgenden *Bye/Howland/Matthews*, (o. Fn. 54), S. 2.
56 Vgl. hier und zum Folgenden *Bye/Howland/Matthews*, (o. Fn. 54), S. 3.
57 Vgl. *Kaplan/Strömberg*, (o. Fn. 16), S. 132.

PE Manager erfolgsabhängig vergütet und als separater Ressourcenpool erst in der Haltephase des Investments für ausgewählte Wertschöpfungsbereiche eingesetzt. Ein solches Konzept wird z. B. seit mehreren Jahren von dem PE-Fonds Cerberus Capital Management genutzt[58].

- „intergrated partner"-Konzept: Dieses stellt eine Kombination der beide vorherigen Konzepte dar, indem eine betriebsinterne Gruppe von Industriespezialisten mit Managementhintergrund (oft mit früheren Erfahrungen aus Beratung oder PE) über den gesamten Investmentprozess eine aktive Rolle bei der Identifizierung sowie Realisierung von Wertschöpfungspotenzialen durch operative Effizienzsteigerung spielt. Die aktive Rolle geht dabei oft über einer traditionelle Aufsichts- oder Beiratsrolle hinaus und umfasst sowohl im strategischen als auch operativen Bereich eine „hands-on"-Unterstützung – nicht nur in der Investments-Halteperiode, sondern auch in der Akquisitionsphase. Dieses Konzept wird z. B. von PE-Fonds wie Clayton, Dubilier & Rice oder Terra Firma genutzt[59]. Folgende Abbildung stellt die Beteiligung der Operating-Partner im Investmentprozess sowie die Aufgabenteilung mit dem Deal-Team dar.

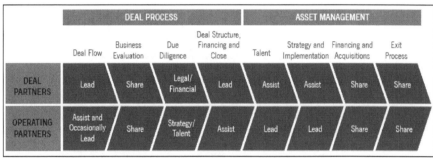

Abbildung 6: Integriertes Operating-Partner-Konzept
Quelle: *Bye/Howland/Matthews*, **Operational improvement: the key to value creation in private equity, Morgan Stanley Investment Management Publication 2009, S. 4.**

Andererseits können die Möglichkeiten zur praktischen Durchführung des Operating-Partner-Konzeptes grundsätzlich auch in folgende Modelle unterteilt werden[60]:

- Industriespezialisten/Ehemalige Top-Führungskräfte-Modell: Ähnlich wie bei der ersten Option der zuvor erwähnten Kategorisierung handelt es sich hierbei um Netzwerke mit ehemaligen Top-Führungskräften in den für die jeweiligen PE-Fonds relevanten Industrien. Deren persönliches Netzwerk sowie Industrie- und Managementexpertise sind die wichtigsten Aspekte, die besonders gut dafür geeignet sind, Strategien zu definieren, Veränderungsprozesse einzuleiten, vorhandene Mitarbeiter zu motivieren, neue talentierte Mitarbeiter zu rekrutieren, das Unternehmenswachstum anzutreiben sowie eine substanzielle Wertschöpfung zu kreieren. Die Spezialisten sind normalerweise nicht in das Tagesgeschäft des jeweiligen Unternehmens involviert und deren Rolle variiert zwischen informalem Berater und Non-Executive-Aufsichtsrats-/Vorstandsmitglied.

---

58 Vgl. *Hemptinne/Hoflack*, (o. Fn. 54), S. 22.
59 Vgl. *Hemptinne/Hoflack*, (o. Fn. 54), S. 22.
60 Vgl. hier und zum Folgenden *Hemptinne/Hoflack*, (o. Fn. 54), S. 28ff.

- Funktionales Modell: Dieses basiert auf dem Ansatz, dass das eigenes Management das Portfoliounternehmen am besten betreiben kann und der Operating-Partner nur dann zum Einsatz kommen sollte, wenn dem Unternehmensmanagement die Expertise fehlt. Die Operating-Partner besitzen bei dem Modell umfangreiche funktionale Expertise in bestimmten Bereichen, wie Einkauf, Preisstrategien, Vertriebssteuerung, Lean Manufacturing oder Lieferkettenmanagement. Sie werden nicht einem bestimmten Portfoliounternehmen zugeordnet, sondern bei Bedarf projektmäßig im jeweiligen Portfoliounternehmen eingesetzt.

- Generalist Modell: Dabei besitzen die Operating-Partner eine umfassende Beratungserfahrung, oft ergänzt durch einige Jahre allgemeiner Managementtätigkeiten oder praktischer Industrieerfahrung. Sie sind normalerweise einem bestimmten Portfoliounternehmen zugeordnet und arbeiten direkt mit dem Unternehmensmanagement auf Basis einer über die gesamte Investmenthalteperiode zu entwickelnden längerfristigen Beziehung. Deren Rolle ist durch breite Erfahrung in mehreren Unternehmen geprägt, was von Unternehmen zu Unternehmen eine Entwicklung von wiederholbaren Wertsteigerungsmechanismen und deren Einsatz erlaubt. Außerdem besitzen sie ein breites Experten-Netzwerk (z. B. Berater, Interimsmanager, Industriespezialisten, etc.), das sie schnell situationsbezogen nutzen können und wegen deren eigener Erfahrungen als Berater sie viel effektiver und gezielter einsetzen können. Ferner agieren sie im Verhältnis zum unternehmenseigenen Management eher als Coach oder aktiver Unterstützer, ohne wegen der negativen Aspekte des „CEO in waiting"-Konzeptes Befürchtungen seitens von Management hinsichtlich potenzieller Ersetzung oder möglicher Konflikte zu erzeugen.

Die vorgestellten Modelle sowie deren Einsatzbeispiele werden durch folgende Abbildung verdeutlicht.

	Industry expert / former senior executive model	Functional model	Generalist model
Profiles of operating partners	• Former senior executives, typically CEO or CFO • High-level general managers	• Former executives, consultants, accountants or lawyers with a deep expertise in a functional area, such as procurement, sales & marketing or lean manufacturing	• Former consultants, often complemented with a few years of industry experience
Description	• As senior executives with experience in the industries targeted by the private equity firm, they bring in network and industry/management expertise. • They give high-level strategic advice and generally sit on the board	• They belong to a separate pool of resources, on which the deal team / portfolio management can draw when needed for specific functional skill • They are mostly not attached to one portfolio company, but are deployed across multiple companies where there is a need for a certain functional expertise	• They sit on-site alongside with management and develop a long-term relationship with management over the holding period. • Their role is to lead value creation plan initiative, support and coach management, bring in external expertise and oversee implementation progress • They are assigned to one company at a time.
Examples	• Clayton, Dubilier & Rice • Lion Capital • Permira (hybrid former CEO/generalist) • Silver Lake (hybrid industry expert/generalist) • Sun Capital	• Doughty Hanson • PAI Partners • The Blackstone Group (US)	• Apax Partners • Bain Capital • Cerberus (hybrid generalist / functional expert) • CVC Capital Partners • Oaktree (hybrid generalist/industry expert) • KKR Capstone (hybrid generalist/functional expert) • Texas Pacific Group

Abbildung 7: Umsetzungsmodelle operativer Wertsteigerungsmechanismen, Quelle: *Hemptinne/Hoflack*, The value of in-house operations teams in private equity firms, INSEAD Independent Study Project 2009, S. 28.

Dabei ist zu erkennen dass, wie bereits zuvor angemerkt, wegen der naturgemäß fehlenden Möglichkeit genereller Rezepte oder einer universellen Lösung, in der Praxis einige hybride Lösungen bezüglich der vorgestellten Modelle existieren.

Als gute Zusammenfassung der vorgestellten Konzepte/Modelle sowie zur Vermittlung einer aktuellen Sicht auf die Umsetzungsmöglichkeiten bezüglich der operativen Wertsteigerungskonzepte in der Praxis, kann der PE-Report der Boston Consulting Group dienen[61]. Basierend auf 29 Interviews mit PE-Managern, Operating-Partner und Managern von Portfoliounternehmen aus 15 europäischen und US-amerikanischen PE-Firmen, wurden die verschiedenen praktischen Umsetzungsmodelle zur Wertschöpfung durch operative Effizienzsteigerung in sechs verschiedene Formen unterteilt, die sich aus drei generellen Clustern mit jeweils zwei Subkategorien zusammensetzen[62]. Die Cluster wurden in Abhängigkeit vom

---

61 Vgl. *Brigl/Nowotnik/Pelisari/Rose/Zwillenberg*, (o. Fn. 54).
62 Vgl. hier und zum Folgenden *Brigl/Nowotnik/Pelisari/Rose/Zwillenberg*, (o. Fn. 54), S. 10ff.

Integrationsgrad und -umfang der operativen Wertgenerierungsmechanismen in den PE-Firmen definiert. Die einzelnen Modelle sind weitgehend vergleichbar mit den zuvor dargestellten Ausgestaltungsmöglichkeiten und werden in der folgenden Abbildung zusammengefasst.

Model	No internal capability		Operating partners		In-house operating teams	
	None	Advisors	Generalist	Functional	Small	Large
Description	Neither internal operating capabilities nor external advisors	External network of senior advisors with equity stake in the portfolio company or fund	Single layer of executives on private-equity-firm payroll with generalist expertise (for example, sector knowledge); they do not necessarily have an equity stake	Single layer of executives on private-equity-firm payroll with functional expertise; they do not necessarily have an equity stake	Multilevel group of operating professionals on private-equity-firm payroll	Multilevel group of operating professionals on private-equity-firm payroll
Profile	Not applicable	Former CEOs and CFOs	Former senior executives; high-level general managers	Former executives and consultants with expertise in a specific functional area (for example, procurement, sales, or IT)	Operating team significantly smaller than deal team, with different terms of compensation	Operating team as large as deal team, with comparable compensation
Activities	Deal teams interact with portfolio company through board; no project management role; no involvement in day-to-day operations	Serve on portfolio company board, usually in the role of chair; may assist in diligence phase to build value creation plans	Will work on more than one portfolio company at a time	Will work on more than one portfolio company at a time	Will work on one portfolio company at a time throughout entire investment process; will stay on site for up to one year	Will work on one portfolio company at a time throughout entire investment process; will stay on site for up to one year

Abbildung 8: Praktische Umsetzungsmöglichkeiten operativer Wertschöpfung,
Quelle: *Brigl/Nowotnik/Pelisari/Rose/Zwillenberg*, Private Equity – Engaging for Growth, The Boston Consulting Group 2012 Private-Equity Report, S. 11.

Die Wahl des jeweiligen Modells hängt sowohl von der für die Zusammenarbeit mit den Portfoliounternehmen (z.B. Investments in Unternehmen mit hoch qualifizierten, motivierten und weitgehenden selbstständigem Management vs. enge und direkte Zusammenarbeit mit Unternehmen, inkl. Mitgestaltung des operativen Tagesgeschäftes) verfolgten Strategie als auch dem gewählten Investmentfokus (z.B. Größe einzelner Investments; ausgewählte Industrien vs. opportunistischer Ansatz; national vs. überregional) und der Organisation des jeweiligen PE-Fonds selbst (z.B. beruflicher Hintergrund der Gründer/Partner) zusammen. Aus den vom Autor mit den PE- sowie Operating-Partner-Experten geführten Gesprächen hat sich auch eine Vielfalt von Umsetzungsmöglichkeiten hinsichtlich der operativen Wertsteigerungskonzepte in der Praxis ergeben. Es wurde bestätigt, dass dieses Thema in der PE-Branche immer mehr Aufmerksamkeit bekommt und zu einem der fundamentalen Differenzierungsfaktoren unter den PE-Fonds wird. Im nachfolgenden Kapitel werden die operativen Wertsteigerungsinstrumente mit Hilfe einer ausgearbeiteten Kategorisierung in den jeweiligen Unterkapiteln näher dargestellt.

D. Operative Wertsteigerungsinstrumente

I. Einführung

Obwohl in Unterkapitel C.IV. die Vielfalt der praktischen Umsetzungsmöglichkeiten für operative Wertsteigerungskonzepte dargestellt worden ist, führen das Wissen um Bedeutung dieser Wertsteigerungselemente sowie die zunehmende Professionalisierung der PE-Fonds gegenwärtig zu einer steigenden Standardisierung[63] von bestimmten Prozessen und Vorgehensweisen für die Wertsteigerung durch operative Effizienzverbesserung. Die von PE-Fonds erstrebte Standardisierung bezieht sich auf die Entwicklung von leicht replizierbaren Elementen für die operative Wertschöpfung, sowohl für den gesamten Transaktionsprozess als auch für bestimmte operative Wertgenerierungsinstrumente.

Aus der Perspektive operativer Wertschöpfung für den gesamten Transaktionsprozess können drei Elemente aus bestimmten standardisierbaren Bereichen identifiziert werden[64]: Planung für die Post-Close-Phase, Performance-Überwachung in der Investmenthalteperiode und Management-Professionalisierung der Portfoliounternehmen. Zur Planung der Post-Close-Phase wird in der Praxis mindestens eines der folgenden standardisierten Instrumente genutzt:

- Der Post-Close-Strategietag dient als Startpunkt, an dem das PE-Transaktionsteam und die Operating-Partner zusammen mit dem Managementteam des Portfoliounternehmens über die strategische Ausrichtung diskutieren und eine bestimmte Zahl von kritischen Strategieinitiativen festlegen. Dabei ist der Hauptzweck, alle Hauptbeteiligten auf die gleiche strategische Richtung einzustimmen.
- Das 100-Tage-Programm ist ein von den oben genannten Parteien entwickelter detaillierter Aktionsplan mit Maßnahmen zur operativen Effizienzsteigerung, die binnen drei Monaten nach Transaktionsabschluss implementiert werden sollten. Der Fokus liegt auf der praktischen Implementierung der Wertsteigerungsmaßnahmen, welche die Erreichung der naheliegenden Wertgenerierungspotenziale sichern sollen.
- Das Wertschöpfungskonzept („value creation road map") ist ein umfassender und langfristig ausgelegter Aktionsplan zur Realisierung der gewählten Strategieinitiativen, der sowohl kritische Meilensteine, den Zeitplan, die designierten Verantwortlichen, bestimmte Leistungskennzahlen („key performance indicators" – KPI) als auch die Verknüpfung zum Unternehmensbudget sowie zum Business-Plan beinhaltet. Das Konzept sollte idealerweise die Ausrichtung für die substanzielle Wertschöpfung über die gesamte Transaktionsphase darstellen.

Alle drei Instrumente schließen sich nicht gegenseitig aus, sondern decken eher verschiedene Zeithorizonte ab. Sie verfolgen jedoch das gleiche Ziel: die operative Effizienzsteigerung im Portfoliounternehmen im bestmöglichen Umfang praktisch umzusetzen. In einem für PE interessanten Unternehmen bieten sich für potenziellen Neueigentümer zunächst meistens etliche Ideen und Anregungen für die Wertsteigerung an. Somit ist für die transaktions- und wertgenerierungserfahrenen PE-Investoren die Identifikation selbst oft nicht einer der entscheidenden Faktoren, sondern vielmehr die Entscheidung über und die Auswahl der „richtigen" potenziellen Wertsteigerungsmöglichkeiten, die im naturgemäß begrenzten PE-

---

63 Vgl. *Brigl/Nowotnik/Pelisari/Rose/Zwillenberg*, (o. Fn. 54), S. 15.
64 Vgl. hier und zum Folgenden *Brigl/Nowotnik/Pelisari/Rose/Zwillenberg*, (o. Fn. 54), S. 15ff.

Investitionszeitraum am wertvollsten erscheinen. Wegen der PE-spezifischen Wichtigkeit der Transaktionsstrukturierung sollte die Entscheidung schon bei der Transaktionsvorbereitung während der Planung der Post-Close-Phase erwogen werden[65]. Ferner sollte die Auswahl der „richtigen" Maßnahmen nicht nur nach dem Steigerungspotential der Aktion oder des notwendigen Zusatzinvestments erwogen werden, sondern vielmehr nach der Möglichkeit zur Realisierung der erstrebten Verbesserungen, des Schwierigkeitsgrads der Umsetzung sowie der damit verbundenen Zeit und den Kosten für die Durchführung. Idealerweise sollte das 100-Tage-Programm und das Wertschöpfungskonzept eine Mischung aus nicht allzu vielen aussichtsreichen, aber hoch komplexen Wertsteigerungsinitiativen, und eine überschaubarer Zahl von eher leicht zu handhabenden, Standardmaßnahmen darstellen. Ferner sind in den aktuell viel volatileren Märkten die regelmäßige Revision und reguläre Anpassung der Wertschöpfungskonzepte zunehmend wichtiger und somit notwendig geworden.

Zur Performance-Überwachung werden normalerweise verschiedene, je nach Branche mehr oder wenig komplexe und standardisierte KPI-Modelle genutzt[66]. Durch die zuvor beschriebene Fokusverschiebung hin zu den operativen Wertsteigerungsmaßnahmen beinhalten die Modelle inzwischen mehr operative Parameter und unternehmensspezifische Faktoren anstelle der traditionell rein investment- oder finanzspezifischen Größen. Durch die komplexer gewordenen Wertgenerierungsprozesse hat auch die Management-Professionalisierung der Portfoliounternehmen eine neue, weitere Bedeutung bekommen. Da der größte Teil der Wertsteigerung nicht mehr traditionell durch den Leverage-Effekt in relativ kurzen Perioden realisiert wird, sind breitere Fähigkeiten für die operative Verbesserung und das Management von Veränderungsprozessen gefragt und zunehmend wichtig. Da die beiden Bereiche nicht direkt den Gegenstand der vorliegenden Arbeit darstellen, werden sie hier nicht weiter vertieft. In den Unterkapiteln D.II. bis D.IV. werden die in der Praxis zunehmend standardisiert vorkommenden Elemente der bestimmten operativen Wertgenerierungsinstrumente präsentiert.

II. Maßnahmen zur Umsatzerweiterung

Über mehrere Jahre wurde PE in der Vergangenheit bezüglich der operativen Wertsteigerungsinstrumente mit der Reorganisation oder dem „cost cutting" verbunden. Die vergangenen Marktkrisen haben jedoch oft dazu geführt, dass viele Unternehmen entsprechende „Hausaufgaben" in dem Bereich bereits gemacht hatten und die Potenziale zur Kostensenkung inzwischen größtenteils schon ausgeschöpft sind[67]. Basierend auf den Gesprächen mit den PE- und Operating-Partner-Experten im Rahmen der Arbeit sowie den einschlägigen Marktuntersuchungen wird die Umsatzerweiterung als eines der wichtigsten operativen Wertsteigerungsinstrumente genannt[68]. Deswegen wird der Schwerpunkt der Darstellung von operativen Wertsteigerungsinstrumenten auf dieses Unterkapitel gelegt und andere

---

65 Vgl. hier und zum Folgenden *Bye/Howland/Matthews*, (o. Fn. 54), S. 4ff.
66 Vgl. *Brigl/Nowotnik/Pelisari/Rose/Zwillenberg*, (o. Fn. 54), S. 16.
67 Vgl. *Brigl/Nowotnik/Pelisari/Rose/Zwillenberg*, (o. Fn. 54), S. 18; *Lauszus/Hosenfeld/Hock*, Den Frosch zum Prinzen machen – Private Equity-Häuser setzen verstärkt auf eine Optimierung marktseitiger Stellhebel, Venture Capital Magazin, 11/2007, S. 42.
68 Vgl. *Achleitner/Lichtner/Diller*, (o. Fn. 31), S. 12; *Brigl/Nowotnik/Pelisari/Rose /Zwillenberg*, (o. Fn. 54), S. 18; *Lauszus/Hosenfeld/Hock*, Quo Vadis Private Equity? - Statusbestimmung und Ausblick 2007, Eine Umfrage unter deutschsprachigen Private Equity-Häusern, Studie Simon-Kücher & Partners 2007, S. 9-10; *Meerkatt/ Rose/Brigl/Liechtenstein/Prats/Herrera*, (o. Fn. 29), S. 10.

Elemente der substanziellen Wertschöpfung werden nicht im gleichen breiten Ausmaß und ferner erst in Unterkapitel D.III. und D.IV. präsentiert.

Die Maßnahmen zur Umsatzerweiterung können sich sowohl auf die Verbesserung und Feinabstimmung des bestehenden Geschäfts („core business") als auch die Geschäftsexpansion in Bezug auf neue Regionen, Absatzkanäle und Geschäftsfelder konzentrieren[69]. Zu den gängigsten Maßnahmen zur Steigerung des Umsatzes im bestehenden Geschäft gehören folgende[70]:

- Optimierung der Preispolitik, realisiert insbesondere durch eine Verbesserung der aktuell genutzten Preismodelle bis hin zu einer Veränderung der gesamten Preispolitik. Als direkt und schnell durchführbare Schritte gelten alle Maßnahmen, die zur Beseitigung einer faktischen Preiserosion der Produkte führen. Dazu zählen vor allem die systematische Prüfung und die regelmäßige Anpassung der Geschäfts- und Zahlungsbedingungen, die Identifizierung von nicht in Rechnung gestellten Zusatzleistungen sowie die Implementierung einer differenzierten Rabatt-/Bonuspolitik, die ausschließlich auf kundenindividueller und leistungsbezogener Preisdifferenzierung basiert. In einer längerfristigen Perspektive wird das kostenorientierte Preismodell („cost-plus"-Modell) in eine markorientierte Preispolitik umgewandelt, die sich sowohl an der Preispositionierung der Konkurrenz als auch der kundenspezifischen Zahlungsbereitschaft orientiert. Dabei spielt hier die Kenntnis der Preiselastizität eine entscheidende Rolle, die jedoch auf Basis von Marktdaten, Expertenschätzung sowie Kundenbefragung durch einen systematisierten Ansatz zu ermitteln ist. Die Optimierung der Preispolitik gilt als der mit Abstand wichtigste Umsatztreiber, weil er zum einflussreichsten Hebel der Ertragssteigerung gehört, da sich die Preisveränderung direkt auf den operativen Gewinn niederschlägt.

- Steigerung der Vertriebseffizienz, realisiert insbesondere durch die Ausrichtung von Anreizsystemen auf die Margen- und Wachstumsorientierung, die systematisierte Planung und Bearbeitung von Key-Accounts, die personelle Verstärkung der Vertriebsmannschaft, die Professionalisierung der Auftragsannahme sowie die verbesserte Auswahl und das verbesserte Management der Vertriebspartner. Diese Maßnahmen können meistens schnell bewerkstelligt werden und schlagen sich normerweise unmittelbar in Form einer Umsatzsteigerung nieder.

- Optimierung des Kunden-Managements, realisiert insbesondere durch entsprechende Fokussierung auf strategisch relevante Kunden bzw. Kundensegmente (z.B. Kunden mit überdurchschnittlicher Rentabilität und/oder überdurchschnittlichem Wachstum), wodurch sich in relativ kurzer Zeit eine profitable Umsatzsteigerung erreichen lässt. Auf längere Sicht können neben der durch gezielte Maßnahmen stärker angekurbelten Neukundengewinnung (höhere Kundenabdeckung) die bessere Ausnutzung des Nachfragepotenzials bei Bestandskunden (höhere Kundendurchdringung) sowie die Einführung von Kundenloyalitätsprogrammen (längere Kundenbeziehungen) eine wichtige Rolle spielen.

---

69 Vgl. *Brigl/Nowotnik/Pelisari/Rose/Zwillenberg*, (o. Fn. 54), S. 18ff.
70 Vgl. hier und zum Folgenden *Brigl/Nowotnik/Pelisari/Rose/Zwillenberg*, (o. Fn. 54), S. 19ff; *Lauszus/Hock*, (o. Fn. 5), S. 512ff; *Niederdrenk/Müller*, (o. Fn. 7), S. 162ff.

- Optimierung des Marketings-Konzeptes, realisiert insbesondere durch eine größere Effektivität bei den Aktivitäten der Verkaufsförderung- und Markenbetreuung, Umstellung von produkt- auf kundenorientierte Vertriebs- und Marketingansätze sowie gezielten Teamumbau und -verstärkung.
- Stärkere und effizientere Nutzung der Absatzkanäle, realisiert insbesondere durch konsequente Fokussierung des Vertriebsmanagements auf die Multikanalstrategie (wodurch das Gewinnen und Binden von Kunden erfolgreicher wird) als auch Effizienzsteigerung während der Interaktion von verschiedenen Absatzkanälen mit anderen Unternehmensfunktionen, z. B. Logistik oder Back-Office.
- Optimierung des bestehenden Produktportfolios, realisiert insbesondere durch Schwerpunktsetzung auf attraktive Produkte mit überdurchschnittlichem Wachstums- und Margenpotenzial bei gleichzeitiger Verstärkung der Cross- und Upselling-Aktivitäten. Die Optimierung sollte zugleich eine konsequente Straffung des Produktangebots beinhalten, indem die Komplexität der Produktpalette und die Vielfalt des Angebots verringert werden. Mittel- bis längerfristig sollte sich das Portfolio der bestehenden Produktlinien durch Angebotsdifferenzierung weiterentwickeln, anstatt ein unkontrolliertes Sammelsurium aller möglichen Produkte darzustellen.
- Fortlaufende Verbesserung bestehender Produkte, realisiert insbesondere durch Schärfung des Kundennutzenversprechens, indem die Entwicklungsneigung zu „overengineerten" und umfangreichen Produktmerkmallen (deren Leistung gut ist, welche aber niemand bezahlen möchte) hin zu kundengerechten und schlanken Lösungen geändert wird.

Die Expansion kann sowohl in angrenzenden als auch neuen/entfernten Geschäftsfeldern erfolgen. Zu den geläufigsten Maßnahmen zur Steigerung des Umsatzes in dem Bereich gehören folgende[71]:

- Geografische Expansion/Internationalisierung, realisiert insbesondere durch die Fokussierung auf attraktive Regionen und Marktsegmente, woraus sowohl durch eine Reallokation bestehender Ressourcen von weniger attraktiven Regionen auf überdurchschnittlich wachsende und/oder rentable Länder mit bereits bestehender Präsenz oder durch M&A-Aktivitäten eine Neupräsenz-Schaffung folgen kann. Aus der Perspektive des deutschen Mittelstands, in dem viele ausländische Umsätze zuerst in Westeuropa generiert werden, kann dies eine mittel- und längerfristige Entwicklung der Expansion in Richtung Osteuropa, USA und Asien bedeuten.
- Verstärkung der Multikanalstrategie, realisiert insbesondere durch konsequente Ausweitung der Absatzkanäle und Expansion in die neuen Vertriebswege, um sowohl online als auch offline Kunden aktiv zu gewinnen und zu binden. Diese Strategie kann auch den Produktverkauf an neue Kundengruppen umfassen, die entweder über neue Vertriebskanäle oder neue geografische Märkte zu gewinnen wären.
- Entwicklung neuer Produkte/Produktlinien, realisiert insbesondere durch die Systematisierung des Innovationsmanagements, das neben dem unterstützenden Effekt für mehr Neuprodukte/Neuproduktideen auch eine profitable und für den Cashflow effektive Entwicklung der Innovationsprozesse sichert (sog. „innovation-to-cash-process").
- Effiziente Marken-Strategien, realisiert insbesondere durch marktgerechte Markenführung in Abhängigkeit von Marktsegmenten und Regionen, wodurch eine Sicherung der

---

71 Vgl. hier und zum Folgenden *Brigl/Nowotnik/Pelisari/Rose/Zwillenberg*, (o. Fn. 54), S. 19ff; *Lauszus/Hock* (o. Fn. 5), S. 512ff; *Niederdrenk/Müller*, (o. Fn. 7), S. 162ff.

Marken- und Wachstumsrobustheit in bestehenden Geschäftsbereichen sowie eine Umsatzerweiterung in neuen Geschäftsfeldern unter Nutzung der vorhandenen Marken sichergestellt werden.

- M&A-Aktivitäten, realisiert insbesondere durch Unternehmenskäufe, weil in der Abhängigkeit von strategischer Ausrichtung sowie gegenwärtigen Unternehmensdefiziten dadurch die sofortige Expansion in sowohl fehlende bzw. unterrepräsentierte geografische Märkte, neue Absatzkanäle als auch derzeit nicht vorhandene Produkte/ Produktlinien relativ kurzfristig möglich wird. M&A-Aktivitäten haben wesentliche Bedeutung insbesondere bei sog. Buy-and-Build-Strategien, indem in den stark fragmentierten und sich konsolidierenden Branchen zunächst mit dem Kauf einer oder von zwei größeren Gesellschaften eine sog. Plattforminvestition geschaffen wird, um danach weitere Käufe von kleineren Unternehmen aus der gleichen Branche zu tätigen und anschließend alle gekauften Gesellschaften zu einer Unternehmenseinheit zu verschmelzen. Das Wachstum durch Akquisitionen hat jedoch einen deutlich strategischen Charakter und erfordert ein hohes Maß an Unternehmenswandel – neben dem aufzubauenden notwendgien Know-how und der Erfahrung für die Transaktionsdurchführung sind die Integrationsfähigkeiten der gekauften Firmen für den Erfolg der Unternehmenskäufe von besonderer Bedeutung. Zu den M&A-Aktivitäten zählen auch Desinvestitionen, die jedoch nicht als Instrument der Umsatzerweiterung angesehen werden, sondern eher als Verbesserungsmaßnahmen im Hinblick auf den freien Cashflow.

- Refokussierung und Weiterentwicklung des Business-Modells, realisiert insbesondere, indem die Wertschöpfung des Unternehmens angesichts der notwendigen Ergänzung von Produkten, Dienstleistungen und Märkten sowie wegen schrumpfender Märkte und zunehmender Konkurrenz, grundlegend angepasst bzw. neu organisiert wird. Dieses kann eine notwendige Ergänzung bzw. Neudefinition des Leistungsangebotes und der Kundenschnittstellen erfordern.

- Stärkere Serviceausrichtung, realisiert insbesondere durch einen strategischen Wandel vom Produkt- zum Lösungsanbieter sowie die Stärkung und Weiterentwicklung von After-Sales-Leistungen, die sowohl eine zusätzliche Einnahmequelle darstellen als auch zur Stärkung der Kundenbeziehung und -loyalität beitragen.

Sämtliche dargestellten Maßnahmen können alternativ nach anderen Methoden unterschiedlich kategorisiert (z.B. Kerngeschäftsveränderung vs. Erschließung neuer Geschäftsfeldern, Ausmaß des erforderlichen Unternehmenswandels, etc.) und bei den jeweiligen Unternehmen spezifisch angesetzt werden. Jedoch wurden sowohl in den vom Autor mit den PE-Managern geführten Gesprächen als auch im zuvor erwähnten PE-Marktreport[72] als wichtigste Instrumente M&A-Aktivitäten, geografische Expansion, Steigerung der Vertriebseffizienz sowie Optimierung der Preispolitik genannt. Wegen ihres spezifischen Charakters und dadurch, dass sie fast immer einen strategischen Bezug aufweisen, lassen sich die Instrumente nicht immer einfach standardisieren, sondern erfordern meistens eine umfassende fallbezogene Betrachtung.

---

72 Vgl. *Brigl/Nowotnik/Pelisari/Rose/Zwillenberg*, (o. Fn. 54), S. 18.

III. Instrumente der Renditeoptimierung

Die Maßnahmen zur Renditeoptimierung (auch „bottom line" oder „margin expansion" genannt) können entlang der Wertschöpfungskette analysiert werden und deren Instrumente zur Effizienzsteigerung lassen sich in folgende Bereiche kategorisieren[73]:

- Effektiveres Beschaffungsmanagement, realisiert insbesondere durch Kostenreduktion im Zuge einer Verbesserung im Rahmen eines abgestimmten Global-Sourcing-Konzeptes, indem Prozesse und Funktionen aus den effizienten Quellen zu wettbewerbsfähigen Kosten ausgeführt werden. Dabei werden unteranderem bestehende Lieferantenbeziehungen kritisch überprüft sowie für die jeweiligen operative Prozesse kosteneffektive Konzepte zur Umstellung auf Outsourcing-Partner oder die Implementierung von Offshoring-Lösungen analysiert.
- Verbesserung der Einkaufsorganisation, realisiert insbesondere durch die Reduzierung unnötiger Komplexität, die Entwicklung kostengünstiger Einkaufsstrategien sowie den Aufbau von stärkeren und effizienteren Lieferantenbeziehungen. Da es sich hierbei meistens um den größten Kostenblock handelt, werden hier die wichtigsten Kostentreiber wie Skalen- und Verbund- sowie Erfahrungseffekte als auch die Reduktionspotenziale bezüglich der Inputkosten (z. B. privilegierter Zugang, geografische Unterschiede, Verhandlungsmacht) genau hinterfragt und entsprechend ausgenutzt.
- Lieferkettenoptimierung, realisiert insbesondere mittels einer Verbesserung der Abläufe von der Auftragserteilung bis zur Lieferung, Reduzierung der Logistikkosten durch effizientere Logistiknetzwerke, Senkung der Lagerkosten durch Optimierung der Produktions- und Nachfrageplanung sowie effektives Lagerbestände-Management.
- Steigerung der Fertigungseffizienz, realisiert insbesondere durch Optimierung des Fertigungsverbunds („welche Produkte selbst hergestellt und welche zugekauft werden sollen"), verbesserte Ressourcennutzung durch eine effektivere Vernetzung zwischen einzelnen Werken und Standorten, Straffung der Produktionsprozesse sowie Kapazitätssteigerung durch Umstellung auf schlanke und flexible Fertigungsprozesse.
- Verwaltungskostenoptimierung („overhead cost"), realisiert insbesondere nicht nur durch eine Personalkostenreduzierung, sondern die wertorientierte Minimierung unnötiger oder redundanter Aktivitäten sowie die Rationalisierung notwendiger Verwaltungsfunktionen. Diese Anpassungen stehen jedoch im Einklang mit dem erforderlichen Kundenservice, der Qualität der Leistungen und der termingerechten Leistungserfüllung.
- Komplexitätsreduktion, realisiert insbesondere durch Verschlankung der im Laufe des Unternehmenswachstums in überproportionalem Maße gewachsenen Organisations-, Prozess- und IT-Infrastruktur. Die durch Verschlankungsprogramme freigesetzt Kapazitäten sollten dann größtenteils stärker auf die Kundenbedürfnisse ausgerichtet werden.

Die Instrumente der Renditeoptimierung sowie einige in Unterkapitel D.IV. präsentierte Maßnahmen zur Verbesserung des freien Cashflows sind in der Praxis, vorwiegend wegen ihrer spezifischen Merkmale, die am häufigsten standardisiert vorkommenden Elemente der operativen Wertgenerierungsinstrumente und werden von bestimmten Beratern sogar als Standardprodukte im Markt angeboten.

---

[73] Vgl. hier und zum Folgenden *Brigl/Nowotnik/Pelisari/Rose/Zwillenberg*, (o. Fn. 54), S. 19ff; *Niederdrenk/Müller*, (o. Fn. 7), S. 139ff.

IV. Weitere Verbesserungen des freien Cashflows

Ferner lassen sich im Hinblick auf die zuvor beschriebenen Maßnahmen zur Umsatzerweiterung und Renditeoptimierung folgende Instrumente identifizieren, die nicht direkt unter die obige Kategorisierung fallen, sondern eher eine direkte Auswirkung auf den freien Cashflow haben[74]:

- Effizientes Working-Capital-Management, realisiert insbesondere mittels Verringerung des Netto-Umlaufvermögens und Reduzierung der Kapitalbindung – meistens durch die Reduzierung von Pufferbeständen wegen konsequenter Lagerbestandsreduktion, Verlängerung der Lieferanten-Zahlungsfristen und Senkung der Lieferungs-Aufstockungszeiten, Optimierung der Rechnungsstellung und des Forderungsmanagements sowie Verkürzung des Inkasso- und Zahlungszyklus. Wegen der besonderen Bedeutung von Kunden- und Lieferantenbeziehungen für Tagesgeschäft ist es jedoch sehr wichtig, diese Veränderungen durch geschickte Kommunikation und Abwägung aller Interessen zu begleiten.
- Optimierung des Anlagevermögens, realisiert insbesondere durch den Verkauf von überflüssigen Vermögensgegenständen und zu wenig genutzten Anlagegütern sowie mittels effizienterer Nutzung und verbesserter Kapazitätsauslastung der bestehenden Anlagen. Ferner werden alternative Nutzungs- und Finanzierungsmöglichkeiten (z.B. Sale-and-Lease-Back, Leasing) erwogen, um die Nutzungseffizienz des Vermögens zu erhöhen.
- Effizienzsteigerung der CAPEX-Ausgaben, realisiert insbesondere durch Überarbeitung der früheren Investitionspläne im Hinblick auf die vorhergehende Optimierung des Anlagevermögens, die Verlängerung von Investitionszyklen und die Verschiebung von Investitionsausgaben mit geringerer strategischer Relevanz. Weiterhin findet eine Reallokation der CAPEX-Ausgaben von der „overengineerten" und traditionell technisch getriebenen Produktentwicklung bzw. entsprechenden Anlagen hin zu zukunftsträchtigen, innovativen, kundennahen und schlanken Lösungen statt.
- Schnellere Barmittelgenerierung, realisiert insbesondere durch stärkere Fokussierung und Prioritätensetzung auf jene Kostensenkung/ Geschäftsaktivität, die schneller zu verfügbaren Barmitteln führt, die wiederum zur für Buy-outs spezifischen Eigenkapitalstärkung (z.B. Dividendenzahlungen, Aktienrückkäufe, Schuldenrückzahlung) dient.
- M&A-Aktivitäten, realisiert insbesondere durch die Durchführung von Desinvestitionen und aktiven Restrukturierungsmaßnahmen, indem basierend auf der zuvor beschriebenen Reduzierung unnötiger Komplexität und eventuell notwendiger Refokussierung des Business-Modells bestimmte Geschäftsfelder/-teile nicht mehr zum Kerngeschäft des Portfoliounternehmens gehören. Ähnlich wie bei Unternehmenskäufen stellen die Desinvestitionen einen gewissen Unternehmenswandel dar und erfordern neben dem notwendgien Know-how und Erfahrung bezüglich der Transaktionsabwicklung bestimmte Kenntnisse bezüglich der Carve-out-Vorbereitung und -Durchführung.

---

74 Vgl. hier und zum Folgenden *Brigl/Nowotnik/Pelisari/Rose/Zwillenberg*, (o. Fn. 54), S. 19ff.

V. Verbleibende Wertsteigerungsinstrumente

Die bislang beschriebenen Instrumente stellen nach dem Analyserahmen zur Wertgenerierung in Buy-out-Transaktionen von Berg/Gottschalg[75] die operativen Maßnahmen dar, die als intrinsische und primäre Wertschöpfungshebel direkt durch operative Effizienzsteigerung zur Wertschöpfung führen. Es ist jedoch wichtig, zusätzlich die sekundären Wertschöpfungstreiber zu erwähnen, die vielleicht nicht direkt, nichtsdestotrotz in wesentlichem Ausmaß zur Wertsteigerung führen können. Es sind in erster Linie Maßnahmen zur Reduzierung von Agency-Kosten, Verstärkung der Corporate Governance sowie Verbesserung der Unternehmenskontrolle als auch die Gestaltung von motivierenden Anreizstrukturen für das Management sowie alle weiteren Beteiligten[76]. Ferner sind die Buy-out-Transaktionen oft eine einmalige Gelegenheit zur Wiederherstellung und Wiederbelebung der unternehmerischen Motivation, die zusammen mit der fachspezifischen Expertise von PE-Managern und Operating-Partner das Management des Portfoliounternehmens besonders zu wertschöpfenden Handlungen bewegen kann. Nachfolgend werden praktische Einsatzbeispiele der zuvor skizzierten Wertsteigerungsinstrumente auf Basis ausgewählter realer Buy-out-Transaktionen näher dargestellt.

E. Praktische Einsatzbeispiele von operativen Wertsteigerungsinstrumenten

I. Buy-out der Tognum AG durch EQT

Im Juli 2006 hat EQT von Daimler-Chrysler und Familiengesellschaftern den Dieselmotorenhersteller MTU Friedrichshafen GmbH für geschätzte 1.5 Milliarden Euro übernommen[77]. Das Unternehmen, das anschließend in Tognum GmbH (Tognum) umfirmiert worden ist, hatte zu diesem Zeitpunkt mit mehr als 7,000 Mitarbeitern einen Umsatz von über 2.0 Milliarden Euro erwirtschaftet[78]. Am 2. Juli 2007 wurde Tognum mit einem Ausgabekurs von 24 Euro je Aktie an der Frankfurter Wertpapierbörse gelistet, was umgerechnet einem geschätzten Unternehmenswert von über 3.7 Milliarden Euro gleichkam. Im Geschäftsjahr vor dem Börsengang hatte die Gesellschaft ca. 7,500 Mitarbeiter und konnte über 2.5 Milliarden Euro umsetzen. Somit wurde auf der Unternehmensebene bei dieser Buy-out-Transaktion eine IRR von über 166% und ein Wertsteigerungshebel in Höhe des 2.6-Fachen (gemessen als Times Money) erreicht[79]. Unter Nutzung der öffentlich zugänglichen Finanzdaten und des zuvor beschriebenen erweiterten Modells der Wertgenerierungskomponenten[80] kann die Wertsteigerung durch die Haupttreiber wie folgt erklärt werden.

---

75 Vgl. Unterkapitel C.I.
76 Vgl. hier und zum Folgenden *Berg/Gottschalg*, (o. Fn. 3), S. 208; Loos, (o. Fn. 24), S. 27ff.
77 Vgl. Handelsblatt, MTU plant Börsengang im Jahr 2011, URL: http://www.handelsblatt.com/unternehmen/industrie/dieselmotorenhersteller-mtu-plant-boersengang-im-jahr-2011/2628170.html (Abruf vom 10.06.2013).
78 Vgl. Handelsblatt, MTU-Gruppe bekommt Kunstnamen, URL: http://www.handelsblatt.com/unternehmen/industrie/aus-dieselmotorenbauer-wird-tognum-mtu-gruppe-bekommt-kunstnamen/2679046.html (Abruf vom 10.06.2013).
79 Hier und zum Folgenden erwähnten Kennzahlen sind die Berechnungen und alle Finanzzahlen in dem Anhang 3 dargestellt.
80 Vgl. Unterkapitel C.II.

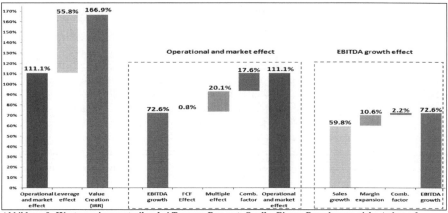

Abbildung 9: Wertgenerierungstreiber bei Tognum Buy-out, Quelle: Eigene Berechnung, siehe Anhang 3.

In Anlehnung an die publizierten Unternehmensdaten kann die erreichte Wertsteigerung ferner teilweise durch den Einsatz der nachfolgend aufgeführten operativen Wertsteigerungsinstrumenten erklärt werden:

Maßnahmen zur Umsatzerweiterung: Tognum hat im Zeitraum von 2005 bis 2008 ein Umsatzwachstum von absolut 1.7 Milliarden Euro oder 29.7% CAGR erwirtschaftet, vor allem durch folgende Initiativen[81]:

- Geografische Expansion/Internationalisierung, neben der weiteren Expansion in Nordamerika vor allem durch eine intensive Erschließung der Wachstumsmärkte – vor allem in Asien mit Fokus auf China und Indien; dabei wurde neben der verstärkten Kundenstammerweiterung im chinesischen Suzhou eine Montagefabrik errichtet sowie ein Joint Venture mit einem chinesischen Großkonzern gegründet, um näher bei den Lokalmarktgegebenheiten zu sein und einer entsprechende Basis für weiteres Wachstum zu schaffen.

- Stärkere Serviceausrichtung, speziell durch den Ausbau des profitablen After-Sales-Geschäftes, insbesondere im Bereich Remanufacturing sowie Service/Reparatur; aufgrund des steigenden Trends zum Outsourcing sowie einer bereits installierten Population von rund 400,000 Motoren stellte dieser Geschäftsbereich mit den stabilen, gegen zyklische Schwankungen relativ immunen und wachsenden Umsätzen einen wichtigen Umsatztreiber dar.

- Optimierung des bestehenden Produktportfolios, indem der Ausbau des Geschäftes durch Motoren sowie Systemen zur Energieerzeugung („Power Generation" und „Onsite Energy Systems") verstärkt wurde; Tognum hat sich als weltweit einziger Anbieter dezentraler Energiesysteme aller Techniken (Diesel, Gas, Brennstoffzellen) besonders auf die stark wachsende Nachfrage nach industriellen und stationären Aggregaten ausgerichtet, um mit umfangreicher Erfahrung in der generellen Motortechnologie besonders an dem überdurchschnittlichen Wachstum in dem Bereich partizipieren zu können.

---

81 Vgl. hier und zum Folgenden Tognum Investor Relations, Wertpapierprospekt zum Börsengang datiert 18 Juni 2007/Tognum Investoren Präsentation November 2007/Tognum Analysten Konferenz Dezember 2007/ Geschäftsbericht 2007.

- Fortlaufende Verbesserung bestehender Produkte/Produktlinien, durch stärkere Fokussierung auf kundenorientierte Systemapplikationen und Erweiterung der Produktprogramms für neue Applikationen sowie neue Segmente[82]; hier wurde insbesondere gezielt auf die Wünsche der Kunden bezüglich geringerer Betriebskosten über den Produktlebenszyklus, geringeren Verbrauch und schärfere Abgasvorschriften im Hinblick auf die Produktpalette eingegangen – neben neuen kommerziellen Anwendungen in den Leistungsklassen von 1,000 bis 10,000 Kilowatt gehörte dazu die Einführung der modernen Dieselmotoren der Baureihe 1600.

- Entwicklung neuer Produkte/Produktlinien, indem eine deutlich verstärkte Fokussierung auf Programme der Forschung & Entwicklung (F&E) Programme umgesetzt sowie signifikante Investitionen in dem Bereich eingeleitet wurden. Da die Tognum-Produkte durch eine hohen Entwicklungstiefe geprägt und somit deren Details Gegenstand von Forschungs- und Entwicklungsprojekten sind, besaß das Unternehmen 2007 knapp 900 verschiedene Patentmeldungen, Patente und Gebrauchsmuster, wovon über 70 allein in jenem Jahr hinterlegt worden sind. Den Schwerpunkt der Entwicklungstätigkeiten stellten eine weitere Abrundung und Ergänzung des Motorenprogramms dar, indem sowohl eine Effizienz- und Leistungssteigerung sowie eine Erweiterung der Einsatzmöglichkeiten für die bestehenden umsatzstarken Motorenbaureihen als auch Entwicklungsarbeiten für neue Motorenbaureihen sowie künftige neue Lösungen (z. B. zur Einhaltung der zukünftig weiter verschärften Abgasemissionsvorschriften) im Vordergrund standen.

Instrumente der Renditeoptimierung: Das Unternehmen hat im Zeitraum von 2005 bis 2008 eine EBITDA-Margen-Verbesserung von 10.3% auf 14.7% erreicht, indem ein Effizienzsteigerungs- und Kostensenkungsprogramm in nahezu allen Unternehmensbereichen wie Produktion, Beschaffung, Vertrieb, Entwicklung und Verwaltung umgesetzt wurde. Neben Kostenreduzierungsmaßnahmen wurden unter anderem ständige Prozessoptimierungen und folgende Initiativen durchgeführt[83]:

- Verbesserung der Einkaufsorganisation, indem eine ständige Verbesserung der Hauptkostentreiber wie Material sowie Fertigungs- und Montageprozesse stattgefunden hat z.B. durch neu verhandelte Erdgaslieferungsverträge oder die Errichtung eines eigenen Blockheizkraftwerks.

- Effektiveres Beschaffungsmanagement, insbesondere durch Realisierung der Global-Sourcing-Potenzialen (insbesondere in Nordamerika und Asien) sowie die Einführung eines neuen, optimierten Logistikkonzeptes, indem die Logistikprozesse in den jeweiligen Geschäftsbereichen auf spezifischen Volumen umgestellt wurden sowie ein Outsourcing der Lagerlogistik stattfand.

- Steigerung der Fertigungseffizienz, indem die Fertigungsprozesse für standardisierte Motorenbaureihen (z.B. die 2000er- und 4000er-Reihe) in die Produktionskonzepte der Reihenfertigung und der Materialflusssysteme umgesetzt wurden, gleichzeitig wurden für kundenspezifische und maßgeschneiderte Motoren das Konzept der Serienfertigung („batch production") sowie das Prinzip der Werkstattfertigung verfolgt.

---

82 In den Jahren 2005- 2007 wurden 27 neue Produkte/Produktvariationen eingeführt.
83 Vgl. hier und zum Folgenden Tognum Investor Relations, (o. Fn. 81).

- Optimierung der Verwaltungskosten („overhead cost"), insbesondere durch Personalkostenreduzierung dank der Gründung einer eigenen Betriebskrankenkasse, Verbesserung der Entwicklungs- und Gewährleistungsprozesse sowie Harmonisierung bei gleichzeitiger Anpassung der IT-Systeme durch kundenorientierte und einfache Ausrichtung.

Weitere Verbesserungen des freien Cashflows: Tognum hat im Zeitraum von 2005 bis 2008 eine Working-Capital-Verbesserung von 30.9% auf 22.3% im Verhältnis zum Umsatz erreicht sowie den relativ stabilen Level der CAPEX-Ausgaben bei ambitionierten F&E- und Wachstumsplänen gehalten. Neben den klassischen Working-Capital-Optimierungsmaßnahmen und CAPEX-Effizienzsteigerungsprogramen, gelang dies unter anderem durch folgende Initiativen[84]:

- Optimierung des Anlagevermögens, indem die Auslastung der jeweiligen Anlagen auch bei intensiver Erschließung der Wachstumsmärkte immer im Vordergrund stand (z.B. flexibler Montagefabriken in Detroit, USA und Suzhou, China) und bestimmte nicht zum Kerngeschäft gehörende Vermögensgegenstände veräußert worden sind.
- Effizienzsteigerung der CAPEX-Ausgaben, wobei neben klassisch optimierten Erhaltungs- und Erweiterungsinvestitionen, vor allem ambitionierte aber gezielt durchgeführte Investitionen in bestimmte zukunfts- und ertragsträchtige CAPEX- und F&E-Programme durchgeführt worden sind, die wiederum die Umsetzung der strategischen Wachstumsziele gewährleistet haben.

II. Buy-out der Brenntag GmbH durch BC Partners

Im Rahmen eines Secondary Buy-outs hat BC Partners im Juli 2006 von Bain Capital für geschätzte 3.1 Milliarden Euro den Chemiedistributor Brenntag GmbH[85] (Brenntag) übernommen. Das Unternehmen erwirtschaftete im Jahr 2005 mit 9,200 Mitarbeitern einen Umsatz von rund 5.3 Milliarden Euro[86]. Am 29. März 2010 wurde Brenntag mit einem Ausgabekurs von 50 Euro je Aktie an der Frankfurter Wertpapierbörse gelistet, was einem geschätzten Unternehmenswert von 5.1 Milliarden Euro entsprach[87]. Zu dem Zeitpunkt erwirtschaftete das Unternehmen einen Jahresumsatz von rund 6.4 Milliarden Euro und beschäftigte rund 10,900 Mitarbeiter. Somit wurde auf der Unternehmensebene bei dieser Buy-out-Transaktion eine IRR von ca. 76% und ein Wertsteigerungshebel in Höhe des 7.0-Fachen (gemessen als Times Money) erreicht[88]. Unter Nutzung der öffentlich zugänglichen Finanzdaten und des zuvor beschriebenen erweiterten Modells der Wertgenerierungskomponenten[89], kann die Wertsteigerung durch die Haupttreiber wie folgt erklärt werden.

---

84 Vgl. hier und zum Folgenden Tognum Investor Relations, (o. Fn. 81).
85 Vgl. *Grass*, Wette auf die Zukunft - Inside Brenntag, Handelsblatt 31.07.2006, unter http://www.handelsblatt.com/unternehmen/industrie/inside-brenntag-wette-auf-die-zukunft/2686922.html (Abruf vom 6.06.2013).
86 Vgl. *Wnuck*, BC Partners übernimmt Brenntag, FINANCE 25.07.06, unter http://www.finance-magazin.de/ strategie-effizienz/ma/bc-partners-uebernimmt-brenntag/ (Abruf vom 6.06.2013).
87 Vgl. *Hofmann*, Vorschusslorbeeren für den Chemiehändler, Handelsblatt 29.03.2010, unter http://www.handelsblatt.com/meinung/kolumnen/inside-brenntag-vorschusslorbeeren-fuer-den-chemiehaendler/3400656.html (Abruf vom 6.06.2013).
88 Hier und zum Folgenden erwähnten Kennzahlen sind die Berechnungen und alle Finanzahlen in dem Anhang 4 dargestellt.
89 Vgl. Unterkapitel C.II.

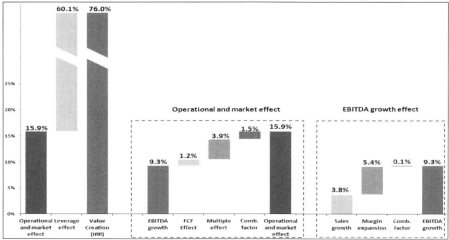
Abbildung 10: Wertgenerierungstreiber bei Brenntag Buy-out, Quelle: Eigene Berechnung, siehe Anhang 4.

Basierend auf den publizierten Informationen kann die erreichte Wertsteigerung ferner teilweise durch den Einsatz der nachfolgend aufgeführten operativen Wertsteigerungsinstrumenten erklärt werden:

Maßnahmen zur Umsatzerweiterung: Brenntag hat im Zeitraum von 2006 bis 2010 ein Umsatzwachstum von absolut 1.4 Milliarden Euro oder 5.2% CAGR erwirtschaftet, vor allem durch folgende Initiativen[90]:

- M&A-Strategie, in dem stark fragmentierten Markt der Chemiedistributoren hat Brenntag aktiv am Konsolidierungsprozess teilgenommen und mehrere Übernahmen getätigt[91] vor alle mit dem Ziel, durch den Kapazitätsaufbau von Größenvorteilen und Skaleneffekten zu profitieren, sowie die Stärkung der bestehenden regionalen Präsenz und die Erschließung weiterer geografischer Regionen („flächendeckende Präsenz") voranzutreiben, als auch die Entwicklung neuer Produkte und Services, um die Position des Vollsortiments als Spezial- und Industriechemikalien-Distributor weiterauszubauen.
- Geografische Expansion/Internationalisierung, das Unternehmen hat gezielt das organische und externe geografische Wachstum in den schnell wachsenden Märkten in Zentralosteuropa, Lateinamerika und Asien-Pazifik beschleunigt; gleichzeitig jedoch für die führende Position in den größten Märkten von Westeuropa und Nordamerika gesorgt. Für jede der Regionen wurden entsprechend den lokalen Marktgegebenheiten und der Eigenpositionierung spezielle Strategien entwickelt und verfolgt.
- Optimierung des Kunden-Managements, indem sechs Absatzmärkte mit überdurchschnittlichem Wachstumspotenzial identifiziert worden sind (ACES, Nahrungsmittelbranche, Öl- und Gasindustrie, Körperpflege, Pharmaindustrie und Wasseraufbereitung). In den genannten Segmenten wurde mittels Cross-Sellings, der weiteren Optimierung des Pro-

---

90 Vgl. hier und zum Folgenden Brenntag Investor Relations, Wertpapierprospekt zum Börsengang datiert 15 März 2010/Brenntag Unternehmenspräsentation Mai 2010/Präsentation für die Analysten und Investoren Konferenz September 2010/Geschäftsbericht 2010.
91 In dem Zeitraum 2006-2010 wurden über 20 Übernahmen getätigt und somit ca. 500 Millionen Euro Umsatz zugekauft.

duktportfolios, internationalen Know-how-Transfers, der Verbesserung des Wertbeitrags und durch Akquisitionen ein hohes Wachstum gesichert.

- Steigerung der Vertriebseffizienz durch Fokussierung auf überregionale/globale Großkunden, denen Brenntag als einziger Chemiedistributor mit weltweiter Präsenz umfangreichere Lösungsangebote bieten und somit mehr Umsatz generieren kann. Wegen der breiten Kundenbasis wurden neben dem globalen Key-Accounts-Konzept nach wie vor lokale Kunden bedient, jedoch mit anderer Strategie und Fokussierung.
- Stärkere Serviceausrichtung, eine der wichtigsten Operative-Exzellenz-Initiativen war die ausgeprägte Kundenorientierung, dies zum Strategieansatz führte, öfters als Outsourcing-Lösungsanbieter für die eigen Kunden zu agieren oder weitere Mehrwertdienstleistungen, die über traditionelle Distributor-Services hinausgehen, anzubieten (z.B. Mischungen und Formulierungen, Umverpackung, Bestandsverwaltung sowie umfassender technischer Service – insbesondere für anspruchsvollen Spezialchemikalien).
- Entwicklung neuer Produkte, indem das Unternehmen zum Beispiel gemäß dem generellen Trend mit neuen Produkten eine Verbesserung der Umweltbedingungen leistete, z.B. durch den Ausbau des Bereiches der Kraftstoffadditiven oder umweltschönende neue Initiativen wie Diesel Exhaust Fuel oder das Air1-Konzept.

Instrumente der Renditeoptimierung: Brenntag hat im Zeitraum von 2006 bis 2010 eine EBITDA-Margen-Verbessrung von 5.4% auf 7.8% erreicht, neben den zuvor erwähnten Größen- und Skaleneffekten sowie klassischen Kostenreduktions-/Effizienzsteigerungsprogrammen unter anderem durch folgende Initiativen[92]:

- Optimierung der Wertschöpfungskette, Brenntag hat kontinuierlich und mit Nachdruck die Optimierung der Vertriebs- und Marketingkompetenz sowie der Dienstleistungen vorangetrieben.
- Flexible Kostenbasis, da die Betriebskosten größtenteils auf Ausgaben für Personal, Transport, Wartung und Miete sowie Treibstoff und Energie entfallen, hat das Unternehmen entsprechende Konzepte entwickelt, um die Ressourcen den jeweiligen Nachfragegegebenheiten flexibel anzupassen. Da die Beschaffungskosten tendenziell der Marktpreisentwicklung für Chemikalien folgen, wurde dabei ein besonderes Augenmerk auf die regelmäßige Auswertung der Marktinformationen gerichtet, um zeitnahe angemessen auf geänderte Marktpreise und -konditionen reagieren zu können.

Weitere Verbesserungen des freien Cashflows: Brenntag hat im Zeitraum von 2006 bis 2010 eine Working-Capital-Verbesserung von 8.6% auf 6.9% sowie die CAPEX-Ausgaben-Reduzierung von 1.9% auf 1.1% jeweils im Verhältnis zum Umsatz erreicht. Neben den klassischen Working-Capital-Optimierungsmaßnahmen und CAPEX-Effizienzsteigerungsprogrammen erfolgte dies unter anderem durch folgende Initiativen[93]:

- Konzept flexibler Anlagenbasis, indem die Anlagen, die Infrastruktur und die Abläufe relativ schnell und mit relativ geringem Kostenaufwand an veränderte Marktbedingungen angepasst werden konnten. Dies war auch durch die vergleichsweise geringen erforderlichen CAPEX-Ausgaben und dadurch flexiblere Investitionszyklen möglich und konnte durch gezielte Investitionen in ausgewählte Anlagen mit multifunktionalem Charakter unterstützt werden.

---

92 Vgl. hier und zum Folgenden Brenntag Investor Relations, (o. Fn. 90).
93 Vgl. hier und zum Folgenden Brenntag Investor Relations, (o. Fn. 90).

- Optimierung des Anlagevermögens, indem durch selektive Ansätze von Speichenarchitektur-Systemen („hub-and-spoke") sowie eine Konsolidierung der Standorte eine Effizienzsteigerung erfolgte.

III. Buy-out der Norma Group AG durch 3i

Im März 2006 wurden die deutsche Rasmussen GmbH sowie die zugehörige Norma Gruppe von 3i übernommen, anschließend wurde durch einen Zusammenschluss mit einer anderen 3i Portfoliogesellschaft, der ABA-Group aus Schweden, ein neuer Anbieter von Verbindungstechnik als Norma Group gegründet[94]. Am 8. April 2011 wurde die Norma Group AG mit einem Ausgabekurs von 21 Euro je Aktie an der Frankfurter Wertpapierbörse gelistet, was einem geschätzten Unternehmenswert von rund 1.0 Milliarden Euro entsprach[95]. Im Jahre 2010 erwirtschafte das Unternehmen einen Jahresumsatz von rund 490 Millionen Euro und beschäftigte über 2,800 Mitarbeiter[96]. Aufgrund mangelnder öffentlicher Informationen über den Einstiegspreis sowie die Verfügbarkeit der Finanzdaten erst ab dem Geschäftsjahr 2007 wurde für Wertsteigerungszwecke ein fiktiver Einstiegspreis von rund 480 Millionen Euro zugrunde gelegt[97]. Unter diesen Annahmen wurden auf der Unternehmensebene bei dieser Buy-out-Transaktion eine IRR von knapp 60% und ein Wertsteigerungshebel in Höhe des 3.6-Fachen (gemessen als Times Money) erreicht[98]. Unter Nutzung der öffentlich zugänglichen Finanzdaten und des zuvor beschriebenen erweiterten Modells der Wertgenerierungskomponenten[99] kann die Wertsteigerung durch die Haupttreiber wie folgt erklärt werden.

---

[94] Vgl. Die NORMA Group, URL: http://www.normagroup.com/ kun-den/norma/ttw.nsf/id/DE_About_us (Abruf vom 11.06.2013).
[95] Vgl. *Hajek/Toller*, Gelungener Börsengang der Norma Group, WirtschaftsWoche 8.04.2011, unter http://www.wiwo.de/ finanzen/boerse/neuemission-gelungener-boersengang-der-norma-group-seite-all/5256874-all.html (Abruf vom 11.06.2013).
[96] Vgl. Norma Group Investor Relations, Wertpapierprospekt zum Börsengang datiert 25 März 2011/Präsentation für die Analysten und Investoren Konferenz März 2012/Präsentation der 2011 Halbjahres-Ergebnisse August 2011/Geschäftsbericht 2011.
[97] Basiert auf einem EBITDA Multiplikator 10.5x (ermittelt durch S&P Capital IQ Peergroup Analyse zum 31.12.2007) sowie Norma Group EBITDA für Geschäftsjahr 2007.
[98] Hier und zum Folgenden erwähnten Kennzahlen sind die Berechnungen und alle Finanzahlen in dem Anhang 5 dargestellt.
[99] Vgl. Unterkapitel C.II.

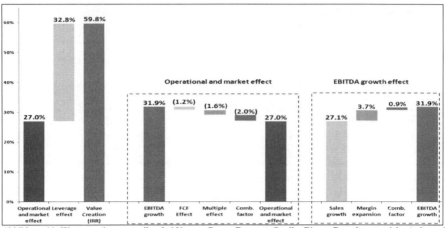
Abbildung 11: Wertgenerierungstreiber bei Norma Group Buy-out, Quelle: Eigene Berechnung, siehe Anhang 5.

Weiterhin basierend auf den publizierten Informationen kann die erreichte Wertsteigerung ferner teilweise durch den Einsatz der nachfolgend aufgeführten operativen Wertsteigerungsinstrumenten erklärt werden:

Maßnahmen zur Umsatzerweiterung: Die Norma Group hat im Zeitraum von 2007 bis 2011 ein Umsatzwachstum von absolut knapp 200 Millionen Euro oder 10.8% CAGR erwirtschaftet, vor allem durch folgende Initiativen[100]:

- M&A-Strategie, indem synergistische Akquisitionen durchgeführt worden sind (mit besonderer Aufmerksamkeit für die „weißen Flecken" im Produktportfolio und in globaler Präsenz), bei gleichzeitiger Beschleunigung des Aufstiegs in den Schlüsselmärkten, die für die Expansion als relevant identifiziert wurden, z.B. diente der Erwerb der US-Unternehmen R.G.Ray und Craig Assembly 2010 und von Breeze 2007 insbesondere der Ausweitung der Präsenz in den USA sowie der Erweiterung der Produktpalette mit deren vielfältigen Anwendungsbereichen.
- Geografische Expansion/Internationalisierung, das Unternehmen verfolgte das Ziel zur Ausweitung der Präsenz in den bestehenden Märkten und zur Erschließung neuer Schwellenmärkte mit attraktivem Wachstumspotenzial. Die Gesellschaft hat ihre Präsenz bereits auf 17 Fertigungs- und Vertriebsanlagen, fünf weiteren Absatz- und Vertriebszentren sowie fünf anderen Vertriebsstellen in Europa, Nord-, Mittel- und Südamerika sowie im asiatisch-pazifischen Raum aufgebaut. Dieses Expansions-Know-how wurde ferner bei der Weiterentwicklung der angesteuerten Wachstumsmärkte wie Brasilien, Südosteuropa, Russland, Türkei, Indien, China, Thailand und Südostasien genutzt.
- Optimierung der Preispolitik, die Norma Group setzt aus eigener Sicht für ihre Produkte und Lösungen attraktive Preise fest; diese Premiumpreispolitik wird durch die funktionelle Bedeutung der relevanten Verbindungsprodukte für das Endprodukt begründet (Beispiel der relativ kostengünstigen Verbindungssysteme, die gleichwohl sehr wichtig für den Betrieb eines teuren Mähdreschers sind) sowie die führende Position hinsichtlich Technologie und Innovation als auch die lösungsorientierte

---

100 Vgl. hier und zum Folgenden Norma Group Investor Relations, (o. Fn. 96).

Fokussierung auf die Unterstützung der Kunden bei der proaktiven Auseinandersetzung mit zunehmend komplexen technischen Anforderungen.

- Optimierung des bestehenden Produktportfolios, da die Produkte der Gesellschaft in bestimmten Branchen und Regionen relativ starken zyklischen Schwankungen ausgesetzt sind, gehörte die starke Diversifizierung der Geschäftstätigkeit in Bezug auf Produkte, Endmärkte und Regionen zum Kern der Konzernstrategie; was auch ermöglichte, an einer Vielzahl verschiedener Wachstumstrends zu partizipieren. Somit wurde ein breites, aber effektives Portfolio von über 35,000 Produkten und Lösungen für zahlreiche Anwendungsbereiche entwickelt, was sowohl für Geschäftsstabilität sorgte und Wachstumspotenziale eröffnete als auch relevante Größen- und Skaleneffekte ermöglichte.
- Steigerung der Vertriebseffizienz, insbesondere durch die Verfolgung zweier unterschiedlicher Vermarktungsstrategien: hochentwickelte Verbindungstechnik („Engineered Joining Technologies") und Vertriebsservice („Distribution Services"). Nach eigener Auffassung kann die Norma Group somit einen optimalen Kundenzugang und die Entwicklung eines grundlegenden Marktverständnisses bessern sichern sowie sich von den produzierenden Wettbewerbern abheben.
- Fortlaufende Verbesserung bestehender Produkte, die Gesellschaft beansprucht die Führungsrolle in den Bereichen Technologie und Innovation bei qualitativ hochwertigen, „funktionskritischen" Verbindungslösungen und arbeitet ständig an markttrend- und kundenorientierten Lösungen, was durch über 250 patentierte Innovationen sowie 100 ausstehende Patentanträge belegt wurde.

Instrumente der Renditeoptimierung: Das Unternehmen hat im Zeitraum von 2007 bis 2011 eine EBITDA-Margen-Verbessrung von 11.9% auf 20.2% erreicht, neben den zuvor erwähnten Größen- sowie Skaleneffekten unter anderem durch folgende Maßnahmen[101]:

- Steigerung der Fertigungseffizienz und effektiveres Beschaffungsmanagement, insbesondere durch Anlagenoptimierung indem großvolumige, automatisierte und tendenziell standardisierte Produktionsprozesse in ausgewählten Hightech-Fertigungsanlagen konzentriert wurden, um von den Skaleneffekten zu profitieren; während gleichzeitig die weniger automatisierte Produktion, die ein hohes Maß an manueller Montage erfordert, vorwiegend in Ländern konzentriert wurde, in denen geringere Kosten anfallen.
- Verwaltungskostenoptimierung und Verbesserung der Kostenstrukturen, durch das eingeführte Global-Excellence-Programm wurden substanzielle Kosteneinsparungen erzielt und aufgrund von über 400 identifizierten und laufenden Verbesserungsvorhaben ist weiteres Potenzial zu erwarten. Dabei wurde sowohl eine kontinuierliche Verbesserung aller Funktionen in allen Regionen verfolgt als ein Supply-Chain-Management erfolgreich weiter umgesetzt.

Weitere Verbesserungen des freien Cashflows: Die Norma Group hat im Zeitraum von 2007 bis 2011 einen relativ stabilen Working-Capital-Level von knapp über 15.0% im Verhältnis zum Umsatz gehalten sowie die CAPEX-Ausgaben von 2.4% auf 4.5% im Verhältnis zum Umsatz gemäß den Wachstumsinitiativen erhöht. Dies war neben den klassischen Effizienzsteigerungsprogrammen unter anderem durch folgende Initiativen möglich[102]:

---

101 Vgl. hier und zum Folgenden Norma Group Investor Relations, (o. Fn. 96).
102 Vgl. hier und zum Folgenden Norma Group Investor Relations, (o. Fn. 96).

- Optimierung des Anlagevermögens, indem seit 2007 die Produktion an 13 Standorten eingestellt und an 7 neuen Standorten – insbesondere in Märkten mit hoher Wachstumsrate – aufgenommen wurde.

- Effizienzsteigerung der CAPEX-Ausgaben, insbesondere durch Anpassung früherer Investitionspläne im Hinblick auf die vorhergehende Optimierung des Anlagevermögens sowie Fokussierung der Investitionen auf gezielte Projekte, die zur Erweiterung der Fertigungskapazitäten dienten sowie die Umsetzung der Expansionspläne sicherten.

F. Zusammenfassung

Um als PE-Fonds erfolgreich Buy-out-Transaktionen durchzuführen, sollen die PE-Manager mit dem gesamten Spektrum der Wertgenerierungsmechanismen vertraut sein. Aufgrund der PE-Marktentwicklung als auch der Finanzmarktsituation sind folglich insbesondere die Fähigkeiten zur Wertschöpfung, die über die traditionelle Optimierung der Finanzstruktur und Arbitrage hinausgehen, entscheidend. Somit wird der optimale Einsatz der operativen Instrumente zur Steigerung der operativen Effizienz bei Portfoliounternehmen nicht nur zur Notwendigkeit, um eine erwartete Rendite zu generieren, sondern auch ein entscheidender Faktor im Wettbewerb unter den PE-Fonds. Dies wird wiederum eine weiter fortschreitende Notwendigkeit zur Fokussierung bezüglich der Investmentstrategie als auch der Konzentration auf bestimmte Branchen, aber auch die Umsetzung des beschriebenen Operating-Partner-Konzeptes in deren Betriebsstrukturen und entsprechend deren Organisationsweise erfordern. Ferner wird es nicht nur die notwendige Teamerweiterung von Experten mit operationaler Fokussierung voraussetzen, sondern auch deren Gleichstellung bei der Transaktionsstrukturierung und Beteiligungsgestaltung. Das traditionelle Mitbeteiligungsmodell nur zwischen dem PE-Fonds und dem Management des Portfoliounternehmens wird zukünftig wahrscheinlich öfters in eine neue Dreier-Partnerschaft unter Einbeziehung der Operating-Partner umgewandelt werden müssen, um das Erreichen des gemeinsamen Zieles der Wertsteigerung durch operative Wertsteigerungsmechanismen sicherzustellen[103].

Basierend sowohl auf der Analyse der relevanten empirischen Literatur, den Ergebnissen mehreren vom Autor durchgeführten PE-Experten-Interviews als auch den dargestellten Beispieltransaktionen wurde verdeutlicht, dass die operativen Instrumente zur Umsatzerweiterung eine besondere Bedeutung haben. Da diese Maßnahmen meistens einen starken strategischen Bezug haben und aufgrund der Komplexität relativ schwierig zu standardisieren sind, ist es entscheidend sie im Rahmen eines durchdachten und organisierten Wertsteigerungsprozesses einzusetzen. Somit wird die traditionelle Bandbreite der substanziellen Wertschöpfungshebel neben den relativ weitgehend standardisierten Ansätzen zur Kostenoptimierung und Cashflows-Verbesserung deutlich erweitert. Wegen der gestiegenen Bedeutung der operativen Wertsteigerungsmechanismen für den gesamten Buy-out-Transaktionserfolg besteht somit eine entsprechende Fokussierung auf die operativen Wertsteigerungsinstrumente eindeutig schon in der Transaktionsvorbereitungs- und Akquisitionsphase.

---

103 Vgl. *Brigl/Nowotnik/Pelisari/Rose/Zwillenberg*, (o. Fn. 54), S. 24.

G. Anhang

Anhang 1: Analyserahmen der Wertgenerierung in Buy-out-Transaktionen

In der empirischen Literatur stellt die Forschungsarbeit von Achim Berg und Oliver Gottschalg bis jetzt das umfassendste Gerüst zur Wertgenerierung in Buy-out-Transaktionen dar[104]. Bei dem Konzept handelt es sich um einen dreidimensionalen Analyserahmen, der unter Berücksichtigung der drei Hauptaspekte die Komplexität des Wertgenerierungsvorgangs erklärt.

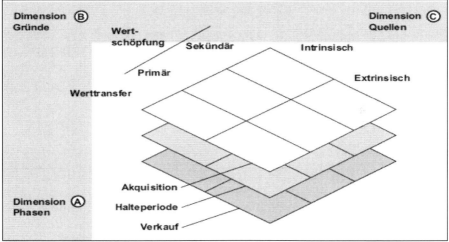

Abbildung 12: Anhang / Drei Dimensionen der Wertsteigerung in Buy-out-Transaktionen,
Quelle: *Berg/Gottschalg*, Wertsteigerungshebel in Buyout-Transaktionen, M&A Review 5/2004, S. 209.

Um es genauer zu verdeutlichen wodurch die Werte in Buy-out-Transaktionen durch PE geschaffen werden können, der Analyserahmen erläutert die Wertgenerierung unter Berücksichtigung der erwähnten drei Dimensionen mit sechs Gruppen von Wertgenerierungshebel sowie mit insgesamt siebzehn Sub-Hebeln[105]:

A. Arbitrage – die Wertgenerierung resultiert durch Erträge aus unterschiedlichen Bewertungen zwischen den An- und Verkaufszeitpunkten („günstig kaufen, teuer verkaufen"), im Einzelnen durch:
  A.1. Veränderung der Marktbewertung (z.B. „multiple riding")
  A.2. private Erkenntnisse über das Unternehmen („Insiderinformationen")
  A.3. überlegene Marktkenntnis (z.B. Industrieexpertise, Netzwerk)
  A.4. überlegene Transaktionsabwicklung (z.B. proprietärer Deal Flow, Verhandlungsfähigkeiten)
  A.5. Optimierung der Unternehmensbreite (z.B. Reduzierung des Conglomerate Discounts)

---
104 Vgl. *Berg/Gottschalg*, (o. Fn. 10).
105 Vgl. *Berg/Gottschalg*, (o. Fn. 3), S. 207-208.

B. Financial Engineering – die Wertgenerierung resultiert durch Kapitalstrukturoptimierung und Verringerung der nach-Steuern-Kapitalkosten des Unternehmens durch Nutzung spezieller Finanzexpertise und Erfahrung, im Einzelnen durch:
   B.1. Optimierung der Kapitalstruktur (z.B. bessere Kreditkonditionen)
   B.2. Reduzierung der Unternehmenssteuern (als Folge des Leverage-Effektes)
C. Verbesserung der operativen Effizienz – die Wertgenerierung resultiert durch Maßnahmenumsetzung bezüglich der Steigerung von Effizienz der operativen Tätigkeit sowie der Optimierung von Konfiguration der Unternehmensressourcen (Verbesserung von Art und Weise der Ressourcennutzung), im Einzelnen durch:
   C.1. Kostenreduzierung und Margenverbesserung (z.B. Kostensenkungsprogramme)
   C.2. Reduzierung des Netto-Umlaufvermögens (z.B. Verminderung der Vorräte und Forderungen)
   C.3. Beseitigung von Management-Ineffizienzen (z.B. Austauchen von ineffizienten Managementteams)
D. Verbesserung der strategischen Positionierung – die Wertgenerierung resultiert durch Anpassung von strategischen Zielen und Plänen sowie den korrespondierenden Unternehmensprozessen, im Einzelnen durch:
   D.1. Refokussierung (z.B. Vermeidung ineffizienter Quersubventionierungen)
   D.2. Marktkonsolidierung, Buy-and-bild-Strategien
E. Reduzierung von Agency Kosten – die Wertgenerierung resultiert durch Verminderung von Agency Kosten, die aus dem Eigentümer-Manager-Konflikt des Unternehmens entstehen; im Einzelnen durch:
   E.1. Reduzierung von Agency Kosten aus freien Cashflows (z.B. Vermeidung des Managementspielraums durch Verschuldung)
   E.2. Verbesserung der Anreizstrukturen (z.B. Eigenkapitalbeteiligung des Managements)
   E.3. Verbesserung der Unternehmenskontrolle (z.B. direkter und schneller Zugang zu Unternehmensdaten, Reporting, Controlling)
F. Parenting-Effekt – die Wertgenerierung resultiert durch Umsatzsteigerung oder Kostensenkung in Zusammenhang mit dem Fakt, dass das Unternehmen zum Portfolio eines PE Fonds gehört; im Einzelnen durch:
   F.1. Wiederherstellung der unternehmerischen Motivation (z.B. unternehmerischer Freiraum für das Unternehmensmanagement)
   F.2. Rat und Hilfe (z.B. Managementexpertise, Zugang zum Netzwerk und Fachleuten)

Anhang 2: Übersicht wichtigsten Studien und Ergebnisses zu Wertsteigerungsfaktoren in PE-finanzierten Buy-outs[106]

TRANSACTION LEVEL

Author	Publication date	Region	Sample	Period	Results
Gottschalg, Golding Capital Parteners	2013	Europe	5,245 comps.	1977-2011	Operational PE alpha of 9.7 IRR percentage points
Ernst & Young	2012	Europe	307 comps	2005-2011	PE-backed business outperform public market by 3.6x, spreads among: • 1.6x PE strategic and operational improvement • 1.0x additional leverage • 1.0x stock market return
Acharya, Gottschalg, Hahn, Kehoe	2011	Europe	395 comps.	1991-2007	Operational PE alpha of 15.4 IRR percentage points

Achleitner, Braun, Engel, Figge, Tappeiner	2010	Europe	206 comps.	1991-2008	Average value creation of 2.47x (times money), spreads among:
					• 0.78x Leverage effect
					• 1.69x Operational and market effect, spreads among:
					  ○ 0.37x Free cash flow effect
					  ○ 0.45x Multiple expansions
					  ○ 0.11x Combination effect
					  ○ 0.76x EBITDA growth, spreads among:
					    ▪ 0.60x Revenue growth
					    ▪ 0.20x Margin expansion
					    ▪ -0.03x Combination effect

Achleitner, Lichtner, Diller	2009	Europe	241 comps.	1989-2006	Average value creation of 2.72x (times money), spreads among:
					• 0.89x Leverage effect
					• 1.84x Operational and market effect, spreads among:
					  ○ 0.42x Free cash flow effect
					  ○ 0.47x Multiple expansions
					  ○ 0.07x Combination effect
					  ○ 0.88x EBITDA growth, spreads among:
					    ▪ 0.68x Revenue growth
					    ▪ 0.22x Margin expansion
					    ▪ -0.02x Combination effect

Acharya, Hahn, Kehoe	2009	U.K.	66 comps.	1996-2004	Operational PE alpha of 8.9 IRR percentage points
Groh, Gottschalg	2009	U.S.	133 comps.	1984-2004	Operational PE alpha of 12.7 IRR percentage points
Brigl et al.	2008	Europe	32 comps	2000-2006	Value drivers: • 46% sales growth • 10% margin expansion • 21% change in multiples • 23% debt pay down
Guo, Hotchkiss, Song	2008	U.S.	92 comps.	1990-2005	Operational improvements in PE backed companies comparable to those of publicly listed peers

---

106 In Anlehnung an *Achleitner/Braun/Engel/Figge/Tappeiner*, (o. Fn. 29), S. 26 und ergänzt um *Acharya/ Gottschalg/Hahn/Kehoe*, (o. Fn. 19), S. 22; *Achleitner/Braun/Engel/Figge/Tappeiner*, (o. Fn. 29), S. 21; *Achleitner/Lichtner/Diller*, (o. Fn. 31), S. 12; *Ernst & Young*, (o. Fn. 41), S. 5; *Gottschalg/Golding Capital Partners*, (o. Fn. 21), S. 2.

TRANSACTION LEVEL

Author	Publication date	Region	Sample	Period	Results
Nikoskelainen, Wright	2007	U.K.	321 comps.	1995-2004	Average IRR of 70.5% and holding period of 3.5years; investment size and the presence of post-buyout acquisitions increase the IRR significantly
Pindur	2007	Europe	42 comps.	1993-2004	Value drivers: • 45% EBITDA growth • 28% change in multiples • 22% free cash flow effect • 5% combination EBITDA/multiple
Loos	2006	U.S. Europe	57 comps.	1980-2001	Value drivers: • 83% de-leverage and multiple effects • 25% sales growth • -8% change in margin
Kaplan	1989	U.S.	76 comps.	1980-1986	PE-backed firms experience increase in operating income, increase in net cash flow and decrease in capital expenditures; operational improvements mainly through improved incentives

FUND LEVEL

Author	Publication date	Region	Sample	Period	Results
Kaplan, Schoar	2005	U.S.	746 funds (thereof 169 buyout funds)	1980-2001	Net returns (net of fees) of PE funds equivalent to those of "Public Market Equivalents"
Phalippou, Zollo	2005	U.S.	983 funds	1980-1996	PE funds (net returns) underperform the S&P500 by more than 3% per year
Kaserer, Diller	2005	Europe	200 funds	1980-2003	Net returns (net of fees) of PE funds equivalent to those of "Public Market Equivalents".

Anhang 3: Buy-out der Tognum AG durch EQT - Fakten und Finanzdaten

Tognum ist als ein Carve-out aus dem Daimler-Chrysler-Konzern in 2005 entstanden und umfasste im Dieselmotorenbereich alle „Off-Highway"-Aktivitäten des Daimler-Konzerns. Die Gesellschaft ist nach eigener Einschätzung einer der weltweit führenden Anbieter von schnelllaufenden, leistungsstarken Dieselmotoren und kompletten Antriebssysteme für Schiffe, schwere Land- und Schienenfahrzeuge, Industrieantriebe und dezentrale Energieanlagen. Die Geschäftsaktivitäten von Tognum umfassen ferner Elektroniksysteme, Gasmotoren und Gasturbinen, Einspritztsysteme und Gelenkwellen sowie dezentrale Energieanlagen auf Gasmotoren- bzw. Brennstoffzellen-Basis[107].

Key Financials (EURm)	FY 2005	FY 2006	FY 2007	FY 2008	CAGR (2005-09)	LTM 30.06.2007
Total Revenue	1,436	2,699	2,835	3,133	29.7%	3,391
Growth Over Prior Year	13.7%	88.0%	5.0%	10.5%		NA
Gross Profit	303	373	666	732	34.2%	617
Margin %	21.1%	13.8%	23.5%	23.3%		18.2%
EBITDA	148	219	433	462	46.1%	410
Margin %	10.3%	8.1%	15.3%	14.7%		12.1%
Net Working Capital	443	453	567	698	16.3%	N/A
in % of Total Revenue	30.9%	16.8%	20.0%	22.3%		N/A
Avg. Cash Conversion Cyck	207.4	113.3	136.6	145.0		N/A
Capital Expenditure	47	92	100	127	39.7%	117
in % of Total Revenue	3.2%	3.4%	3.5%	4.1%		3.4%
Unlevered Free Cash Flow	97	183	60	33	(30.4%)	N/A
in % of Total Revenue	6.8%	6.8%	2.1%	1.0%		N/A
Total Debt	53	732	362	418	98.9%	711
Net Debt	(69)	630	301	361	>100%	576
Net Debt / EBITDA	(0.5x)	2.9x	0.7x	0.8x		1.4x

Abbildung 13: Anhang / Tognum Finanzkennzahlen, Quelle: S&P Capital IQ.

EQT gemäß eigenen Informationen ist eine der führenden PE-Gruppen in Nordeuropa und verwaltet ein Fondskapital von rund 20 Milliarden Euro. Zusammen mit einem herausragendem Netzwerk an unabhängigen Industrieberatern setzt EQT seine Investmentstrategie um, indem es vielversprechende Firmen mittleren und großen Formats in Nord- und Osteuropa, Asien und den USA akquiriert oder finanziert werden, um sie in ihrer Entwicklung zu führenden Unternehmen zu unterstützen. Diese Entwicklung wird durch einen industriellen Ansatz mit Fokus auf Wachstum erreicht. Die Firma verfolgt vier Investitionsstrategien – Equity, Mid-Market, Infrastructure und Credit. Seit seiner Gründung hat EQT in ca. 110 Unternehmen investiert, von denen 60 erfolgreich zu einem Exit geführt werden konnten[108].

Die folgenden Berechnungen zur erreichten Wertsteigerung sowie deren einzelnen Komponenten basieren auf öffentlich zugänglichen Finanzdaten, die jedoch nicht immer exakt für relevante Perioden oder Zeitpunkte verfügbar waren. Um die Wertgenerierung in der jewei-

---

107 Vgl. Tognum Investor Relations, (o. Fn. 81).
108 Vgl. EQT – Fast Facts, URL: http://www.eqt.se/About-EQT/Fast-facts/ (Abruf vom 10.06.2013).

ligen Buy-out-Transaktionsstruktur am besten abzubilden, wurden die verfügbaren Finanzdaten mit dem am nächsten liegenden Stichtag nach der Übernahme für den Einstieg und mit dem am nächsten liegenden Stichtag vor dem Exit für den Ausstieg genutzt. Sollten andere Daten zugrunde gelegt werden, können sich die Ergebnisse in den jeweiligen Bereichen deutlich verändern. Hinsichtlich der folgenden Berechnungen erhebt der Autor keinen Anspruch auf vollumfängliche Genauigkeit und Richtigkeit, deren Hauptzweck ist lediglich die Darstellung der verschiedenen Wertsteigerungshebel.

Deal Metrics & Returns (EURm)	Entry - March 2006 (FY 2006)	Exit - July 2007 (LTM 30.06.2007)	Comments (references / formulas)
Internal Rate of Return (IRR) / Multiple			
Enterprise Value	1,510	3,729	a = b + c
EV / EBITDA	6.9x	9.1x	
Net Debt	630	576	b
Net Debt / EBITDA	2.9x	1.4x	
Equity	880	3,153	c Entry - per Transacation Details
Net Debt / Equity	0.7x	0.2x	c Exit = share price * num. of outs. sh.
Holding period (years)		1.3	d
Internal Rate of Return		**166.9%**	e = (c Exit / c Entry) ^ (1/d) - 1
Times Money (Money Multiple - 1)		**2.6x**	f = (c Exit / c Entry) - 1
Leverage effect			
Total Debt	732	711	g
Debt-to-equity-ratio	0.8x	0.2x	
Average debt-to-equity-ratio		0.5x	h
Assumed Cost of Debt		5.5%	i
Leveraged IRR		166.9%	e
Unleveraged IRR (Operational and market effect)		111.1%	j; e = j + (j - i) * h
Leverage effect		**55.8%**	k = e - j
EBITDA growth effect			
EBITDA	219	410	l
EV / EBITDA	6.9x	9.1x	m
EBITDA difference		191	n = l Exit - l Entry
EBITDA growth's value contribution		1,737	o = m Exit * n
EBITDA growth effect		**72.6%**	p = (o / y) * j
Free Cash Flow effect			
Debt payed down		20	q = g Entry - g Exit
Free Cash Flow effect		**0.8%**	r = (q / y) * j
Multiple effect			
EV / EBITDA	6.9x	9.1x	s
Multiple difference		2.2	t = s Exit - s Entry
Multiple difference' value contribution		482	u = l Entry * t
Multiple effect		**20.1%**	v = (u / y) * j
Combination factor of EBITDA/multiple			
Combination factor's value contribution		421	w = n * t
Combination factor		**17.6%**	x = (u / y) * j
Operational and market effect's value contribution		2,660	y
Sales growth effect			
Sales	2,699	3,391	z
EV / Sales	0.56x	1.10x	aa
Sales difference		691	bb = z Exit - z Entry
Sales growth's value contribution		760	cc = aa * bb
Sales growth effect		**59.8%**	dd = (cc / kk) * p
Margin expansion effect			
EBITDA Margin %	8.1%	12.1%	ee
Margin difference		4.0%	ff = ee Exit - ee Entry
Margin expansion's value contribution		135	gg = ff * z
Margin expansion effect		**10.6%**	hh = (gg / kk) * p
Combination factor of sales/margin			
Combination factor's value contribution		28	ii = bb * ff
Combination factor		**2.2%**	jj = (ii / kk) * p
Operational effect's value contribution		923	kk = cc + gg + ii

Abbildung 14: Anhang / Tognum Wertseigerungshebel, Quelle: Eigene Berechnungen, S&P Capital IQ.

Anhang 4: Buy-out der Brenntag GmbH durch BC Partners - Fakten und Finanzdaten

Zum Börsengangzeitpunkt gemäß eigenen Angaben gehört Brenntag zum Weltmarktführer in der Chemiedistribution und lieferte als Bindeglied zwischen Chemieproduzenten und weiterverarbeitender Industrie weltweit Distributionslösungen für Industrie- und Spezialchemikalien. Mit über 10,000 verschiedenen Produkten und einer exzellenten Lieferantenbasis bot die Gesellschaft seinen rund 160,000 Kunden Lösungen aus einer Hand. Dazu gehörten Mehrwertleistungen wie Just-in-time-Lieferung, Mischungen und Formulierungen, Neuverpackung, Bestandsverwaltung, Abwicklung der Gebinderückgabe und ein umfassender technischer Service. Vom Hauptsitz in Mülheim an der Ruhr aus betriebt Brenntag ein weltweites Netzwerk mit mehr als 400 Standorten in fast 70 Ländern[109].

Key Financials (EURm)	FY 2006	FY 2007	FY 2008	FY 2009	FY 2010	CAGR (2006-10)	LTM 15.03.2010
Total Revenue	6,257	6,671	7,380	6,365	7,649	5.2%	6,365
Growth Over Prior Year	NA	6.6%	10.6%	(13.8%)	20.2%		NA
Gross Profit	1,213	1,355	1,492	1,460	1,636	7.8%	
Margin %	19.4%	20.3%	20.2%	22.9%	21.4%		
EBITDA	335	405	479	472	594	15.4%	463
Margin %	5.4%	6.1%	6.5%	7.4%	7.8%		7.3%
Net Working Capital	536	550	614	337	531	(0.3%)	
in % of Total Revenue	8.6%	8.2%	8.3%	5.3%	6.9%		
Avg. Cash Conversion Cyck	NA	38.6	37.4	36.4	36.0		
Capital Expenditure	122	91	80	68	81	(9.6%)	
in % of Total Revenue	1.9%	1.4%	1.1%	1.1%	1.1%		
Unlevered Free Cash Flow	204	225	232	580	168	(4.8%)	
in % of Total Revenue	3.3%	3.4%	3.1%	9.1%	2.2%		
Total Debt	3,315	3,200	3,254	3,139	1,784	(14.4%)	3,139
Net Debt	2,778	2,852	2,952	2,533	1,416	(15.5%)	2,533
Net Debt / EBITDA	8.3x	7.0x	6.2x	5.4x	2.4x		5.5x

Abbildung 15: Anhang / Brenntag Finanzkennzahlen, Quelle: S&P Capital IQ.

BC Partners ist nach eigenen Angaben einer der weltweit führendes PE-Häuser, das auf große und komplexe Transaktionen spezialisiert ist und seit der Gründung im Jahr 1986 hat 81 Investitionen mit einem Gesamtvolumen von 82 Milliarden Euro durchgeführt. Die Firma investiert hauptsächlich in Unternehmen mit Sitz in Europa und fokussiert in Partnerschaft mit dem Management die Unternehmen mit dem Ziel einer nachhaltigen Wertsteigerung kontinuierlich weiter zu entwickeln[110].

Die folgenden Berechnungen zur erreichten Wertsteigerung sowie deren einzelnen Komponenten basieren auf öffentlich zugänglichen Finanzdaten, die jedoch nicht immer exakt für relevante Perioden oder Zeitpunkte verfügbar waren. Um die Wertgenerierung in der jeweiligen Buy-out-Transaktionsstruktur am besten abzubilden, wurden die verfügbaren Finanz-

---
109 Vgl. Brenntag Investor Relations, (o. Fn. 90).
110 Vgl. Willkommen bei BC Partners - Home, URL: http://www.bcpartners.de/?sc_lang=de-DE (Abruf vom 6.06.2013).

daten mit dem am nächsten liegenden Stichtag nach der Übernahme für den Einstieg und mit dem am nächsten liegenden Stichtag vor dem Exit für den Ausstieg genutzt. Sollten andere Daten zugrunde gelegt werden, können sich die Ergebnisse in den jeweiligen Bereichen deutlich verändern. Hinsichtlich der folgenden Berechnungen erhebt der Autor keinen Anspruch auf vollumfängliche Genauigkeit und Richtigkeit, deren Hauptzweck ist lediglich die Darstellung der verschiedenen Wertsteigerungshebel.

Deal Metrics & Returns (EURm)	Entry - July 2006 (FY 2006)	Exit - March 2010 (LTM 15.03.2010)	Comments (references / formulas)
Internal Rate of Return (IRR) / Multiple			
Enterprise Value	3,100	5,108	a Entry - per Transacation Details
EV / EBITDA	9.3x	11.0x	a Exit = b + c
Net Debt	2,778	2,533	b
Net Debt / EBITDA	8.3x	5.5x	
Equity	322	2,575	c Entry = a - b
Net Debt / Equity	8.6x	1.0x	c Exit = share price * num. of outs. sh.
Holding period (years)		3.7	d
Internal Rate of Return		76.0%	e = (c Exit / c Entry) ^ (1/d) - 1
Times Money (Money Multiple - 1)		7.0x	f = (c Exit / c Entry) - 1
Leverage effect			
Total Debt	3,315	3,139	g
Debt-to-equity-ratio	10.3x	1.2x	
Average debt-to-equity-ratio		5.8x	h
Assumed Cost of Debt		5.5%	i
Leveraged IRR		76.0%	e
Unleveraged IRR (Operational and market effect)		15.9%	j; e = j + (j - i) * h
Leverage effect		60.1%	k = e - j
EBITDA growth effect			
EBITDA	335	463	l
EV / EBITDA	9.3x	11.0x	m
EBITDA difference		128	n = l Exit - l Entry
EBITDA growth's value contribution		1,414	o = m Exit * n
EBITDA growth effect		9.3%	p = (o / y) * j
Free Cash Flow effect			
Debt payed down		177	q = g Entry - g Exit
Free Cash Flow effect		1.2%	r = (q / y) * j
Multiple effect			
EV / EBITDA	9.3x	11.0x	s
Multiple difference		1.8	t = s Exit - s Entry
Multiple difference' value contribution		593	u = l Entry * t
Multiple effect		3.9%	v = (u / y) * j
Combination factor of EBITDA/multiple			
Combination factor's value contribution		227	w = n * t
Combination factor		1.5%	x = (u / y) * j
Operational and market effect's value contribution		2,411	y
Sales growth effect			
Sales	6,257	6,365	z
EV / Sales	0.50x	0.80x	aa
Sales difference		108	bb = z Exit - z Entry
Sales growth's value contribution		87	cc = aa * bb
Sales growth effect		3.8%	dd = (cc / kk) * p
Margin expansion effect			
EBITDA Margin %	5.4%	7.3%	ee
Margin difference		1.9%	ff = ee Exit - ee Entry
Margin expansion's value contribution		122	gg = ff * z
Margin expansion effect		5.4%	hh = (gg / kk) * p
Combination factor of sales/margin			
Combination factor's value contribution		2	ii = bb * ff
Combination factor		0.1%	jj = (ii / kk) * p
Operational effect's value contribution		211	kk = cc + gg + ii

Abbildung 16: Anhang / Brenntag Wertseigerungshebel, Quelle: Eigene Berechnungen, S&P Capital IQ.

Anhang 5: Buy-out der Norma Group AG durch 3i - Fakten und Finanzdaten

Die Norma Group wurde 2006 als Zusammenschluss von ABA-Group und NORMA/Rasmussen Gruppe gegründet und hat 2007 die Breeze Industrial Products Corporation erworben, wodurch die Gesellschaft einen starken Fuß in die Vereinigten Staaten setzen konnte. Zum Börsengangzeitpunkt gemäß eigenen Angaben ist das Unternehmen mit einem Angebot von über 35,000 qualitativ hochwertigen Produkten und innovativen Lösungen, welches sich an ungefähr 10,000 Kunden weltweit richtet, ein internationaler Markt- und Technologieführer in den attraktiven Nischenmärkten für hochentwickelte Verbindungstechniken. Die Gesellschaft agiert mit einem weltweiten Netzwerk, zu dem 17 Fertigungs- und Vertriebsanlagen, fünf zusätzliche Absatz- und Vertriebszentren sowie fünf weitere Vertriebsstellen in Europa, Nord-, Mittel- und Südamerika und im asiatisch-pazifischen Raum zählten[111].

Key Financials (EURm)	FY 2007	FY 2008	FY 2009	FY 2010	FY 2011	CAGR (2007-11)	LTM 31.03.2011
Total Revenue	385	458	330	490	581	10.8%	535
Growth Over Prior Year	NA	18.8%	(28.0%)	48.7%	18.5%		NA
Gross Profit	211	254	181	273	320	10.9%	297
Margin %	54.9%	55.5%	54.8%	55.6%	55.0%		55.5%
EBITDA	46	61	38	97	118	26.5%	103
Margin %	11.9%	13.2%	11.6%	19.7%	20.2%		19.2%
Net Working Capital	58	84	44	71	91	11.8%	78
in % of Total Revenue	15.2%	18.4%	13.4%	14.4%	15.7%		14.6%
Avg. Cash Conversion Cycle	NA	99.0	110.2	74.3	76.9		69.3
Capital Expenditure	9	14	12	18	26	29.3%	23
in % of Total Revenue	2.4%	3.0%	3.7%	3.6%	4.5%		4.3%
Unlevered Free Cash Flow	NA	7	57	22	31	NA	N/A
in % of Total Revenue	NA	1.6%	17.3%	4.5%	5.4%		N/A
Total Debt	359	355	344	374	265	(7.3%)	380
Net Debt	338	327	317	344	197	(12.6%)	346
Net Debt / EBITDA	7.4x	5.4x	8.3x	3.6x	1.7x		3.4x

Abbildung 17: Anhang / Norma Group Finanzkennzahlen, Quelle: S&P Capital IQ.

3i ist ein internationaler Investor mit Fokus auf PE, Infrastruktur- sowie Schuldenmanagement, der in Europa, Asien und Nordamerika investiert. Die Firma ist seit über 65 Jahren auf dem Markt aktiv und verwaltet ein Fondskapital von rund 19 Milliarden Pfund. Der Wettbewerbsvorteil liegt in deren internationalen Netzwerk sowie der Stärke und Breite der Geschäftsbeziehungen. Diese unterstützen den Mehrwert, den 3i für Portfoliounternehmen, Aktionäre und Fondsinvestoren schaffen[112].

Die folgenden Berechnungen zur erreichten Wertsteigerung sowie deren einzelnen Komponenten basieren auf öffentlich zugänglichen Finanzdaten, die jedoch nicht immer exakt für relevante Perioden oder Zeitpunkte verfügbar waren. Aufgrund mangelnder öffentlicher Information über den Einstiegspreis sowie Verfügbarkeit der Finanzdaten erst ab dem Geschäftsjahr 2007, für die Wertsteigerungszwecke wurde ein fiktiver Einstiegspreis von rund

---

111 Vgl. Norma Group Investor Relations, (o. Fn. 96).
112 Vgl. 3i –About us, URL: http://www.3i.com/ /about-us (Abruf vom 6.06.2013).

480 Millionen Euro zugrunde gelegt. Dieser wurde als fiktiver Unternehmenswert auf Basis des EBITDA Multiplikators von 10.5-Fachen (ermittelt durch S&P Capital IQ Peergroup Analyse zum 31.12.2007) sowie Norma Group EBITDA für das Geschäftsjahr 2007 ermittelt. Um die Wertgenerierung in der jeweiligen Buy-out-Transaktionsstruktur am besten abzubilden, wurden die verfügbaren Finanzdaten mit dem am nächsten liegenden Stichtag nach der Übernahme für den Einstieg und mit dem am nächsten liegenden Stichtag vor dem Exit für den Ausstieg genutzt. Sollten andere Daten zugrunde gelegt werden, können sich die Ergebnisse in den jeweiligen Bereichen deutlich verändern. Hinsichtlich der folgenden Berechnungen erhebt der Autor keinen Anspruch auf vollumfängliche Genauigkeit und Richtigkeit, deren Hauptzweck ist lediglich die Darstellung der verschiedenen Wertsteigerungshebel.

Deal Metrics & Returns (EURm)	Entry - December 2007 (FY 2007)	Exit - Apr 2011 (LTM 31.03.2011)	Comments (references / formulas)
Internal Rate of Return (IRR) / Multiple			
Enterprise Value	482	1,015	a Exit = b + c
EV / EBITDA	10.5x	9.9x	a Entry = Peers multiple * l
Net Debt	338	346	b
Net Debt / EBITDA	7.4x	3.4x	
Equity	144	669	c Entry = a Entry - b
Net Debt / Equity	2.3x	0.5x	c Exit = share price * num. of outs. sh.
Holding period (years)		3.3	d
Internal Rate of Return		59.8%	e = (c Exit / c Entry) ^ (1/d) - 1
Times Money (Money Multiple - 1)		3.6x	f = (c Exit / c Entry) - 1
Leverage effect			
Total Debt	359	380	g
Debt-to-equity-ratio	2.5x	0.6x	
Average debt-to-equity-ratio		1.5x	h
Assumed Cost of Debt		5.5%	i
Leveraged IRR		59.8%	e
Unleveraged IRR (Operational and market effect)		27.0%	j; e = j + (j - i) * h
Leverage effect		32.8%	k = e - j
EBITDA growth effect			
EBITDA	46	103	l
EV / EBITDA	10.5x	9.9x	m
EBITDA difference		57	n = l Exit - l Entry
EBITDA growth's value contribution		562	o = m Exit * n
EBITDA growth effect		31.9%	p = (o / y) * j
Free Cash Flow effect			
Debt payed down		(21)	q = g Entry - g Exit
Free Cash Flow effect		(1.2%)	r = (q / y) * j
Multiple effect			
EV / EBITDA	10.5x	9.9x	s
Multiple difference		(0.6x)	t = s Exit - s Entry
Multiple difference' value contribution		(29)	u = l Entry * t
Multiple effect		(1.6%)	v = (u / y) * j
Combination factor of EBITDA/multiple			
Combination factor's value contribution		(36)	w = n * t
Combination factor		(2.0%)	x = (u / y) * j
Operational and market effect's value contribution		476	y
Sales growth effect			
Sales	385	535	z
EV / Sales	1.25x	1.90x	aa
Sales difference		149	bb = z Exit - z Entry
Sales growth's value contribution		283	cc = aa * bb
Sales growth effect		27.1%	dd = (cc / kk) * p
Margin expansion effect			
EBITDA Margin %	11.9%	19.2%	ee
Margin difference		7.3%	ff = ee Exit - ee Entry
Margin expansion's value contribution		39	gg = ff * z
Margin expansion effect		3.7%	hh = (gg / kk) * p
Combination factor of sales/margin			
Combination factor's value contribution		11	ii = bb * ff
Combination factor		0.9%	jj = (ii / kk) * p
Operational effect's value contribution		333	kk = cc + gg + ii

Abbildung 18: Anhang/Norma Group Wertseigerungshebel, Quelle: Eigene Berechnungen, S&P Capital IQ.

Der verschmelzungsrechtliche Squeeze-out – Ein probates Mittel, um sich von unliebsamen Aktionären zu trennen?

Von Jan Philipp Dulce, LL.M.

A. Einleitung 122
B. Der verschmelzungsrechtliche Squeeze-out 123
   I. Rechtliche Ausgangslage 123
      1. Gesetzesentstehung 123
      2. Die Voraussetzungen des verschmelzungsrechtlichen Squeeze-outs 124
         a.) Sachlicher Anwendungsbereich 124
            aa.) Unmittelbare Beteiligung 124
            bb.) Zeitpunkt der unmittelbaren Beteiligung 125
         b.) Verfahren 126
            aa.) Die Verschmelzung 126
                (1.) Der Verschmelzungsvertrag 126
                (2.) Auslegung der Verschmelzungsunterlagen 128
                (3.) Zuleitung an den Betriebsrat 130
                (4.) Informationspflichten 130
            bb.) Der Squeeze-out 131
                (1.) Einberufung der Hauptversammlung 131
                (2.) Beschluss der Hauptversammlung 131
                (3.) Garantieerklärung eines Kreditinstituts 132
                (4.) Erläuterungspflichten 132
                (5.) Frist 133
            cc.) Handelsregisteranmeldung 133
                (1.) Squeeze-out 133
                (2.) Verschmelzung 133
         c.) Zwischenfazit 134
      3. Rechtsfolgen 134
         a.) Allgemein 134
         b.) Verfahrensfehler 135
      4. Rechtsschutzmöglichkeiten 136
         a.) Gegen die Verschmelzung 136
         b.) Gegen den Squeeze-out 136
         c.) Höhe der Barabfindung 137
         d.) Schadensersatzansprüche 137
   II. Rechtliche Beurteilung 138
      1. Europarechtliche Vorgaben 138
      2. Verfassungsrechtliche Bedenken 138
         a.) Keine Enteignung gemäß Art. 14 Abs. 3 GG 138
         b.) Die Kriterien des Bundesverfassungsgerichts 139
            aa.) Die „Moto Meter"-Entscheidung 139
            bb.) Die „Edscha AG"-Entscheidung 140
         c.) Die Rechtmäßigkeit der Absenkung auf 90% 141
         d.) Zwischenergebnis 142

3. Parallelität zum aktienrechtlichen Squeeze-out 142
   a.) Rechtsmissbrauch 143
     aa.) Temporäre Erlangung des Status als Hauptaktionär 143
       (1.) Umhängen der Gesellschaft unter eine Vorrats-AG 143
       (2.) Vorüberehender Erwerb und Wertpapierleihe 145
     bb.) Formwechsel 145
   b.) Treuepflichten 146
   c.) Zwischenergebnis 147
  III. Die Entscheidung des OLG Hamburg 147
C. Fazit und Ausblick 148

A. Einleitung

Durch das Dritte Gesetz zur Änderung des Umwandlungsgesetzes vom 11.07.2011[1] ist für Aktiengesellschaften der sogenannte verschmelzungsrechtliche Squeeze-out in den § 62 Abs. 5 des Umwandlungsgesetzes aufgenommen worden.

Das „Neue" am verschmelzungsrechtlichen gegenüber dem aktienrechtlichen Squeeze-out ist, dass es keiner Mindestbeteiligung von 95% an der Gesellschaft bedarf, sondern lediglich eine Beteiligung von mindestens 90%. Mithin wird ein Hinausdrängen von Minderheitsaktionären deutlich erleichtert. Bedingung hierfür ist, dass ein unmittelbarer und zeitlicher Zusammenhang mit der Verschmelzung der Gesellschaft auf ihre Mehrheitsaktionärin bestehen muss.

Zu den weiteren Vorteilen und Vereinfachungen gegenüber dem aktienrechtlichen Squeeze-out zählen[2], dass es keines Verschmelzungsberichtes, keiner Verschmelzungsprüfung und keines Prüfungsberichtes[3] bedarf. Ein Hauptversammlungsbeschluss der übertragenden Gesellschaft ist ebenso entbehrlich. Dies sorgt dafür, dass es kein Anfechtungsrisiko gibt.[4] Der Ausschluss der Minderheitsaktionäre und die Übertragung der Aktien erfolgen letztlich durch Eintragung der Verschmelzung in das Handelsregister.

Diese Neuerungen werfen daher die Frage auf, ob der verschmelzungsrechtliche Squeeze-out ein probates Mittel ist, sich von unliebsamen Minderheitsaktionären zu trennen, von denen man sich bislang nicht trennen konnte. Dies gilt umso mehr, wenn eigens durch Gestaltungsmaßnahmen die rechtlichen Voraussetzungen für einen solchen Squeeze-out geschaffen werden.

Zu diesem Zweck sollen zunächst die Gesetzesentstehung und die gesetzlichen Voraussetzungen des verschmelzungsrechtlichen Squeeze-out dargestellt werden. In der sich hieran anschließenden rechtlichen Beurteilung wird vor allem auf die verfassungsrechtliche Zulässigkeit eingegangen und die Frage diskutiert, ob es einer besonderen Rechtfertigung zum Vollzug eines verschmelzungsrechtlichen Squeeze-outs bedarf.

---
1 BGBl. I 2011, S. 1338-1340.
2 *Schnorbus*, in: K. Schmidt/Lutter, AktG, 2. Auflage 2010, Vor §§ 327a-327f, Rn. 8.
3 *Kiefner/Brügel*, Der umwandlungsrechtliche Squeeze-out – Verfahren, Einsatzmöglichkeiten, Rechtsschutzfragen, AG 2011, 525 (529).
4 Zu den Ausnahmen vgl. Rechtsschutzmöglichkeiten unter B. I. 4. a.).

Am Ende soll auf die derzeit einzige obergerichtliche Entscheidung zum verschmelzungsrechtlichen Squeeze-out eingegangen und ein Fazit gezogen werden, ob der verschmelzungsrechtliche Squeeze-out tatsächlich ein probates Mittel sein wird, um sich von unliebsamen Aktionären zu trennen.

B. Der verschmelzungsrechtliche Squeeze-out

I. Rechtliche Ausgangslage

1. Gesetzesentstehung

§ 62 Abs. 5 UmwG beruht auf der Umsetzung von Art. 2 Nr. 11 der Änderungsrichtlinie 2009/109/EG vom 16.09.2009, der bis zum 30.06.2011 in nationales Recht umzusetzen war. Dieser hat angeordnet, dass Art. 28 der sogenannten Verschmelzungsrichtlinie 78/855/EWG vom 09.10.1978 für alle Mitgliedstaaten zwingend anzuwenden ist.[5] Wesentliches Ziel der Richtlinie ist es, die aufgrund von Informationspflichten bestehenden Verwaltungslasten von in der EU ansässigen Unternehmen, zu reduzieren.

Art. 28 der Verschmelzungsrichtlinie sah bislang die Option vor, dass die Mitgliedstaaten bestimmte Anforderungen an die Offenlegung, insbesondere Verschmelzungsbericht, Verschmelzungsprüfung und die Bereitstellung von Unterlagen, nicht gesetzlich verlangen mussten, wenn die Minderheitsaktionäre der übertragenden Gesellschaft einen angemessenen, im Streitfall gerichtlich nachprüfbaren, Preis für ihre Aktien verlangen konnten.[6] Von dieser Möglichkeit hatte die Bundesrepublik bislang nur in § 39c WpÜG im Zusammenhang mit dem übernahmerechtlichen Squeeze-out Gebrauch gemacht. Letzterer sah allerdings bis zum Dritten Gesetz zur Änderung des Umwandlungsgesetzes vor, dass hierzu mindestens 95% aller Aktien bei der Muttergesellschaft vereint sind.[7]

Die Änderungsrichtlinie 2009/109/EG vom 16.09.2009 hat aus der bisherigen Option eine für alle Mitgliedstaaten zwingende Regelung gemacht. Hiervon besteht allerdings eine Ausnahme, wenn die Mitgliedstaaten die übernehmende Gesellschaft dazu berechtigen, die Anteile zu einem angemessenen Preis von allen Inhabern der zu übernehmenden Gesellschaft zu erwerben, ohne dass vor der Verschmelzung ein öffentliches Übernahmeangebot abgegeben werden muss.

Wollten die Mitgliedstaaten also auch weiterhin von der Ausnahme profitieren, hatten sie somit die Wahl zwischen einem „Pre-Merger Sell-out" (=Andienungsrecht) oder einem „Pre-Merger Squeeze-out" (=Hinausdrängungsrecht).[8]

---

5 *Schnorbus*, (o. Fn. 2), Vor §§ 327a-327f, Rn. 30.
6 *Wagner*, Der Regierungsentwurf für ein Drittes Gesetz zur Änderung des Umwandlungsgesetzes, DStR 2010, 1629 (1633).
7 *Schnorbus*, (o. Fn. 2), Vor §§ 327a-327f, Rn. 30.
8 *Heckschen*, Das Dritte Gesetz zur Änderung des Umwandlungsgesetzes in der Fassung des Regierungsentwurfs, NZG 2010, 1041 (1044); *Freytag*, Neues zum Recht der Konzernverschmelzung und des Squeeze out, BB 2010, BB 2010, 1611 (1616); *Bayer/Schmidt*, Der Referentenentwurf zum 3. UmwÄndG: Vereinfachungen bei Verschmelzungen und Spaltungen und ein neuer verschmelzungsspezifischer Squeeze out, ZIP 2010, 953 (959); *Neye/Jäckel*, Der Referentenentwurf für ein Drittes Gesetz zur Änderung des Umwandlungsgesetzes, AG 2010, 237 (240).

Die Bunderepublik Deutschland hat sich für den Squeeze-out entschieden, § 62 Abs. 5 UmwG eingefügt und entsprechend Art. 29 der Verschmelzungsrichtlinie die Schwelle von 95% auf 90% herabgesetzt.

Dass es bei einer Verschmelzung einer 90% Tochtergesellschaft auf ihre Mutter keines Beschlusses auf der Ebene der Muttergesellschaft bedarf (vgl. § 62 Abs. 1 UmwG), ist nicht neu. Der Hauptunterschied des verschmelzungsrechtlichen Squeeze-outs liegt vielmehr darin, dass anstelle der Ausgabe von Anteilen an der Muttergesellschaft eine Barabfindung erfolgt. Der verschmelzungsrechtliche Squeeze-out wird daher als liquiditätsintensiv bezeichnet.[9]

§ 62 Abs. 5 UmwG ist erstmals auf Verfahren anzuwenden, bei denen der Verschmelzungsvertrag nach dem 14.07.2011 geschlossen worden ist.

2. Die Voraussetzungen des verschmelzungsrechtlichen Squeeze-outs

a.) Sachlicher Anwendungsbereich

Der verschmelzungsrechtliche Squeeze-out setzt grundsätzlich voraus, dass es sich bei dem übertragenden und dem übernehmenden Rechtsträger um eine Aktiengesellschaft handelt.[10] Mangels Einschränkung in § 78 UmwG können aber auch eine Kommanditgesellschaft auf Aktien[11] oder eine inländische Europäische Gesellschaft (Societas Europaea - SE) beteiligt sein.[12] Zudem stellt der verschmelzungsrechtliche Squeeze-out ein Verfahren nach Art. 31 Abs. 2 SE-VO dar.[13] Mit Verweis auf die sogenannte „SEVIC-Entscheidung" des EuGH[14] wird in der Literatur die Ansicht vertreten, dass eine Verschmelzung auf eine ausländische Aktiengesellschaft ebenfalls möglich sein soll.[15]

aa.) Unmittelbare Beteiligung

Dem übernehmenden Rechtsträger müssen mindestens 90% des Grundkapitals des übertragenden Rechtsträgers gehören. Das heißt, dass 90% der Stimmrechte nicht ausreichen, sondern etwaige stimmrechtslose Vorzugsaktien auch in die Berechnung mit einzubeziehen sind.[16] Gemäß § 62 Abs. 1 Satz 2 UmwG sind bei der Berechnung der Quote eigene Anteile der übertragenden Gesellschaft sowie Anteile, die einem anderen für Rechnung dieser Gesellschaft gehören, vom Grundkapital abzusetzen. Unter Bezugnahme auf Art. 24 der Verschmelzungsrichtlinie wird in der Literatur teilweise erwogen, ob § 62 Abs. 4 Satz 1 UmwG hinsichtlich der Frage des Haltens von eigenen Anteilen eine abweichende Regelung ent-

---

9   *Kiefner/Brügel*, AG 2011, 525 (527).
10 *Klie/Wind/Rödter*, Praxisfragen des umwandlungsrechtlichen Squeeze-Out, DStR 2011, 1668.
11 *Wagner*, DStR 2010, 1629 (1633); *Rieger*, in: Widmann/Meyer, UmwG, § 62, Rn. 58, 67, 68, 98.
12 *Diekmann*, in: Semler/Stengel, UmwG, 3. Auflage 2012, § 62, Rn. 32d; *Bungert/Wettich*, Der verschmelzungsspezifische Squeeze-out: Neue Gestaltungsmöglichkeiten für die Praxis, DB 2010, 2545 (2547); *Goslar/Mense*, GWR 2011, 275.
13 *Heckschen*, NZG 2010, 1041 (1045); *Bayer*, in: Lutter/Hommelhoff, SE-VO, 2008, Art. 31, Rn. 14; *Casper*, in: Spindler/Stilz, AktG, Band 2: §§ 150-410, 2. Auflage 2010, SE-VO, Art. 31, Rn. 5 f.
14 EuGH, Urt. v. 13.12.2005 – C-411/03, SEVIC Systems AG, Slg. 2005, I-10805 = NZG 2006, 112-114.
15 *Mayer*, Praxisfragen des verschmelzungsrechtlichen Squeeze-out-Verfahrens, NZG 2012, 561 (564).
16 *Rieger*, (o. Fn. 11), § 62, Rn. 62 mit Verweis auf 13 f.

hält, da hierzu keine Regelung getroffen wird.[17] Im Endeffekt wird aber davon ausgegangen, dass entsprechend der ganz herrschenden Meinung zum § 122g Abs. 2 UmwG eigene Aktien bei der Beschlussfassung unberücksichtigt bleiben.

Nach herrschender Meinung müssen abweichend vom aktienrechtlichen Squeeze-out, die Aktien unmittelbar vom übernehmenden Unternehmen gehalten werden.[18] Dies wird aus dem Verweis in § 62 Abs. 5 UmwG auf Abs. 1 geschlossen und entspräche auch der Berechnung der 90% Schwelle bei der Konzernverschmelzung.[19] Der Gesetzgeber habe im Anschluss an den Squeeze-out die Verschmelzung zwischen hundertprozentiger Tochtergesellschaft und Mutter vereinfachen wollen. Wenn jedoch weitere Gesellschaften, die zwar von der Mutter beherrscht werden, beteiligt sind, würde diese Voraussetzung nicht erfüllt.[20] Die Regelung des § 62 Abs. 5 Satz 1 iVm. Abs. 1 UmwG sei daher als *lex specialis* anzusehen, wohingegen der § 62 Abs. 5 Satz 8 nur subsidiär auf die Regelungen des aktienrechtlichen Squeeze-outs verweist. Folgt man dieser Auffassung, dürfte eine Gestaltung, die eine grunderwerbssteuerliche Optimierung vorsieht,[21] wohl ausgeschlossen sein.

Andere Teile in der Literatur wiederum schließen aus dem allgemeinen Verweis auf die §§ 327a bis 327f AktG in § 62 Abs. 5 Satz 8 UmwG auf eine entsprechende Anwendung des § 16 Abs. 4 AktG gemäß § 327a Abs. 2 AktG.[22]

Wie vorstehend bereits dargestellt, sprechen die deutlich besseren Argumente für die Annahme, dass der Verweis in § 62 Abs. 5 UmwG auf § 62 Abs. 1 UmwG die speziellere Regelung ist. Dies hat zwar zur Folge, dass im Vorfeld eines umwandlungsrechtlichen Squeeze-outs mitunter Beteiligungen umgehangen werden müssen, jedoch hat der Bundesgerichtshof in seiner „Lindner"-Entscheidung[23] deutlich gemacht, dass eine Wertpapierleihe ein probates Mittel sein kann, um die Rechte aus der Aktie auszuüben und ein Umhängen somit obsolet ist.[24] Eine Zurechnung von Aktien gemäß § 16 Abs. 4 AktG ist gar nicht erforderlich, da durch die Wertpapierleihe sogar Aktien einbezogen werden können, die nicht einem abhängigen Unternehmen gehören.

bb.) Zeitpunkt der unmittelbaren Beteiligung

Es stellt sich die Frage, wann eine mindestens 90% Beteiligung an der Tochtergesellschaft bestehen muss. Zu § 62 Abs. 1 UmwG werden im Wesentlichen folgende Auffassungen vertreten. Entweder soll die Quote beim Abfassen des Verschmelzungsbeschlusses erfüllt

---

17 *Rieger*, (o. Fn. 11), § 62, Rn. 62.
18 *Diekmann*, (o. Fn. 12), § 62, Rn. 32d; *Wagner*, DStR 2010, 1629 (1632); *Freytag*, BB 2010, 1611 (1618); *Bungert/Wettich*, DB 2010, 2545 (2547); *Rubner/Leuering*, Der verschmelzungsrechtliche Squeeze-out, NJW-Spezial 2011, 527; *Klie/Wind/Rödter*, DStR 2011, 1668; *Leitzen*, Die Änderungen des Umwandlungsgesetzes durch das Dritte Gesetz zur Änderung des Umwandlungsrechts, DNotZ 2011, 527 (539); *Heckschen*, Die Novelle des Umwandlungsgesetzes - Erleichterungen für Verschmelzungen und Squeeze-out, NJW 2011, 2390 (2391); *Austmann*, Der verschmelzungsrechtliche Squeeze-out nach dem 3. UmwÄndG 2011, NZG 2011, 684 (690).
19 *Diekmann*, (o. Fn. 12), § 62, Rn. 32d mit Hinweis auf Rn. 11; *Goslar/Mense*, Der umwandlungsrechtliche Squeeze out als neues Gestaltungsmittel in der Praxis, GWR 2011, 275 (276).
20 *Bungert/Wettich*, DB 2010, 2545 (2547).
21 Hierzu: *Bungert/Wettich*, DB 2010, 2545 (2547).
22 *Freytag*, BB 2010, 1611 (1618).
23 BGHZ 180, 154 - 170 = NZG 2009, 585 - 589.
24 *Goslar/Mense*, GWR 2011, 275 (276).

sein[25] oder zum Zeitpunkt der Anmeldung beim Handelsregister[26] oder aber sogar zu beiden Zeitpunkten.[27]
Die besseren Argumente sprechen für das Vorliegen der Voraussetzungen spätestens bei der Anmeldung zum Handelsregister. Hierfür spricht erstens, dass sichergestellt sein muss, dass im Zeitpunkt der eigentlichen Verschmelzung (Eintragung in das Handelsregister), die Anteile tatsächlich beim Mehrheitsgesellschafter liegen, da nur dann die Privilegierung des Squeeze-out gelten kann, da andernfalls dem Missbrauch Tür und Tor geöffnet wären. Zweitens wird so gewährleistet, dass mehrstufige Umwandlungsvorgänge, an deren Ende erst der Squeeze-out steht, auch möglich sind.[28]

b.) Verfahren

Das Verfahren zur Konzernverschmelzung und der Squeeze-out können parallel betrieben werden.

aa.) Die Verschmelzung

(1.) Der Verschmelzungsvertrag

Der Verschmelzungsvertrag kann entweder bereits vor der Hauptversammlung mit dem Tagesordnungspunkt Squeeze-out durch die Vorstände der beiden beteiligten Unternehmen geschlossen und notariell beurkundet werden, oder aber erst im Zeitraum zwischen Einberufung und dem Tag der Hauptversammlung.[29] Dies ergibt sich daraus, dass gemäß § 62 Abs. 5 Satz 5 UmwG zum Zeitpunkt der Einberufung der Hauptversammlung auch die Auslegung eines Entwurfes ausreicht.[30] In der Regel wird man einen Entwurf aber nur im Ausnahmefall genügen lassen, wenn es z.B. darum geht, den Betriebsrat frühzeitig zu informieren und auch keine Gefahr droht, dass Zwischenbilanzen zu erstellen sind, weil Fristen abzulaufen drohen.[31] Gemäß § 62 Abs. 4 und 5 UmwG darf die Anmeldung der Verschmelzung nicht vor Ablauf eines Monats nach Bekanntmachung erfolgen. Daher muss der Verschmelzungsvertrag spätestens sieben Monate nach dem Stichtag des letzten Jahresabschlusses erfolgen. Stellt man üblicherweise auf den Jahresabschluss zum 31.12. ab, muss also die Beurkundung spätestens im Juli erfolgen.

Aufgrund mangelnder Registerpraxis wird teilweise eine Beschlussfassung sogar spätestens im März vorgeschlagen, um ein etwaiges Freigabeverfahren, welches nicht länger als drei Monate dauern soll, und die Anfechtungsfrist von einem Monat noch vor Antragstellung

---

25 *Grunewald*, in: Lutter, UmwG, 4. Auflage, 2009, § 62 Rn. 7; *Schockenhoff/Lumpp*, Der verschmelzungsrechtliche Squeeze-out in der Praxis, ZIP 2013, 749 (753).
26 *Keller/Klett*, Geplante Änderung des Umwandlungsgesetzes – eine Evaluierung für die Praxis, GWR 2010, 415 (417); *Rieger*, (o. Fn. 11), § 62 Rn. 24.
27 *Austmann*, NZG 2011, 684 (690).
28 *Keller/Klett*, GWR 2010, 415 (417).
29 *Bungert/Wettich*, DB 2010, 2545.
30 *Mayer*, NZG 2012, 561 (566).
31 *Mayer*, NZG 2012, 561 (566).

berücksichtigen zu können.[32] Für den Fall von Verzögerung wird daher empfohlen auf einen variablen Verschmelzungsstichtag (1. Tag des Geschäftsjahres) abzustellen.[33]

Der Verschmelzungsvertrag, oder sein Entwurf, muss unter Berücksichtigung des § 5 Abs. 2 UmwG folgende zwingenden Angaben des § 5 Abs. 1 UmwG enthalten:

- den Namen oder die Firma und den Sitz der an der Verschmelzung beteiligten Rechtsträger;
- den Zeitpunkt, von dem an die Handlungen der übertragenden Rechtsträger als für Rechnung des übernehmenden Rechtsträgers vorgenommen gelten (Verschmelzungsstichtag);
- die Rechte, die der übernehmende Rechtsträger einzelnen Anteilsinhabern sowie den Inhabern besonderer Rechte wie Anteile ohne Stimmrecht, Vorzugsaktien, Mehrstimmrechtsaktien, Schuldverschreibungen und Genussrechte gewährt, oder die für diese Personen vorgesehenen Maßnahmen;
- jeden besonderen Vorteil, der einem Mitglied eines Vertretungsorgans oder eines Aufsichtsorgans der an der Verschmelzung beteiligten Rechtsträger, einem geschäftsführenden Gesellschafter, einem Partner, einem Abschlussprüfer oder einem Verschmelzungsprüfer gewährt wird;
- die Folgen der Verschmelzung für die Arbeitnehmer und ihre Vertretungen sowie die insoweit vorgesehenen Maßnahmen.

Aufgrund des zeitlichen Ablaufs der Verschmelzung ist fraglich, ob die Privilegierungen des § 5 Abs. 2 UmwG auf den verschmelzungsrechtlichen Squeeze-out tatsächlich Anwendung finden. Dieser sieht vor, dass wenn sich alle Anteile eines übertragenden Rechtsträgers in der Hand des übernehmenden Rechtsträgers befinden, die Angaben über den Umtausch der Anteile gemäß Abs. 1 Nr. 2 bis 5 entfallen. Sämtliche Anteile befinden sich aber erst dann in der Hand des übernehmenden Rechtsträgers, wenn die Eintragung der Verschmelzung beim übernehmenden Rechtsträger erfolgt ist.[34] Gleichwohl ist davon auszugehen, dass im Fall des verschmelzungsrechtlichen Squeeze-outs die Erleichterungen des § 5 Abs. 2 UmwG gelten, da spätestens mit Eintragung der Verschmelzung das Ausscheiden der Minderheitsaktionäre aus der Gesellschaft gemäß § 62 Abs. 5 Satz 7 UmwG feststeht. Es wäre daher widersinnig, Angaben zum Umtauschverhältnis im Verschmelzungsvertrag vornehmen zu müssen, obwohl feststeht, dass die Minderheitsaktionäre aus der Gesellschaft ausscheiden.[35]

Darüber hinaus ist es gemäß § 62 Abs. 5 Satz 2 UmwG erforderlich, anzugeben, dass im Zusammenhang mit der Verschmelzung ein Ausschluss der Minderheitsaktionäre der übertragenden Gesellschaft erfolgen soll.

---

32 *Kiefner/Brügel*, AG 2011, 525 (536).
33 *Kiefner/Brügel*, AG 2011, 525 (536), m.w.N..
34 *Mayer*, in: Widmann/Mayer, UmwG, § 5 Rn. 213; *Simon*, in: Kölner Kommentar zum UmwG, 2009, § 5 Rn. 238; *Marsch-Barner*, in: Kallmeyer, Umwandlungsgesetz Kommentar, Verschmelzung, Spaltung und Formwechsel bei Handelsgesellschaften, 5. Auflage 2013, § 5 Rn. 70.
35 *Mayer*, NZG 2012, 561 (566).

Um etwaigen Zweifeln zu begegnen, ob und wann sich die erforderlichen Aktien zur Erreichung der 90%-Schwelle in der Hand des übernehmenden Rechtsträgers befinden, wird vorgeschlagen, den Verschmelzungsvertrag unter der entsprechenden aufschiebenden Bedingung zu schließen.[36]

Fraglich ist, ob im Verschmelzungsvertrag Regeln aufzunehmen sind, wie mit den ausscheidenden Minderheitsaktionären umzugehen ist und ob Barabfindungsangebote gemäß § 29 UmwG verpflichtend aufzunehmen sind. In der Literatur wird zum Teil die Empfehlung gegeben, dies vorsorglich zu tun, sofern das Squeeze-out Verfahren doch nicht weiter verfolgt werden sollte, man aber gleichwohl am Verschmelzungsvorgehen festhalten wolle.[37] Dies könnte jedoch auch in jenen Fällen relevant werden, in denen der übernehmende Rechtsträger sich Aktien des zu übernehmenden Rechtsträgers von Dritten geliehen hat, da er diese nach der Verschmelzung nicht zurückgeben kann. Stattdessen kann er nur Aktien am übernehmenden Rechtsträger selbst übertragen.[38] Die Festlegung eines Umtauschverhältnisses für diese Aktien kann daher sinnvoll sein. Vorliegend soll aber davon ausgegangen werden, dass der Squeeze-out das vorrangige Ziel ist, so dass von Ergänzungen in dieser Hinsicht abgesehen werden kann.

Zudem spricht gegen eine verpflichtende Aufnahme, dass ein Andienungsrecht nach § 29 UmwG voraussetzt, dass dieser gemäß Abs. 2 Widerspruch zur Niederschrift des Zustimmungsbeschlusses erklärt hat. Letzteres ist beim verschmelzungsrechtlichen Squeeze-out aber nicht möglich, da es gemäß § 62 Abs. 4 Satz 2 UmwG keines Beschlusses des übertragenden Rechtsträgers bedarf. Außerdem befinden sich zum Zeitpunkt des Squeeze-outs sämtliche Aktien im Besitz der übernehmenden Gesellschaft, so dass auch keine Aktien an der übernehmenden Gesellschaft zu gewähren sind. Hieran zeigt sich, dass die Regelungen des § 29 UmwG nicht auf den verschmelzungsrechtlichen Squeeze-out anwendbar sind.[39]

(2.) Auslegung der Verschmelzungsunterlagen

Gemäß § 62 Abs. 5 Satz 4 UmwG, § 327c Abs. 3 AktG ist der Verschmelzungsvertrag, oder sein Entwurf, zur Einsicht der Aktionäre auszulegen.

Es sind die entsprechenden Berichte gemäß § 327c Abs. 2 AktG zu erstellen.[40] Hierzu zählt der schriftliche Bericht des Hauptaktionärs an die Hauptversammlung, in dem die Voraussetzungen für die Übertragung (insbesondere die Erreichung der 90%-Schwelle) dargelegt und die Angemessenheit der Barabfindung erläutert und begründet wird. Ferner gehört hierzu die Prüfung der Angemessenheit der Abfindung durch einen Sachverstän den (vgl. unten).
Gemäß § 62 Abs. 5 Satz 3 iVm. Abs. 3 UmwG hat die Offenlegung des Verschmelzungsvertrages sowie der Jahresabschlüsse und Lageberichte der beteiligten Gesellschaften für die letzten drei Geschäftsjahre in den Geschäftsräumen der übernehmenden Gesellschaft einen

---

36 *Mayer*, NZG 2012, 561 (564).
37 *Heckschen*, NZG 2010, 1041 (1045).
38 *Austmann*, NZG 2011, 684 (690).
39 *Mayer*, NZG 2012, 561 (566); *Marsch-Barner*, (o. Fn. 34), § 29 Rn. 17; *Grunewald*, (o. Fn. 25), § 29, Rn. 19; *Schaub*, Das Abfindungsangebot nach § 29 UmwG, NZG 1998, 626 (628).
40 *Heckschen*, NZG 2010, 1041 (1045).

Monat lang zu erfolgen.[41] Wie bereits eingangs erwähnt, macht das Auslegen des Verschmelzungsvertragsentwurfs insoweit Sinn, als dadurch die Ladung zur Hauptversammlung erfolgen kann, bevor der Vertrag geschlossen ist,[42] gleichwohl der Termin der Hauptversammlung aber auch nach dem Vertragsschluss stattfinden kann.[43] Anstelle der Auslegung ist durch das Gesetz zur Umsetzung der Aktionärsrichtlinie (ARUG) in § 62 Abs. 3 Satz 7 UmwG die Möglichkeit der Übermittlung der Unterlagen in elektronischer Form (unter der Maßgabe der Zustimmung durch den Aktionär) und in § 62 Abs. 3 Satz 8 UmwG die öffentliche Zugänglichmachung auf der Internetseite der Gesellschaft eröffnet worden.

Fraglich ist, wann die Berechnung der Frist gemäß § 62 Abs. 5 Satz 3 UmwG erfolgt, um den Verpflichtungen nachzukommen. Die Regelung kann so interpretiert werden, dass die Frist unmittelbar mit Abschluss des Verschmelzungsvertrages[44] oder aber jederzeit nach Abschluss des Vertrages beginnt[45]. Eine vermittelnde Meinung ist der Auffassung, dass der Fristlauf aus Gründen des Aktionärsschutzes möglichst mit dem Vertragsschluss zu erfolgen habe und man daher auf die unmittelbar dem Vertragsschluss nachfolgende Hinweisbekanntmachung abstellen solle.[46]

Die Vertreter der ersten Annahme sind der Auffassung, dass die Bekanntmachung in den Gesellschaftsblättern noch am gleichen Tage erfolgen muss, um dem Gleichzeitigkeitserfordernis des § 62 Abs. 3 Satz 2 UmwG zu genügen. Die Befürchtung eines Befürworters dieser Auffassung ist, dass eine verspätete Auslegung bzw. Bekanntmachung nicht nur eine Verlängerung der Frist zur Folge habe, sondern die Nichteintragung der Verschmelzung in das Handelsregister nach sich zieht. Im Ergebnis müsse das gesamte Verfahren wiederholt werden.[47]

Die Vertreter der Auffassung, wonach die Frist lediglich ein Monat betragen müsse und daher auch noch später als am Tag der Beurkundung erfolgen könne, stellen auf die Bekanntmachung im elektronischen Bundesanzeiger ab. Dies entspräche Sinn und Zweck der Regelung[48] und auch den Anforderungen des Art. 25 der Verschmelzungsrichtlinie 78/855 EWG, die lediglich eine Frist von mindestens einem Monat vor dem Zeitpunkt verlangt, zu dem der Vorgang wirksam wird.[49] Eine andere Auffassung führe nach dieser Ansicht dazu, dass das Ziel des Gesetzgebers, eine Vereinfachung und damit eine Entlastung der Verwaltung im Zusammenhang mit Umwandlungsmaßnahmen zu erreichen, gewissermaßen ad absurdum geführt würde.[50]

---

41 *Rubner/Leuering*, NJW-Spezial 2011, 527.
42 *Klie/Wind/Rödter*, DStR 2011, 1668 (1669).
43 *Wagner*, DStR 2010, 1629 (1633).
44 So *Heckschen*, NZG 2010, 1041 (1045); *Freytag*, BB 2010, 1611 (1613f.); *Keller/Klett*, GWR 2010, 415 (416).
45 *Leitzen*, DNotZ 2011, 526 (536); *Simon/Merkelbach*, Das Dritte Gesetz zur Änderung des UmwG, DB 2011, 1317 (1319 f.); *Rieger*, (o. Fn. 11), § 62 Rn. 183, 76 f.; *Schockenhoff/Lumpp*, ZIP 2013, 749 (759).
46 *Glozbach*, Änderungen des Umwandlungsrechts: Regierungsentwurf für ein Drittes Gesetz zur Änderung des Umwandlungsgesetzes, jurisPR-HaGesR 7/2010, Anm.1, Ziffer 6.1; *Kiefner/Brügel*, AG 2011, 525 (530f.).
47 *Freytag*, BB 2010, 1611 (1613f.); *Keller/Klett*, GWR 2010, 415 (416).
48 *Leitzen*, DNotZ 2011, 526 (536); *Rieger*, (o. Fn. 11), § 62 Rn. 77, 183; *Breschendorf/Wallner*, Neues im Umwandlungsrecht durch das Dritte Gesetz zur Änderung des UmwG, GWR 2011, 511 (513).
49 *Simon/Merkelbach*, DB 2011, 1317 (1320).
50 So auch *Ising*, Wegfall des Umwandlungsbeschlusses im Konzern – Probleme in der Praxis, NZG 2011, 1368 (1370).

Dieser Auffassung ist beizupflichten, da letztlich aufgrund der Problematik der genauen Planung der Bekanntmachung im Bundesanzeiger, ein anderes Vorgehen schlicht nicht praktikabel wäre.
Im Ergebnis kommt dem Beurkundungstermin des Verschmelzungsvertrages für die Fristberechnung dann aber keine Bedeutung mehr zu. Gemäß § 62 Abs. 5 Satz 3, Abs. 3 Satz 2 UmwG hat der Vorstand der übernehmenden Gesellschaft eine Hinweisbekanntmachung über die bevorstehende Verschmelzung bekannt zu machen.

(3.) Zuleitung an den Betriebsrat

Gemäß § 62 Abs. 5 Satz 4 iVm. § 5 Abs. 3 UmwG hat die übernehmende Gesellschaft dem Betriebsrat den Verschmelzungsvertrag zuzuleiten. Dies hat spätestens zu Beginn der Monatsfrist des § 62 Abs. 5 Satz 3 UmwG zu erfolgen. Mit den vorstehenden Ausführungen beginnt die Frist daher spätestens mit Bekanntmachung des Verschmelzungsvertrages im Bundesanzeiger. Gleichwohl kann die Formulierung aber auch so interpretiert werden, dass an den Tag der Beurkundung des Verschmelzungsvertrages anzuknüpfen sei, da die Formulierung „spätestens" wohl keinen Sinn hätte.[51] Dies führt zu ähnlichen Folgen wie unter b) (aa) bereits dargestellt. Was passiert, wenn z.B. die Zustellung an den Betriebsratsvorsitzenden scheitert? Dies führt in der Praxis zu ungewollten Problemen. Im Ergebnis wird daher vorgeschlagen, dass § 62 Abs. 5 Satz 4 UmwG wohl dahingehend interpretiert werden muss, dass der späteste Zeitpunkt der Betriebsratsinformation der letzte Zeitpunkt ist, zu dem eine der in Abs. 3 genannten Maßnahmen beginnt.[52] Die Monatsfrist des § 5 Abs. 3 UmwG beginnt damit nicht schon mit der Beurkundung, sondern mit tatsächlicher Zustellung an den Betriebsrat.

Aus der Formulierung des Gesetzeswortlautes folgt jedenfalls, dass die Information des Betriebsrates auch vor dem Beginn der Monatsfrist erfolgen kann. Jedoch ist in jedem Fall anzuraten, die Anmeldung nicht vor Ablauf der Monatsfristen für alle Informationspflichten vorzunehmen.

(4.) Informationspflichten

Entsprechend § 64 Abs. 1 Satz 2, 2. Halbsatz UmwG muss der Vorstand über wesentliche Änderungen des Vermögens berichten, die zwischen Entwurf oder Abschluss des Verschmelzungsvertrages und der Beschlussfassung erfolgen.

---

51 *Ising*, NZG 2011, 1368 (1372).
52 *Ising*, NZG 2011, 1368 (1372).

bb.) Der Squeeze-out

(1.) Einberufung der Hauptversammlung

Die Bekanntmachung der Einberufung hat gemäß § 62 Abs. 5 Satz 8 UmwG iVm. § 327c Abs. 1 Nr. 1 und 2 AktG Firma und Sitz des Hauptaktionärs zu enthalten sowie die von diesem festgelegte Barabfindung. Zudem müssen selbstverständlich die sonstigen formalen Anforderungen an die Tagesordnung gemäß §§ 121, 124, 124a AktG und der Satzung erfüllt sein.

(2.) Beschluss der Hauptversammlung

In der Hauptversammlung des übertragenden Rechtsträgers wird sodann mit den Stimmen des Mehrheitsaktionärs der Squeeze-out der Minderheitsaktionäre beschlossen.[53] Dazu bedarf es gemäß § 62 Abs. 5 Satz 1 UmwG iVm. § 327a Abs. 1 Satz 1, § 133 Abs. 1 AktG lediglich der einfachen Mehrheit der Stimmen. Eine notarielle Beurkundung ist gemäß § 130 Abs. 1 Satz 1 AktG nur bei börsennotierten Gesellschaften erforderlich.

Umstritten ist, ob ein Übertragungsverlangen des Hauptaktionärs erforderlich ist. Teilweise wird ein solches Verlangen für nicht erforderlich gehalten, da Mutter- und Tochterunternehmen sich schon bei Abschluss des Verschmelzungsvertrages darüber im Klaren seien, dass sie einen Squeeze-out wollen.[54]

Nach anderer Auffassung wird ein solches Verlangen für erforderlich gehalten, weil der bloße Hinweis im Verschmelzungsvertrag, dass ein Squeeze-out im Zusammenhang mit der Verschmelzung erfolgen soll, nicht als bindend erachtet wird.[55] Weder könne man darin einen Rechtsbindungswillen der übernehmenden Gesellschaft, noch eine Verpflichtung der übertragenden Gesellschaft einen Squeeze-out durchzuführen erkennen. Dies gelte umso mehr, da der Verschmelzungsvertrag (vgl. oben unter B.I.2.b.) aa.)) in der Regel keine Angaben über ein Barabfindungsangebot enthalten wird.[56] Darüber hinaus verweise der § 62 Abs. 5 Satz 8 UmwG auf § 327a. ff. AktG. Es sei daher auch nicht erklärbar, warum das Übertragungsverlangen ins Leere laufen solle, sondern vielmehr zu berücksichtigen sei.[57]

Da die Argumente, dass es an einem Rechtsbindungswillen der Partei fehlt, nicht von der Hand zu weisen sind, sollte zumindest vorsorglich ein solches Verlangen erfolgen.[58] Ob ein konkludentes Handeln durch Übersendung des Verschmelzungsvertrages mit dem Hinweis auf den Squeeze-out, wie von *Schockenhoff* und *Lumpp* vorgeschlagen, ausreicht, ist fraglich und dürfte im Widerspruch dazu stehen, dass die Autoren selbst ein Übertragungsverlangen befürworten.[59] Im Sinne der Rechtssicherheit sollte dies explizit und nicht konkludent erfolgen.

---

53 *Bungert/Wettich*, DB 2010, 2545 (2546).
54 *Wagner*, DStR 2010, 1629 (1630); *Austmann*, NZG 2011, 684 (689 f.); *Göthel*, Der verschmelzungsrechtliche Squeeze-out, ZIP 2011, 1541 (1545).
55 *Marsch-Barner*, (o. Fn. 34), § 62 Rn. 41.
56 *Mayer*, NZG 2012, 561 (567).
57 *Schockenhoff/Lumpp*, ZIP 2013, 749 (752).
58 So auch *Bungert/Wettich*, Der neue verschmelzungsspezifische Squeeze-out nach § 62 Abs. 5 UmwG n.F., DB 2011, 1500 (1501).
59 *Schockenhoff/Lumpp*, ZIP 2013, 749 (752 f.).

Die übernehmende Gesellschaft ist Schuldner der Barabfindung und legt diese gemäß § 62 Abs. 5 Satz 8 UmwG iVm. § 327b Abs. 1 AktG fest. Bei der Bestimmung der Höhe ist der Wert zum Zeitpunkt der Beschlussfassung der Hauptversammlung maßgeblich. Die Abfindung ist so zu bemessen, dass die Minderheitsaktionäre den Gegenwert ihrer Gesellschaftsbeteiligung erhalten. Sie darf nicht unterhalb des Verkehrswertes liegen.[60] Bei börsennotierten Gesellschaften ist dies mindestens der Börsenkurs,[61] wobei der auf Umsatz gewichtete Durchschnittskurs der letzten drei Monate vor Bekanntmachung maßgeblich ist.[62] Zur Ermittlung des angemessenen Abfindungswertes ist gemäß § 62 Abs. 5 Satz 8 UmwG iVm. §§ 327a Abs. 1, 327b Abs. 1 Satz 1 AktG eine Unternehmensbewertung bei der Tochtergesellschaft durchzuführen.

Das Ergebnis ist vom Barabfindungsprüfer gemäß § 62 Abs. 5 Satz 8 UmwG iVm. §§ 327c Abs. 2 und 3 AktG zu prüfen. Zudem dürfte dies bei börsennotierten Hauptaktionären eine Ad-hoc-Mitteilungspflicht auslösen.[63]

(3.) Garantieerklärung eines Kreditinstituts

Gemäß § 62 Abs. 5 Satz 8 UmwG iVm. §§ 327b Abs. 3 AktG ist eine Erklärung eines Kreditinstituts vorzulegen, durch die das Kreditinstitut die Gewährleistung für die Erfüllung der Verpflichtung des Hauptaktionärs übernimmt, den Minderheitsaktionären nach Eintragung des Übertragungsbeschlusses unverzüglich die festgelegte Barabfindung für die übergegangenen Aktien zu zahlen. Diese Erklärung ist dem Vorstand der übertragenden Gesellschaft vor Einberufung der Hauptversammlung zu übermitteln.

(4.) Erläuterungspflichten

Fraglich ist, ob der Vorstand im Zusammenhang mit den Unterlagen des Squeeze-outs verpflichtet ist, den Aktionären Erläuterungen zu geben.

Hiergegen spricht, dass der Gesetzgeber zwar in § 327c Abs. 2 AktG auf die Regelungen zum Unternehmensvertrag, jedoch gerade nicht auf die Erläuterungspflichten des Vorstandes nach § 293g Abs. 2 AktG verweist.[64]

Üblicherweise wird der Vorstand gleichwohl die vorgelegten Unterlagen unter Wahrung der Interessen des Hauptaktionärs erläutern.[65]

---

60 *Mayer*, NZG 2012, 561 (568).
61 BVerfGE 100, 289 (305 f.) = NZG 1999, 931.
62 BGH, Beschl. v. 28.06.2011 – II ZB 2/10, = ZIP 2011, 1708 (1709).
63 *Mayer*, NZG 2012, 561 (568).
64 *Mayer*, NZG 2012, 561 (570); *Schnorbus*, (o. Fn. 2), § 327d Rn. 6.
65 *Mayer*, NZG 2012, 561 (570).

(5.) Frist

Der Squeeze-out-Beschluss muss innerhalb von drei Monaten nach Abschluss des Verschmelzungsvertrages oder nach Aufstellung des Entwurfs, der für diese Zwecke ausreichen soll,[66] von der Hauptversammlung der übertragenden Gesellschaft gefasst werden.[67]

cc.) Handelsregisteranmeldung

(1.) Squeeze-out

Gemäß § 62 Abs. 5 Satz 5 UmwG ist der Anmeldung des Squeeze-out Beschlusses (§ 327e Abs. 1 AktG) eine Ausfertigung, oder eine öffentlich beglaubigte Abschrift des Verschmelzungsvertrag, oder aber sein Entwurf beizufügen. Die Möglichkeit, auch in diesem Fall lediglich einen Entwurf des Verschmelzungsvertrages einzureichen, wird in der Literatur zum Teil als ein redaktionelles Versehen gesehen, da das Registergericht sonst nicht die Einhaltung der Dreimonatsfrist zwischen dem Abschluss des Verschmelzungsvertrages und der Beschlussfassung über den Squeeze-out kontrollieren könnte.[68] Zum anderen müsse der Verschmelzungsvertrag zu diesem Zeitpunkt ohnehin bereits beurkundet sein.[69]

Nach anderer Auffassung steht einer Einreichung eines Entwurfs nichts entgegen, wenn z.B. eine Ausfertigung noch nicht vorliege.[70] Jedoch ist in dem Fall der Einreichung eines Entwurfs eine Erklärung abzugeben, wonach die Einhaltung der Drei-Monats-Frist bestätigt wird.[71]

Es empfiehlt sich jedoch den abgeschlossenen Vertrag einzureichen. So kann auch eine Haftung des Vorstandes für Erklärungen über den wirksamen Abschluss des Verschmelzungsvertrages vermieden werden.

Im Übrigen gelten die Regelungen zum aktienrechtlichen Squeeze-out (§§ 327a bis 327f AktG) gemäß § 62 Abs. 5 Satz 6 UmwG.

(2.) Verschmelzung

Ist die Eintragung des Ausschlusses der Minderheitsaktionäre gemäß § 327e Abs. 3 AktG in das Handelsregister erfolgt, so kann die Verschmelzung durch Aufnahme der nunmehr 100% Tochtergesellschaft erfolgen. Gemäß § 62 Abs. 4 UmwG bedarf es weder eines Beschlusses der Hauptversammlung der übertragenden Gesellschaft, noch der übernehmenden Gesellschaft.[72] Eine Ausnahme stellt der Fall dar, dass eine Minderheit, die im Besitz von mindestens 5% des Grundkapitals ist, gemäß § 62 Abs. 2 UmwG ein entsprechendes

---

66 *Wagner*, DStR 2010, 1629 (1633); a.A. *Austmann*, NZG 2011, 684 (688).
67 *Schnorbus*, (o. Fn. 2), § 327d, Rn. 32.
68 *Wagner*, DStR 2010, 1629 (1633 a.E.); *Simon/Merkelbach*, DB 2011, 1317 (1321).
69 *Goslar/Mense*, GWR 2011, 275 (276); *Klie/Wind/Rödter*, DStR 2011, 1668 (1669).
70 *Ising*, NZG 2011, 1368 (1370).
71 *Diekmann*, (o. Fn. 12), § 62, Rn. 32f.
72 *Goslar/Mense*, GWR 2011, 275; *Leitzen*, DNotZ 2011, 527 (533).

Verlangen stellt. Mithin besteht hinsichtlich der Verschmelzung kein Anfechtungsrisiko mehr. Dieses ist auf den Squeeze-out verlagert.[73] Gleichwohl wird vorgeschlagen, in der Hinweisbekanntmachung gemäß § 62 Abs. 5 Satz 3 iVm. Abs. 3 Satz 2-5 UmwG in den Gesellschaftsblättern der Muttergesellschaft eine Fristsetzung für das Minderheitsverlangen aufzunehmen.[74]

Gemäß § 8 Abs. 3 und § 9 Abs. 2 UmwG bedarf es keines Verschmelzungsberichtes oder einer Verschmelzungsprüfung, wenn sich alle Anteile eines übertragenden Rechtsträgers in der Hand des übernehmenden Rechtsträgers befinden. Zwar wird in der Literatur auch vorgebracht, dass sich aufgrund des gleichzeitigen Wirksamwerdens des Squeeze-outs und der Verschmelzung, eine solche Entbehrlichkeit tatsächlich nicht ergibt, im Endeffekt wird diese jedoch mit den Intentionen des Gesetzgebers, hier die 100% Beteiligung an dem übertragenden Rechtsträger und eine Beschleunigung des Verfahrens zu erreichen, bejaht.[75]

c.) Zwischenfazit

Im Ergebnis ist der sachliche Anwendungsbereich gegenüber dem aktienrechtlichen Squeeze-out eng begrenzt. Mithin ließen sich Minderheitsaktionäre einer Aktiengesellschaft selbst dann nicht durch den verschmelzungsrechtlichen Squeeze-out hinausdrängen, wenn der Mehrheitsaktionär zwar mehr als 90% der Aktien hält, dieser jedoch als GmbH firmiert.

Damit drängt sich die Frage auf, was passiert, wenn sich in einem zeitlich und sachlich engen Zusammenhang einerseits ein Formwechsel des übernehmenden Rechtsträgers, z.B. von einer GmbH in eine AG, vollzieht und andererseits diese Gesellschaft nunmehr sämtliche Anteile einer Tochter-AG in sich aufnimmt. Die gesetzlichen Regelungen stellen hierbei nicht darauf ab, ob ein Konzernsachverhalt bereits besteht oder erst geschaffen wird.[76] An die Verwendung einer AG als Zwischengesellschaft, um einen Squeeze-out bereits bei 90% vornehmen zu können, ist ebenso zu denken. Hierzu jedoch später.

3. Rechtsfolgen

a.) Allgemein

Mit Eintragung der Verschmelzung in das Handelsregister wird auch der Squeeze-out gemäß § 62 Abs. 5 Satz 7 UmwG wirksam. Das heißt, die Aktien gehen in dem Moment der Eintragung unter und werden nicht - mit gegebenenfalls negativen steuerlichen Folgen, wie einer doppelt zu leistenden Grunderwerbsteuer[77] - zunächst für eine juristische Sekunde auf den Großaktionär übertragen. Dies wird einerseits aus der Formulierung des Gesetzeswortlauts aus dem Wort „gleichzeitig" geschlussfolgert.[78] Andererseits entspräche dies den Intentionen des Gesetzgebers, eine Erleichterung der Vermögensübertragung zu erreichen.[79]

---

[73] *Bungert/Wettich*, DB 2010, 2545 (2546); *Breschendorf/Wallner*, GWR 2011, 511 (513).
[74] *Kiefner/Brügel*, AG 2011, 525 (530).
[75] Breschendorf/Wallner, GWR 2011, 511 (513); *Göthel*, ZIP 2011, 1541 (1546); *Klie/Wind/Rödter*, DStR 2011, 1668 (1670).
[76] *Schnorbus*, (o. Fn. 2), § 327d, Rn. 34.
[77] *Austmann*, NZG 2011, 684 (688).
[78] *Kiefner/Brügel*, AG 2011, 525 (528).
[79] *Austmann*, NZG 2011, 684 (688).

Aufgrund des ursprünglichen Regierungsentwurfs war es in der Literatur umstritten, ob der Squeeze-out auf die wirksame Eintragung der Verschmelzung bedingt ist.[80] Wäre dies nicht der Fall, wäre es möglich, dass ein Squeeze-out erfolgt, ohne dass es anschließend zur Verschmelzung kommt. Die Hintergründe dafür, dass es nicht zur Verschmelzung kommt, insbesondere die Diskussion um den Rechtsmissbrauch eines solchen Verhaltens seien hier außer Acht gelassen, da durch die Einfügung des Satzes 7 in § 62 Abs. 5 UmwG der Gesetzgeber der Beschlussempfehlung des Rechtsausschusses[81] gefolgt ist und schließlich klargestellt hat, dass die Übertragung der Aktien erst mit der Eintragung der Verschmelzung in das Handelsregister am Sitz der übernehmenden Gesellschaft wirksam wird.[82] Letztlich soll dadurch auch der zeitliche und sachliche Zusammenhang zwischen konzernrechtlichem Squeeze-out und Verschmelzung verdeutlicht werden.

Durch die Formulierung des § 62 Abs. 4 Satz 2 iVm. Abs. 5 Satz 7 UmwG wird ferner verdeutlicht, dass es nach Eintragung des Squeeze-out Beschlusses bei der übertragenden Gesellschaft, es keiner weiteren Beschlussfassung bedarf, um die Verschmelzung durchzuführen. Das Verfahren kann dadurch beschleunigt werden, indem sowohl der Squeeze-out als auch die Verschmelzung zeitgleich beim Handelsregister des übertragenden Rechtsträgers angemeldet werden und zwar mit der Maßgabe, dass die Eintragung des Squeeze-out Beschlusses zuerst erfolgt.[83] Zur Wirksamkeit der Verschmelzung bedarf es dann noch der Eintragung im Handelsregister des übernehmenden Rechtsträgers.

b.) Verfahrensfehler

Was passiert jedoch, wenn im Rahmen des Verfahrens Fehler unterlaufen? Hierbei sind formelle und materielle Mängel zu unterscheiden.

Bei formellen Mängeln gilt Folgendes: Eine Eintragung in das Handelsregister hat nur dann zu erfolgen, wenn alle Voraussetzungen für die Verschmelzung und den Squeeze-out erfüllt worden sind. So ist die Erfüllung von Informationspflichten Eintragungsvoraussetzung und damit Wirksamkeitsvoraussetzung für die Durchführung der Verschmelzung.[84] Hierzu gehören auch das ordnungsgemäße Auslegen der Verschmelzungsunterlagen bzw. das Bekanntmachen in den Gesellschaftsblättern. Erfolgt indes eine Eintragung in das Handelsregister, ist die Verschmelzung dennoch wirksam, auch wenn ein vorstehender Mangel vorlag.[85]

Anders ist die Frage zu beantworten, wenn materielle Fehler vorliegen. Werden die Aktien z.B. nicht unmittelbar von der aufnehmenden Gesellschaft gehalten, sondern nur indirekt, so gelten die verfahrensrechtlichen Erleichterungen wonach es keiner Beschlussfassung in der übernehmenden Gesellschaft bedarf, nicht. Die allgemeine Regelung des § 13 Abs. 1 UmwG findet Anwendung, mit der Folge, dass der Verschmelzungsvertrag nur durch

---

80 *Bungert/Wettich*, DB 2010, 2545 (2547); *Heckschen*, NZG 2010, 1041 (1045); *Freytag*, Der Regierungsentwurf zur Änderung des Umwandlungsrechts - Änderungen im Recht der Konzernverschmelzung und des Squeeze-outs, BB 2010; 2839 (2841); *Leuering/Rubner*, Die Absenkung des Schwellenwertes für den Squeeze-out auf 90%, NJW-Spezial 2010, 271 (272).
81 BT-Drucks. 17/5930, S. 9.
82 *Diekmann*, (o. Fn. 12), § 62, Rn. 32f.
83 *Bungert/Wettich*, DB 2010, 2545 (2546).
84 *Diekmann*, (o. Fn. 12), § 62, Rn. 36.
85 *Diekmann*, (o. Fn. 12), § 62, Rn. 37.

Mehrheitsbeschluss der Hauptversammlung wirksam ist.[86] Selbst bei einer Eintragung des Verschmelzungsvertrages in das Handelsregister, gilt die Verschmelzung als nicht durchgeführt, da die Grenzen des Schutzbereichs des § 20 Abs. 2 UmwG überschritten werden.[87]

4. Rechtsschutzmöglichkeiten

a.) Gegen die Verschmelzung

Die Minderheitsaktionäre haben gemäß § 62 Abs. 2 AktG die Möglichkeit, vom Vorstand die Einberufung einer Hauptversammlung zu verlangen und die Verschmelzung zum Beschlussgegenstand zu machen. Dies setzt indes voraus, dass sich eine Anzahl von Aktionären findet, die 5% des Grundkapitals auf sich vereinen. Hierbei ist anzumerken, dass die Quote für ein solches Verlangen deutlich niedriger ist als für die Verschmelzung, so dass ein solches Verlangen durchaus erfolgsversprechend sein kann wenn es darum geht, das Verfahren in die Länge zu ziehen. Im Fall der Einberufung der Hauptversammlung stünde den teilnehmenden Aktionären dann wiederum das Rechtsmittel der Anfechtungsklage zur Verfügung. Da ansonsten eine Beschlussfassung über die Verschmelzung gemäß § 62 Abs. 4 UmwG obsolet ist, gibt es auch keine Rechtsmittel. Diese müssen gegen den Squeeze-out Beschluss vorgebracht werden.

b.) Gegen den Squeeze-out

Die Minderheitsaktionäre haben die Möglichkeit, gegen den Squeeze-out Beschluss der übertragenden Gesellschaft gemäß § 246 AktG Anfechtungsklage zu erheben.

Im Fall einer solchen Anfechtung des Squeeze-out Beschlusses hat die übertragende Gesellschaft wiederum die Möglichkeit, ein sogenanntes Freigabeverfahren nach § 327e Abs. 2 AktG iVm. 319 Ab. 6 AktG durchzuführen. In dem Verfahren wird sodann festgestellt, ob die Erhebung der Anfechtungsklage der Eintragung entgegensteht. Gelangt das Gericht zu der Auffassung, dass keine Bedenken bestehen, wird ein entsprechender Wirksamkeitsvermerk in das Handelsregister der übertragenden Gesellschaft eingetragen. Sodann kann die Verschmelzung vollzogen werden, so dass mit Eintragung der Verschmelzung auch der Squeeze-out wirksam wird. Dies gilt selbst dann, wenn sich in einem späteren Hauptsacheverfahren über den Squeeze-out herausstellt, dass der Beschluss unwirksam war.[88]

Für den Fall, dass kein Freigabeverfahren durchgeführt wird oder dieses abschlägig beschieden und in der Hauptsache der Anfechtungsklage stattgegeben wird, wird der Squeeze-out Beschluss wegen der Registersperre des § 319 Abs. 5 Satz 2 AktG nicht in das Handelsregister eingetragen. Mithin liegen die Voraussetzungen des § 62 Abs. 4 UmwG nicht vor, so dass auch die Verschmelzung nicht eingetragen wird. Sodann bedarf es des Verschmelzungsbeschlusses der übertragenden Gesellschaft gemäß § 13 Abs. 1 UmwG.[89]

---

86 *Diekmann*, (o. Fn. 12), § 62 Rn. 33.
87 *Diekmann*, (o. Fn. 12), § 62, Rn. 34; a.A. *Simon*, (o. Fn. 34), § 20, Rn. 52, nach dessen Auffassung die Eintragung der nichtigen Verschmelzung vom Schutzzweck des § 20 Abs. 2 UmwG erfasst sein soll.
88 *Klie/Wind/Rödter*, DStR 2011, 1668 (1670).
89 *Klie/Wind/Rödter*, DStR 2011, 1668 (1670).

c.) Höhe der Barabfindung

Gemäß § 62 Abs. 5 Satz 8 UmwG iVm. § 327e Abs. 3 AktG haben die ausgeschlossenen Aktionäre die Möglichkeit, ein Spruchverfahren einzuleiten, mit dem diese die Angemessenheit der Barabfindung überprüfen lassen können. Das Verfahren kann gemäß § 4 Abs. 1 Satz 1 Nr. 3 SpruchG iVm. § 327e Abs. 3 AktG ab Bekanntmachung der Eintragung des Übertragungsbeschlusses im Handelsregister drei Monate lang eröffnet werden. Da es beim verschmelzungsrechtlichen Squeeze-out auf die Eintragung der Verschmelzung in das Handelsregister des übernehmenden Rechtsträgers ankommt, ist bei der Berechnung der Frist auf den Zeitpunkt der Eintragung abzustellen.[90]

d.) Schadensersatzansprüche

Wenn Informationspflichten gegenüber den Aktionären verletzt worden sind, bestehen gegebenenfalls Schadensersatzansprüche gemäß § 93 AktG gegenüber dem Vorstand und entsprechend § 119 Abs. 2 AktG auch gegenüber dem Aufsichtsrat.

Vor dem Hintergrund der Haftung von Vorstand und Aufsichtsrat in der übertragenden Gesellschaft, werden diese gemäß § 119 Abs. 2 AktG häufig einen Beschluss der Hauptversammlung über die Verschmelzung verlangen.[91] Dadurch wird die Haftung für die Konsequenzen aus der Unterzeichnung des Verschmelzungsvertrages und der damit einhergehenden gesetzlichen Folgen begrenzt. Da die Verschmelzung einen Untergang des übertragenden Unternehmens vorsieht und sämtliche Rechte und Verbindlichkeiten auf die übernehmende Gesellschaft übergehen, stellt sich jedoch die Frage, wodurch ein Schaden entstehen soll.[92] Vielmehr wird durch eine Beschlussfassung das Risiko einer Beschlussanfechtung gemäß § 246 AktG ausgelöst, was zu einer zeitlichen Verzögerung und im schlimmsten Fall sogar zur Vereitelung der Verschmelzung führen kann.

So vertritt *Hofmeister* die Ansicht, dass sich ein solches Klageverfahren, selbst wenn es sich nicht um einen konstitutiven Verschmelzungsbeschluss handelt, auch unter § 16 Abs. 2 UmwG subsummieren ließe und damit die bei der Anmeldung erforderliche Negativerklärung darüber, dass keine Klage gegen die Wirksamkeit eines Verschmelzungsbeschlusses erhoben worden ist, dem Registergericht gegenüber nicht erklärt werden kann. Hält man § 16 Abs. 2 UmwG indes nicht für einschlägig, bestünde die Gefahr, dass das Freigabeverfahren des § 16 Abs. 3 UmwG nicht anwendbar wäre.[93] Zudem wird aus der Beschlussfassung nach § 119 Abs. 2 AktG geschlussfolgert, dass auch die umfassenden Informationsverpflichtungen zu erfüllen sind. Dies bedeutet, dass der Verschmelzungsbericht und der Prüfbericht vorzulegen wären.[94] Spätestens jetzt wird deutlich, dass damit alle Vorteile eines verschmelzungsrechtlichen Squeeze-outs hinfällig wären.

---

90   *Schockenhoff/Lumpp*, ZIP 2013, 749 (756).
91   *Klie/Wind/Rödter*, DStR 2011, 1668 (1671).
92   *Hofmeister*, Der verschmelzungsrechtliche Squeeze-out: Wichtige Aspekte und Besonderheiten der Verschmelzung, NZG 2012, 688 (692).
93   *Hofmeister*, NZG 2012, 688 (692).
94   *Hofmeister*, NZG 2012, 688 (692).

Im Fall, dass ein Freistellungsverfahren gemäß § 319 Abs. 6 AktG durchgeführt worden ist, können sich Schadensersatzansprüche gegenüber der übertragenden Gesellschaft gemäß § 319 Abs. 6 Satz 10 AktG ergeben.

Zu denken ist ferner an Ansprüche aus § 25 Abs. 1 UmwG. Dies setzt allerdings voraus, dass beim Abschluss des Verschmelzungsvertrages Sorgfaltspflichten verletzt worden sind. Sofern und soweit man auch gesellschaftsrechtliche Treuepflichten des Mehrheitsaktionärs gegenüber dem Minderheitsaktionär bejaht und diese verletzt sind, kommen Ansprüche aus § 826 BGB in Betracht. Darüber hinaus besteht ggf. auch ein Anspruch aus § 117 Abs. 1 AktG gegen den Mitgesellschafter als auch gegenüber dem Vorstand und dem Aufsichtsrat in Frage.

II. Rechtliche Beurteilung

1. Europarechtliche Vorgaben

Zu den Motiven des europäischen Gesetzgebers finden sich einige Hinweise in den Erwägungen der Änderungsrichtlinie 2009/109/EG vom 16.09.2009. Hauptmotiv war die Verringerung der Verwaltungslasten und damit der Verwaltungsaufwendungen aufgrund der Veröffentlichungs- und Dokumentationspflichten von Aktiengesellschaften in der Europäischen Union.

Dabei ging der Gesetzgeber offenbar davon aus, dass in wirtschaftlicher Hinsicht bei der Verschmelzungen zwischen Mutter- und Tochtergesellschaft weniger Auswirkungen auf Aktionäre und Gläubiger zu erwarten sind, wenn die Muttergesellschaft 90% oder mehr der Aktien an der Tochtergesellschaft hält.[95]

Zur Frage, des Missbrauchs und zum Verhältnis des 90%-Schwellenwertes zu anderen, insbesondere höheren Schwellenwerten, wird indes nicht Stellung genommen, so dass die Auswertung der Änderungsrichtlinie wenig ergiebig ist.

2. Verfassungsrechtliche Bedenken

Aufgrund der geringeren Anforderungen, die an einen verschmelzungsrechtlichen Squeeze-out gegenüber einem aktienrechtlichen Squeeze-out gestellt werden, stellt sich die Frage, ob verfassungsrechtliche Bedenken gegen § 62 Abs. 5 UmwG bestehen.

a.) Keine Enteignung gemäß Art. 14 Abs. 3 GG

In der Gesetzesbegründung zur Einführung des damaligen aktienrechtlichen Squeeze-out heißt es, dass die Schaffung einer Ausschlussmöglichkeit keine Enteignung im Sinne des Art. 14 Abs. 3 GG darstelle.[96] Dem Mehrheitsaktionär werde auch kein Recht zur Enteignung übertragen, sondern nur die Möglichkeit eröffnet, die privatrechtliche

---

95 Ziffer 10 der Erwägungen der Änderungsrichtlinie 2009/109/EG vom 16.09.2009.
96 Regierungsentwurfsbegründung in: BT-Drucks. 14/7034, S. 32.

Beziehung bei bestimmten Mehrheitsverhältnissen zwischen den Aktionären umzugestalten. Der damalige Gesetzgeber hat als weitere Begründung angeführt, dass gewichtige Gründe des Gemeinwohlinteresses dafür sprechen würden, von den Inhalts- und Schrankenbestimmungen des Eigentums gemäß Art. 14 Abs. 1 Satz 2 GG Gebrauch zu machen. Dabei führt der Gesetzgeber an, dass Konzernierungs- und Strukturmaßnahmen sowie die Beschränkung von Missbrauchsmöglichkeiten durch Minderheitsaktionäre einen solchen Eingriff erlauben. Dies wurde abgewogen gegenüber den Interessen der Kleinaktionäre, denen es weniger um die Unternehmenskontrolle, als vielmehr um die Kapitalanlage gehe. Als Gegengewichte wurden daher wirksame Mittel für eine Missbrauchskontrolle und eine umfassende Entschädigung für die Aktionäre ins Gesetz aufgenommen, wobei der Gesetzgeber in seiner Begründung die Anfechtungsklage gegen Beschlüsse der Hauptversammlung und das Spruchverfahren zur Ermittlung der Höhe der Entschädigung namentlich benennt. Vor diesem Hintergrund wird aufgrund der „Solange-II" Entscheidung des Bundesverfassungsgerichts[97] auch kein Risiko für den ausreichenden Grundrechtsschutz gesehen, wonach durch die europarechtlichen Vorgaben eine Verfassungsbeschwerde gegen den neuen verschmelzungsrechtlichen Squeeze-out Erfolg haben würde.[98]

b.)   Die Kriterien des Bundesverfassungsgerichts

Tatsächlich hatte sich das Bundesverfassungsgericht bereits mehrfach mit Fragen des Squeeze-outs im Rahmen der sogenannten „Moto Meter"-Entscheidung[99] und der „Edscha AG"-Entscheidung[100] auseinanderzusetzen.

In seiner früheren Rechtsprechung hatte das Bundesverfassungsgericht bereits ausgeführt, dass Art. 14 Abs. 1 GG gewährleistet, dass das in der Aktie verkörperte Anteilseigentum, im Rahmen der gesellschaftsrechtlichen Ausgestaltung durch Privatnützigkeit und Verfügungsbefugnis gekennzeichnet ist. Dabei erstreckt sich der Schutz auf die mitgliedschaftliche Stellung in einer Aktiengesellschaft, die das Aktieneigentum vermittelt. Aus dieser Stellung erwachsen dem Aktionär sowohl aus den gesetzlichen Vorschriften, als auch aus der Gesellschaftssatzung leistungs- und vermögensrechtliche Ansprüche.[101]

Es sei aber durch Art. 14 GG nicht ausgeschlossen, dass eine Minderheit ihre Aktien auch gegen ihren Willen auf einen Hauptaktionär übertragen muss. Dies gilt auch dann, wenn damit alle Minderheitsaktionäre aus der Gesellschaft gedrängt werden.[102]

aa.)   Die „Moto Meter"-Entscheidung

Diese Rechtsprechung hat das Bundesverfassungsgericht in der „Moto Meter"-Entscheidung grundsätzlich noch einmal bestätigt und dahingehend präzisiert, dass die Minderheits-

---
97   BVerfGE 73, 339.
98   *Buschmann*, Neues zur Novellierung des Umwandlungsgesetzes, DZWIR 2011, 318 (320).
99   BVerfG, Beschl. v. 23.08.2000 – 1 BvR 68/95 und 147/97, ZIP 2000, 1670 (1671) „Moto Meter".
100 BVerfG, Beschl. v. 30.05.2007 – 1 BvR 390/04, ZIP 2007, 1261-1264 „Edscha AG".
101 BVerfGE 14, 263, 276 = DB 1962, 1073 = NJW 1962, 1667; BVerfG, Beschl. v. 24.07.1999 – 1 BvR 1613/94, ZIP 1999, 1436 (1439).
102 BVerfG, Beschl. v. 30.05.2007 – 1 BvR 390/04, ZIP, 1261, 1262; BVerfG, Beschl. v. 23.08.2000 – 1 BvR 68/95 und 147/97, ZIP 2000, 1670 (1671).

aktionäre, die gegen Ihren Willen aus der Gesellschaft gedrängt werden, mit Blick auf ihre Vermögensinteressen wirtschaftlich voll zu entschädigen sind und es einen wirksamen Rechtsschutz geben muss.[103] Letzteres begründete sich insbesondere darin, dass die Vermögensinteressen des Großaktionärs und des Kleinaktionärs, in dem zugrundeliegenden Verfahren einer sogenannten „auflösenden Übertragung", divergieren. So möchte der Großaktionär das Vermögen möglichst kostengünstig übertragen, während der Kleinaktionär einen möglichst hohen Preis für seine Aktie erzielen will. Daher muss in einem solchen Fall die Prüfung, ob der Preis auch dem Wert des Gesellschaftsvermögens entspricht, der gerichtlichen Kontrolle obliegen. Das Gericht hat in diesen Fällen auch erwogen, die Regeln des § 306 AktG analog anzuwenden.[104] Am Ende hält das Bundesverfassungsgericht eine analoge Anwendung wie auch schon das BayObLG[105] in der sogenannten „Magna Media-Entscheidung" aber nicht für geboten, wenn über andere gerichtliche Mittel, wie z.B. die Möglichkeit der Anfechtungsklage ein ausreichender Schutz der Minderheitsaktionäre erfolgt. Für den Fall, dass sich die Gerichte aus aktienrechtlichen Gründen gehindert sehen, den gezahlten Kaufpreis zu überprüfen, haben die Gerichte auf die Anfechtungsklage hin die übertragende Auflösung zu unterbinden.[106] Daher hat das Gericht in diesem Punkt dem Beschwerdeführer Recht gegeben, da die vorinstanzlichen Gerichte die Frage der angemessenen Abfindung nicht ausreichend berücksichtigt hatten.

bb.) Die „Edscha AG"-Entscheidung

In der „Edscha AG"-Entscheidung hat das Bundesverfassungsgericht ausgeführt, dass § 327a AktG den verfassungsrechtlichen Anforderungen genügt und § 319 Abs. 5 und 6 AktG, die gemäß § 327e Abs. 2 AktG entsprechend gelten, auch im Sinne des Art. 20 Abs. 3 GG ausreichend bestimmt sind. Auch die Anforderungen an die Verhältnismäßigkeit seien vom Gesetzgeber erfüllt, da der Verpflichtung, ein Interessensausgleich zwischen den Beteiligten herzustellen, durch vollen Wertersatz und effektiven Rechtsschutz Rechnung getragen wurde. Laut Bundesverfassungsgericht genügt ein legitimer Zweck. Es müssen nicht rein unternehmerische Gründe vorliegen.[107] So wird ein Mehrheitsaktionär auch noch weitere Gründe finden, warum ein Squeeze-out für ihn vorteilhaft ist. Hier mögen z.B. auch steuerliche Gründe eine Rolle spielen. In Bezug auf den neuen § 62 Abs. 5 UmwG ist ferner anzumerken, dass die europarechtlichen Vorgaben auch keine höheren Voraussetzungen an eine sachliche Rechtfertigung zugelassen hätten.[108]

Ein solch legitimer Zweck liegt laut Bundesverfassungsgericht aber bereits vor, wenn der Hauptaktionär sich in Zukunft den Aufwand und die etwaigen Verzögerungen bei der Umsetzung, die aufgrund zwingender – die Minderheitsaktionäre schützender – Vorschriften entstehen, sparen möchte.[109]

---

103 BVerfG, Beschl. v. 23.08.2000 – 1 BvR 68/95 und 147/97, ZIP 2000, 1670 (1672).
104 So *Wiedemann*, Minderheitsrechte ernstgenommen, Gedanken aus Anlaß der Magna Media-Entscheidung, BayObLG ZIP 1998, 2002, ZGR 1999, 857 (863 ff.).
105 BayObLG, Beschl. v. 17.9.1998 – 3Z BR 37/98 in: ZIP 1998, 2002 (2004 f.), „Magna Media";
106 BVerfG, Beschl. v. 23.08.2000 – 1 BvR 68/95 und 147/97, ZIP 2000, 1670 (1673).
107 BVerfG, Beschl. v. 30.05.2007 – 1 BvR 390/04, ZIP 2007, 1261, 1262 „Edscha AG".
108 *Heckschen*, NZG 2010, 1041 (1045).
109 BVerfG, Beschl. v. 30.05.2007 – 1 BvR 390/04, ZIP 2007, 1261 (1262).

Das Gericht argumentiert damit, dass es in den letzten Jahren vor Veröffentlichung der Entscheidung vor allem Kleinaktionäre waren, die durch Anfechtungsklagen gegen Hauptversammlungsbeschlüsse, die Unternehmen zu finanziellen Zugeständnissen gezwungen haben.

Ferner hat das Gericht festgestellt, dass das Mitgliedschaftsrecht des Aktionärs vom Gesetzgeber umso geringer bewertet werden könne, je geringer sein Anteil an der Gesellschaft ausfällt. Angesichts dessen sei es dem Gesetzgeber nicht verwehrt, das notwendige Quorum für ein Squeeze-out auf 95% festzusetzen, da damit sichergestellt sei, dass sich die Möglichkeit des Squeeze-outs nur auf Minderheitsaktionäre beziehe, die Interesse an einer Geldanlage und nicht an einer Unternehmensmitbestimmung haben. Nach Ansicht des Gerichts sind auch keine öffentlichen Übernahmeangebote oder bestimmte Strukturmaßnahmen nötig, um den Eingriff zu legitimieren. Hinsichtlich des Wertersatzes wird dem Minderheitsaktionär durch einen Gutachter, eine Bankgarantie und der Möglichkeit der Durchführung eines Spruchverfahrens weiterer Schutz gewährt.[110]

Anknüpfend an die „Edscha AG"-Entscheidung hat das Bundesverfassungsgericht auch in dem Fall der Abwicklung einer Gesellschaft im Wesentlichen identisch entschieden.[111]

c.) Die Rechtmäßigkeit der Absenkung auf 90%

Nach dem das Bundesverfassungsgericht den aktienrechtlichen Squeeze-out gebilligt hat, stellt sich für den verschmelzungsrechtlichen Squeeze-out vor allem die Frage, ob sich aus dem Umstand, dass es anstelle einer 95%- nur noch einer 90%-Beteiligung bedarf, eine andere Bewertung ergibt.

Die Absenkung der Schwelle auf 90% ist jedoch nicht neu. Neben dem übernahmerechtlichen Squeeze-out gemäß § 39a ff. WpÜG wurde zuletzt im Rahmen des Finanzmarktstabilisierungsbeschleunigungsgesetzes 2009 für den Sonderfonds Finanzmarktstabilisierung (SoFFin) gemäß § 12 Abs. 3 Nr. 1 Satz 3 und Abs. 4 Satz 1 FMStBG eine 90%-Quote vorgesehen.[112]

Sicherlich war und ist der SoFFin ein Sonderfall und findet seine Rechtfertigung nicht nur in den Interessen des Mehrheitsgesellschafters, sondern vor allem auch im Schutz und den Interessen des Erhalts eines funktionierenden Finanz- und Kapitalmarktes. Insoweit ist der Verweis an dieser Stelle kein starkes Argument, verdeutlicht aber, dass bereits ein Schwellenwert von weniger als 95% im deutschen Recht existiert.

In der Literatur wird argumentiert, dass die Änderung des Schwellenwertes von 95% auf 90% auch keinen Unterschied machen kann, da die Rechte der Minderheitsaktionäre dadurch nicht eingeschränkt werden und sich an deren Interesse an einer lediglich kapitalmäßigen Beteiligung nichts ändere.

---

110 BVerfG, Beschl. v. 30.05.2007 – 1 BvR 390/04, ZIP 2007, 1261 (1262).
111 BVerfG, Beschl. v. 19.9.2007 – 1 BvR 2984/06, ZIP 2007, 2121-2122.
112 *Bungert/Wettich*, DB 2010, 2545 (2548).

Ein Einfluss auf die Unternehmenspolitik ist auch bei einer Beteiligung von 10% nicht gegeben und damit den Minderheitsaktionären auch nicht zuzugestehen.[113]

Schon sehr viel früher, noch zum § 15 UmwG in der Fassung von 1956, hat das Bundesverfassungsgericht in seiner „Feldmühle"-Entscheidung[114] festgestellt, dass selbst bei einer Minderheitsbeteiligung von 21% eine Konzernstrukturierung noch als zulässig zu erachten ist.[115] In diesem Zusammenhang ging es zwar nicht um einen Squeeze-out, gleichwohl ging es um die Rechte von Minderheitsgesellschaftern und die Grenze, ab der eine Umstrukturierung gerade noch zulässig sein könnte. Wenn nunmehr der Gesetzgeber aufgrund der europarechtlichen Vorgaben die Schwelle auf 90% festlegt, ist dies noch weit von den schon damals kodifizierten 75% entfernt. In der Literatur wird entsprechend Kritik am Gesetzgeber geübt, warum er nicht eine generelle Absenkung des Schwellenwertes auch im AktG und WpÜG vorgenommen hat.[116] Verfassungsrechtlich decke die Feldmühle-Entscheidung jedenfalls eine generelle Absenkung auf 90%.[117]

d.) Zwischenergebnis

Die bisherige Rechtsprechung des Bundesverfassungsgerichts, sowie die Aufrechterhaltung eines angemessenen finanziellen Ausgleichs, als auch ein ausreichender Rechtsschutz sprechen dafür, dass für den Fall des verschmelzungsrechtlichen Squeeze-outs eine Absenkung des Schwellenwertes von 95% auf 90% nichts an der verfassungsrechtlichen Zulässigkeit eines solchen Verfahrens ändert.

3. Parallelität zum aktienrechtlichen Squeeze-out

Neben der verfassungsrechtlichen Zulässigkeit stellt sich die Frage, ob es Fallkonstellationen gibt, die gegen eine Zulässigkeit des verschmelzungsrechtlichen Squeeze-outs sprechen. Insbesondere können Parallelen zu den unzulässigen Fallgruppen des aktienrechtlichen Squeeze-out gemäß § 327a AktG gezogen werden. Im Fokus steht dabei die Rechtsmissbräuchlichkeit des Handelns des Mehrheitsaktionärs, vor dessen wirtschaftlicher Macht der Minderheitsaktionär zu schützen ist.[118] Vor allem soll dem Mehrheitsgesellschafter kein Sondervorteil i.S.d. § 243 Abs. 2 AktG zulasten der Gesellschaft und des Minderheitsgesellschafters zuteilwerden.[119] Darüber hinaus stellt sich die Frage nach Treuepflichtverletzungen des Mehrheits- gegenüber dem Minderheitsaktionärs.

---

113 *Diekmann*, Änderungen des Umwandlungsgesetzes, NZG 2010, 489 (490); *Bungert/Wettich*, DB 2010, 2545 (2548).
114 BVerfGE 14, 263, 280 = DB 1962, 1073 = NJW 1962, 1667.
115 *Leuering/Rubner*, NJW-Spezial 2010, 271.
116 *Goslar/Mense*, GWR 2011, 275 (276); *Simon/Merkelbach*, DB 2011, 1317 (1321 in Fn. 48).
117 *Breschendorf/Wallner*, GWR 2011, 511 (512).
118 BVerfG, Beschl. v. 23.08.2000 – 1 BvR 68/95 und 1 BvR 147/97, ZIP 2000, 1670 (1671) „Moto Meter"; BVerfGE 14, 263, 280 = DB 1962, 1073 = NJW 1962, 1667 „Feldmühle".
119 BVerfG, Beschl. v. 30.05.2007 – 1 BvR 390/04, ZIP 2007, 1261-1264 „Edscha AG".

a.) Rechtsmissbrauch

Nach einer Literaturansicht sind die Möglichkeiten zur Erreichung der Voraussetzungen des Squeeze-outs vom Gesetzgeber im Vorfeld intensiv diskutiert worden und entsprechende Einschränkungen im Gesetz bewusst nicht angelegt worden, weshalb die Einwände unbegründet sein sollen.[120] Das Ziel des Mehrheitsaktionärs den Minderheitsaktionär auszuschließen, ist den Regelungen des § 62 Abs. 5 UmwG immanent, weshalb auch die Klage des Minderheitsaktionärs nicht darauf gestützt werden kann, dass der Mehrheits-aktionär mit dem Ausschluss einen Sondervorteil erlangt habe.[121] Aus dem gleichen Grunde könne es auch nicht rechtsmissbräuchlich sein, einen solchen Ausschluss anzustreben.[122]

Aufgrund der Ähnlichkeit der Fälle zum aktienrechtlichen Squeeze-out sollen zur Frage des Rechtsmissbrauchs und der Umgehung entsprechende Parallelen gezogen werden. Zum aktienrechtlichen Squeeze-out werden folgende Fallgruppen diskutiert:

- Die lediglich vorübergehende Erlangung des Status als Mehrheitsaktionär
- Die Durchführung eines Formwechsels (oder einer Verschmelzung) von einer GmbH zu einer Aktiengesellschaft
- Die Veränderung der Beteiligungsquote durch Handlungen des übertragenden Rechtsträgers; wie z.B. der Kauf eigener Aktien oder der Durchführung von Kapitalmaßnahmen ohne Beteiligung der Minderheitsaktionäre.[123]

In diesem Zusammenhang sind insbesondere die Fälle der temporären Erlangung der Mehrheit der Aktien und des Formwechsels von Belang.

aa.) Temporäre Erlangung des Status als Hauptaktionär

(1.) Umhängen der Gesellschaft unter eine Vorrats-AG

In der Literatur wird auch die Meinung vertreten, dass wenn zwischen Muttergesellschaft und Tochtergesellschaft eine AG oder KGaA einzig zu dem Zweck geschoben wird, um den verschmelzungsrechtlichen Squeeze-out durchzuführen, dies ein Fall eines Rechtsmissbrauchs darstellen würde. Begründet wird dies damit, dass der Gesetzgeber eine Vereinfachung der Konzernstruktur vor Augen hatte, die Struktur aber in dem vorstehenden Falle unverändert bliebe.[124] Eine Einschränkung wird von Teilen der Literatur nur dann vorgenommen, wenn es sich um eine operative Gesellschaft oder aber um eine Akquisitions-gesellschaft handelt, nicht jedoch um eine bloße leere Hülle.[125]

Dieselbe Meinung hält es auch für rechtsmissbräuchlich, wenn nach dem Squeeze-out eine Verschmelzung unterbliebe, was sich allerdings auf den ursprünglichen Gesetzesentwurf

---

120 *Freytag/Müller-Etienne*, Das Dritte Gesetz zur Änderung des Umwandlungsgesetzes: Herabsetzung der Squeeze-out-Schwelle auf 90% kommt, BB 2011, 1731 (1734); *Schnorbus*, (o. Fn. 2), § 327f, Rn. 34.
121 *Packi*, Inhaltliche Kontrollmöglichkeiten bei Durchführung des umwandlungsrechtlichen Squeeze-out, ZGR 2011, 776 (801).
122 *Packi*, ZGR 2011, 776 (802).
123 Auflistung nach *Schnorbus*, (o. Fn. 2), § 327 f, Rn. 14 m.w.N..
124 *Wagner*, DStR 2010, 1629 (1634); *Keller/Klett*, GWR 2010, 415 (416); *Packi*, ZGR 2011, 776 (804).
125 *Austmann*, NZG 2011, 684 (690); *Kiefner/Brügel*, AG 2011, 525 (535).

zurückführen lässt. Diese Lücke wurde durch die Einfügung des § 62 Abs. 5 Satz 8 UmwG behoben. Darüber hinaus werde aber auch die Regelung des § 327a AktG umgangen, die der Gesetzgeber gerade nicht ändern wollte.

Andererseits wird in der Literatur die Meinung vertreten, dass aus § 327a AktG die Grundentscheidung des Gesetzgebers folgt, dem Hauptaktionär den Squeeze-out als Instrument in die Hand zu geben.[126] Gerade bei börsennotierten Gesellschaften, die auf eine nicht börsennotierte Gesellschaft verschmolzen werden, ergeben sich zuweilen erhebliche Kosteneinsparungspotentiale, da die Voraussetzungen zum Börsenhandel nicht aufrecht erhalten bleiben müssen. Die Einsparung solcher Kosten sei maßgebliches Ziel der Änderungsrichtlinie 2009/109/EG vom 16.09.2009 gewesen.[127] Maßgeblich seien zudem nur objektive Kriterien und keine Absichten eines Aktionärs. Der Gesetzgeber habe die Abwägung vorgenommen, wann ein solches Verfahren zulässig sei. Wie die Voraussetzungen erfüllt werden ist grundsätzlich ohne Belang und muss auch nicht nachgewiesen werden. Darüber hinaus bedarf es daher keiner sachlichen Rechtfertigung seitens des Mehrheitsaktionärs.[128] Dabei müsse sich auch nicht zwingend das gesetzliche Leitbild des Gesetzgebers wiederfinden. Es kommt auch nicht darauf an, dass der Mehrheitsaktionär die Aktien mit dem Ziel erworben hat, die Voraussetzungen des § 62 Abs. 5 UmwG herbeizuführen.[129] Eine Grenze finde sich nur im Falle des Rechtsmissbrauchs. Allein die Herbeiführung der Voraussetzungen des Squeeze-outs sei noch nicht missbräuchlich. Auch stelle der Ausschluss von Minderheitsaktionären auf der Ebene einer Tochtergesellschaft auch nichts anderes als eine Vereinfachung der Konzernstruktur dar. Es erschließe sich nicht, warum dies im Vorfeld eines Squeeze-outs unzulässig sein sollte.[130]

Diese Meinung findet auch in der Rechtsprechung des Bundesgerichtshofes ihre Unterstützung. In der sogenannten „Lindner-Entscheidung"[131], hat der BGH darauf hingewiesen, dass das Gesetz keine Regelung über die erforderliche Art des Erwerbs der Beteiligung vorgesehen habe. Unter Berufung auf die Gesetzesbegründung[132] weist der BGH darauf hin, dass der Gesetzeszweck der §§ 327a ff. AktG darauf beruhe, dass im Interesse einer effizienten Unternehmensführung die Ausschließung einer Aktionärsminderheit mit einer Beteiligung von maximal 5% aus der Gesellschaft ermöglicht sein soll.
Dadurch soll vermieden werden, dass ein hoher Formalaufwand betrieben werden muss und es daher ökonomisch keinen Sinn mache, eine solche kleine Minderheit in der Gesellschaft zu belassen. Ziel sei es indes nicht, dass der Großaktionär dauerhaft Alleinaktionär sei.

Hieraus wird geschlossen, dass es also nicht darauf ankomme, dass der Hauptaktionär auch nach Durchführung des Squeeze-outs Alleinaktionär bleibe, sondern der Zustand vielmehr auch nur vorübergehend oder auch eigens zu diesem Zwecke herbeigeführt sein kann. Als

---

126 *Bungert/Wettich*, DB 2010, 2545 (2549 f.); *Schnorbus*, (o. Fn. 2), § 327f, Rn. 15; *Klie/Wind/Rödter*, DStR 2011, 1168 (1672).
127 *Schockenhoff/Lumpp*, ZIP 2013, 749 (751).
128 *Bungert/Wettich*, DB 2010, 2545 (2550); *Simon/Merkelbach*, DB 2011, 1317 (1321); *Breschendorf/Wallner*, GWR 2011, 511 (513); *Packi*, ZGR 2011, 776 (790); *Kiefner/Brügel*, AG 2011, 525 (534); *Kraft/Redenius-Hövermann*, Einführung in die Regelungen zum Squeeze-out, Jura 2013, 1 (5); *Schockenhoff/Lumpp*, ZIP 2013, 749 (751); *Göthel*, ZIP 2011, 1541 (1549).
129 *Grunewald*, (o. Fn. 25), § 62, Rn. 5.
130 *Goslar/Mense*, GWR 2011, 275 (278).
131 BGHZ 180, 154 – 170 = NZG 2009, 585 - 589.
132 Regierungsentwurfsbegründung in: BT-Drucks. 14/7034, S. 31.

weiteres Argument wird auch § 16 Abs. 4 AktG verwendet, wonach der Gesetzgeber eine Zurechnung von mittelbaren Beteiligungen ermöglicht hat, wodurch ein unnötiges Umhängen von Beteiligungen vermieden wird.[133] Zugleich habe der Gesetzgeber damit zum Ausdruck gebracht, dass auch ein Umhängen zum Zwecke der Schaffung einer Kapitalmehrheit von mehr als 95% unschädlich sei. Da sich diese Rechtsprechung bislang nur auf den aktienrechtlichen Squeeze-out bezieht, wird in der Literatur[134] dazu geraten, die Bildung von Holdings nicht im zeitlich engen Zusammenhang mit einem verschmelzungsrechtlichen Squeeze-out durchzuführen. Diese Bedenken erscheinen jedoch übertrieben.

(2.) Vorüberehender Erwerb und Wertpapierleihe

Die Fälle, wodurch ein Aktionär temporär den Status als Hauptaktionär erlangt, z.B. durch vorübergehenden Erwerb oder Wertpapierleihe, werden durch die Rechtsprechung des BGH zur Wertpapierleihe legitimiert.[135] Zum Teil wird angenommen, dass eine Bündelung der Beteiligungen durch mehrere Großaktionäre zum alleinigen Zweck des Squeeze-outs ein Indiz für die Rechtsmissbräuchlichkeit sei.

Dies sei nur dann anders zu beurteilen, wenn nach der Verschmelzung weiterführende Interessen verfolgt würden.[136] Auch dieser Fall dürfte jedoch nicht anders als eine Wertpapierleihe zu beurteilen sein.

bb.) Formwechsel

Der Fall des Formwechsels des Hauptaktionärs im Vorfeld der Transaktion dürfte einer der häufigsten Anwendungsfälle sein. In drei von sieben bekannt gewordenen Verfahren ist genau dies geschehen.[137]

Auch für den Formwechsel wird reklamiert, dass dieser keiner Inhaltskontrolle unterliege und durch den Gesetzgeber per se sachlich gerechtfertigt sei.[138] Einer Meinung in der Literatur zur Folge sind diese Möglichkeiten bereits offensichtlich im Gesetz angelegt, weshalb die Einwände unbegründet sein sollen.[139] So gestatte der Gesetzgeber den Formwechsel, obgleich damit für den Gesellschafter auch ein Verlust an Informationsrechten (§ 51 a GmbHG versus § 131 AktG) einhergeht.[140] Für den Fall des Formwechsels einer GmbH in eine AG wird weiterhin eingewandt, dass das Umwandlungsgesetz keine Vorgaben dazu macht, wie lange der übernehmende Rechtsträger zuvor in der Rechtsform der AG existiert haben muss.[141] Vielmehr entstehe eine vollwertige Aktiengesellschaft, welche unabhängig von Art und Weise ihrer Entstehung oder deren Dauer die Rechte aus § 62 Abs.

---

133 BGHZ 180, 154 - 170 = NZG 2009, 585 - 589.
134 *Heckschen*, NJW 2011, 2390 (2393).
135 Vgl. oben: B. I. 2. a.) aa.).
136 *Kiefner/Brügel*, AG 2011, 525 (536).
137 *Schockenhoff/Lumpp*, ZIP 2013, 749 (750), mit Hinweis auf die bislang bekannt gewordenen Verfahren.
138 *Schröder/Wirsch*, Formwechsel und anschließender Squeeze-out, ZGR 2012, 660 (664); *Göthel*, ZIP 2011, 1541 (1549); *Seulen*, Anmerkungen zum Beschluss des OLG Hamburg vom 14.06.2012, Az. 11 AktG 1/12 – Zum verschmelzungsrechtlichen Squeeze out, EWiR 2012, 503 (504).
139 *Schnorbus*, (o. Fn. 2), Vor §§ 327a-327f, Rn. 34.
140 *Schröder/Wirsch*, ZGR 2012, 660 (664).
141 *Bungert/Wettich*, DB 2010, 2545 (2550); *Mayer*, NZG 2012, 561 (564).

5 UmwG zustehen.[142] Auch sei es unschädlich, wenn nach dem Squeeze-out und der Verschmelzung der nunmehrige Alleinaktionär sich entscheidet, die ursprüngliche Rechtsform des übernehmenden Rechtsträgers wieder anzunehmen.[143] So muss jeder Minderheitsgesellschafter damit rechnen, dass der Mehrheitsgesellschafter einen Formwechsel beschließt, um die Vorteile der anderen Rechtsform zu erlangen. Hierfür spricht ferner die Wertung, die der Bundesgerichtshof in seiner „Lindner"-Entscheidung vorgenommen habe.[144] Es sei nicht rechtsmissbräuchlich, wenn der übertragende oder der übernehmende Rechtsträger zuvor oder anschließend seine Rechtsform ändere. Vielmehr entscheiden sich die Unternehmen, eine bewusst geschaffene Möglichkeit des Gesetzgebers in Anspruch zu nehmen.[145] Dies ergäbe sich auch aus der zugrunde liegenden Änderungsrichtlinie 2009/109/EG vom 16.09.2009, die weder eine Missbrauchskontrolle vorsehe, noch eine sachliche Rechtfertigung.[146] Allerdings bringt ein Formwechsel auch Gefahren mit sich. So bedarf dieser eines Hauptversammlungsbeschlusses und erzeugt damit wieder zusätzliche Anfechtungsrisiken.[147]

b.) Treuepflichten

Gleichwohl lassen sich aus den Parallelen zum aktienrechtlichen Squeeze-out auch Bedenken formulieren. So wird beim aktienrechtlichen Squeeze-out vor allem mit den Treuepflichten der Aktionäre argumentiert, wenn der Formwechsel mit dem Ziel betrieben wird, einen Mitaktionär anschließend aus der Gesellschaft zu drängen. So werde bewusst eine Rechtsposition geschaffen, die das GmbHG so nicht kennt und vom Gesetzgeber nicht gewollt war.[148] So wird bei engem zeitlichen Zusammenhang sogar eine Vermutung postuliert, wonach der Formwechsel aufgrund des geplanten Squeeze-outs erfolgt sei.[149]

Die gesellschaftsrechtlichen Treuepflichten werden maßgeblich von den Regelungen des § 242 BGB geprägt. Allerdings sind die Hürden im Interesse der Rechtssicherheit hoch, so dass das Ergebnis der Rechtsausübung untragbar erscheinen muss.[150] Im Zusammenhang mit gesellschaftsrechtlichen Treuepflichten sind neben den eigenen Interessen aber darüber hinaus in gewissem Umfang auch die Interessen der Mitgesellschafter zu berücksichtigen. So muss sich die Maßnahme an den Grundsätzen von Erforderlichkeit und Verhältnismäßigkeit messen lassen.[151] Der Umfang der Treuepflichten der Gesellschafter untereinander hängt dabei von einer Vielzahl von Faktoren ab. So kommt es neben der Rechtsform auch darauf an, wie die Gesellschaft geprägt ist. Handelt es sich um eine Gesellschaft mit viel Streubesitz, oder ist sie eher personalistisch geprägt?

---

142 *Kiefner/Brügel*, AG 2011, 525 (534).
143 *Goslar/Mense*, GWR 2011, 275 (278).
144 *Schnorbus*, (o. Fn. 2), § 327f Rn. 16f.; *Bungert/Wettich*, DB 2010, 2545 (2550).
145 *Heckschen*, NJW 2011, 2390 (2393).
146 *Klie/Wind/Rödter*, DStR 2011, 1168 (1172).
147 *Goslar/Mense*, GWR 2011, 275 (277); *Klie/Wind/Rödter*, DStR 2011, 1168 (1172).
148 *Habersack*, in: Emmerich/Habersack, Aktien- und GmbH Konzernrecht, 6. Auflage 2010, § 327a Rn. 29; § 327a Rn. 78; *Grzimek*, in: Geibel/Süßmann, WpÜG, 2. Auflage 2008, § 327a AktG, Rn 55.
149 *Habersack*, (o. Fn. 148), § 327a Rn. 29; § 327a Rn. 78.
150 *Schröder/Wirsch*, ZGR 2012, 660 (668).
151 *Bayer*, in: Lutter/Hommelhoff, GmbHG, 17. Auflage 2009, § 14 Rn. 21.

Im Zusammenhang mit dem Squeeze-out ist den Gesellschaften aber eines gemein und zwar, dass es einen Mehrheitsgesellschafter gibt, dem 90% der Aktien gehören. Gerade hieraus folgt jedoch, dass die Gesellschafter üblicherweise nicht im gleichen Rang zueinander stehen. Die Beteiligung der Minderheitsgesellschafter reduziert sich auf eine kapitalmäßige Beteiligung und wird in aller Regel nicht durch weitere Beiträge zur Erreichung des Gesellschaftszwecks geprägt. Im Ergebnis muss man dazu kommen, dass die Treuepflichten des Mehrheitsgesellschafters gegenüber dem Minderheitsgesellschafter schwächer zu bewerten sind.[152] Es mag zwar Ausnahmen hiervon geben, wenn Minderheitsgesellschafter z.B. in der Geschäftsführung mitwirken, doch diese werden in der Praxis wohl eher die Ausnahme bleiben.

c.) Zwischenergebnis

Aus den Parallelen zum aktienrechtlichen Squeeze-out lassen sich keine Anhaltspunkte finden, die per se eine Absenkung der Schwelle auf 90% oder bestimmte Fallgestaltungen als unzulässig erscheinen ließen. Vielmehr sprechen die besseren Argumente für die generelle Zulässigkeit des verschmelzungsrechtlichen Squeeze-outs.

III. Die Entscheidung des OLG Hamburg[153]

Bislang hatte das Hanseatische Oberlandesgericht Hamburg als einziges deutsches Oberlandesgericht im Rahmen eines Freigabeverfahrens gemäß § 62 Abs. 5 Satz 8 UmwG iVm. §§ 327e Abs. 2, 319 Abs. 6 AktG über einen verschmelzungsrechtlichen Squeeze-out zu entscheiden. In dem streitgegenständlichen Verfahren ging es um einen verschmelzungsrechtlichen Squeeze-out einer Gesellschaft, die zu 93,95% an einer Tochter-AG beteiligt war. Bis unmittelbar vor dem Squeeze-out firmierte die Mehrheitsaktionärin als GmbH und vollzog dann einen Formwechsel zur Aktiengesellschaft. Damit wurden fast alle kontrovers diskutierten Themen im Zusammenhang mit dem verschmelzungsrechtlichen Squeeze-out angesprochen. Ein Minderheitsaktionär hatte Nichtigkeits- und Anfechtungsklage gegen den Übertragungsbeschluss eingelegt. Mit entsprechender Spannung war die Entscheidung erwartet worden.

In Kenntnis der vorstehenden rechtlichen Darstellung vermag das Urteil jedoch nicht zu überraschen. Es bestätigt vielmehr die bisher in der Literatur vorgetragenen Argumente und Ansichten über die Zulässigkeit eines verschmelzungsrechtlichen Squeeze-outs und wird daher in der Literatur als Fortsetzung der Linie des BGH zum Wertpapierdarlehen begrüßt.[154] Insbesondere hegt das OLG keine verfassungsrechtlichen Bedenken und beruft sich auf die hier besprochene Entscheidung des Bundesverfassungsgerichts in Sachen „Feldmühle"[155] und die zitierten Literaturmeinungen.[156]

---

152 So auch *Schröder/Wirsch*, ZGR 2012, 660 (671).
153 OLG Hamburg, Beschl. v. 14.06.2012 – 11 AktG 1/12, ZIP 2012, 1347 - 1352.
154 *Von der Linden*, Anmerkung zur Entscheidung des Oberlandesgerichts Hamburg vom 14.06.2012, 11 Aktg 1/12, GWR 2012, 324; *Drinhausen*, Anmerkungen zur Entscheidung des OLG Hamburg vom 14.06.2012 (11 AktG 1/12; BB 2012, 2073) – Zur Frage des verschmelzungsrechtlichen Squeeze-out im Rahmen eines Freigabeverfahrens, BB 2012, 2077 (2078).
155 Vgl. oben: B. II. 2. c.).
156 *Kiefner/Brügel*, AG 2011, 525 (526 f.), *Packi*, ZGR 2011, 776 (785 ff.); *Heckschen*, NZG 2010, 1041 (1045); *Diekmann*, NZG 2010, 489 (498); *Austmann* NZG 2011, 684 (689).

Auch zu der Frage der Rechts-missbräuchlichkeit schließt sich das Gericht der Meinung an, dass es keiner sachlichen Rechtfertigung bedarf, sondern es allein um die Einhaltung der formellen Voraussetzungen gehe. Das Gericht beruft sich hier auf die Rechtsprechung des BGH in seiner „Lindner-Entscheidung".[157] Dies gelte auch für den Formwechsel des Mehrheitsaktionärs in die Rechtsform der Aktiengesellschaft zur Durchführung eines Squeezeouts. Durch den Formwechsel mache der Mehrheitsaktionär lediglich von seinem gesetzlich eingeräumten Recht Gebrauch. Hiermit müsse der Minderheitsaktionär rechnen. Mit dieser Argumentation schließt sich das Gericht der herrschenden Literaturmeinung an.[158]

Der Beschluss des OLG Hamburg ist mittlerweile rechtskräftig.

C. Fazit und Ausblick

Der verschmelzungsrechtliche Squeeze-out eröffnet neue Möglichkeiten, den Squeeze-out nunmehr auch bei einem geringeren Schwellenwert durchzuführen. Etwaige Bedenken, die sich daraus ergeben, dass im Vorfeld des Verfahrens eine Umstrukturierung zur Schaffung der gesetzlichen Voraussetzungen des § 62 Abs. 5 UmwG stattfindet oder im Nachgang an die Verschmelzung aus der Aktiengesellschaft (wieder) eine GmbH wird, sind nicht gerechtfertigt. Sowohl der Bundesgerichtshof als auch das Bundesverfassungsgericht haben in ihren Entscheidungen zu ähnlich gelagerten Fällen deutlich gemacht, dass keine wesentlichen Bedenken an einem Squeeze-out bestehen. Es ist davon auszugehen, dass die höchsten deutschen Gerichte, sollten sie in den Fällen des § 62 Abs. 5 UmwG angerufen werden, aufgrund der Herabsetzung des Schwellenwertes auf 90%, nicht von ihrer bisherigen Rechtsprechung abweichen werden.

Eine weitere Folge des neuen Squeeze-outs dürfte sein, dass es einzelnen Aktionären - allen voran Hedge Fonds, die in der Vergangenheit darauf spekuliert haben, sich ihre Minderheitsbeteiligungen teuer abkaufen zu lassen – schwerer fallen dürfte, Blockadepositionen aufzubauen, da nunmehr nicht nur eine 5%-Beteiligung ausreicht, um sich diese Anteile teuer abkaufen zu lassen.[159] Dies sollte auch das Hinausdrängen insgesamt günstiger werden lassen. Gleichwohl sind die Vorteile gegenüber den bisherigen Möglichkeiten nicht so groß, wie vielleicht vom europäischen Gesetzgeber erwartet. Zwar sind keine Verschmelzungsberichte, -prüfungen und Prüfungsberichte zu erstellen, jedoch treten an ihre Stelle der Übertragungsbericht und der Barabfindungsprüfbericht. Erspart bleiben jedoch sowohl beim Squeeze-out als auch bei der Verschmelzung, Streitfragen über das Umtauschverhältnis bei der Verschmelzung, sowie damit einhergehende Bewertungsfragen des übernehmenden Rechtsträgers.

Vor dem Hintergrund, dass verfassungsrechtliche Bedenken hinsichtlich einer Absenkung des Schwellenwertes von 95% auf 90% nicht begründet sind, erscheint ein generelles Absenken des Schwellenwertes auch für den aktienrechtlichen Squeeze-out geboten.[160] Dadurch würde mehr Rechtssicherheit geschaffen und teure Gestaltungsvarianten könnten,

---

157 Vgl. oben: B. I. 2. b) aa.).
158 *Heckschen*, NZG 2010, 1041 (1045); *Packi*, ZGR 2011, 776 (799 ff.); *Kiefner/Brügel*, AG 2011, 525 (534); *Mayer*, NZG 2012, 561 (563).
159 *Austmann*, NZG 2011, 684 (690).
160 So auch *Seulen*, EWiR 2012, 503 (504).

wie vorstehend beschrieben, vermieden werden. Auch um internationale Investoren anzulocken und im internationalen Wettbewerb bestehen zu können, scheint eine Anpassung der Schwellenwerte an die in Europa üblicherweise in diesem Zusammenhang geltenden Maßstäbe geboten.[161] Es ist daher wohl nicht abwegig davon auszugehen, dass hier in naher Zukunft weitere Anpassungen auch im Aktienrecht zu erwarten sind. Dies gilt jedenfalls dann, wenn der Gesetzgeber den Auftrag der Verschmelzungsrichtlinie, Vereinfachungen voran zu bringen, ernst nimmt. Damit würde auch der Unterschied der Rechtsformen, der im § 62 Abs. 5 UmwG zugunsten der Aktiengesellschaft entsteht, obsolet.

Vergleicht man die 130 aktienrechtlichen Squeeze-out Verfahren im ersten Jahr nach dessen Einführung mit den eingependelten rund 25 Verfahren pro Jahr,[162] ist anzunehmen, dass durch den niedrigeren Schwellenwert die Anzahl der verschmelzungsrechtlichen Squeeze-out Verfahren in den nächsten Jahren deutlich nach oben schnellen wird.

---

161 *Bungert/Wettich,* DB 2010, 2545 (2549), mit Hinweis auf Österreich, Dänemark, Schweden, Norwegen und Finnland und z.T. im Zusammenhang mit einem öffentlichen Übernahmeangebot auch in Spanien, Portugal und Großbritannien.
162 *Austmann,* NZG 2011, 684 (684).

Die rechtliche Ausgestaltung von Kaufpreisanpassungsklauseln (insbesondere Earn-Out-Klauseln) in Unternehmenskaufverträgen

Von Heiko Hoffmann, LL.M.

A. Einleitung 152
   I. Problemstellung 152
   II. Zielsetzung und Gang der Arbeit 153
B. Der Kaufpreis 153
   I. Bedeutung des Kaufpreises bei Unternehmensakquisitionen 153
   II. Kaufpreis und Unternehmenswert 154
   III. Kaufpreisermittlung: Methoden der Unternehmensbewertung 154
      1. Einzelbewertungsverfahren 155
         a.) Substanzwertermittlung 155
         b.) Liquidationswertermittlung 156
      2. Gesamtbewertungsverfahren 156
         a.) Ertragswertverfahren 157
         b.) DCF-Verfahren 158
      3. Marktorientierte Bewertungsverfahren 159
         a.) Multiplikatorverfahren auf Basis vergleichbarer Unternehmen ... 160
         b.) Multiplikatorverfahren auf Basis von Erfahrungssätzen 160
   IV. Ableitung des Kaufpreises aus dem Unternehmenswert 161
C. Kaufpreismodalitäten 161
   I. Fester Kaufpreis 161
   II. Variabler Kaufpreis (stichtagsbezogene Kaufpreisanpassung) 163
      1. "Closing Accounts" und "Cash & Debt free-Konzept" 163
      2. Vertragliche Ausgestaltung stichtagsbezogener
         Kaufpreisanpassungsklauseln 164
      3. Vor- und Nachteile stichtagsbezogener Kaufpreisanpassungsklauseln aus
         Sicht der Vertragsparteien 165
      4. Ergänzende Vertragsklauseln 165
   III. Variabler Kaufpreis (zukunftsbezogene Kaufpreisanpassung) 166
D. Zukunftsbezogene Kaufpreisanpassungsklauseln (Earn-Out-Klauseln) 167
   I. Begriff und Funktionsweise von Earn-Out-Klauseln 167
   II. Erscheinungsformen von Earn-Out-Klauseln 168
      1. Das Besserungsoptionsmodell 168
      2. Der mehrstufige Unternehmenskauf 168
   III. Motive für den Einsatz von Earn-Out-Klauseln 169
      1. Divergierende Erwartungshaltung 169
      2. Asymmetrische Informationsverteilung 169
      3. Finanzierungsaspekte 170
   IV. Interessenlage 171
      1. Earn-Out-Klauseln aus Sicht des Käufers 171
      2. Earn-Out-Klauseln aus Sicht des Verkäufers 172
   V. Vertragsgestaltung 172
      1. Bemessungsgrundlage 173
         a.) Auswahl eines Erfolgsindikators 173

    b.) Festlegung eines Schwellenwertes ("Trigger Event") 174
      aa.) Fester Standard 175
      bb.) Variabler Standard 175
      cc.) Kumulativer Standard 176
   c.) Bemessungsperiode (Earn-Out-Zeitraum) 176
  2. Abwicklungskontrolle 177
   a.) Fortführung der Zielgesellschaft als eigenständige Gesellschaft 177
   b.) Informationsrechte des Verkäufers 178
   c.) Vorbehaltsrechte des Verkäufers 178
   d.) Zahlungssicherung 178
   e.) Konfliktbeilegung 179
 VI. Kritische Würdigung von Earn-Out-Gestaltungen 179
E. Zusammenfassung 181
F. Anhang: Formulierungsvorschlag für eine Earn-Out Klausel 183

A. Einleitung

I. Problemstellung

"Scheinbar banal, aber manchmal in der Umsetzung durchaus kompliziert: die Nennung des Kaufpreises."[1] Was zunächst einfach und selbsterklärend erscheint, kann sich bei der Preisbildung während der Verhandlungen und bei der späteren Umsetzung in kaufvertragliche Preismechanismen schwierig gestalten. Häufig verbirgt sich hinter dem Kaufpreis mehr als nur ein Betrag in einer bestimmten Währung, der zu einem bestimmten Zeitpunkt vom Käufer an den Verkäufer zu entrichten ist, denn häufig wird der Kaufpreis nicht bereits mit dem Vertragsschluss fixiert, sondern entweder an Ereignisse bis zum Übertragungsstichtag oder an zukünftige Ereignisse angepasst.[2] Neben Garantien und Freistellungsansprüchen bildet somit die Anpassung des Kaufpreises beim Verkauf eines Unternehmens ein wesentliches Gestaltungsinstrument der Vertragsparteien, vielleicht sogar das wichtigste überhaupt.[3]

Die Einigung auf einen Kaufpreis für das Zielunternehmen ist Grundvoraussetzung für den erfolgreichen Abschluss einer Unternehmenstransaktion. Viele Unternehmenstransaktionen scheitern jedoch daran, dass sich Käufer und Verkäufer nicht auf einen sofort zu entrichtenden Kaufpreis einigen können. Insbesondere in Zeiten wirtschaftlicher Unsicherheit werden die zukünftigen Ertragsaussichten und damit der Wert des Zielunternehmens von den Verhandlungsparteien zum Teil höchst unterschiedlich eingeschätzt. In einer solchen Situation kann sich der Einsatz von so genannten Earn-Out-Klauseln zur Überbrückung der unterschiedlichen Kaufpreisvorstellungen anbieten.[4] Hierbei handelt es sich um zukunftsbezogene Kaufpreisanpassungsklauseln, durch die sich der Kaufpreis in Abhängigkeit vom Eintritt bestimmter Ereignisse variabel gestalten lässt.

---
1 *van Kann*, Praxishandbuch Unternehmenskauf, 2009, S. 53.
2 *Küting/Metz*, Variable Kaufpreisvereinbarungen bei Unternehmenszusammenschlüssen nach IFRS 3, KoR 9/2012, 394 (403).
3 *Bruski*, Kaufpreisbemessung und Kaufpreisanpassung im Unternehmenskaufvertrag, BB 2005, Sonderbeilage 7, 19
4 *Hilgard*, Earn-Out-Klauseln beim Unternehmenskauf, BB 2010, 2912 (2912).

II. Zielsetzung und Gang der Arbeit

Die vorliegende Arbeit befasst sich mit der vertraglichen Ausgestaltung von Kaufpreisanpassungsklauseln und dabei insbesondere mit zukunftsbezogenen Kaufpreisanpassungsklauseln in Form von Earn-Out-Klauseln. Zunächst wird auf die Bedeutung des Kaufpreises für Unternehmensakquisitionen und dessen Verhältnis zum Wert des zu verkaufenden Unternehmens eingegangen. Anschließend werden überblicksartig die einschlägigen Verfahren zur Unternehmenswertermittlung dargestellt, da die verschiedenen Mechanismen der Kaufpreisanpassung oftmals durch das Bewertungsmodell gestaltet werden. Ohne nähere Kenntnis dieser Verfahren ist die Formulierung einer Kaufpreisanpassungsformel sehr schwer, wenn nicht sogar ausgeschlossen.[5] Nach einer Vorstellung der unterschiedlichen Kaufpreismodalitäten, bei der insbesondere auf die Kaufpreisfestsetzung bzw. -anpassung bis zum Übertragungsstichtag eingegangen wird, bildet die Darstellung und vertragliche Abbildung von Earn-Out-Klauseln den Schwerpunkt der vorliegenden Arbeit. Neben der Funktionsweise und Erscheinungsformen von Earn-Out-Klauseln werden dabei zunächst auch die Motive für deren Einsatz und die unterschiedliche Interessenlage der Vertragsparteien beleuchtet. Aufbauend darauf werden die rechtliche Ausgestaltung von Earn-Out-Klauseln in Unternehmenskaufverträgen sowie im Rahmen einer kritischen Würdigung deren Schwierigkeiten und Risiken in der praktischen Umsetzung erläutert.

B. Der Kaufpreis

I. Bedeutung des Kaufpreises bei Unternehmensakquisitionen

Wesentlicher Punkt bei M&A-Vertragsverhandlungen[6] und zentraler Bestandteil eines Unternehmenskaufs ist die Bestimmung des Kaufpreises.[7] Der Kaufpreis ist die Gegenleistung für den „Wert" des Unternehmens[8] und gehört aus juristischer Sicht sowohl für den Käufer als auch für den Verkäufer eines Unternehmens oder Anteilen daran zu den unverzichtbaren Bestandteilen („essentialia negotii") des Kaufvertrags.[9]

Auch ökonomisch betrachtet ist der vom Verkäufer als Gegenleistung für die Übertragung seines Unternehmens zu erwartende Kaufpreis regelmäßig das zentrale Element eines jeden Unternehmenskaufes, unabhängig davon, ob dieser als Asset Deal oder als Share Deal strukturiert wird.[10]

Andere ökonomisch ebenfalls bedeutsame Aspekte, beispielsweise der Komplex der Gewährleistungen und Garantien oder der Umgang mit wesentlichen Vertragsbeziehungen zwischen Zielunternehmen und Verkäufern (z.B. Anstellungsverträge oder Miet- und

---

5   *Bruski*, BB 2005, Sonderbeilage 7, 19 (20).
6   Einen allgemeinen Überblick über den Ablauf einer Transaktion gibt *Munkert*, Unternehmenstransaktionen erfolgreich managen, DStR 2008, 2501 ff.
7   *Werner*, Earn-Out-Klauseln - Kaufpreisanpassung beim Unternehmenskauf, DStR 33/2012, 1662 (1662).
8   *Beisel/Klumpp*, Der Unternehmenskauf, 6. Auflage 2009, Kapitel 11, Rz. 1.
9   *Müller*, Unternehmensbewertung und Verschmelzungsrelationen, Abfindungen, in: Semler, Johannes/Volhard, Rüdiger (Hrsg.), Arbeitshandbuch für Unternehmensübernahmen, Bd. 1 2001, § 10, Rz. 1.
10 Zur Unterscheidung zwischen Share Deal und Asset Deal vgl. u.a. *van Kann*, (o. Fn. 1), S. 36.

Serviceverträge o. ä.), treten jedenfalls in der Wahrnehmung der verhandelnden Parteien und meist auch im ökonomischen Gehalt deutlich zurück.[11]

Ein Kauf oder Verkauf wird nur dann stattfinden, wenn sich Käufer und Verkäufer auf einen Kaufpreis einigen können.[12]

II. Kaufpreis und Unternehmenswert

Vom Kaufpreis zu unterscheiden ist der Unternehmenswert, der in der Regel für die Kaufpreisfindung von entscheidender Bedeutung ist.[13]

Der Kaufpreis für das Unternehmen und der Wert des Unternehmens sind zwei verschiedene Größen, die sich nur insoweit bedingen, als der Wert des Unternehmens regelmäßig die Basis für die Kaufpreisfindung darstellt.[14]

Die Wertfindung ist eine auf die Substanz nebst innewohnender stiller Reserven oder auf die zukünftige Ertragskraft gestützte Unternehmensbewertung. Die Preisfindung ist hingegen eine unternehmerische Entscheidung.[15] Wertfindung und Preisfindung sollten nach Möglichkeit zu nahe beieinander liegenden Ergebnissen führen. In der Praxis wird dies jedoch regelmäßig nicht der Fall sein. Der Kaufpreis kann zwar identisch mit dem Wert des Unternehmens sein, wird aber von diesem häufig abweichen und kann sogar bis zu einem Vielfachen des Wertes betragen[16], wenn der Käufer aus (subjektiven) strategischen Überlegungen handelt und deshalb neben dem Preis für das Unternehmen auch so genannte Prämien für z.B. den Markteintritt, die Übernahme von Wettbewerbern und/oder Kontrolle über das Zielunternehmen bezahlt.

Dennoch bedienen sich sowohl Verkäufer als auch Käufer regelmäßig der Methoden der Unternehmensbewertung, um ihre individuelle Preisunter- bzw. Preisobergrenze intern festzulegen[17] und den Verhandlungsspielraum bezüglich des Kaufpreises auszuloten.[18]

III. Kaufpreisermittlung: Methoden der Unternehmensbewertung

Ausgangspunkt der Kaufpreisermittlung ist, wie oben bereits dargestellt, die von den Parteien zugrunde gelegte Bewertung des Zielunternehmens.[19] Der als Entscheidungswert (Grenzpreis) ermittelte Unternehmenswert soll für einen potenziellen Käufer die Preisobergrenze, für einen potenziellen Verkäufer die Preisuntergrenze angeben, und zwar unter Berücksichtigung der individuellen Verhältnisse (z.B. Zielsetzungen, finanzielle Möglich-

---

11 *Schüppen*, Alternativen der Kaufpreisstrukturierung und ihre Umsetzung im Unternehmenskaufvertrag, BFuP 2010, 412 (412).
12 *Holzapfel/Pöllath*, Unternehmenskauf in Recht und Praxis, 14. Auflage 2010, Rz. 861.
13 *Picot*, Vertragsrecht, in: Picot, Gerhard (Hrsg.), Unternehmenskauf und Restrukturierung, 3. Auflage 2004, S.1 (93)
14 *Niewiarra*, Unternehmenskauf, 3. Auflage 2006, S. 70.
15 *Holzapfel/Pöllath*, (o. Fn. 12), Rz. 861.
16 *Niewiarra*, (o. Fn. 14), S. 70.
17 *Schüppen*, BFuP 2010, 412 (413).
18 *Drukarczyk/Schüler*, Unternehmensbewertung, 6. Auflage München 2009, S. 82 ff.
19 *Kästle/Oberbracht*, Unternehmenskauf – Share Purchase Agreement, 2. Auflage 2010, S. 71.

keiten, Risikoneigungen) von Käufer bzw. Verkäufer.[20] Die Unternehmens-bewertung stellt insofern nichts anderes dar als ein Investitionskalkül, mit dem Käufer und Verkäufer die Vorteilhaftigkeit des Kaufs bzw. Verkaufs analysieren.[21]

Theorie und Praxis der Unternehmensbewertung sind durch eine große Methodenvielfalt gekennzeichnet.[22] Zu den wichtigsten Unternehmensbewertungsverfahren zählen Einzelbewertungs-, Gesamtbewertungs- und Vergleichsverfahren.

1. Einzelbewertungsverfahren

Ansatzpunkt der Einzelbewertungsverfahren ist nicht das Unternehmen als Ganzes, sondern dessen Bestandteile.[23] Einzelbewertungsverfahren ermitteln den Unternehmenswert durch eine isolierte Bewertung der einzelnen Vermögensgegenstände und Schulden[24] und betrachten das Unternehmen als Summe seiner Bestandteile.[25]

Die den Einzelbewertungsverfahren zugrunde liegende Vorstellung vom Unternehmen als Summe seiner Bestandteile gilt heute in der Praxis als überholt. Daher spielen diese Verfahren heutzutage bei Beteiligungserwerben kaum noch eine Rolle.[26] Sie kommen aber noch in Ausnahmefällen zur Anwendung, etwa beim Kauf ertragsschwacher oder verlustbringender Unternehmen, insbesondere aus einer Insolvenzmasse[27] und werden daher hier der Vollständigkeit halber mit dargestellt.

Zu den Einzelbewertungsverfahren gehören im Wesentlichen die Substanzwertermittlung und die Liquidationswertermittlung.

a.) Substanzwertermittlung

Der Substanzwert ist die Summe der Wiederbeschaffungswerte aller Einzelwirtschaftsgüter des Unternehmens[28] bei unterstellter Fortführung des zu bewertenden Unternehmens (going-concern-Prämisse). Zukünftig erwartete Überschüsse des zu bewertenden Unternehmens spielen keine Rolle.[29]

---

20 Ebenda, S. 71.
21 *Matzen*, Ablauf einer Unternehmensakquisition, in: Knott, Hermann J./ Mielke, Werner (Hrsg.), Unternehmenskauf, 4. Auflage 2012, S. 3 (28).
22 *Mandl/Rabel*, Methoden der Unternehmensbewertung (Überblick), in: Peemöller, Volker H. (Hrsg.), Praxishandbuch der Unternehmensbewertung, 5. Auflage 2012, S. 49 (52 ff.).
23 *Bruski*, BB 2005, Sonderbeilage 7, 19 (20).
24 *Mandl/Rabel*, (o. Fn. 22), S. 49 (82).
25 *Kästle/Oberbracht*, (o. Fn. 19), S. 71.
26 *Bruski*, BB 2005, Sonderbeilage 7, 19 (20); *Hommel/Grass/Prokesch*, Methoden zur Ermittlung des Unternehmenswertes im M&A-Prozess, in: Picot, Gerhard (Hrsg.), Handbuch Mergers & Acquisitions, 5. Auflage 2012, S. 151 (171).
27 *Kästle/Oberbracht*, (o. Fn. 19), S. 72.
28 *Bruski*, BB 2005, Sonderbeilage 7, 19 (20).
29 *Widmann*, Bewertung, in: Hölters, Wolfgang (Hrsg.), Handbuch Unternehmenskauf, 7. Auflage 2010, Teil II, S. 71 (Rz. 147).

Der Substanzbewertung liegt die Vorstellung einer „Unternehmensreproduktion" und einer Orientierung an den dabei entstehenden Kosten zugrunde.[30] Der Substanzwert, der auch als Reproduktionswert bezeichnet wird, ist zu interpretieren als die Summe derjenigen Ausgaben, die ein Investor für den Aufbau eines vollkommen identischen Unternehmens aufzuwenden hätte. Die ermittelten Reproduktionswerte können den Wiederbeschaffungs- oder Zeitwerten der einzelnen Wirtschaftsgüter entsprechen.[31]

Der Substanzwert hat bei der Bewertung von Unternehmen im Rahmen von Beteiligungserwerben typischerweise keine eigenständige Bedeutung[32], da er keine Anhaltspunkte über die zukünftige Ertragskraft der Gesellschaft gibt.[33]

b.) Liquidationswertermittlung

Während beim Substanzwertverfahren eine Unternehmensfortführung unterstellt wird, geht der Ansatz von Liquidationswerten von einer Zerschlagung (Liquidation) des Unternehmens aus.[34] Der Liquidationswert einer Unternehmung entspricht dem erzielbaren Preis aus einer vollständigen Veräußerung der Vermögensgegenstände[35] sowie einer vollständigen Begleichung der Schulden des Unternehmens unter Berücksichtigung etwaig anfallender Veräußerungskosten.

Auch die Liquidationswertermittlung kommt wie die Substanzwertermittlung in der M&A-Praxis nur in Ausnahmefällen zur Anwendung.

2. Gesamtbewertungsverfahren

In den überwiegenden Fällen werden Unternehmen nicht wegen einzelner Vermögensgegenstände erworben, sondern wegen der ihnen als unternehmerische Organisation insgesamt innewohnenden wirtschaftlichen Leistungsfähigkeit.[36] Diese Leistungsfähigkeit wird mittels Gesamtbewertungsverfahren ermittelt. Dabei wird das Unternehmen als Bewertungseinheit betrachtet. Der Unternehmenswert wird durch den Gesamtertrag bestimmt, welchen das Unternehmen zukünftig erwirtschaften wird.[37] Vergleichbar einer jeden Investitionsentscheidung ergibt sich der Wert gemäß der Kapitalwertmethode aus der Summe der diskontierten zukünftigen Einzahlungsüberschüsse, die den Anteilseignern zufließen.[38]

Während vor allem in Deutschland nach wie vor auch die Ertragswertmethode Anwendung findet, wird dieser investitionstheoretische Ansatz vor allem im angelsächsischen Raum durch die so genannte Discounted-Casflow-Methode (DCF-Methode) umgesetzt.[39] Die

---

30 *Mandl/Rabel*, (o. Fn. 22), S. 49 (83).
31 *Widmann*, (o. Fn. 29), S. 71 (Rz. 147).
32 *Bruski*, BB 2005, Sonderbeilage 7, 19 (21).
33 *Widmann*, (o. Fn. 29), S. 71 (Rz. 157).
34 *Mandl/Rabel*, (o. Fn. 22), S. 49 (85).
35 *Widmann*, (o. Fn. 29), S. 71 (Rz. 160).
36 *Kästle/Oberbracht*, (o. Fn. 19), S. 72.
37 *Mandl/Rabel*, (o. Fn. 22), S. 49 (53).
38 *Hommel/Grass/Prokesch*, (o. Fn. 26), S. 151 (152).
39 *Bruski*, BB 2005, Sonderbeilage 7, 19 (20).

beiden Methoden unterscheiden sich vornehmlich durch die zu diskontierenden Erfolgsgrößen und den angewandten Diskontierungszinssatz[40], sind sich aber insoweit ähnlich, als dass sie auf derselben konzeptionellen Grundlage beruhen[41] und im Ergebnis zu denselben Unternehmenswerten führen. Beide Methoden beruhen auf Prognosen über zukünftig erzielbare Erträge bzw. Einzahlungen und deren Diskontierung auf den Bewertungsstichtag.[42] Darin liegt jedoch auch das entscheidende Problem dieser Bewertungsverfahren, nämlich der Unsicherheit von Prognosen über die entscheidenden bewertungsrelevanten Erfolgsgrößen.[43] Dennoch besitzen sie aufgrund ihrer Zukunftsbezogenheit einen hohen Stellenwert in der Bewertungspraxis.[44] Insbesondere die DCF-Methode wird aufgrund ihrer internationalen Anerkennung zunehmend auch von in Deutschland ansässigen Unternehmensberatungs- und Investmentgesellschaften im Rahmen von M&A-Transaktionen angewandt.[45] Es ist zunehmend festzustellen, dass die DCF-Methode als Bewertungsstandard auch die Gestaltung der Unternehmenskaufverträge wesentlich bestimmt.[46] Während Ökonomen häufig den Unternehmenswert rechnerisch ermitteln, versuchen Juristen durch vertragliche Gestaltungen etwaige Kaufpreisdifferenzen zwischen den Vertragsparteien zu überbrücken. Hierbei können z.B. die so genannten Earn-Out-Klauseln zum Einsatz kommen.

a.) Ertragswertverfahren

Das Ertragswertverfahren ist eine Methode zur direkten Ermittlung des Eigenkapitalwertes („Equity Value"). Es wird auch als Nettoverfahren bezeichnet, da nicht der Gesamtunternehmenswert („Entity Value"), sondern direkt der Wert des Eigenkapitals berechnet wird.[47] Hierbei wird ausschließlich auf die den Eigenkapitalgebern zustehenden bzw. zufließenden Zukunftserfolge abgestellt[48], d.h. Finanzierungsstruktur und Steuereffekte sind implizit berücksichtigt.

Bei Ertragswertverfahren wird der Unternehmenswert durch Diskontierung der in Zukunft aus dem Unternehmen erwarteten Erträge ermittelt.[49] Die künftigen Erträge werden aus den prognostizierten Jahresergebnissen (Mehrjahres-Planung) der zu bewertenden Unternehmung abgeleitet. Die so ermittelten zukünftigen Jahresergebnisse werden dann mittels risikoadäquater Eigenkapitalkosten (Eigenkapitalrendite) auf den Bewertungs-stichtag diskontiert. Die Eigenkapitalkosten spiegeln dabei die Renditeerwartung des Investors wider und lassen sich aus dem so genannten Capital Asset Pricing Model (CAPM) ableiten.

---

40 *Hommel/Grass/Prokesch*, (o. Fn. 26), S. 151 (152).
41 *Meschede*, Unternehmensbewertung, in: Rotthege, Georg/ Wassermann, Bernd (Hrsg.), Mandatspraxis Unternehmenskauf, 2002, S. 107 (114).
42 *Mandl/Rabel*, (o. Fn. 22), S. 49 (54 ff.).
43 *Bruski*, BB 2005, Sonderbeilage 7, 19 (21).
44 *Widmann*, (o. Fn. 29), S. 71 (Rz. 43).
45 *Ebenda*, S. 71 (Rz. 43).
46 *Bruski*, BB 2005, Sonderbeilage 7, 19 (21).
47 *Weitmann/Bubeck*, Bewertung von Unternehmen, in: van Kann, Jürgen (Hrsg.), Praxishandbuch Unternehmenskauf, 2009, S. 297 (313).
48 *Peemöller/Kunowski*, Ertragswertverfahren nach IDW, in: Peemöller, Volker H. (Hrsg.), Praxishandbuch der Unternehmensbewertung, 5. Auflage 2012, S. 275 (284).
49 *Mandl/Rabel*, (o. Fn. 22), S. 49 (54).

Die Ertragswertmethode wird häufig zur gutachterlichen Bestimmung von Austauschverhältnissen, z.B. bei der Fusion von Aktiengesellschaften benutzt.[50] Damit unterscheidet sie sich im Anwendungsgebiet insofern von der DCF-Methode, als diese primär als Instrument der Entscheidungsfindung eingesetzt wird.

b.) DCF-Verfahren

Das Discounted Cashflow-Verfahren (DCF-Verfahren) beruht wie das Ertragswertverfahren auf einem investitionstheoretischen Barwertmodell.[51] Während beim Ertragswertverfahren die Jahresergebnisse des zu bewertenden Unternehmens die Basis der Unternehmenswertermittlung sind, wird bei den DCF-Verfahren der Wert des Unternehmens durch Diskontierung von Zahlungsmittelüberschüssen (Cashflows) ermittelt.[52]

Die Diskontierung der Zahlungsmittelüberschüsse lässt sich zum einen ausschließlich auf das Eigenkapital (Netto-Ansatz bzw. Equity-Approach) und zum anderen auf das Unternehmen insgesamt (Brutto-Ansatz bzw. Entity-Approach) beziehen.[53]

Beim Netto-Ansatz bildet, ähnlich dem Ertragswertverfahren, allein der den Eigenkapitalgebern zur Verfügung stehende Zahlungsmittelüberschuss (Cashflow) die Bewertungsgrundlage[54], die mittels risikoäquivalenter Renditeforderung der Eigentümer diskontiert wird.[55] Im Ergebnis wird direkt der Marktwert des Eigenkapitals ermittelt.[56]

Innerhalb des Bruttoansatzes wird eine Differenzierung zwischen dem Konzept der gewichteten Kapitalkosten (WACC-Ansatz) und dem Adjusted Present Value-Verfahren (APV-Verfahren) vorgenommen.[57] Der Marktwert des Eigenkapitals wird bei diesen Verfahren indirekt in zwei Schritten ermittelt. Im ersten Schritt wird der Marktwert des Gesamtkapitals des zu bewertenden Unternehmens bestimmt, indem die so genannten Free Cashflows diskontiert werden. Die Free Cashflows entsprechen denjenigen Zahlungsmittelüberschüssen, die sowohl für eine Ausschüttung an die Eigen- als auch zur Bedienung der Fremdkapitalgeber zur Verfügung stehen.[58] Während beim WACC-Ansatz die Diskontierung der Free Cashflows mit den so genannten gewichteten Kapitalkosten (Weighted Average Cost of Capital) erfolgt, werden beim APV-Verfahren zunächst nur die den Eigenkapitalgebern zufließenden Cashflows mittels Eigenkapitalkosten diskontiert und anschließend die Steuerersparnis aus der Fremdfinanzierung hinzuaddiert.[59] Im zweiten Schritt lässt sich dann der Unternehmenswert bei beiden Verfahren als Marktwert des Eigenkapitals bestimmen, indem vom Marktwert des Gesamtkapitals der Marktwert des Fremdkapitals abgezogen wird.[60] Die Finanzierungsstruktur des zu bewertenden Unternehmens nebst an-

---

50 *Hommel/Grass/Prokesch*, (o. Fn. 26), S. 151 (166).
51 *Widmann*, (o. Fn. 29), S. 71 (Rz. 70).
52 *Baetge/Niemeyer/Kümmel/Schulz*, Darstellung der Discounted Cashflow-Verfahren (DCF-Verfahren), in: Peemöller, Volker H. (Hrsg.), Praxishandbuch der Unternehmensbewertung, 5. Auflage 2012, S. 349 (355).
53 *Widmann*, (o. Fn. 29), S. 71 (Rz. 72).
54 *Bruski*, BB 2005, Sonderbeilage 7, 19 (21).
55 *Baetge/Niemeyer/Kümmel/Schulz*, (o. Fn. 52), S. 349 (355).
56 *Widmann*, (o. Fn. 29), S. 71 (Rz. 106).
57 *Drukarczyk/Schüler*, (o. Fn. 18), S. 125 ff.; *Baetge/Niemeyer/ Kümmel/Schulz*, (o. Fn. 52), S. 349 (355 ff.).
58 *Widmann*, (o. Fn. 29), S. 71 (Rz. 73).
59 *Drukarczyk/Schüler*, (o. Fn. 18), S. 148 ff.
60 *Baetge/Niemeyer/Kümmel/Schulz*, (o. Fn. 52), S. 349 (355).

fallender Fremdkapitalzinsen hat nach dieser Konzeption keinen Einfluss auf den freien Cashflow. Damit soll ein von der gewählten Finanzierungsstruktur unabhängiger Unternehmenswert ermittelt werden.[61]

Für den Marktwert des Fremdkapitals kann vereinfacht der Buchwert des Fremdkapitals angenommen werden.[62] Zum Fremdkapital gehören in diesem Fall alle zinstragenden Verbindlichkeiten, wie z.B. Bankkredite oder Leasingverpflichtungen abzüglich der zum Bewertungsstichtag bestehenden Kassen- und Bankguthaben.

In der M&A-Praxis ist der WACC-Ansatz im Rahmen des DCF-Verfahrens die wohl am häufigsten vorkommende Bewertungsmethode.

3. Marktorientierte Bewertungsverfahren

Grundlage marktorientierter Bewertungsverfahren ist weniger die der Ertrags- und DCF-Bewertung innewohnende kapitalwertorientierte Betrachtung zukünftiger Zahlungsüberschüsse von Unternehmen als vielmehr deren tatsächlich realisierbaren Markt- und Veräußerungspreise.[63] Der Marktpreis des Unternehmens wird dabei aus in der Vergangenheit beobachtbaren Unternehmenspreisen vergleichbarer Unternehmen abgeleitet. Marktorientierte Bewertungsverfahren beruhen auf der Prämisse, dass vergleichbare Unternehmen mit ähnlichen Strukturen vom Markt ähnlich bewertet werden.[64]

Beim gängigsten marktorientierten Bewertungsverfahren, dem Multiplikatorverfahren errechnet sich der Wert eines Unternehmens aus dem Produkt einer Bezugsgröße mit einem Multiplikator.[65] Als Bezugsgrößen kommen dabei grundsätzlich aktuelle oder geplante Finanzkennzahlen des zu bewertenden Unternehmens, wie z.B. Umsatzerlöse, Cashflows, Ergebnisgrößen, wie EBITDA, EBIT oder Jahresergebnis sowie Kapitalgrößen, wie z.B. Eigenkapital in Betracht. Der jeweilige Multiplikator wird dabei aus Daten von Vergleichsunternehmen oder branchenbezogenen Erfahrungswerten abgeleitet.[66]

Während Multiplikatorverfahren aufgrund ihres geringen Bezugs zu den individuellen Besonderheiten des zu bewertenden Unternehmens in der Vergangenheit in der Literatur häufig mit Skepsis betrachtet wurden, erfreuen sich diese Bewertungsverfahren in der Praxis aufgrund ihrer relativ einfachen Anwendbarkeit großer Beliebtheit. Zwar wird die Anwendung von Multiplikatoren zur Unternehmensbewertung seit einiger Zeit auch in der Literatur zunehmend positiver betrachtet[67], jedoch ersetzt diese Methodik nach wie vor nicht die fundamentalen Bewertungsansätze, wie Ertragswert- und DCF-Verfahren, kann diese jedoch ergänzen und zu deren Plausibilitätskontrolle beitragen.[68]

---

61   *Bruski*, BB 2005, Sonderbeilage 7, 19 (21).
62   *Baetge/Niemeyer/Kümmel/Schulz*, (o. Fn. 52), S. 349 (359 ff.).
63   *Widmann*, (o. Fn. 29), S. 71 (Rz. 120).
64   *Kästle/Oberbracht*, (o. Fn. 19), S. 75.
65   *Löhnert/Böckmann*, Multiplikatorverfahren in der Unternehmensbewertung, in: Peemöller, Volker H. (Hrsg.),Praxishandbuch der Unternehmensbewertung, 5. Auflage 2012, S. 349 (681 ff.).
66   *Mandl/Rabel*, (o. Fn. 22), S. 49 (78).
67   *Löhnert/Böckmann*, (o. Fn. 65), S. 349 (682).
68   *Kästle/Oberbracht*, (o. Fn. 19), S. 76.

a.) Multiplikatorverfahren auf Basis vergleichbarer Unternehmen

Bei diesem Verfahren wird bei der Bestimmung des Unternehmenswerts von konkreten, tatsächlich realisierten Marktpreisen für vergleichbare Unternehmen ausgegangen, auf deren Basis der potenzielle Marktpreis für das Bewertungsobjekt berechnet wird.[69] Die Marktpreise der Vergleichsunternehmen können dabei entweder aus dem Börsenkurs vergleichbarer Unternehmen (Similar-Public-Company-Method), den Kaufpreisen der jüngeren Vergangenheit (Recent-Acquisition-Method) oder aus den Emissionspreisen für vergleichbare Unternehmen, die zuletzt an der Börse eingeführt wurden (Initial-Public-Offerings-Method) abgeleitet werden.[70]

Zur Ermittlung des Unternehmenswerts werden die erhobenen Marktpreise der Vergleichsunternehmen mit bestimmten Finanzkennzahlen in Verbindung gesetzt. Die daraus resultierenden Verhältniszahlen (Multiplikatoren) werden dann mit den für das zu bewertende Unternehmen ermittelten Vergleichsgrößen (Bezugsgrößen) multipliziert.[71]

Dabei kann analog zum DCF-Verfahren ein Bruttokaufpreis auf Basis von Kennzahlen vor Berücksichtigung der Fremdfinanzierung (z.B. Umsatz, EBITDA, EBIT, Free Cashflow) oder direkt der Nettokaufpreis auf Basis von Kennzahlen nach Berücksichtigung der Fremdfinanzierung (Jahresüberschuss, Eigenkapital) ermittelt werden. Vom Bruttokaufpreis bzw. Unternehmensgesamtwert sind dann analog zur DCF-Bewertung die Nettofinanzverbindlichkeiten zum Bewertungsstichtag in Abzug zu bringen, um den jeweiligen Nettokaufpreis bzw. Marktwert des Eigenkapitals zu erhalten.

b.) Multiplikatorverfahren auf Basis von Erfahrungssätzen

In ähnlicher Weise können statt der Berechnung durch Bezugnahme auf tatsächlich erzielte Börsen- oder Verkaufspreise auch einfach branchentypische Multiplikatoren angewandt werden.[72] Diese Art der Bewertung wird oftmals als sogenannte Daumenregel bezeichnet und kommt häufig bei der Bewertung von kleineren Unternehmen zum Einsatz.[73] Die branchentypischen Multiplikatoren geben im Allgemeinen Erfahrungssätze aus den in der Vergangenheit in einer bestimmten Branche realisierten Marktpreisen für Unternehmensverkäufe wieder und werden als Orientierungshilfe für eine Schätzung des Marktpreises von Unternehmen der betreffenden Branche eingesetzt.[74] Als Bezugsgrößen kommen bei diesem Verfahren grundsätzlich auch die unter B. III. 3. a.) beschriebenen Kennzahlen in Betracht. Jedoch ist auch hier der Hinweis auf ihre eingeschränkte Anwendbarkeit angebracht.

---

69 *Widmann*, (o. Fn. 29), S. 71 (Rz. 122).
70 *Mandl/Rabel*, (o. Fn. 22), S. 49 (79 ff.); *Widmann*, (o. Fn. 29), S. 71 (Rz. 128 ff.).
71 *Mandl/Rabel*, (o. Fn. 22), S. 49 (78).
72 *Bruski*, BB 2005, Sonderbeilage 7, 19 (23).
73 *Mandl/Rabel*, (o. Fn. 22), S. 49 (81).
74 *Ebenda*, S. 49 (81).

IV. Ableitung des Kaufpreises aus dem Unternehmenswert

Mit der Durchführung einer DCF- oder Multiplikatoren-Bewertung ist die Kaufpreisermittlung meist noch nicht zu Ende. Die Unternehmensbewertung gibt den Kaufvertragsparteien lediglich Anhaltspunkte dafür, wie viel sie als Käufer maximal zahlen bzw. als Verkäufer mindestens fordern sollten. Die Unternehmensbewertung liefert somit die jeweiligen "Eingangsgrößen" für die Verhandlungen der Vertragsparteien.

In der Realität ist der Kaufpreis letztlich das Ergebnis subjektiver Vorstellungen und eines Verhandlungsprozesses zwischen den Parteien. In diesen Verhandlungsprozess fließen, neben den im Rahmen der Unternehmensbewertung gewonnenen Erkenntnissen, zahlreiche weitere Sachverhalte ein, die zu Zu- oder Abschlägen auf den zuvor ermittelten Unternehmenswert führen können.[75] So können z.B. strategische Überlegungen des Erwerbers, wie z.B. Kontrollerwerb, Erwerb eines Wettbewerbers oder Eintritt in einen neuen Markt, zu Zuschlägen auf den Unternehmenswert führen. Gleichzeitig wird seitens des Erwerbers jedoch oftmals auch das mit dem Unternehmenserwerb verbundene Risiko "eingepreist", was sich in entsprechenden Abschlägen widerspiegelt.

Wie die Parteien den Unternehmenswert und davon abgeleitet den Kaufpreis ermitteln, bleibt letztlich ihnen überlassen. Hieraus wird bereits deutlich, dass eine Einigung der Vertragsparteien auf einen einvernehmlichen Kaufpreis in der Praxis zu Schwierigkeiten führen kann, da die "Eingangsgrößen" aus Verkäufer- und Käuferperspektive häufig unterschiedlich sind. Die Überbrückung dieser unterschiedlichen Vorstellungen ist dann auch Gegenstand der Vertragsgestaltung.

C. Kaufpreismodalitäten

Der Unternehmenskaufpreis kann zwischen den Verhandlungsparteien bei Vertragsschluss („Signing")[76] bereits fest und endgültig, d.h. in einer bestimmten Höhe, vereinbart werden. Regelmäßig bietet sich aber auch die Vereinbarung eines (teilweise) variablen Kaufpreises an.[77] Bei variablen Kaufpreisen ist wiederum zu unterscheiden, ob die endgültige Kaufpreisbestimmung von Ereignissen zwischen dem „Signing" und dem „Closing"[78] beeinflusst, oder aber vom zukünftigen Erfolg des Zielunternehmens (zukunftsbezogen) abhängig gemacht wird.

I. Fester Kaufpreis

Ein fester Kaufpreis wird in der Regel in einfach gelagerten Fällen oder dann vereinbart, wenn die Annahmen des Erwerbers für die Kaufpreisfindung keiner Überprüfung mehr bedürfen, und der Erwerber davon ausgehen kann, dass mögliche Risiken und Unwägbar-

---

75 *Kästle/Oberbracht*, (o. Fn. 19), S. 77.
76 "Signing" = Abschluss des Vertrags (Vertragsunterzeichnung).
77 *Holzapfel/Pöllath*, (o. Fn. 12), Rz. 864.
78 „Closing" = Vollzug des Vertrags (Eigentümerwechsel).

keiten ausreichend über die Garantien abgedeckt sind.[79] In jüngerer Vergangenheit werden feste Kaufpreise zunehmend auch in der Form des so genannten „Locked Box"- Modells vereinbart.[80] Hierbei wird der Kaufpreis für das Unternehmen auf einen in jüngster Vergangenheit liegenden Stichtag (in der Regel auf den letzten Bilanzstichtag) ermittelt.[81] Nachträgliche Kaufpreisanpassungen zum „Closing", die oftmals mühsam bestimmt und saldiert werden müssen, entfallen hierbei in der Regel.[82]

Vermögensveränderungen zwischen Bilanz- und Vollzugsstichtag gehen damit zu Lasten (oder zu Gunsten) des Erwerbers. Um das Risiko eines Wertverlustes zwischen "Signing" und "Closing" für den Käufer zu minimieren muss mittels Garantie des Verkäufers sichergestellt werden, dass es seit dem letzten Bilanzstichtag bis zum Closing keine Maßnahmen außerhalb des gewöhnlichen Geschäftsbetriebs gegeben hat und geben wird.[83]

Im Rahmen spezieller Zusagen des Verkäufers, den so genannten „Anti-Leakage Covenants", sagt der Verkäufer zu, seit dem letzten Bilanzstichtag bis zum „Closing" keinerlei Gewinnausschüttungen oder Darlehensrückzahlungen an (Alt-)Gesellschafter oder außergewöhnliche Zahlungen an Dritte vorzunehmen oder vorgenommen zu haben.[84] Darüber hinaus wird regelmäßig vereinbart, dass die Nettofinanzverbindlichkeiten und das Nettoumlaufvermögen (wie im Kaufvertrag definiert) am „Closing"-Stichtag nicht wesentlich vom Bilanzstichtag abweichen dürfen.[85] Es bleibt jedoch festzuhalten, dass je weiter das „Closing" vom letzten Bilanzstichtag entfernt ist, das Risiko der spürbaren Veränderung des Zielunternehmens für den Erwerber steigt.

Aus Verkäufersicht bietet das „Locked Box"-Modell aufgrund des feststehenden Kaufpreises grundsätzlich Vorteile. Das Risiko einer nachträglichen Kaufpreisanpassung zum Übernahmestichtag entfällt, der Transaktionsprozess wird beschleunigt und die Erstellung einer Stichtagsbilanz auf das „Closing"-Datum entfällt ebenso wie das oftmals aufwendige Anpassungs- und Überprüfungsverfahren und die damit einhergehenden Streitigkeiten.[86] Letztgenanntes sowie die Beschleunigung des Transaktionsprozesses und das frühzeitige Feststehen des finalen Kaufpreises (in Verbindung mit den oben beschriebenen "Anti-Leakage-Covenants") sind auch aus Käufersicht als Vorteile dieser Methode zu bezeichnen.

---

79 *Streyl*, Erwerb von Unternehmensanteilen (Share Deal), in: Semler, Johannes/ Volhard, Rüdiger (Hrsg.), Arbeitshandbuch für Unternehmensübernahmen, 2001, S. 483 (Rz. 68).
80 *van Kann*, (o. Fn. 1), S. 56.
81 *Holzapfel/Pöllath*, (o. Fn. 12), Rz. 865.
82 *van Kann*, (o. Fn. 1), S. 56.
83 *Holzapfel/Pöllath*, (o. Fn. 12), Rz. 865.
84 *Tattersall/Grundler/Hohenegger*, Share Purchase Agreements. Gängige Kaufpreismechanismen und aktuelle Entwicklungen in der Praxis, 2. Auflage 2012, S. 5, hrsg. von Ernst & Young AG, Zürich. Im Internet abrufbar unter:http://www.ey.com/Publication/vwLUAssets/Share_Purchase_Agreements/SFILE/2012_SPA%20brochure _20120813_German.pdf (letzter Abruf vom 13. Mai 2013).
85 *Holzapfel/Pöllath*, (o. Fn. 12), Rz. 865.
86 *van Kann*, Wettstreit der Methoden: Locked Box vs. Closing Accounts, in: Mergers & Acqusitions Yearbook 2012 of the M&A Society and Finance Magazine (Dezember 2011), S. 19 (20). Im Internet abrufbar unter: http://www.friedfrank.com/siteFiles/Publications/FINANCE%20Jahrbuch%20M&A.Aufsatz%20Locked%20Box. Seite%2019-21.pdf (letzter Abruf vom 13. Mai 2013).

II. Variabler Kaufpreis (stichtagsbezogene Kaufpreisanpassung)

1. "Closing Accounts" und "Cash & Debt free-Konzept"

Bei Unternehmenskäufen kann zwischen dem Zeitpunkt der ersten Bewertung des Unternehmens, dem "Signing" und dem "Closing" ein erheblicher Zeitraum liegen.[87] Dieser Umstand kann vor allem durch gesetzlich bedingte Fusionskontrollvorbehalte (§§ 35 ff. GWB) oder entsprechende Gremienzustimmungen der Vertragsparteien hervorgerufen werden. Bis zum Übertragungsstichtag kann der Wert des Unternehmens noch (teils erheblichen) Schwankungen unterliegen. Außerdem kann der Verkäufer in dieser Zeit noch über die Geschicke der Gesellschaft bestimmen, und beispielsweise noch Cash-Positionen aus dem Unternehmen abziehen und/oder die Verbindlichkeiten zu Lasten des Erwerbers erhöhen. In diesen Fällen kann es zweckmäßig sein, im Kaufvertrag zunächst nur einen vorläufigen Kaufpreis zu vereinbaren und den endgültigen Kaufpreis anhand einer auf den Übergangsstichtag aufzustellenden Abrechnungs- bzw. Stichtagsbilanz zu ermitteln.[88]

Diese Form der Kaufpreisanpassung auf Basis von so genannten „Closing Accounts" wird in der Praxis häufig mittels „Cash and Debt free-Klauseln" umgesetzt.[89] Das „Cash and Debt free-Konzept" bildet dabei den Kaufpreis unter der Annahme ab, dass die Zielgesellschaft weder über bare liquide Mittel verfügt, noch zinstragende Verbindlichkeiten besitzt. Dazu einigen sich Käufer und Verkäufer auf einen Bruttokaufpreis („Enterprise Value" oder „Entity Value"), der analog zum „Entity Approach" der DCF-Bewertung oder dem Bruttoansatz der Multiplikatorbewertung (siehe oben) den Unternehmensgesamtwert vor Abzug der Nettofinanzverbindlichkeiten (Saldo aus liquiden Mitteln und Finanzverbindlichkeiten), dem so genannten „Net Financial Debt", abbildet. Der netto zu zahlende Kaufpreis („Equity Value") entspricht dann dem Bruttokaufpreis zuzüglich Liquider Mittel (Cash-Positionen) und abzüglich Finanzverbindlichkeiten (Financial Debt). Die Höhe der Cash und Debt Positionen wird dabei zu einem Stichtag, idealerweise dem Tag des „Closings", auf Basis der dann (in der Regel von einem Wirtschaftsprüfer) nachträglich aufzustellenden Stichtagsbilanz, den so genannten „Closing Accounts", bestimmt.[90]

---

87 *Picot*, Der Unternehmenskaufvertrag – vertragliche Gestaltung und Abschluss, in: Picot, Gerhard (Hrsg.), Handbuch Mergers & Acquisitions, 5. Auflage 2012, S. 305.
88 *Semler*, Der Unternehmens- und Beteiligungskaufvertrag, in: Hölters, Wolfgang (Hrsg.), Handbuch des Unternehmens- und Beteiligungskaufs, 7. Auflage 2010, S. 705 ff. (Rz. 160).
89 Im Übrigen kann die „Cash-free/Debt-free Methode auch zur Ermittlung des fixen Kaufpreises angewandt werden. Eine nachträgliche Kaufpreisanpassung um die Cash und Debt Veränderungen zum „Closing" erfolgt dabei jedoch nicht mehr.
90 Zu Cash-free/Debt-free Klauseln beim Unternehmenskauf vgl. ausführlich *Hilgard*, Cash-free/Debt-free-Klauseln beim Unternehmenskauf, DB 2007, 559 ff. und *Bruski*, BB 2005, Sonderbeilage 7, 19 ff.

2. Vertragliche Ausgestaltung stichtagsbezogener Kaufpreisanpassungsklauseln

Die Kaufpreisvereinbarung auf „Cash and Debt Free-Basis" stellt hohe Anforderungen an die Vertragsgestalter, die die zu addierenden Cash-Positionen und – was ungleich aufwendiger ist – die zu subtrahierenden Debt-Positionen definieren müssen. Denn häufig entstehen im Anschluss an die Übertragung Meinungsverschiedenheiten darüber, was mit „Cash-free" und „Debt-free" im Unternehmenskaufvertrag gemeint ist.[91]

Zur Definition der Begriffe „Cash" und „Debt" kann zwar auf die Terminologie des HGB zurückgegriffen werden[92], der Begriff „Cash" ist dabei jedoch nicht allein als konkrete Bilanzposition im Sinne des § 266 Abs. 2 HGB zu verstehen, sondern als ausschüttungsfähige Liquidität des Zielunternehmens.[93] Daher ist zu empfehlen, den Begriff Cash entsprechend der konkreten liquiden Vermögensgegenstände auf der Aktivseite der Bilanz zu definieren. Dabei kommen insbesondere Bankguthaben und Kassenbestände (§ 266 Abs. 2 B IV HGB), Liquide Wertpapiere des Umlaufvermögens (§ 266 Abs. 2 B III HGB) und Forderungen gegenüber verbundenen Unternehmen (§ 266 Abs. 2 B II 2 HGB), sofern es sich dabei um finanzielle Forderungen aus z.B. Cash Pool Guthaben (nach Verrechnung mit entsprechenden Cash Pool Verbindlichkeiten) handelt, in Betracht.

Der Begriff „Cash-free" bedeutet daher frei von ausschüttungsfähiger Liquidität. Dabei bedarf es der eindeutigen vertraglichen Regelung, ob die gesamte freie Liquidität oder nur die nicht betriebsnotwendige Liquidität ausgeschüttet werden soll. Insbesondere bedarf es der Klarstellung, dass die Liquidität unter Berücksichtigung des gesellschaftsrechtlichen Grundsatzes der Kapitalerhaltung (§ 30 Abs. 1 GmbHG, § 57 AktG) nur insoweit ausgeschüttet werden darf, wie Eigenkapital vorhanden ist.[94]

Der Begriff „Debt-free" bedeutet in diesem Zusammenhang „Schuldenfreiheit" bzw. Freiheit von verzinslichen Fremdverbindlichkeiten.[95] Hierzu zählen in erster Linie Passiv-Positionen der Bilanz wie z.B. Anleihen und Schuldverschreibungen (§ 266 Abs. 3 C 1 HGB), Bankverbindlichkeiten (§266 Abs. 3 C 2 HGB), Verbindlichkeiten gegenüber verbundenen Unternehmen (§266 Abs. 3 C 6 HGB) einschließlich gegenüber Gesellschaftern nebst Gesellschafterdarlehen und Ansprüchen aus Gewinnausschüttungen sowie Unternehmen mit denen ein Beteiligungsverhältnis besteht (§266 Abs. 3 C 7 HGB).

Daneben erfolgt oftmals auch eine Berücksichtigung so genannter „Quasi-Finanzverbindlichkeiten" oder „Debt-like-Items", mit ebenfalls zinstragendem Charakter. Hierzu zählen insbesondere Rückstellungen für Pensionen und ähnliche Verpflichtungen (§ 266 Abs. 3 B 1 HGB), Leasingverbindlichkeiten, wenn der Leasinggegenstand vom Leasingnehmer zu aktivieren ist, Verbindlichkeiten aus unechtem Factoring, Stille Beteiligungen sowie verzinsliche Kaufpreisstundungen für das Anlagevermögen.

---

91 Hilgard, DB 2007, 559 (559).
92 Semler, (o. Fn. 88), S. 705 ff. (Rz. 160).
93 Picot, (o. Fn. 87), S. 305 (309).
94 Hilgard, DB 2007, 559 (560).
95 Picot, (o. Fn. 87), S. 305 (310).

3. Vor- und Nachteile stichtagsbezogener Kaufpreisanpassungsklauseln aus Sicht der Vertragsparteien

Grundsätzlich ist das „Cash and Debt-free-Verfahren" für den Käufer vorteilhaft, da die Chancen und Risiken des Zielunternehmens, anders als beim „Locked-Box-Verfahren", bis zum „Closing-Stichtag" beim Verkäufer verbleiben.[96] Für den Käufer besteht bei der Anwendung von „Cash and Debt-free Klauseln" jedoch die Gefahr, dass der Verkäufer zwischen dem „Signing" und dem „Closing" auf die Liquidität Einfluss nehmen kann, indem er andere Bilanzpositionen zu Gunsten der Liquidität verändert. Eine solche Einflussnahme kann z.B. durch die Entnahme von Gewinnen, das Hinauszögern der Bezahlung von Lieferantenrechnungen, der Vereinbarung von Vorauszahlungen mit Kunden, den Verkauf von Vermögensgegenständen des Zielunternehmens, den Verkauf von Forderungen an Dritte (Factoring) oder das Unterlassen von Wartungen, Reparaturen sowie anstehender Investitionen erfolgen.[97]

Für den Verkäufer wiederum bestehen die Nachteile einer solchen Regelung darin, dass er weiterhin die Risiken aus der Zielgesellschaft trägt, und das Teile des Kaupreises später gezahlt werden, oder womöglich gar Rückzahlungen drohen, wenn sich das Unternehmen zwischenzeitlich schlecht entwickelt. Da eine Stichtagsbilanz erstellt werden muss, führen "Closing Accounts" auch zu zeitlichen Verzögerungen und einem höheren Aufwand. Außerdem besteht trotz detaillierter Regelungen immer das Risiko langwieriger Auseinandersetzungen über den finalen Kaufpreis.[98]

4. Ergänzende Vertragsklauseln

Um insbesondere die Risiken für den Käufer zu minimieren, werden in der Praxis „Cash and Debt-free-Klauseln" regelmäßig durch so genannte „Net Working Capital-Klauseln" ergänzt. „Net Working Capital" meint hierbei das zukünftig nachhaltige Nettoumlaufvermögen, also das Mindestmaß an Nettoumlaufvermögen, das zur Unternehmensfortführung benötigt wird.[99] Oft wird dieser Wert anhand des Wertes zum Referenzstichtag (letzter Bilanzstichtag) oder eines Durchschnittswertes der Vergangenheit (z.B. Durchschnittswert der letzten zwölf Monate) berechnet. Weicht der Wert des Netto-Umlaufvermögens am „Closing-Stichtag" von diesem Referenzwert ab, wird der Kaufpreis entsprechend erhöht oder reduziert. Da es für das „Net Working Capital" (Differenz aus Umlaufvermögen und kurzfristigen Verbindlichkeiten) – analog zum „Net Debt" – keine einheitliche Definition gibt, empfiehlt es sich, auch hier die entsprechenden Bilanzpositionen im Kaufvertrag exakt zu definieren. Hierzu können u.a. Vorräte (§ 266 Abs. 2 B I HGB), Forderungen aus Lieferungen und Leistungen (§266 Abs. 2 B II 1 HGB) und Verbindlichkeiten aus Lieferungen und Leistungen (§ 266 Abs. 3 C 4 HGB) zählen. In jedem Fall ist eine genaue Abgrenzung zu den unter „Net Debt" definierten Positionen vorzunehmen.[100] Eine Working Capital Anpassung ist auch immer dann anzuraten, wenn das Netto-

---

96 van Kann, (o. Fn. 86), S. 19 (21).
97 Hilgard, DB 2007, 559 (560, 561).
98 van Kann, (o. Fn. 86), S. 19 (21).
99 Tattersall/Grundler/Hohenegger, (o. Fn. 84), S. 3.
100 Ebenda, S. 3.

Umlaufvermögen erheblichen saisonalen Schwankungen unterliegt (etwa bei Unternehmen aus der Konsumgüterindustrie, die saisonale Produktions- und Absatzspitzen aufweisen).[101]

Des Weiteren kann eine Kaufpreisanpassung gemessen am Eigenkapital in der Stichtagsbilanz vereinbart werden. Übersteigt oder unterschreitet das Eigenkapital einen im Vertrag festgesetzten Betrag, erhöht oder vermindert sich der Kaufpreis entsprechend. Regelmäßig werden hier „Euro für Euro-Anpassungen" vereinbart. Die Kaufpreisanpassung für Eigenkapital dient als Alternative zu einer Eigenkapitalgarantie, bei der statt der Kaufpreisanpassung Schadensersatz als Rechtsfolge greift.[102]

Zur Vermeidung von Unklarheiten und zum Schutz des Käufers kann darüber hinaus eine so genannte „Past-Practice-Klausel" in den Unternehmenskaufvertrag aufgenommen werden. Hierbei wird der Verkäufer verpflichtet, für die Zeit zwischen „Signing" und „Closing" das Zielunternehmen weiterhin in Übereinstimmung mit der bisherigen Praxis mit der Sorgfalt eines ordentlichen Kaufmanns zu führen.[103] Der Zweck einer entsprechenden Regelung besteht in der Anpassung der mittels einer „Cash and Debt-free-Klausel" erfolgten Kaufpreisermittlung an das veränderte Finanzierungsverhalten.[104] Ein Verstoß des Verkäufers führt dann zu einer entsprechenden Kaufpreisanpassung, oder, je nach Vertragsgestaltung, zu einem Garantiefall.[105]

III. Variabler Kaufpreis (zukunftsbezogene Kaufpreisanpassung)

Variable Kaufpreisanpassungsklauseln kommen regelmäßig auch zum Einsatz, um Wertänderungen nach dem Vollzug des Kaufvertrags, also einer zukunftsorientierten Anpassung der Gegenleistung, zu erfassen.[106] Sie können vor allem eingesetzt werden, wenn die Kaufpreisvorstellungen von Käufer und Verkäufer aufgrund unterschiedlicher Erwartungen bezüglich der zukünftigen Entwicklung des Geschäfts erheblich voneinander abweichen[107], oder aber die für die Unternehmensbewertung erforderliche Prognose der künftigen Erträge mit zu vielen Unsicherheiten behaftet ist.[108] Dies kann u.a. bei jungen Unternehmen ("start ups") oder in Zeiten konjunktureller Veränderungen der Fall sein.[109]

Grundsätzlich bietet sich hierfür die Anpassung des Kaufpreises in Abhängigkeit vom Unternehmenserfolg in der Form des so genannten Earn-Out an.[110] Auf die Funktionsweise, die Erscheinungsformen, die Motive für deren Einsatz, die Interessenlage der Beteiligten sowie insbesondere die vertragliche Gestaltung von Earn-Out-Klauseln nebst der damit verbundenen Schwierigkeiten wird im nachfolgenden Abschnitt vertieft eingegangen.

---

101 *Bruski*, BB 2005, Sonderbeilage 7, 19 (26).
102 *Schüppen*, BFuP 2010, 412 (416).
103 *Hilgard*, DB 2007, 559 (561).
104 *Picot*, (o. Fn. 87), S. 305 (310).
105 *Hilgard*, DB 2007, 559 (561).
106 *Picot*, (o. Fn. 87), S. 305 (308).
107 *Matzen*, (o. Fn. 21), S. 3 (36).
108 *Kästle/Oberbracht*, (o. Fn. 19), S. 107.
109 *Ihlau/Gödecke*, Earn-Out-Klauseln als Instrument für die erfolgreiche Umsetzung von Unternehmenstransaktionen, BB 2010, 687 ff.
110 *Bruski*, BB 2005, Sonderbeilage 7, 19 (27); *Picot*, (o. Fn. 87), S. 305 (308).

D. Zukunftsbezogene Kaufpreisanpassungsklauseln (Earn-Out-Klauseln)

I. Begriff und Funktionsweise von Earn-Out-Klauseln

Während bei den unter C. I. und C. II beschriebenen Alternativen der Kaufpreisermittlung der Kaufpreis bereits zum "Signing" oder spätestens zum "Closing" feststeht, können die Vertragsparteien zusätzlich zu einem festen Kaufpreis auch eine nachträgliche Zahlung eines variablen Kaufpreises vereinbaren.[111] Diese Flexibilisierung des Kaufpreises wird in der Praxis als Earn-Out bezeichnet.[112] Die vertraglichen Regelungen, die sich mit der Ausgestaltung und Umsetzung des Earn-Out-Ansatzes befassen, werden Earn-Out-Klauseln genannt.[113]

Weder in der Literatur noch in der Praxis gibt es jedoch verbindliche Vorgaben für die Gestaltung von Earn-Out-Klauseln.[114] Entsprechend vielfältig sind die in der Praxis anzutreffenden Earn-Out-Vereinbarungen.[115] Käufer und Verkäufer haben grundsätzlich die Möglichkeit, eine auf ihre individuellen Bedürfnisse und Rahmenbedingungen angepasste Earn-Out-Klausel zu vereinbaren.[116]

Die grundsätzliche Idee der Earn-Out-Methode besteht darin, die endgültige Bestimmung des Kaufpreises für ein Unternehmen von dessen zukünftiger wirtschaftlicher Entwicklung abhängig zu machen.[117] Neben einem fixen Kaufpreis (Basispreis), der in der Regel zum „Closing-Stichtag" fällig wird, verpflichtet sich der Käufer in Abhängigkeit der Erreichung vertraglich definierter Erfolgsindikatoren, zur Zahlung eines zusätzlichen variablen Kaufpreises, der so genannten Earn-Out-Zahlung.[118]

Der variable Kaufpreisbestandteil kann in einem Festbetrag, wenn bestimmte Werte der Bemessungsgrundlage erreicht sind, oder in mehreren, dann meist periodischen Zahlungen bestehen. Die Bemessungsgrundlage ist typischerweise eine Ertragsgröße, kann aber auch an den Eintritt bestimmter Ereignisse gekoppelt werden. In der Praxis ist bei Earn-Out-Vereinbarungen die Aufteilung des Kaufpreises in einen fixen Bestandteil, der i.d.R. beim "Closing" fällig wird, und einen variablen Anteil üblich. Der variable Anteil kann dabei zwischen 20% und in Extremfällen 80% betragen.[119] Im Durchschnitt soll der variable Kaufpreisanteil laut einer wissenschaftlichen Studie aus Juni 2011 jedoch rd. 28,5% des maximalen Transaktionspreises betragen[120], was sich auch eher mit den Erfahrungen des Verfassers deckt.

---

111 *Matzen*, (o. Fn. 21), S. 3 (35).
112 *Ewelt-Knauer/Knauer/Pex*, Ausgestaltung und Einsatzbereiche von Earn-Outs in Unternehmenskaufverträgen, zfbf 6/2011, 371 (371); *Weiser*, Die Earnout-Methode zur Überwindung divergierender Werteinschätzungen im Rahmen von M&A-Transaktionen, M&A Review 12/2004, 512 (512).
113 *Weiser*, M&A Review 12/2004, 512 (512).
114 *Ihlau/Gödecke*, BB 2010, 687 (688).
115 *Hitzer*, Beim Unternehmenskauf auf der sicheren Seite - Chancen und Risiken von Earn-out-Klauseln, GoingPublic 1/2010, 56 (56); *Weiser*, M&A Review 12/2004, 512 (516).
116 *Becker*, Earn Out Klauseln – Aufgaben, Funktionsmechanismen, Risiken, Anwendungsbereiche, in: Saenger, Ingo/Schewe Gerhard (Hrsg.), Forum Mergers & Acquisitions 2012, 2012, S. 221 (223).
117 *Weiser*, M&A Review 12/2004, 512 (512).
118 *Tallau*, Bewertung von Earn-Out-Klauseln im Rahmen von Unternehmenstransaktionen, FB 01/2009, 8 (8); *Behringer*, Earn-out-Klauseln bei Unternehmensakquisitionen, UM 7/2004, 245 (245).
119 *Schüppen*, BFuP 2010, 412 (418).
120 *Ewelt-Knauer/Knauer/Pex*, zfbf 6/2011, 371 (388).

II. Erscheinungsformen von Earn-Out-Klauseln

Die Ausgestaltung von Earn-Out-Klauseln hat in der Praxis eine Vielzahl unterschiedlicher Formen angenommen. Mit dem Versuch einer Systematisierung kann grundsätzlich zwischen dem so genannten Besserungsoptionsmodell (mitgliedschaftlich verfestigter Earn-Out) und dem mehrstufigen Unternehmenskauf (schuldrechtlicher Earn-Out) unterschieden werden.[121]

1. Das Besserungsoptionsmodell

Beim Besserungsoptionsmodell handelt es sich um die klassische Form einer Earn-Out-Klausel. Dabei erfolgt ein sofortiger Verkauf aller Unternehmensanteile, wobei der Kaufpreis in einen festen und einen variablen Bestandteil zerlegt wird.[122] Der variable Bestandteil wird dabei in der Regel bei Erreichen oder Überschreiten bestimmter Erfolgsgrößen fällig und kann durch einen Höchst- oder Mindestbetrag (Cap oder Floor) begrenzt werden. Das Besserungsoptionsmodell beinhaltet eine Besserungsoption auf den Transaktionspreis, die grundsätzlich beiden Vertragsparteien eingeräumt werden kann.[123] Der Verkäufer erhält in der Regel dafür eine Besserungsoption, dass er einen niedrigeren Basispreis als den von ihm geforderten Kaufpreis akzeptiert. Ein solches Recht auf eine nachträgliche Korrektur des Kaufpreises kann grundsätzlich auch dem Käufer eingeräumt werden, wonach er (Rück-)Zahlungen für den Fall einer Unterschreitung des vereinbarten Referenzwertes vom Verkäufer erhält.[124] Eine solche symmetrische Klausel ist in der Praxis jedoch unüblich und eher schwer durchsetzbar.

2. Der mehrstufige Unternehmenskauf

Eine weitere Variante des Earn-Outs ist der mehrstufige Unternehmenskauf. Hierbei erwirbt der Käufer nur einen Teil der Unternehmensanteile, zuzüglich einer Option ("Call") auf den späteren Kauf der restlichen Anteile zu einem vorher vertraglich festgelegten Preis.[125] Damit behält der Verkäufer über die schuldrechtliche Beteiligung am Unternehmenserfolg hinaus auch eine gesellschaftsrechtliche Beteiligung am Zielunternehmen zurück.[126] Das wirtschaftliche Risiko wird somit bis zur vollständigen Optionsausübung anteilig von beiden Parteien getragen. Für den Verkäufer stellt die Bindungswirkung der Option zudem einen Nachteil dar, da er, wenn der Käufer seine Option nicht ausübt, u.U. dauerhaft als Minderheitsgesellschafter ohne Einflussmöglichkeit im Unternehmen verbleibt.[127]

---

121 *Meyding/Grau*, Earn-out-Klauseln und Absicherung von Garantieansprüchen – "tickende Zeitbomben" bei Distressed M&A?, NZG 2/2011, 41 (43); *Tallau*, Optionsbasierte Bewertung von Earn out-Vereinbarungen, M&A Review 8-9/2009, 376 (378); *Fisseler/Weißhaupt*, Vendor Finance beim nicht-öffentlichen Unternehmenskauf, DB 2006, 431 (432); *Weiser*, M&A Review 12/2004, 512 (513).
122 *Meyding/Grau*, NZG 2/2011, 41 (43).
123 *Weiser*, M&A Review 12/2004, 512 (513).
124 *Tallau*, M&A Review 8-9/2009, 376 (376).
125 *Weiser*, M&A Review 12/2004, 512 (513).
126 *Fisseler/Weißhaupt*, DB 2006, 431 (432).
127 *Weiser*, M&A Review 12/2004, 512 (513).

In diesem Zusammenhang kann dem Verkäufer zusätzlich eine Verkaufsoption ("Put") eingeräumt werden, durch deren Ausübung er seine Anteile zu einem bestimmten Zeitpunkt verkaufen kann.[128]

III. Motive für den Einsatz von Earn-Out-Klauseln

1. Divergierende Erwartungshaltung

Der Wert des Kaufobjekts, den die Vertragsparteien im Rahmen einer Unternehmensbewertung ermitteln und ihren Kaufpreisüberlegungen zugrunde legen, hängt nach den gängigen Methoden der Unternehmensbewertung maßgeblich von der zukünftigen Ertragsentwicklung ab. Dies erfordert von den Vertragsparteien jeweils eine Zukunftsprognose, die zwangsläufig mit Unsicherheiten behaftet ist.[129] Käufer und Verkäufer gehen daher oftmals von sehr unterschiedlichen Ertragserwartungen aus, was zu stark voneinander abweichenden Preisvorstellungen führen kann.[130] In der Regel schätzt der Verkäufer die zukünftige Ertragsentwicklung seines Unternehmens deutlich positiver ein, als der Käufer. Dieser ist dann nicht gewillt, den Kaufpreisforderungen des Verkäufers nachzukommen.[131] Mit zunehmender Unsicherheit über die zukünftige Unternehmensentwicklung schwindet die Chance auf eine Einigung über einen sofort zu zahlenden Kaufpreis[132], was zu einem Scheitern der gesamten Transaktion führen kann. In einem solchen Fall können Earn-Out-Klauseln einen wirkungsvollen Beitrag zur Überwindung der Differenzen und zum Entstehen eines Einigungsbereichs leisten, und damit eine Transaktion trotz abweichender Kaufpreisvorstellungen der beteiligten Parteien erfolgreich zum Abschluss bringen.[133]

Der Käufer gewinnt dadurch an Sicherheit, da er z.B. nur für zukünftige Cashflows (sofern diese das relevante Kriterium darstellen) zahlt, die sich auch tatsächlich erzielen lassen. Der Verkäufer wiederum erhält im Gegenzug die Chance, wenngleich auch zeitverzögert, einen angemessenen Gegenwert für das Ertragspotenzial seines Unternehmens zu erhalten.[134]

2. Asymmetrische Informationsverteilung

Zu den divergierenden Erwartungen von Käufer und Verkäufer bezüglich der künftigen Ertragsaussichten kommt eine regelmäßig vorliegende asymmetrische Informationsverteilung zwischen beiden Vertragsparteien.[135] Der Verkäufer verfügt naturgemäß über ausführlichere Informationen über die Zielgesellschaft als der Käufer. Er kann daher die zukünftige

---

128 *Rock*, Checkliste "Earn Out in Gestalt der kombinierten Call/Put Option", M&A Review 2/2001, 51 ff.; *Baums*, Ergebnisabhängige Preisvereinbarungen in Unternehmenskaufverträgen ("earn-outs"), DB 1993, 1273 (1275 f.); *Weiser*, M&A Review 12/2004, 512 (513).
129 *Werner*, DStR 33/2012, 1662 (1662).
130 *Baums*, DB 1993, 1273 (1273); *Labbé*, Earn-Out-Ansatz als Option zur preislichen Gestaltung von Unternehmenstransaktionen, FB 2/2004, 117 (118); *Tallau*, FB 1/2009, 8 (8); *Triebel*, Das Haftungssystem beim Unternehmenskauf nach neuem Schuldrecht, in: Triebel, Volker (Hrsg.), Mergers & Acqusitions, 2004, S. 113 (118).
131 *Labbé*, FB 2/2004, 117 (119).
132 *Tallau*, M&A Review 8-9/2009, 376 (377).
133 *Vischer*, Earn out Klauseln in Unternehmenskaufverträgen, SJZ 98 (2002), 509 (510); *Hilgard*, BB 2010, 2912 (2913).
134 *Ihlau/Gödecke*, BB 2010, 687 (688), *Tallau* , FB 1/2009, 8 (8).
135 *Tallau* , M&A Review 8-9/2009, 376 (376).

Ertragslage der Zielgesellschaft genauer prognostizieren und mit ihr verbundene Risiken besser beurteilen.[136] Der Käufer unterstellt grundsätzlich - und vor allem zum Zweck der Vertragsverhandlungen - dass das Kaufobjekt Risiken birgt, die ihm als Außenstehendem nicht bekannt sind.[137] Um dieses Informationsdefizit auszugleichen, wird in der Praxis regelmäßig eine Due-Diligence-Prüfung durchgeführt, bei der der Käufer die Möglichkeit erhält, einen ersten Einblick in die wichtigsten Dokumente der Zielgesellschaft zu erlangen.[138] Oftmals reichen die so gewonnenen Erkenntnisse jedoch nicht aus, um die bestehende Informationsasymmetrie auszugleichen. Darüber hinaus hat der Käufer oftmals das Gefühl, nicht alle mit dem Zielunternehmen verbundenen Risiken im Rahmen der Due-Diligence-Prüfung aufgedeckt zu haben, so dass er den Preis daher regelmäßig niedriger ansetzt als der Verkäufer.[139] Je größer das Informationsdefizit zwischen Käufer und Verkäufer ist, desto stärker wird das Bedürfnis des Käufers sein, einen Teil des Kaufpreises nur dann zu entrichten, wenn die prognostizierte Unternehmensentwicklung später tatsächlich eintritt.[140] Auch die aus der vorliegenden Informationsasymmetrie resultierenden unterschiedlichen Kaufpreisvorstellungen können mittels Earn-Out-Klausel überwunden werden, denn dadurch wird auf Käuferseite die Gefahr eines unentdeckten Risikos deutlich minimiert und gleichzeitig das Vertrauen in die offengelegten Informationen – insbesondere den Businessplan – gestärkt.

3. Finanzierungsaspekte

Neben den zuvor genannten Motiven für ihren Einsatz werden Earn-Out-Klauseln auch regelmäßig eine Finanzierungsfunktion zugeschrieben, da aufgrund der Verschiebung eines Teils der Kaufpreiszahlung in die Zukunft die momentane Liquidität des Käufers geschont wird.[141] Der Käufer hat in diesem Fall zudem die Möglichkeit, die Earn-Out-Zahlungen aus den laufenden Gewinnen des Zielunternehmens zu finanzieren.[142] Dadurch wird auf Seiten des Käufers eine geringere Fremdkapitalaufnahme notwendig, was zu einer Reduzierung der Zins- und Tilgungsverpflichtungen führt.[143]

Dieser Ansatz wird zum Teil jedoch auch kontrovers diskutiert. Die gegenteilige Meinung führt an, dass finanzierende Banken gerade in einem schwierigen Finanzierungsumfeld auf eine Gesamtbetrachtung abstellen, und sich auf eine Reduktion des Kreditvolumens auf die Höhe des Basiskaufpreises nicht einlassen werden.[144] Demnach wird der Käufer regelmäßig für eine vollständige Finanzierung des Gesamtvorhabens, einschließlich etwaiger Earn-Out-Zahlungen, sorgen müssen, was den Finanzierungseffekt schmälert.[145]

---

136 *Hitzer*, GoingPublic 1/2010, 56 (56).
137 *Werner*, DStR 33/2012, 1662 (1662).
138 *Holzapfel/Pöllath*, (o. Fn. 12), Rz. 19 ff.
139 *Werner*, DStR 33/2012, 1662 (1662), *Hilgard*, BB 2010, 2912 (2913); *Ihlau/Gödecke*, BB 2010, 687 (687).
140 *Becker*, (o. Fn. 116), S. 221 (228).
141 *Werner*, DStR 33/2012, 1662 (1663); *Ihlau/Gödecke*, BB 2010, 687 (687); *Klasen*, Gestaltungsmöglichkeiten zur liquiditätsschonenden und -vermeidenden Akquisition in Krisenzeiten, M&A Review 12/2009, 531 (535); *Tallau*, M&A Review 8-9/2009, 376 (377).
142 *Hilgard*, BB 2010, 2912 (2913); *Behringer*, UM 7/2004, 245 (246); *Hitzer*, GoingPublic 1/2010, 56 (57).
143 *Weiser*, M&A Review 12/2004, 512 (516); *Labbé*, FB 2/2004, 117 (121).
144 Vgl. u.a. *Becker*, (o. Fn. 116), S. 221 (228).
145 *Werner*, DStR 33/2012, 1662 (1663); *v. Braunschweig*, Vendor Loan, Rückbeteiligung und Earn-Out als aktuelle Finanzierungsalternativen bei Buy-Outs, DB 2010, 713 (717).

In der Praxis wird es vom konkreten Einzelfall und insbesondere von der Bonität des Käufers sowie dem Transaktions- und Finanzierungsvolumen insgesamt abhängen, ob die finanzierenden Banken auf eine vollständige Finanzierung des vermeintlichen Gesamtkaufpreises bestehen werden. Ein Finanzierungseffekt ergibt sich nach den Erfahrungen des Verfassers jedoch in den überwiegenden Fällen.

IV. Interessenlage

1. Earn-Out-Klauseln aus Sicht des Käufers

Typischerweise ist es der Erwerber, der auf die Vereinbarung einer Earn-Out-Klausel drängt, da er das mit der weiteren Entwicklung des Unternehmens verbundene wirtschaftliche Risiko trägt.[146] Mit der Übertragung der Anteile oder Vermögensgegenstände gehen in der Regel alle wirtschaftlichen Chancen und Risiken vollständig auf den neuen Eigentümer über.[147] Mit Vereinbarung einer Earn-Out-Klausel kann er jedoch (zumindest zeitweilig) einen Teil des Risikos beim Verkäufer belassen.

Die Risiken einer zu hohen Kaufpreiszahlung können mit Vereinbarung einer Earn-Out-Klausel effektiv reduziert werden[148], da jedenfalls ein Teil des Kaufpreises vom Eintritt der prognostizierten Entwicklungen abhängt[149] und bei einer ungünstigen zukünftigen Geschäftsentwicklung die Zusatzzahlung an den Verkäufer teilweise oder ggf. sogar ganz entfallen kann.[150]

Des Weiteren können Earn-Out-Klauseln, wie unter D. III. 3. beschrieben, zu einem Stundungseffekt führen, da ein Teil des Kaufpreises erst zu einem späteren Zeitpunkt bezahlt werden muss.

Die Vorteile einer Earn-Out-Vereinbarung überwiegen daher auf Seiten des Käufers, die auch am Kapitalmarkt für das Käuferunternehmen sehr positiv aufgenommen werden, wie verschiedene Studien zeigen.[151]

Nachteile einer Earn-Out-Klausel ergeben sich aus Sicht des Käufers hauptsächlich aus der eingeschränkten Kontroll- und Handlungsfähigkeit aufgrund vielfältiger Kontroll- und Mitspracherechte des Verkäufers, sowie u.U. eine Verhinderung der Integrations-möglichkeit während des Earn-Out-Zeitraums.[152]

---

146 *Meyding/Grau*, NZG 2/2011, 41 (42); *Werner*, DStR 33/2012, 1662 (1663).
147 *Hilgard*, BB 2010, 2912 (2912).
148 *Ewelt-Knauer/Knauer/Pex*, zfbf 2011, 371 (397).
149 *Schüppen*, BFuP 2010, 412 (419).
150 *Weiser*, M&A Review 2004, 512 (516).
151 Vgl. *Heimann/Timmreck/Lukas*, Ist der Einsatz von Earn-outs durch deutsche Käuferunternehmen erfolgreich?, Corporate Finance biz 1/2012, 17 ff.
152 Zu Schwierigkeiten von Earn-Out-Klauseln aus Sicht des Käufers siehe D.VI. ausführlich.

2. Earn-Out-Klauseln aus Sicht des Verkäufers

Ein Verkäufer steht einer Earn-Out-Regelung in der Regel eher abgeneigt gegenüber.[153] Aus seiner Sicht ist eine Earn-Out-Klausel regelmäßig nachteilig[154], da er während der Earn-Out-Dauer weiterhin am wirtschaftlichen Risiko des Unternehmens beteiligt ist, ohne dessen Geschicke beeinflussen zu können.[155] Außerdem erhält er anfänglich weniger Geld für die Übertragung von 100% der Anteile an seinem Unternehmen. Im schlimmsten Fall läuft der Verkäufer Gefahr, dass er überhaupt keine Zusatzzahlungen erhält und sein Unternehmen zu einem Preis verkauft hat, der nicht seinen ursprünglichen Wertvorstellungen entspricht.[156] Ohne ausreichende Schutzmechanismen ist er der Gefahr von Manipulationen seitens des Käufers bezüglich der für die Earn-Out-Berechnung relevanten Erfolgsgrößen ausgesetzt.[157]

Ein weiteres Risiko besteht für den Verkäufer darin, dass die Auszahlung eines Earn-Outs nicht zuletzt von der zukünftigen finanziellen Lage des Käufers abhängt. Dabei ist es durchaus denkbar, dass ein mittels Earn-Out-Methode verkauftes Unternehmen zwar eine Earn-Out-Zahlung erwirtschaftet hat, der Käufer die Auszahlung an den Verkäufer aufgrund von Zahlungsschwierigkeiten jedoch nicht leisten kann.[158]

Dennoch ermöglichen Earn-Out-Klauseln für den Verkäufer oftmals überhaupt erst die Transaktion, wenn ein potenzieller Käufer nicht bereit ist, den vom Verkäufer erwarteten Kaufpreis zu bezahlen.[159] Durch die Akzeptanz einer Earn-Out-Klausel signalisiert der Verkäufer dem Käufer zudem, dass sein Businessplan glaubwürdig und tragfähig ist[160], was eine Risikoreduktion für den Käufer bedeutet und in der Folge zu einer Erhöhung des insgesamt zu erzielenden Kaufpreises führen sollte.[161]

Ein Verkäufer wird sich in aller Regel jedoch nur auf eine Earn-Out-Vereinbarung einlassen, wenn diese insgesamt zu einem deutlich höheren Kaufpreis führt, oder der Verkäufer – zumeist aus persönlichen Gründen – unbedingt verkaufen will oder muss, und ohne eine Earn-Out-Vereinbarung eine Einigung über den Kaufpreis nicht erzielt werden kann.[162]

V. Vertragsgestaltung

Die Praktikabilität von Earn-Out-Klauseln hängt beträchtlich von ihrer inhaltlichen und vertraglichen Ausgestaltung ab. Je nachdem, welche Ziele die Parteien mit Earn-Out-Klauseln verfolgen, sind in der Praxis die unterschiedlichsten vertraglichen Ausgestaltungen anzutreffen.

---

153 *v. Braunschweig*, DB 2010, 713 (717).
154 Zu Schwierigkeiten von Earn-Out-Klauseln aus Sicht des Verkäufers siehe ebenfalls D.VI. ausführlich.
155 *Werner*, DStR 33/2012, 1662 (1663).
156 *Weiser*, M&A Review, 12/2004, 512 (517).
157 *Baums*, DB 1993, 1273 (1274).
158 *Weiser*, M&A Review 12/2004, 512 (517).
159 *Hilgard*, BB 2010, 2912 (2913).
160 *Behringer*, UM 7/2004, 245 (248).
161 *Bruski*, BB 2005, Sonderbeilage 7, 19 (27); *Weiser*, M&A Review 2004, 512 (517).
162 *Schüppen*, BFuP 2010, 412 (420).

Wegen der mit ihnen verknüpften Risiken ist eine sorgfältige Formulierung von Earn-Out-Klauseln besonders wichtig[163] und stellt damit hohe Anforderungen an die Vertragsgestaltung.[164]

Die Bestimmbarkeit des Kaufpreises muss weiterhin gewährleistet sein, indem die Erfolgsindikatoren objektiv messbar, zielorientiert und weitgehend resistent gegen gezielte Einflussnahmen der Kaufvertragsparteien sind.[165] Besonderes Augenmerk bei der vertraglichen Gestaltung von Earn-Out-Klauseln sollte daher auf die Bemessungs-grundlagen, wie die Auswahl eines geeigneten Erfolgsindikators, den Earn-Out-Zeitraum und die Festlegung eines entsprechenden Schwellenwertes, bei dessen Erreichung die Earn-Out-Zahlung fällig wird, sowie auf die Abwicklungskontrolle gelegt werden.

Ein Formulierungsvorschlag für eine mögliche Earn-Out-Klausel ist im Anhang dargestellt.

1. Bemessungsgrundlage

a.) Auswahl eines Erfolgsindikators

Der Erfolgsindikator ist ein wesentlicher Kernbestandteil einer jeden Earn-Out-Klausel. Er bemisst den Erfolg des Zielunternehmens, an dem der Verkäufer nach Vollzug des Unternehmensverkaufs partizipieren soll und ist demnach besonders anfällig für etwaige Manipulationen durch die Vertragspartner. Die eindeutige Formulierung des Erfolgsindikators ist daher Hauptaufgabe des Vertragserstellers[166] und für die Umsetzbarkeit des Earn-Outs von entscheidender Bedeutung. Als Erfolgsindikatoren kommen sowohl finanzielle als auch nicht finanzielle Indikatoren in Betracht. Wichtig ist dabei, dass die Kennzahl messbar ist und einer einfachen und nachvollziehbaren Überprüfung unterzogen werden kann.[167]

Als finanzielle Indikatoren können etwa Kennzahlen der Gewinn- und Verlustrechnung gewählt werden. In der Praxis wird dabei häufig auf Ertragsgrößen wie z.B. EBITDA, EBIT oder Ergebnis der gewöhnlichen Geschäftstätigkeit[168] sowie Cashflow-Größen abgestellt. Denkbar wären auch Rentabilitätskennziffern wie ROCE (Return on Capital Employed[169]) oder ROI (Return on Investment[170]). Gelegentlich kommen auch Umsatzerlöse als Indikator in Frage. Letzteres bietet sich bspw. beim Kauf von Krisenunternehmen an, die kein positives EBIT oder EBITDA aufweisen können. Außerdem bieten sie aus Sicht des Verkäufers u.U. die geringsten Manipulationsmöglichkeiten.[171]

---

163 *Hilgard*, Unterschiedliche Bewertungen - Earn-out-Klauseln beim Unternehmenskaufvertrag, GoingPublic Sonderausgabe "Kapitalmarktrecht 2010", 104 (105).
164 *Vischer*, SJZ 98 (2002), 509 (211).
165 *Hilgard*, GoingPublic 2010, 104 (105).
166 *Becker*, (o. Fn. 116), S. 221 (231).
167 *Behringer*, UM 7/2004, 245 (246).
168 Siehe dazu beispielhaft den Formulierungsvorschlag im Anhang (1.1).
169 ROCE = Betriebswirtschaftliche Kennzahl für die Rentabilität des eingesetzten Kapitals. Sie ergibt sich aus dem Quotienten aus dem Betriebsergebnis vor Steuern und Zinsen (EBIT) und dem Gesamtkapital abzüglich kurzfristiger Verbindlichkeiten und liquider Mittel.
170 ROI = Betriebwirtschaftliche Kennzahl für die Rentabilität des investierten Kapitals (Kapitalrendite). Sie ergibt sich aus der Multiplikation der Umsatzrendite und dem Kapitalumschlag.
171 *Ihlau/Gödecke*, BB 2010, 687 (688).

In jedem Fall ist es wichtig, eine eindeutige Regelung im Vertrag vorzunehmen. Unabdingbar ist es, genau zu bestimmen, nach welchen Rechnungslegungsvorschriften (z.B. HGB oder IFRS) – dazu gehört auch eine Regelung zu Bilanzierungs- und Bewertungswahlrechten – und auf Basis welcher Rechnungslegungsdaten (bspw. geprüfter und mit einem uneingeschränkten Bestätigungsvermerk versehener Jahresabschluss) die entsprechenden Erfolgsindikatoren zu bestimmen sind. Wird ein im Gesetz determinierter Begriff verwandt, bietet es sich an, diesen auch mit Bezug auf das entsprechende Gesetz eindeutig zu benennen.[172] Wird ein gesetzlich nicht definierter Begriff verwandt (z.B. EBIT oder EBITDA), ist dringend anzuraten, eine präzise Definition in den Vertrag aufzunehmen.[173] Auch ist vertraglich zu regeln, ob außerordentliche Aufwendungen und Erträge oder andere unregelmäßige Sondereinflüsse, wie z.B. Gewinne oder Verluste infolge eines Verkaufs bestehender Vermögensgegenstände, bei der Ermittlung des Erfolgsindikators zu berücksichtigen oder ggf. zu bereinigen sind. Des Weiteren sollte detailliert beschrieben werden, in welchem Rahmen und unter welchen Bedingungen Umstrukturierungen vom Käufer vorgenommen werden dürfen.[174] Um spätere Streitigkeiten bereits von vornherein auszuschließen - oder zumindest zu minimieren – ist darüber hinaus – in Abhängigkeit der Komplexität der Regelung - auch die Aufnahme eines Berechnungsbeispiels in den Vertrag zu empfehlen.

Nicht finanzielle Erfolgsindikatoren können z.B. die Aufrechterhaltung von (wichtigen) Kundenbeziehungen, der Verbleib wichtiger Mitarbeiter, wie z.B. das Managementteam, die Erteilung wichtiger Patente oder die erfolgreiche Entwicklung und Einführung neuer Produkte sein.[175]

Letztlich wird es auf die Verhandlungsmacht der Vertragsparteien sowie die Struktur des Unternehmens ankommen, welcher Erfolgsindikator zur Anwendung kommen wird. Einen einzigen Erfolgsindikator wird es aufgrund der hohen Komplexität nicht geben. Die Vertragsparteien sollten einen Indikator oder eine Kombination mehrerer Indikatoren wählen, die allen Besonderheiten des konkreten Unternehmens gerecht wird.[176] Entscheidende Kriterien für die Erfolgsindikatoren sind dabei Eindeutigkeit, Objektivität und Verständlichkeit, um Manipulationsmöglichkeiten zu reduzieren und nachträgliche Streitigkeiten einzudämmen.[177]

b.) Festlegung eines Schwellenwertes ("Trigger Event")

Neben der Auswahl des Erfolgsindikators muss im Rahmen von Earn-Out-Vereinbarungen auch immer ein Schwellenwert definiert werden, bei dessen Erreichung oder Überschreitung der Anspruch auf den Earn-Out ausgelöst wird („Trigger Event" oder auch "Milestone").[178] Weiterhin muss festgelegt werden, wie sich das Erreichen dieses Schwellenwertes auf den zu entrichtenden Earn-Out auswirkt.[179] Im Idealfall ist der Schwellenwert so ausgestaltet, das dessen Erreichung für beide Vertragsparteien vorteilhaft ist. Auf der einen Seite muss

---

172 Siehe dazu beispielhaft den Formulierungsvorschlag im Anhang (1.1.1 - 1.1.3)
173 *Hilgard*, BB 2010, 2912 (2914).
174 *Weiser*, M&A Review 12/2004, 512 (516).
175 *Küting/Metz*, KoR 9/2012, 394 (395).
176 *Becker*, (o. Fn. 116), S. 221 (233).
177 *Küting/Metz*, KoR 9/2012, 394 (395).
178 *Hilgard*, BB 2010, 2912 (2915).
179 *Werner*, DStR 33/2012, 1662 (1664).

das Erreichen des Schwellenwertes aus Sicht des Verkäufers realistisch sein und ggf. zu einer Maximierung des Verkaufspreises führen. Andererseits darf der Zusatzkaufpreis, insbesondere bei Maximierung des Unternehmenserfolgs, für den Käufer auch nicht "erdrosselnd" wirken.[180] Dies kann immer dann passieren, wenn bei Erreichung einer bestimmten Schwelle ein sehr hoher zusätzlicher Kaufpreis fällig wird. Dem kann grundsätzlich dadurch begegnet werden, dass dem Verkäufer nicht ein bestimmter fixer Betrag, sondern ein prozentualer Anteil am Unternehmenserfolg (bspw. EBIT) zugesagt wird, der sich nicht durch Fixierung fester Geldbeträge, sondern gleitend, entsprechend der Bemessungsgrundlage verändert.[181] Zusätzlich kann auch ein Höchstbetrag (Cap) für die Earn-Out-Zahlung vereinbart werden.[182]

Bei der Festlegung des „Trigger Events" bzw. "Milestones" kommen für gewöhnlich die folgenden Ausgestaltungsformen zum Einsatz:

aa.) Fester Standard

Der variable Kaufpreis wird in Abhängigkeit von einer definierten Messgröße in einer Periode bestimmt. Als Bezugsgröße kann bspw. das EBIT des Vorjahres oder, um einmalige Sondereffekte zu glätten, das durchschnittliche EBIT innerhalb einer bestimmten Vergleichsperiode, bspw. der letzten drei Jahre, dienen.[183] Ein (eventuell) zu entrichtender Zusatzkaufpreis hängt dann davon ab, ob und in welcher Höhe dieser Betrag innerhalb des Earn-Out-Zeitraums übertroffen wird. Die Höhe der Zusatzzahlung kann bei Überschreiten des Schwellenwertes dann bspw. 50% des im relevanten Earn-Out-Zeitraum erzielten EBIT betragen, oder einfach ein vorher definierter fester Betrag sein.[184]

bb.) Variabler Standard

Beim variablen Standard wird der variable Kaufpreis in Abhängigkeit einer sich verändernden Zielgröße definiert, beispielsweise in Abhängigkeit der Ergebnisentwicklung im Vergleich zum Vorjahr.[185] Dabei wird im ersten Schritt das Vorjahresergebnis als Standard definiert. Für die Folgejahre wird dann jeweils das beste Ergebnis der Bemessungsgrundlage aus sämtlichen Jahren innerhalb der Earn-Out-Periode als neuer Standard festgelegt.[186] Der Verkäufer erhält somit nur dann Zusatzzahlungen, wenn sich das Ergebnis der Messgröße von Jahr zu Jahr verbessert, und den jeweils gültigen Standard übertrifft.[187] Im Vergleich zum festen Standard ist diese Variante mit einem deutlich höheren Risiko für den Verkäufer behaftet, was in der Praxis regelmäßig durch eine höhere prozentuale Beteiligung am Unternehmenserfolg in Form eines höheren zusätzlichen Kaufpreises ausgeglichen wird.[188]

---

180 *Baums*, DB 1993, 1273 (1274).
181 *Werner*, DStR 33/2012, 1662 (1664); *Hilgard*, BB 2010, 2912 (2916); *Baums*, DB 1993, 1273 (1274).
182 *Schüppen*, BFuP 2010, 412 (420); *Hilgard*, GoingPublic 2010, 104 (104); *v. Braunschweig*, Variable Kaufpreisklauseln in Unternehmenskaufverträgen, DB 2002, 1815 (1818).
183 *Weiser*, M&A Review 12/2004, 512 (513).
184 Siehe dazu beispielhaft den Formulierungsvorschlag im Anhang (1.1 ff.).
185 *Werner*, DStR 33/2012, 1662 (1664).
186 *Weiser*, M&A Review 12/2004, 512 (514).
187 *Labbé*, FB 2/2004, 117 (120).
188 *Weiser*, M&A Review 12/2004, 512 (514).

cc.) Kumulativer Standard

Während die beiden vorgenannten Standards sich auf Ergebnisse in einer Periode beziehen, wird die variable Vergütung hier in Abhängigkeit einer kumulativen Berücksichtigung eines Erfolgsindikators, bspw. EBIT, über den gesamten Earn-Out-Zeitraum betrachtet.[189] Dabei werden das aktuellste oder die durchschnittlichen letzten Vergangenheitsergebnisse mit der Anzahl der Jahre der Earn-Out-Periode multipliziert und mit den kumulierten Ergebnissen der Earn-Out-Periode verglichen.[190] Ergebnisschwankungen während dieses Zeitraums finden somit keine Berücksichtigung.

Im Gegensatz zu den beiden vorgenannten Methoden erhält der Verkäufer beim kumulativen Standard erst am Ende der Earn-Out-Periode eine mögliche Zusatzzahlung. Da der Verkäufer im Vergleich zum festen Standard länger auf eine mögliche Earn-Out-Zahlung warten muss, wird in der Praxis häufig ein höherer prozentualer Anteil am Unternehmenserfolg vereinbart. Im Vergleich zum variablen Standard ist die prozentuale Beteiligung am Unternehmenserfolg jedoch niedriger, da es hierbei nicht auf ein stetig steigendes, sondern lediglich auf ein insgesamt zu erreichendes Unternehmensergebnis ankommt, und somit das Risiko des Verkäufers im Vergleich niedriger ist.[191]

c.) Bemessungsperiode (Earn-Out-Zeitraum)

Neben der Definition des Erfolgsindikators und der Festlegung des Schwellenwertes kommt auch der Festlegung der Bemessungsperiode eine entscheidende Rolle zu.[192] Der Berechnungszeitraum, der der Kaufpreisanpassung zugrunde liegt, sollte nicht zu kurz gewählt werden.[193] Dies gilt zum einen schon deshalb, weil eine zu kurze Bemessungsperiode u.U. – aufgrund besonderer Entwicklungen und Einflüsse – kein zutreffendes Bild vermittelt.[194] Zum anderen bietet eine zu kurze Bemessungsperiode dem Käufer den Anreiz, das Erreichen des maßgeblichen Schwellenwertes, der die Zusatzzahlung an den Verkäufer auslösen soll, in nachfolgende Perioden zu verschieben.[195] In umgekehrter Form stellt sich das Problem, wenn der Verkäufer noch vor Übertragung des Zielunternehmens an den Käufer Maßnahmen implementiert, die die für den Earn-Out maßgeblichen Faktoren in der Zeit nach dem Unternehmensübergang auf Kosten einer nachhaltigen Unternehmensentwicklung kurzfristig erhöhen.[196]

Aus Sicht des Verkäufers ist jedoch auch ein zu langer Earn-Out-Zeitraum nachteilig, da mit der Länge des Earn-Out-Zeitraums seine Kontrollmöglichkeiten regelmäßig sinken und gleichzeitig die Gefahr von Manipulationen durch den Käufer steigt.[197] Umgekehrt ist jedoch auch für den Erwerber eine zu lange Bemessungsperiode problematisch, da das er-

---

189 *Werner*, DStR 33/2012, 1662 (1664).
190 *Weiser*, M&A Review 12/2004, 512 (514).
191 *Ebenda*, 512 (514).
192 *Hilgard*, BB 2010, 2912 (2915).
193 *Bruski*, BB 2005, Sonderbeilage 7, 19 (28).
194 *Baums*, DB 1993, 1273 (1274).
195 *Werner*, DStR 33/2012, 1662 (1664); *Fisseler/Weißhaupt*, DB 2006, 431 (433).
196 *Werner*, DStR 33/2012, 1662 (1664).
197 *Hilgard*, BB 2010, 2912 (2915).

worbene Unternehmen u.U. für einen langen Zeitraum nicht integriert und somit keine oder erst verzögert Synergien gehoben werden können.[198]

Demnach sollte die Bemessungsperiode zeitlich ausgewogen sein. Der überwiegende Teil der Fachautoren gibt einen Zeitraum von zwei bis fünf Jahren an. Aus Sicht des Verfassers wird ein Zeitraum von bis zu maximal drei Jahren[199] den Anforderungen der Vertragsparteien jedoch am ehesten gerecht, da bei noch längeren Zeiträumen die Unwägbarkeiten unzumutbar werden. Diese Einschätzung wird durch verschiedene wissenschaftliche Studien insofern gestützt, als die durchschnittliche Laufzeit einer Earn-Out-Vereinbarung in der Praxis im Durchschnitt zwei bis drei Jahre beträgt.[200]

2. Abwicklungskontrolle

Im Kaufvertrag muss festgelegt werden, wie und von wem die Erfüllung bzw. Nichterfüllung des für die Kaufpreiszahlung maßgeblichen Bemessungskriteriums festgestellt wird, und wie die Feststellung überprüft werden kann.[201] Hierzu ist eine wirkungsvolle Abwicklungskontrolle notwendig, im Rahmen derer die folgenden Punkte vertraglich zu vereinbaren sind.

a.) Fortführung der Zielgesellschaft als eigenständige Gesellschaft

Die Messbarkeit und Überprüfbarkeit des als Bemessungsgrundlage gewählten Parameters wird es im Regelfall erforderlich machen, dass das erworbene Unternehmen während des Bemessungszeitraums buchhalterisch und weitgehend finanziell sowie geschäftlich von dem oder den übrigen Unternehmen des Käufers getrennt fortgeführt wird.[202] So kann vertraglich festgelegt werden, dass das Unternehmen während des Earn-Out-Zeitraums rechtlich selbstständig bleiben muss oder auch nur in Form einer gesonderten betrieblichen Einheit mit eigenem Rechnungswesen (zumindest getrennte Bilanzierungskreise) fortgeführt wird.[203] Eine Zusammenführung mit anderen Gesellschaften des Käufers oder Dritten kann in diesem Zusammenhang vertraglich ausgeschlossen werden.[204] Sofern eine solche Maßnahme dennoch durchgeführt wird, kann die sofortige Fälligkeit des Zusatzkaufpreises vereinbart werden.[205]

---

198 *Werner*,DStR 33/2012, 1662 (1664).
199 Siehe dazu beispielhaft den Formulierungsvorschlag im Anhang (1.1.1 - 1.1.3).
200 Vgl. dazu u. a. *Ewelt-Nauer/Knauer/Pex*, zfbf 2011, 371 (388) und CMS European M&A Study 2013, Fifth Edition, S. 10.
201 *Baums*, DB 1993, 1273 (1275).
202 *Werner*, DStR 33/2012, 1662 (1665).
203 *Baums*, DB 1993, 1273 (1274).
204 *v. Braunschweig*, DB 2010, 713 (717).
205 Siehe dazu beispielhaft den Formulierungsvorschlag im Anhang (2.1).

b.) Informationsrechte des Verkäufers

Vertraglich zu regeln sind weiterhin etwaige Einsichts- und Prüfungsrechte des Verkäufers[206], da er nach dem Verkauf in aller Regel keinen Zugang mehr zu den relevanten aktuellen Unternehmensunterlagen hat.[207] Unternehmenskaufverträge sehen daher regelmäßig vor, dass sich die Vertragsparteien Zugang zu den für die Earn-Out-Ermittlung relevanten Unterlagen gewähren.[208] Solche Einsichts- und Prüfungsrechte haben jedoch auch ihre Grenzen, insbesondere vor dem Hintergrund des Schutzes von Geschäfts-geheimnissen gegenüber Dritten. In diesen Fällen bietet es sich an, die regelmäßige Einsichtnahme und Überprüfung der für den Earn-Out relevanten Unterlagen durch einen unabhängigen und zur Verschwiegenheit verpflichteten Wirtschaftsprüfer vornehmen zu lassen, der ggf. auch die jeweilige Ermittlung des etwaigen Earn-Out Betrags vornimmt. Eine solche Vorgehensweise könnte u.U. auch zu einer Minimierung etwaiger Streitigkeiten bzgl. der Berechnung des Earn-Outs führen.

c.) Vorbehaltsrechte des Verkäufers

Der Vertrag muss weiterhin die Handlungspflichten und Mitwirkungsrechte regeln, die den Vertragsparteien im Hinblick auf die Herbeiführung des Erfolgs zukommen.[209] Insoweit muss insbesondere im Vertrag festgelegt werden, welche Maßnahmen der Erwerber durchführen darf oder muss bzw. zu welchen Maßnahmen der Käufer der vorherigen Zustimmung des Verkäufers bedarf oder diesen zuvor mindestens anhören muss (Zustimmungsvorbehalte, Anhörungsrechte).[210] Diese Regelungen zum Schutz des Verkäufers gleichen inhaltlich den unter C. I. beschriebenen Regeln zum Schutz des Käufers für die Zeit zwischen „Signing" und „Closing". Seine Rechte kann der Verkäufer z.B. durch einen vertraglich vereinbarten Katalog zustimmungspflichtiger Geschäfte oder auch durch einen Sitz im Beirat oder Aufsichtsrat des Zielunternehmens ausüben, indem z.B. für vorher definierte Geschäfte ein bestimmtes Quorum im Aufsichtsgremium vereinbart wird.[211]

d.) Zahlungssicherung

Ein weiterer vertraglicher Regelungspunkt ist die Sicherung und Abwicklung der Zahlung. Der Verkäufer hat vor dem Hintergrund eines etwaigen Insolvenzrisikos des Käufers ein Interesse am Erhalt von Sicherheiten für zukünftige Earn-Out-Zahlungen.[212] Dies kann in der Form geschehen, dass Zahlungen zunächst an einen Treuhänder erfolgen, der diese dann bei Erreichung des Schwellenwertes an den Verkäufer auszahlt.[213] Alternativ kann eine Sicherung durch Bankbürgschaft, Patronatserklärung oder Stellung dinglicher Sicherheiten (z.B. am Zielunternehmen) erfolgen.[214] Für den Käufer allerdings ist eine solche Lösung aufgrund der entstehenden Kapitalbindung eher unattraktiv, insbesondere dann, wenn er die

---

206 Siehe dazu beispielhaft den Formulierungsvorschlag im Anhang (1.2).
207 *Werner*, DStR 33/2012, 1662 (1665).
208 *Baums*, DB 1993, 1273 (1275).
209 *Werner*, DStR 33/2012, 1662 (1665).
210 *Vischer*, SJZ 98 (2002), 509 (512); siehe dazu auch beispielhaft den Formulierungsvorschlag im Anhang (1.2, 2.2.).
211 *Behringer*, UM 7/2004, 245 (248).
212 *Hilgard*, BB 2010, 2912 (2916).
213 *Werner*, DStR 33/2012, 1662 (1665).
214 *Bruski*, BB 2005, Sonderbeilage 7, 19 (28).

Earn-Out-Zahlungen mit laufenden Cashflows des Zielunternehmens finanzieren möchte. Andererseits bietet es sich für den Käufer an, den Earn-Out-Betrag als Sicherung für seine Garantieansprüche zu nutzen.[215] In der Praxis sind hierzu die vielfältigsten Vertragsvereinbarungen anzutreffen.

e.) Konfliktbeilegung

Bei der Vereinbarung zukunftsbezogener variabler Kaufpreise (dies trifft im Übrigen auch auf stichtagsbezogene Kaufpreisanpassungsklauseln zu) können im Nachhinein Streitigkeiten zwischen Käufer und Verkäufer über die Erreichung des Schwellenwertes und damit verbunden die Höhe des zu zahlenden Betrags entstehen. Dabei kann es sich um Tatsachenfeststellungen oder aber auch um Auslegungsfragen handeln.[216] Wie bereits aus den obigen Ausführungen ersichtlich, wird es in der Praxis regelmäßig nicht möglich sein, alle möglichen Fallkonstellationen im Vorfeld zu antizipieren und entsprechend im Vertrag zu berücksichtigen. Im Nachhinein kann es Streitigkeiten über bestimmte Sachverhaltsauslegungen, wie z.B. die Berücksichtigung bestimmter Aufwandspositionen, die im Vertrag bei der Ermittlung des Schwellenwertes nicht ausdrücklich als Abzugspositionen erwähnt wurden, geben. Es bietet sich daher an, dies bereits im Kaufvertrag nicht nur durch eine exakte Definition der Kaufpreisanpassungstatbestände, sondern auch durch Schiedsklauseln zu berücksichtigen. Zur Bestimmung der Höhe des für die Earn-Out-Berechnung relevanten Schwellenwertes kann bspw. die Einsetzung eines Schiedsgutachters (regelmäßig ein Wirtschaftsprüfer) vereinbart werden.[217] Für Auslegungsfragen bietet sich die Verständigung auf ein schiedsgerichtliches Verfahren an.[218] Eine Schiedsklausel sollte in diesem Zusammenhang Bestimmungen über die Besetzung des Schiedsgerichts und die Durchführung des Schiedsverfahrens treffen.[219]

VI. Kritische Würdigung von Earn-Out-Gestaltungen

Trotz aller Anstrengungen bei der Vertragsgestaltung sind Earn-Out-Gestaltungen insbesondere für den Verkäufer aber auch für den Käufer teils mit erhebliche Risiken verbunden. Wenn die Parteien der vertraglichen Ausgestaltung von Earn-Out-Klauseln nicht genügend Aufmerksamkeit schenken, sind Streitfragen und eine spätere juristische Auseinandersetzung fast unumgänglich. Eine sorgfältige vertragliche Ausgestaltung von Earn-Out-Klauseln ist nicht nur erforderlich, um spätere Auslegungsstreitigkeiten zu vermeiden, sondern auch um festzustellen, ob die Parteien sich überhaupt auf eine klare Berechnungsmethode verständigt haben. Auch wenn der Kaufpreis im Vertrag nicht bestimmt sein muss, so muss er doch zumindest bestimmbar sein. Andernfalls steht die Wirksamkeit des Vertrags in Frage.[220]

---

215 *Hilgard*, BB 2010, 2912 (2916); *Werner*, DStR 33/2012, 1662 (1665).
216 *Baums*, DB 1993, 1273 (1275).
217 Siehe dazu beispielhaft den Formulierungsvorschlag im Anhang (1.3, 2.2).
218 zu variablen Kaufpreisregelungen in Kaufverträgen im Geflecht von Schiedsgutachtervereinbarungen und Schiedsgerichtsklauseln vgl. ausführlich *Witte/Mehrbrey*, NZG 7/2006, S. 241 ff.; zur Preisfeststellung durch Schiedsgutachter beim Unternehmenskauf vgl. *Habersack/Tröger*, DB 2009, 44 ff.
219 *Baums*, DB 1993, 1273 (1275).
220 *Hilgard*, BB 2010, 2912 (2916).

Die Erfolgsindikatoren sollten daher objektiv messbar, zielorientiert und vor allem weitgehend unbeeinflussbar durch strategisches Verhalten des Käufers oder Verkäufers sein.[221]

Eine der schwierigsten Aufgaben besteht darin, den Missbrauchsspielraum (Manipulationsmöglichkeiten) der Vertragsparteien einzuengen. Insbesondere der Käufer kann durch gezielte Maßnahmen sowohl auf Ebene des Zielunternehmens, aber auch durch sonstige Aktivitäten erheblichen Einfluss auf die Zielerreichung nehmen.[222]

Wurde das Betriebsergebnis (EBIT) als Erfolgsgröße vereinbart, könnte der Käufer nach Übernahme des Zielunternehmens z.B. durch das Vorziehen von Instandhaltungsaufwendungen die für den Earn-Out relevante Bemessungsgrundlage innerhalb des Earn-Out-Zeitraums reduzieren und somit eine Earn-Out-Zahlung vermeiden.[223] Gegen solche Maßnahmen seitens des Käufers könnte sich der Verkäufer trotz etwaiger Einsichts- und Kontrollrechte schwerlich wehren und ließe sich auch vertraglich im Vorfeld nur schwer einschränken. Die Möglichkeiten des Käufers, die Bemessungsgrundlage zu seinen Gunsten zu beeinflussen sind vielfältig und werden in der Praxis erfahrungsgemäß auch immer wieder ausgenutzt.[224] Zwar kann der Verkäufer, wie bereits erwähnt, z.B. durch die Vereinbarung eines umfangreichen Zustimmungskatalogs einzelne Maßnahmen u.U. blockieren, sämtliche Manipulationsmöglichkeiten lassen sich damit jedoch im Vorfeld nicht ausschließen.

Eine weitere Möglichkeit den Verkäufer vor Earn-Out reduzierenden Maßnahmen des Käufers zu schützen, ist der Verbleib des Verkäufers während der Earn-Out-Periode im Zielunternehmen. Dies kann z.B. in Funktion des Geschäftsführers erfolgen. In dieser Funktion hat der Verkäufer die Möglichkeit, die Unternehmensentwicklung auch nach Übertragung noch maßgeblich mit zu gestalten und somit eine etwaige Earn-Out-Zahlung positiv zu beeinflussen. Genau darin liegt jedoch auch ein Problem, denn der Verkäufer wird sein Wirken naturgemäß auf den Earn-Out-Zeitraum konzentrieren, und somit zu kurzfristigem Verhalten neigen[225], was u.U. den mittel- und langfristigen strategischen Zielen des Käufers zuwiderläuft.[226]

In dem weiterhin vorhandenen Mitspracherecht des Verkäufers, insbesondere sofern dieser weiterhin als Geschäftsführer maßgeblichen Einfluss auf die Unternehmensentwicklung nehmen kann, liegt jedoch auch einer der Hauptnachteile des Earn-Outs aus Sicht des Käufers, denn im Vergleich zu einem unmittelbaren Unternehmenskauf erlangt er nicht die alleinige Kontrolle über das Zielunternehmen[227], was seine Handlungsmöglichkeiten erheblich einschränkt.

Ein weiterer erheblicher Nachteil von Earn-Out-Gestaltungen ergibt sich oftmals bei einer beabsichtigten Integration des Zielunternehmens in die Organisation des Käufers. Insbesondere aus Sicht eines strategischen Investors erfolgen Unternehmenserwerbe häufig

---

221 *Baums*, DB 1993, 1273 (1275); *Hilgard*, BB 2010, 2912 (2916).
222 *Hilgard*, BB 2010, 2912 (2916).
223 *Fisseler/Weißhaupt*, DB 2006, 431 (433).
224 *Hilgard*, BB 2010, 2912 (2917).
225 *Baums*, DB 1993, 1273 (1276).
226 *Bruski*, BB 2005, Sonderbeilage 7, 19 (27).
227 *Werner*, DStR 33/2012, 1662 (1663).

aus der Überlegung heraus, diese teilweise oder ganz auf ein anderes seiner Unternehmen z.B. im Zuge einer Verschmelzung zu überführen, um entsprechende Synergiepotenziale zu heben. Wie oben beschrieben, werden solche Umstrukturierungen des Zielunternehmens zum Schutz des Verkäufers jedoch häufig vertraglich ausgeschlossen oder zumindest eingeschränkt, um eine Vergleichbarkeit der für die Earn-Out-Ermittlung relevanten Unternehmenskennzahlen gewährleisten zu können. Damit ist jedoch eine zeitnahe Eingliederung oder Verschmelzung nicht möglich, was zu einer Verzögerung möglicher Synergie-Effekte aus der Transaktion führen kann.[228]

Mögliche Auswege aus den hier beschriebenen Schwierigkeiten können in spezifischen Anpassungsformeln liegen, die aber schnell ein hohes Komplexitätsniveau erreichen[229], und den Kontroll- und Abwicklungsaufwand nochmals deutlich erhöhen.

Einen idealtypischen Earn-Out-Vertrag, welcher zum einen den vollständigen Schutz des Verkäufers vor Manipulationsmöglichkeiten des Käufers gewährleistet und zum anderen dem Käufer alle Handlungsfreiheiten mit Bezug auf die Entwicklung des Zielunternehmens ermöglicht, wird und kann es folglich nicht geben. Von daher ist immer im Einzelfall abzuwägen, ob die Vorteile einer Earn-Out-Vereinbarung deren Nachteile soweit überkompensieren, dass sich deren Einsatz auch für die beteiligten Vertragsparteien lohnt.

E. Zusammenfassung

Wesentlicher Punkt bei M&A-Vertragsverhandlungen bzw. zentraler Bestandteil eines Unternehmenskaufs ist die Bestimmung und Festlegung des Kaufpreises. Der Kaufpreis ist für gewöhnlich das Verhandlungsergebnis der Vertragsparteien, die sich für die Ermittlung ihrer individuellen Preisober- und Preisuntergrenze regelmäßig der Methoden der Unternehmensbewertung bedienen.

Die im Rahmen von M&A-Transaktionen am häufigsten verwendeten Bewertungsverfahren sind die Multiplikatormethode und der WACC-Ansatz des DCF-Verfahrens. Insbesondere die DCF-Methode bestimmt als Bewertungsstandard zunehmend die Gestaltung der Unternehmenskaufverträge, indem Kaufpreise häufig zum Vertragsschluss zunächst "Cash and Debt free" vereinbart und zum Übertragungsstichtag analog zum WACC-Ansatz um die Nettofinanzverbindlichkeiten angepasst werden.

Kaufpreisanpassungsklauseln spielen in der M&A-Vertragspraxis eine bedeutende Rolle. Zum einen weil sie Wertänderungen des Zielunternehmens zwischen "Signing" und "Closing" abbilden können und zum anderen weil sie zur Überwindung von unterschiedlichen Kaufpreisvorstellungen zwischen Käufer und Verkäufer beitragen können, indem sie eine zukunftsorientierte Anpassung des Kaufpreises ermöglichen.

---

228 *Werner*, DStR 33/2012, 1662 (1663); *Hilgard*, BB 2010, 2912 (2913); *v. Braunschweig*, DB 2010, 713 (716); *Baums*, DB 1993, 1273 (1275).
229 *v. Braunschweig*, DB 2002, 1815 (1817).

Ein geeignetes Instrument zur Überwindung von Kaufpreisunterschieden zwischen den Verhandlungsparteien können Earn-Out-Klauseln sein. Ihnen wohnt das Potenzial inne, trotz stark divergierender Kaufpreisvorstellungen, Käufer und Verkäufer doch noch zu einem Vertragsabschluss zu bringen.

Dennoch sind Earn-Out-Gestaltungen für die Vertragsparteien oftmals mit erheblichen Herausforderungen und Schwierigkeiten verbunden. Eine der schwierigsten Aufgaben besteht darin, beiderseitigen Missbrauchsspielraum einzuengen.

Daher ist bei der Vertragsformulierung besondere Sorgfalt geboten, indem u.a. folgende wesentliche Punkte berücksichtigt werden:

- eindeutige Formulierung des gewählten Erfolgsindikators
- exakte Definition der Berechnungsgrundlage
- Aufnahme eines klaren und nachvollziehbaren Berechnungsbeispiels
- ausgewogene Ausgestaltung des Schwellenwertes
- Festlegung einer geeigneten Bemessungsperiode (2-3 Jahre)
- autarke Fortführung der Zielgesellschaft (zumindest eigener Buchführungskreis)
- Vereinbarung von Vorbehalts- und Informationsrechten des Verkäufers sowie Berichts- und Verhaltenspflichten des Käufers
- Aufnahme von Regelungen zur Konfliktbeilegung

Ein Formulierungsvorschlag für eine mögliche Earn-Out-Klausel, welche die oben aufgeführten Punkte berücksichtigt, ist im Anhang dargestellt.

Aufgrund der mit ihnen verbundenen Herausforderungen und Schwierigkeiten sowie des hohen Gestaltungs- und Abwicklungsaufwands sind Earn-Out-Klauseln nicht als Allheilmittel zur Überbrückung divergierender Kaufpreisvorstellungen zu verstehen, sondern deren sinnvolle Anwendbarkeit immer im Einzelfall zu prüfen. Derartige Fälle könnten v.a. der Kauf junger, innovativer oder im Umbruch befindlicher Unternehmen sein. Auch aus Sicht von Private Equity Gesellschaften kann aufgrund der in der Regel gleichlaufenden Interessen eine Earn-Out-Gestaltung attraktiv erscheinen, anders als in den meisten Fällen aus Sicht eines strategischen Käufers, da aus seiner Sicht eine Earn-Out-Gestaltung regelmäßig ein Integrationshemmnis darstellt.

F. Anhang: Formulierungsvorschlag für eine Earn-Out Klausel

1. Zusätzlicher Kaufpreis („Earn-out")

1.1 Der Käufer verpflichtet sich hiermit, in Ergänzung zu dem in Ziffer [...] vereinbarten Kaufpreis einen zusätzlichen Betrag in Höhe von insgesamt EUR **[3.000.000]** (nachfolgend „EARN-OUT") nach Maßgabe der folgenden Bestimmungen zu zahlen.

    1.1.1 einen Betrag in Höhe von EUR [**1.000.000**], wenn das Ergebnis der gewöhnlichen Geschäftstätigkeit des Zielunternehmens gemäß § 275 Abs. 2 Nr. 14 HGB zum [**31.12.2014**] mindestens EUR [...] beträgt;

    1.1.2 einen Betrag in Höhe von EUR [**1.000.000**], wenn das Ergebnis der gewöhnlichen Geschäftstätigkeit des Zielunternehmens gemäß § 275 Abs. 2 Nr. 14 HGB zum [**31.12.2015**] mindestens EUR [...] beträgt;

    1.1.3 einen Betrag in Höhe von EUR [**1.000.000**], wenn das Ergebnis der gewöhnlichen Geschäftstätigkeit des Zielunternehmens gemäß § 275 Abs. 2 Nr. 14 HGB zum [**31.12.2016**] mindestens EUR [...] beträgt.

Sollte das ZIELUNTERNEHMEN eines oder mehrere der in Ziffer 1.1.1 bis 1.1.3 genannten Ergebnisse der gewöhnlichen Geschäftstätigkeit (nachfolgend auch „MILESTONES") nicht erreichen, entfällt der dort jeweils genannte Teilbetrag des EARN-OUT. Eine erhöhende Anrechnung auf später fällig werdende (nachfolgend Ziffer 1.3) Teilbeträge des EARN-OUT findet nicht statt.

1.2 Maßgeblich für das Erreichen der MILESTONES sind die für das ZIELUNTERNEHMEN auf die in Ziffer 1.1.1 bis 1.1.3 genannten Zeitpunkte aufzustellenden Jahresabschlüsse (nachfolgend „EARN-OUT-ABSCHLÜSSE") in der zwischen den PARTEIEN verbindlich werdenden Fassung; unbeschadet etwaiger inhaltlicher Abweichungen in den geprüften und festgestellten Jahresabschlüssen des ZIELUNTERNEHMENS oder des KÄUFERS. Der KÄUFER wird die EARN-OUT-ABSCHLÜSSE innerhalb der anwendbaren gesetzlichen Fristen aufstellen und dem VERKÄUFER unverzüglich, spätestens zwei Wochen nach Aufstellung, zur Verfügung stellen. Der VERKÄUFER ist berechtigt, innerhalb von vier Wochen nach Zuleitung der EARN-OUT-ABSCHLÜSSE schriftlich begründet Widerspruch gegen die Feststellungen zu den MILESTONES zu erheben; anderenfalls werden die EARN-OUT-ABSCHLÜSSE in der vom Käufer aufgestellten Fassung zwischen den PARTEIEN verbindlich.

1.3 Können die PARTEIEN innerhalb von vier Wochen ab Widerspruch durch den VERKÄUFER nicht Einvernehmen über die widersprochenen Feststellungen in den EARN-OUT-ABSCHLÜSSEN erzielen (im Falle des Einvernehmens werden die EARN-OUT-ABSCHLÜSSE in der Fassung des erzielten und schriftlich zwischen den PARTEIEN fixierten Einvernehmens zwischen den PARTEIEN verbindlich), entscheidet über die (noch) streitigen Punkte eine auf Antrag einer PARTEI durch die Industrie- und Handelskammer [...] benannte Wirtschaftsprüfungsgesellschaft als unabhängiger Schiedsgutachter. Die schriftliche Entscheidung des benannten Schiedsgutachters bezieht sich ausschließlich auf die zwischen den PARTEIEN (noch) streitigen Punkte und ist für die PARTEIEN verbindlich. Die Kosten des benannten Schiedsgutachters tragen die PARTEIEN im Verhältnis ihres Obsiegens oder Unterliegens.

1.4 Der in Ziffer 1.1.1 bis 1.1.3 jeweils genannte Teilbetrag des EARN-OUTS wird mit dem Zeitpunkt zur Zahlung fällig, zu dem der jeweils maßgebliche **EARN-OUT-ABSCHLUSS** in der in Ziffer 1.2 und 1.3 beschriebenen und zu den dort genannten Zeitpunkten zwischen den PARTEIEN verbindlich wird. Zahlungen sind innerhalb von zehn Bankarbeitstagen ab Fälligkeit auf die in Ziffer [...] benannte Bankverbindung des VERKÄUFERS zu leisten. Zahlungen auf die vorstehend genannte Bankverbindung haben schuldbefreiende Wirkung für den KÄUFER; es sei denn, der VERKÄUFER hat dem KÄUFER nach Maßgabe von Ziffer [...] eine abweichende Bankverbindung vor Anweisung der Zahlung mitgeteilt. Eine Verzinsung des EARN-OUT erfolgt nicht. Gesetzliche Verzugsvorschriften bleiben unberührt.

2. **Verhaltenspflichten des Käufers im Earn Out Zeitraum**

2.1 Der KÄUFER wird das ZIELUNTERNEHMEN in der zum Zeitpunkt des CLOSINGS bestehenden Organisationsform und -struktur mindestens bis zu dem in Ziffer 1.1.3 genannten Zeitpunkt (nachfolgend „**EARN-OUT-ZEITRAUM**") fortführen. Der KÄUFER ist berechtigt, das ZIELUNTERNEHMEN auch während des EARN-OUT-ZEITRAUMS rechtlich (insbesondere nach den Vorschriften des Umwandlungsgesetzes) oder operativ (zum Beispiel durch Verlagerung oder Zusammenführung von einzelnen Unternehmensfunktionen oder Einführung von Konzernverrechnungspreisen) in das eigene Unternehmen oder verbundene Unternehmen des KÄUFERS im Sinne der §§ 15 ff. AktG zu integrieren, wenn der VERKÄUFER einer solchen Maßnahme vorab schriftlich zugestimmt hat. Der VERKÄUFER ist verpflichtet, einer solchen Maßnahme des KÄUFERS zuzustimmen, wenn der KÄUFER dem VERKÄUFER nachweist, dass durch geeignete Maßnahmen eine weiterhin isolierte buchhalterische Betrachtung und die Erstellung der EARN-OUT-ABSCHLÜSSE des ZIELUNTERNEHMENS sichergestellt ist. Kommt der KÄUFER seiner Verpflichtung zur Aufstellung der EARN-OUT-ABSCHLÜSSE nicht nach oder kann er seiner diesbezüglichen Verpflichtung aufgrund einer in dieser Ziffer 2.1 beschriebenen Maßnahme nicht mehr nachkommen, werden die in Ziffer 1.1.1 bis 1.1.3 genannten Teilbeträge unabhängig von einem Erreichen der MILESTONES zu den dort genannten Zeitpunkten (jedoch ohne Rückbewirkung auf bereits in der Vergangenheit liegende Zeitpunkte) zur Zahlung fällig.

2.2 Der KÄUFER wird den VERKÄUFER während der EARN-OUT-PERIODE über Maßnahmen außerhalb des gewöhnlichen Geschäftsbetriebs des ZIELUNTERNEHMENS unverzüglich informieren, wenn diese Maßnahmen einen Einfluss auf die MILESTONES haben können. In diesem Fall werden sich die PARTEIEN darüber verständigen, in welcher Form und welchem Umfang die diesbezüglichen Aufwendungen oder sonstige monetäre Nachteile des ZIELUNTERNEHMENS bei der Ermittlung der MILESTONES außer Betracht bleiben. Können sich die PARTEIEN hierüber nicht einigen, entscheidet über den oder die streitigen Punkt(e) eine auf Antrag einer der PARTEIEN durch die Industrie- und Handelskammer [...] bestellte Wirtschaftsprüfungsgesellschaft als unabhängiger Schiedsgutachter. Ziffer 1.3 Satz 3 gilt entsprechend.

Untersagung von Gemeinschaftsunternehmen nach §1 GWB

Von Malte Hönig, LL.M.

A. Einleitung 186
   I. Aktuelle Situation in Deutschland 186
   II. Bedeutung für die Praxis 186
   III. Fragestellung und Vorgehensweise 186
B. Ausgangspunkt der Untersuchung 187
   I. Gemeinschaftsunternehmen 187
      1. Definition 187
      2. Unterscheidung zwischen konzentrativen und kooperativen 187
   II. Abgrenzung zum EU-Recht 188
   III. Entwicklung des Kartellverbots in Deutschland 188
C. Das Kartellverbot in Deutschland 189
   I. Anwendung von § 1 GWB in Konkurrenz zur Fusionskontrolle 189
   II. Unternehmen und Unternehmensvereinigungen 190
   III. Vereinbarungen, Beschlüsse und abgestimmte Verhaltensweisen 191
   IV. Wettbewerbsbeschränkung 192
      1. Allgemein 192
      2. Speziell bei GU nach den Urteilen „Ost-Fleisch" und „Nord-KS" ... 193
      3. Kriterien für die Einzelfallprüfung der Regelvermutung 195
         a.) Strategisches Interesse 195
         b.) Wirtschaftliche Bedeutung der Koordinierung 195
      4. GUs-Typen gemäß der Sektoruntersuchung Walzasphalt 196
         a.) Typ A 196
         b.) Typ B 196
         c.) Typ C 199
         d.) Typ U 200
      5. Finanzbeteiligungen 200
   V. Bezwecken / Bewirken 200
   VI. Spürbarkeit 201
D. Ausnahmen und Rechtsfolgen 202
   I. Ausnahmen 202
      1. §2 GWB – Freigestellte Vereinbarungen 202
      2. §3 GWB – Mittelstandskartelle 202
   II. Rechtsfolgen 203
      1. Nichtigkeit 203
      2. Auflösung 203
      3. Gewinnabschöpfung 204
      4. Unterlassungsanspruch 204
      5. Schadensersatzpflicht 204
      6. Bußgeld 204
E. Fazit 204
   I. Zusammenfassung 204
   II. Bedeutung für die Praxis 205

A. Einleitung

I. Aktuelle Situation in Deutschland

Die Rechtsprechung des Bundesgerichtshofes (BGH) bei der kartellrechtlichen Beurteilung von Gemeinschaftsunternehmen (GU), insbesondere der als „Nord-KS"-Entscheidung bekannte Beschluss vom 04.03.2008 (KVZ 55/07), hat für große Überraschung gesorgt und ging wie ein Ruck durch die deutsche Wirtschaft. Kernpunkt dabei ist, dass nicht nur die seit 2001 ausgegebene Regelvermutung eines Kartellverstoßes nach § 1 GWB greift, wenn Wettbewerber gemeinsam ein auf selbigen Markt tätig werdendes Tochterunternehmen gründen, sondern dass auch vor schon lange bestehenden GU kein Halt gemacht wird.

II. Bedeutung für die Praxis

Die Praxis kann sich also nicht auf eine Form des Bestands- oder Vertrauensschutzes verlassen,[1] was die Tragweite des „Ost-Fleisch"-Beschlusses aus dem Jahr 2001 von der Gründung auf die Fortführung eines GUs ausweitet. Da es bei der Beurteilung auf eine Berücksichtigung der Gesamtumstände des Einzelfalls ankommt,[2] bedeutet dies, dass Unternehmen ihre Beteiligungen an Tochtergesellschaften, an denen auch andere beteiligt sind, auf den Prüfstand stellen müssen, ob nicht schon im Vorhandensein des GUs ein Verstoß gegen § 1 GWB vorliegt, und falls ja, wie dieser ausgeräumt werden kann.

Für das Bundeskartellamt (BKartA) ergibt sich eine völlig neue und effizientere Möglichkeit der Verfolgung und Aufdeckung von Verstößen gegen das Kartellverbot. Es kann eine branchenweite Untersuchung von Unternehmensverflechtungen, wie zuletzt im Sektor Walzasphalt ausgeführt, veranlassen. Dies führt dazu, dass die davon betroffenen Marktteilnehmer auf Basis dieser Untersuchung und aus akuter Angst vor den Folgen eines möglichen Verstoßes gegen § 1 GWB von selbst Maßnahmen zur Vermeidung des Kartellverbots ergreifen und zum Beispiel auch eine wettbewerbsstärkende Entflechtung vornehmen, ohne dass das BKartA im Einzelfall weiter aktiv werden muss.[3]

III. Fragestellung und Vorgehensweise

Ziel dieser Arbeit soll es sein, die aktuelle Rechtsauffassung inklusive der Erkenntnisse aus der neueren Rechtsprechung darzulegen, Unklarheiten zu beseitigen und konkrete Kriterien zu benennen, die für oder gegen eine Untersagung von Gemeinschaftsunternehmen nach § 1 GWB herangezogen werden können.

Dahingehend soll diese Arbeit als Hilfe für Unternehmen dienen können, ihre Tochtergesellschaften auf ihre kartellrechtliche Verträglichkeit mit § 1 GWB hin überprüfen zu können, ohne dabei aber speziell auf individuelle Aspekte der Umsetzung dieser Prüfung, wie etwa auf die jeweilige Datenerhebung und -verarbeitung bezüglich der Tochtergesellschaften, einzugehen. Die Auseinandersetzung mit Gesetzeslage, Rechtsprechung, Praxis und Schrifttum soll im Fokus stehen.

---

[1] Vgl. Dr. Matthias Karl in *Neumann*, Wettbewerbshüter in der Offensive, JUVE Rechtsmarkt 2011, Heft 5, 86 (89).
[2] Vgl. BGH, Beschl. v. 08.05.2001 – KVR 12/99 – „Ost-Fleisch", Ls. 2, BGHZ 147, 325 = NJW 2001, 3782.
[3] Vgl. *Neumann*, JUVE Rechtsmarkt 2011, Heft 5, 86 (90).

Im folgenden Verlauf dieser Arbeit wird zunächst das Thema klar umrissen, indem der Begriff des GUs definiert, eine Abgrenzung zum EU-Recht vorgenommen und eine kurze Einführung in die Entwicklung des deutschen Kartellverbots gegeben wird. Darauf folgend wird im Hauptteil das Kartellverbot nach § 1 GWB bei GU im Detail untersucht. Abschließend werden die Erkenntnisse zusammengeführt und ihre Bedeutung gewürdigt.

B. Ausgangspunkt der Untersuchung

I. Gemeinschaftsunternehmen

1. Definition

Der Begriff des GUs beinhaltet zwei Komponenten.
Zum einen liegt ein eigenes Unternehmen vor, eine Eigenschaft, die das GU nicht zuletzt von einer Unternehmensvereinigung unterscheidet. Zum anderen sind mindestens zwei verschiedene Unternehmen an dem GU beteiligt.
Eine Verfolgung gemeinsamer Zwecke, wie sie Bunte zusätzlich vorschreibt,[4] ist wohl eher redundant zu sehen, weil auch die schlichte Gewinnmaximierung, wie sie selbst im Falle einer bloßen Kapitalbeteiligung vorliegt, als ein erschöpflicher Zweck herangezogen werden kann.

2. Unterscheidung zwischen konzentrativen und kooperativen

Für die kartellrechtliche Beurteilung ist von entscheidender Bedeutung, ob es sich um ein konzentratives oder kooperatives GU handelt.
Konzentrative GU nehmen sämtliche Funktionen eines selbständigen Unternehmens wahr, erbringen marktbezogene Leistungen und sind nicht ausschließlich oder überwiegend weder auf einer vor- oder nachgelagerten Stufe noch auf demselben Markt wie die Muttergesellschaften tätig.[5]
Kooperative GU können diese Kriterien nicht oder nur zum Teil erfüllen. Klassischerweise üben sie für die Muttergesellschaften nur einzelne Unternehmensfunktionen aus.[6] Sie werden unter dem Blick von § 1 GWB grundsätzlich kritischer gesehen.
Obwohl sich zuweilen Aussagen finden, dass konzentrative GU von § 1 GWB ausgenommen sind, ist dies nicht zutreffend. Nichtsdestotrotz sind sie im Grunde weniger bedenklich als die kooperativen.

---

4 Vgl. *Bunte,* in: Langen/Bunte, Kommentar zum deutschen und europäischen Kartellrecht, 11. Aufl. 2010, § 1 GWB, Rn. 251.
5 Vgl. BGH, Beschl. v. 01.10.1985 – KVR 6/84 – „Mischwerke", WuW/E BGH 2169 = BGHZ 96, 69; vgl. *Kleinmann/Bechtold,* Kommentar zur deutschen Fusionskontrolle, 3. Aufl. 2005, Rn. 126-128.
6 Vgl. *Bunte,* in: Langen/Bunte, (o. Fn. 4), § 1 GWB, Rn. 263.

II. Abgrenzung zum EU-Recht

Da das EU-Kartellverbot aus Art. 101 AEUV (vormals Art. 81 EGV a.F.) innerhalb seines Anwendungsbereiches Vorrang gegenüber der nationalen Regelung hat,[7] ist eine Abgrenzung für die Zwecke dieser Arbeit notwendig.

Art. 101 AEUV ist nach eigenem Wortlaut dann anzuwenden, wenn der Sachverhalt dazu geeignet ist, den Handel zwischen den Mitgliedstaaten der EU (spürbar) zu beeinträchtigen. Zur klareren Definition dieser gemeinschaftsweiten Bedeutung dient eine Bekanntmachung der Kommission, nach der es an der Spürbarkeit einer Beeinträchtigung des zwischenstaatlichen Handelns grundsätzlich fehlt, wenn der gemeinsame Marktanteil auf keinem Markt >5%, bei horizontalen Vereinbarungen zudem der gemeinsame betroffene Jahresumsatz innerhalb der EU ≤40 Mio. € und bei vertikalen Vereinbarungen der des Lieferanten bzw. der Umsatz der betroffenen Käufe ≤40 Mio. € beträgt.[8]

Nur wenn diese Grenzen nicht überschritten werden, kann grundsätzlich vom EU-Recht an dieser Stelle abgesehen, sich also vorrangig auf § 1ff GWB mit der dazugehörigen Rechtsprechung bezogen werden.

Nichtsdestotrotz sind Bestandteile des EU-Rechts jedenfalls dann wiederum einzubeziehen, wenn in der nationalen Norm auf sie verwiesen wird, wie auf die Gruppenfreistellungsverordnungen in § 2 II GWB.

III. Entwicklung des Kartellverbots in Deutschland

Ein gesetzliches Kartellverbot in Deutschland findet sich erstmals in der Kartellverordnung (KartVO) aus dem Jahr 1923.[9] Von der dort instituierten Tatbestandsformulierung wurde erst mit der 1999 in Kraft getretenen 6. GWB-Novelle Abstand genommen, im Zuge derer § 1 GWB am EG-Recht orientiert, neu formuliert wurde.[10] Die bis dahin bestehende und problematische Nähe zum Gesellschaftsrecht wurde dabei zu Gunsten einer funktionalen Betrachtungsweise aufgegeben.[11] 2005 ist im Rahmen der 7. GWB-Novelle der § 1 erweitert worden. Neben horizontalen (auf gleicher Marktstufe) sind nun auch vertikale Wettbewerbsbeschränkungen (zwischen vor- und nachgelagerter Marktstufe) gleichermaßen erfasst. Im aktuell dem Vermittlungsausschuss vorliegenden Gesetzesentwurf zur 8. GWB-Novelle gibt es keine Änderung von § 1.[12]

---

7   Vgl. § 22 GWB und Art. 3 der Verordnung (EG) Nr. 1/2003 des Rates zur Durchführung der in den Artikeln 81 und 82 des Vertrags niedergelegten Wettbewerbsregeln vom 16.12.2002.
8   Vgl. Bekanntmachung der Kommission – Leitlinien über den Begriff der Beeinträchtigung des zwischenstaatlichen Handels in den Artikeln 81 und 82 des Vertrags (2004/C 101/07) vom 27.04.2004, Rn. 52.
9   Vgl. *Friedlaender*, Das Gesetz gegen Wettbewerbsbeschränkungen: Einführung und Überblick, JZ 1957, 649.
10 Vgl. *Baron*, Das neue Kartellgesetz: Einführung in die 6. GWB-Novelle und das Vergaberecht, 1999, S. 19-21.
11 Vgl. *Immenga/Mestmäcker*, Wettbewerbsrecht Band 2: GWB, 4. Aufl. 2007, § 1 Verbot wettbewerbsbeschränkender Vereinbarungen, Rn. 2-3.
12 Vgl. Gesetzentwurf der Bundesregierung, 8. GWB-ÄndG, Drucksache 17/9852 vom 31.05.2012, S. 7.

C. Das Kartellverbot in Deutschland

I. Anwendung von § 1 GWB in Konkurrenz zur Fusionskontrolle

Für ein Kartellverbot bei GU müssen, wie auch bei allen anderen Fällen, die im folgenden Verlauf ausgeführten fünf Tatbestandsmerkmale erfüllt sein. Die ersten vier sind dabei dem Gesetzeswortlaut von § 1 GWB zu entnehmen, wonach Vereinbarungen zwischen Unternehmen, Beschlüsse von Unternehmensvereinigungen und aufeinander abgestimmte Verhaltensweisen, die eine Wettbewerbsbeschränkung bezwecken oder bewirken, verboten sind. Das fünfte Element, die Spürbarkeit, gilt nach ständiger Rechtsprechung als ungeschriebenes Tatbestandsmerkmal.[13]

Bei einem GU stellt sich die Frage der Doppelanwendung des GWB-Regelwerks. Denn bei der Errichtung eines GUs wird der Vorgang regelmäßig fusionskontrollrechtlich nach §§ 35 ff. GWB vom BKartA geprüft. (Anders wird dies im EU-Recht gesehen, wo eine Fusionskontrolle nur bei sog. „Vollfunktionsunternehmen" Anwendung findet.[14]) Im deutschen Recht ist daneben aber auch noch das (allgemeine) Kartellverbot nach §§ 1 ff. GWB zu berücksichtigen.[15] Die separate Überprüfung dieser beiden Punkte wird auch als Prinzip der Doppelkontrolle oder Zweischrankenprinzip bezeichnet.[16]

Im Falle eines konzentrativen GUs wird dies womöglich eingeschränkt, da der BGH die Doppelkontrolle bei der Gründung eines GUs bisher lediglich für kooperative GU bestätigt hat.[15] Im Umkehrschluss hieße das, dass die Gründung eines konzentrativen GUs voraussichtlich nicht der Doppelkontrolle unterliegt. Es kommt dann nicht zu einer separaten Prüfung nach §§ 1 ff. GWB, sondern „nur" fusionskontrollrechtlich nach §§ 35ff. Die Literatur spricht daher insoweit sogar von einem Konzentrationsprivileg.[17] Andererseits ist § 1 GWB keine Norm, die sich auf die Gründung oder Übernahme eines Unternehmens richtet, sondern eine die zu jedem Zeitpunkt immer angewendet werden kann. Von daher mag zwar eine erstmalige Prüfung durch das BKartA bei konzentrativen GU zunächst nicht vorgenommen werden; ein rechtliches Privileg ergibt sich daraus aber nicht. Dafür spricht weiter, dass der BGH bezüglich Kartellverbot und Fusionskontrolle von zwei verschiedenen und nur in Teilen überschneidenden Sachverhalten spricht.[18] Der eine betrifft die Marktstruktur, der andere das Marktverhalten.[19] Damit kann eine fusionskontrollrechtliche Freigabe also keine Relevanz für die Überprüfung des Kartellverbots haben. Dass bei der Gründung kooperativer GU schon gleichzeitig eine kartellrechtliche Prüfung vorgenommen wird, ist dem Umstand geschuldet, dass insbesondere ein solches GU zur Interessensabstimmung zwischen den Gründerunternehmen dienen kann.[20] Es ist also weniger eine

---

13 Vgl. BGH, Beschl. v. 14.10.1976, WuW/E BGH 1458, 1461 „Fertigbeton" = BGHZ 68, 6 = NJW 1977, 804.
14 Vgl. Art. 3 der Verordnung (EG) Nr. 139/2004 des Rates vom 20.01.2004 über die Kontrolle von Unternehmenszusammenschlüssen („EG-Fusionskontrollverordnung").
15 Vgl. BGH, Beschl. v. 01.10.1985 – KVR 6/84 – „Mischwerke", WuW/E BGH 2169 = BGHZ 96, 69.
16 Vgl. *Loewenheim/Meessen/Riesenkampff*, Kartellrecht: Kommentar, 2. Aufl. 2009, Anhang zu § 1 GWB. Gemeinschaftsunternehmen, Rn. 3-4.
17 Vgl. *Loewenheim/Meessen/Riesenkampff*, (o. Fn. 16), Anhang zu § 1 GWB. Gemeinschaftsunternehmen, Rn. 9; vgl. Bunte, in: Langen/Bunte, (o. Fn. 4), § 1 GWB, Rn. 251f..
18 Vgl. BGH, Beschl. v. 01.10.1985 – KVR 6/84 – „Mischwerke", Rn. 31, WuW/E BGH 2169 = BGHZ 96, 69.
19 Vgl. *Möschel*, Wettbewerb im Schnittfeld von Rechtswissenschaft und Nationalökonomie, in: Tradition und Fortschritt - Festschrift zum 500jährigen Bestehen der Tübinger Juristenfakultät, 1977, S. 333 (Rn. 709).
20 Vgl. BGH, Beschl. v. 22.06.1981 WuW/E BGH 1810 „Transportbeton Sauerland" = BGHZ 81, 56, 66 = NJW 1981, 2699.

Besserstellung von konzentrativen, als vielmehr eine prophylaktische Skepsis gegenüber kooperativen GU. Festzuhalten bleibt also, dass § 1 GWB immer anwendbar ist und zudem bei kooperativen GU schon bei deren Gründung parallel zur Fusionskontrolle durch das BKartA geprüft wird.

II. Unternehmen und Unternehmensvereinigungen

Das Kartellrecht verwendet einen eigenen, weiten, funktionalen Begriff für Unternehmen, der sich aus der Rechtsprechung des BGH ergibt und sich über den Zweck des Kartellrechts, dem Schutz des Wettbewerbs zum Wohle der Verbraucher,[21] herleitet. Ein Unternehmen ist demnach:

- jede Tätigkeit im geschäftlichen Verkehr,
- die selbstständig und
- nicht lediglich dem privaten Verbrauch dienend ist.[22]

Auch sollen bereits potentielle Unternehmen erfasst werden. Als Unternehmen gilt also schon der, bei dem eine künftige Marktteilnahme möglich ist.[23] Bei der Prüfung der Unternehmenseigenschaft kommt es auf den jeweiligen Einzelfall und eine Würdigung der Umstände an.[24]
Eine Unternehmensvereinigung hingegen ist, wie der Name schon sagt, eine Vereinigung von mindestens zwei Unternehmen oder Unternehmensvereinigungen, die ein gewisses Maß an gemeinsamer Organisation beinhaltet, aber gleichzeitig nicht als Unternehmen auftritt.[25] Ihre separate Erwähnung im Wortlaut von § 1 GWB ist wohl ihrer Möglichkeit geschuldet, Einfluss auf ihre Mitglieder zu nehmen und deren Verhalten zu koordinieren. Sie ist aber nicht zu verwechseln mit einem GU.
Als selbstständig gilt der, der den eigenen Entschluss fasst oder fassen kann, am Markt teilzunehmen.[26] Für das Kriterium der Selbstständigkeit ist also eine wirtschaftliche Unabhängigkeit nicht erforderlich. Auch auf Konzerngesellschaften, die Geschäfte mit Dritten machen, trifft die Selbstständigkeit also zu.[27] Umstritten dabei ist, ob Konzerntochtergesellschaften im Innenverhältnis mit anderen Konzernbereichen als Unternehmen gelten. Auf der einen Seite könnte man das Kriterium der Selbstständigkeit anzweifeln, wenn auf Weisung der Konzernmutter Geschäfte im Innenverhältnis abgeschlossen werden.[27] Auf der anderen Seite kann demgegenüber argumentiert werden, dass sich die Ausübung des Weisungsrechtes jederzeit ändern kann und somit zumindest eine potentielle selbstständige Tätigkeit vorliegt. Damit wäre die Unternehmenseigenschaft für die Konzerntochtergesellschaft stets zu bejahen, sofern denn die Möglichkeit eines eigenen Entschlusses zur Tätigkeit am Markt, falls notwendig auch unter der möglichen Zustimmung der Konzernleitung, besteht.

---

21 Vgl. *Wiedemann*, Handbuch des Kartellrechts, 2. Aufl. 2008, § 1 Regelungszweck und Rechtsquellen, Rn. 1.
22 Vgl. *Immenga/Mestmäcker*, (o. Fn. 11), Rn. 27-38.
23 Vgl. *Langen/Bunte*, (o. Fn. 4), § 1 GWB, Rn. 29.
24 Vgl. BGH, Beschl. v. 26.10.1961, KZR 1/61, Abs. III 2., BGHZ 36, 91 = NJW 1962, 196.
25 Vgl. BGH, Beschl. v. 11.12.1997, KVR 7/96 (KG), Abs. I 3., BGHZ 137, 277, 297 = NJW 1998, 756.
26 Vgl. *Schmude*, Der Unternehmensbegriff im Gesetz gegen Wettbewerbsbeschränkungen, 1968, S. 42.
27 Vgl. *Harms*, Konzerne im Recht der Wettbewerbsbeschränkungen, 1968, S. 158.

Das GU ist eine eigene rechtliche Einheit und als Unternehmen i.S.d. GWB anzusehen, wenn es selbstständig eine Tätigkeit im geschäftlichen Verkehr wahrnimmt oder wahrnehmen könnte, im letzteren Fall dann als potentielles Unternehmen. Auch die einzelnen Gesellschafter des GUs sind nach diesen Kriterien jeweils als Unternehmen einzustufen, sofern ihre (potentielle) Tätigkeit nicht lediglich dem privaten Verbrauch dient.
Für GU bleibt also festzuhalten, dass ein Unternehmen i.s.v. § 1 GWB nicht nur das GU selbst, sondern auch jedes Tochterunternehmen und jeder Gesellschafter sein kann. Durch die Erfassung von potentiellen Unternehmen kann der Begriff im Einzelfall äußerst weit ausgelegt werden.

III. Vereinbarungen, Beschlüsse und abgestimmte Verhaltensweisen

Vereinbarungen, Beschlüsse und abgestimmte Verhaltensweisen sind die Mittel, die einer verbotenen Koordinierung des Marktverhaltens dienen.[28] Während den beiden erstgenannten Mitteln noch eine Einigung über das Verhalten innewohnt, ist bei letzterem lediglich eine äußere Abstimmung über das Verhalten vorausgesetzt. Man kann sie als Formen bewusst gleichförmigen Verhaltens bezeichnen,[29] um sie vom zulässigen unbewussten Parallelverhalten zu unterscheiden.
Für eine Vereinbarung oder einen Beschluss muss keine zivilrechtliche Wirksamkeit, wie beim Vertrag, vorliegen. Es genügt konkludentes Handeln als Zustimmung oder eine tatsächliche Bindung, das sog. gentlemen's agreement.[30] Dieses ist von Sanktionen gestützt, die wirtschaftlicher, gesellschaftlicher oder auch moralischer[31] Art sein können.
Bei einem GU stellt schon der Gesellschaftsvertrag eine Vereinbarung zwischen den Gesellschaftern dar. Ob sie auch kartellrechtswidrig ist, entscheidet sich bei den anderen Tatbestandsmerkmalen, insbesondere bei der Bewertung der Wettbewerbsbeschränkung, der Spürbarkeit und dem Vorliegen von Ausnahmen. Doch nicht nur der Gesellschaftsvertrag an sich, sondern auch Beschlüsse und Entscheidungen der Organe des GUs können als Vereinbarung i.S.d. GWB gelten, wenn hieran mehr als ein Unternehmen beteiligt ist.
Die aufeinander abgestimmten Verhaltensweisen setzen einen Kontakt, eine Verständigung zwischen den Marktteilnehmern, voraus, welcher dazu dient, die mit der Ungewissheit des Marktverhaltens verbundenen Risiken zu mindern.[32] Man unterscheidet zwischen allgemeinen wirtschaftlichen Zwängen, die ein bestimmtes Verhalten zur Folge haben, auf der einen Seite und der auf eine Koordinierung gerichteten verbotenen Abstimmung auf der anderen. Für die Bewertung ausschlaggebend ist dabei der äußere Geschehensablauf.[33] Aus diesem Grund werden die abgestimmten Verhaltensweisen auch als Auffangtatbestand verwendet, wenn eine Vereinbarung nicht nachgewiesen werden kann.[34] Dass durch eine erfolgte Abstimmung des Verhaltens auch tatsächlich die Verhaltensweise beeinflusst

---

28 Vgl. *Immenga/Mestmäcker*, (o. Fn. 11), Rn. 77.
29 Vgl. BGH, Beschl. v. 17.12.1970 WuW/E BGH 1147, 1153 „Teerfarben" = BGHZ 55, 104 (mit Verweis auf BGHSt 24, 54) = NJW 1971, 521.
30 Vgl. *Sandrock*, Gentlemen's agreement, aufeinander abgestimmte Verhaltensweisen und gleichförmiges Verhalten nach dem GWB, WuW 1971, S. 858-868.
31 Vgl. BGH, Beschl. v. 17.12.1970 WuW/E BGH 1147, 1153 „Teerfarben" = BGHZ 55, 104 (mit Verweis auf BGHSt 24, 54) = NJW 1971, 521.
32 Vgl. EUGH, Beschl. v. 14.07.1972 WuW/E EWG/MUV 269, 275 „Farbstoffe" = Slg. 1972, 713.
33 Vgl. BGH, Beschl. v. 23.04.1985 WuW/E BGH 2182 „Altölpreise" = BB 1985, 1619.
34 Vgl. OLG Stuttgart, Beschl. v. 26.10.1984 WuW/E OLG 3332 „Familienzeitschrift".

wurde, ist als widerlegliche Vermutung kumulativer Bestandteil dieses Tatbestandes.[35] Umgekehrt ist ein Parallelverhalten nur dann Beweis für die Abstimmung, wenn es sich nicht anders als durch eine solche sinnvoll erklären lässt.[36]
Werden über das GU wettbewerbsrelevante Informationen ausgetauscht oder auch nur vom GU an den Gesellschafter weitergegeben, ist dies eine Abstimmung i.S.d. Norm. Dies geschieht insbesondere durch das Wahrnehmen der Informationsrechte durch den Gesellschafter und deren Erfüllung durch das GU. Außerdem können Beschlüsse der Gesellschafterversammlung wettbewerbsrelevante Informationen beinhalten, ebenso wie die Teilnahme des Gesellschafters an Gesprächen/Treffen der Organe des GUs.[37] Dass durch einen Austausch wettbewerbsrelevanter Informationen auch das Verhalten der Betroffenen beeinflusst wird, wird widerleglich vermutet. Folglich liegt in den meisten dieser Fälle ein abgestimmtes Verhalten vor. Besonders problematisch ist dieser Sachverhalt bei den Gesellschaftsformen, wo die Gesellschafter schon kraft Gesetz weitgehende Auskunftsrechte besitzen, wie zum Beispiel bei der GmbH oder den Personengesellschaften. Teilweise können diese satzungsmäßig eingeschränkt werden, um einem Austausch wettbewerbsrelevanter Informationen vorbeugend Schranken vorzusetzen. Des Weiteren besitzen die Gesellschaftsorgane des GUs das Recht, die Auskunft an die Gesellschafter zu verweigern, wenn Anhaltspunkte dafür bestehen, dass die Information für gesellschaftsfremde Zwecke zum Nachteil der Gesellschaft verwendet wird.[38]

IV. Wettbewerbsbeschränkung

1. Allgemein

Die Wettbewerbsbeschränkung ist der Oberbegriff für die seit der 6. GWB-Novelle 1999 im Gesetzeswortlaut von § 1 GWB stehende Verhinderung, Einschränkung oder Verfälschung des Wettbewerbs.[39] Der Wettbewerb wird dabei über die Freiheit wettbewerblicher Handlungen definiert, die nicht nur sämtliche möglichen Aktivitäten auf einem Markt, sondern auch die zum Markteintritt, dem sog. potentiellen Wettbewerb,[40] umfassen. Ebenso gehören Handlungen zum Wettbewerb, die den Drittwettbewerb betreffen,[41] oder nach verbreiteter Auffassung auch Handlungen innerhalb von Konzernen, sofern dort kein Weisungsrecht, sondern eine Konkurrenzbeziehung besteht.[42]
Damit sind natürlich auch solche GU betroffen, die ausschließlich Leistungen für ihre Gesellschafter erbringen. Das Argument, dass diese nicht im Wettbewerb stehen, ist nicht stichhaltig. Zum einen kann wie im Fall „Carpartner" durch sie der Drittwettbewerb verfälscht werden. Zum anderen kann das GU in Konkurrenz zu seinen Gesellschaftern stehen, wenn es selbstständig, sprich nicht auf eine Weisung hin, handelt.

---

35 Vgl. EUGH, Beschl. v. 08.07.1999, Slg. 1999 I.4287, 4386, Rn. 162 „Hüls/Kommission"; vgl. EuGH, Beschl. v. 08.07.1999, Slg. 1999, I-4125, 4203, Rn. 121 „Kommission/ANIC Partecipazioni".
36 Vgl. EUGH, Beschl. v. 31.03.1993, Slg. 1993 I-1307, 1601, Rn. 71.
37 Vgl. BKartA, B1-33/10, SU Walzasphalt, September 2012, Rn. 205.
38 Vgl. BKartA, B1-33/10, SU Walzasphalt, September 2012, Rn. 223.
39 Vgl. BGH, Beschl. .v. 29.01.1975, WuW/E BGH 1337, 1342 „Aluminium-Halbzeug" = BGHZ 63, 389.
40 Vgl. *Immenga/Mestmäcker*, (o. Fn. 11), Rn. 116.
41 Vgl. BGH, Beschl. v. 13.01.1998 WuW/E DE-R 115ff. „Carpartner" = NJW 1998, 2825.
42 Vgl. *Klippert*, Wettbewerbsrechtliche Beurteilung von Konzernen, in: Schriften zum Wirtschaftsrecht, Band 50, 1984, S. 148f..

Kommt es zu einer Weisung, fehlt es an einer Wettbewerbssituation, da das GU dann wie ein Bereich des gleichen Unternehmens fungiert. Die Bewertung von Wettbewerbsbeschränkungen geschieht also unter dem Aspekt, inwieweit Handlungsfreiheiten beeinflusst werden. Diese Handlungsfreiheiten werden in einem freien Wettbewerb mit unternehmerischem Kalkül und kaufmännischer Vernunft von den Marktteilnehmern ausgeübt. Dass das Unternehmen bei seinem Ziel der Gewinn-maximierung sämtliche ihm zur Verfügung stehenden legalen Mittel einsetzt, ist nur rational und folgerichtig. § 1 GWB gibt eine klare Regel für einen fairen Wettstreit vor. Der BGH beschreibt diese so, dass jedes Unternehmen sein Marktverhalten selbstständig bestimmen, sich aber nicht durch Verhaltenskoordinierung den Risiken des Wettbewerbs entziehen darf.[43] Die Gestaltungsmöglichkeiten, mit denen der Wettbewerb auf diese Weise beschränkt werden könnte, sind vielfältig und im Gesetz nicht weiter aufgelistet. Die Beurteilung einer Beschränkung kann entweder verhaltens- oder ergebnisorientiert erfolgen und sich damit entweder auf das Innen- oder das Außenverhältnis beziehen.[44] In der Praxis des BGH wird das Tatbestandsmerkmal der Wettbewerbsbeschränkung üblicherweise bezogen auf das Innenverhältnis, also auf das Verhalten, bewertet, während das Außenverhältnis, das Resultat des widrigen Verhaltens, erst bei dem Merkmal der Spürbarkeit Rücksicht findet.[45] In manchen Fällen wird aber auch schon für die Wettbewerbs-beschränkung auf die Marktentwicklung und damit auf die Außenwirkung abgestellt.[46]

Die Wettbewerbsbeschränkung zeigt sich i.d.R. im Innenverhältnis, indem mindestens ein Unternehmen bezüglich seines künftigen Marktverhaltens gebunden, sprich in seiner Handlungsfreiheit beschränkt ist.[47] Dies kann auch dadurch geschehen, dass ein bestimmtes Verhalten nicht verpflichtend für das Unternehmen, aber aufgrund kaufmännischer Vernunft sinnvoll wird. Erlangt ein Unternehmen beispielsweise Wissen über das künftige Marktverhalten seines Konkurrenten, wird es aus kaufmännischer Sicht sinnvoll sein, reaktionär darauf zu handeln und das Wissen in seine Entscheidung einfließen zu lassen. Somit wird das Unternehmen hier in seiner Handlungsfreiheit beschränkt und ein abgestimmtes Verhalten zeigen.

Eine Verhaltenskoordinierung kann nicht nur zwischen Konkurrenten, also auf gleicher Marktstufe vorkommen (sog. Horizontalvereinbarung). Auch eine Koordinierung zu vor- oder nachgelagerten Marktstufen (sog. Vertikalvereinbarung) oder beides (horizontal und vertikal) ist seit der 7. GWB-Novelle 2005 von § 1 erfasst.

2. *Speziell bei GU nach den Urteilen „Ost-Fleisch" und „Nord-KS"*

GU sind in mehrfacher Hinsicht genauer betroffen.
Im extremsten Fall ist das GU auf demselben (räumlichen und sachlichen) Markt wie seine Gesellschafter tätig. Hier hat der BGH in seinem „Ost-Fleisch"-Urteil aus 2001 schon die Gründung eines solchen Unternehmens nach § 1 GWB untersagt. Es sei zwar eine Berücksichtigung der Gesamtumstände des Einzelfalls notwendig um festzustellen, ob das

---

43 Vgl. BGH, Beschl. .v. 29.01.1975, WuW/E BGH 1337, 1342 „Aluminium-Halbzeug" = BGHZ 63, 389 = BGH NJW 1975, 788.
44 Vgl. *Immenga/Mestmäcker*, (o. Fn. 11), Rn. 151.
45 Vgl. BGH, Beschl. v. 14.10.1976, WuW/E BGH 1458, 1461 „Fertigbeton" = BGHZ 68, 6 = NJW 1977, 804.
46 Vgl. BGH, Beschl. v. 13.01.1998 WuW/E DE-R 115ff. „Carpartner" = NJW 1998, 2825; vgl. BKartA v. 07.07.1995 WuW/E BKartA 2795, 2810 „CP-System".
47 Vgl. *Jan Bernd Nordemann*, in: Loewenheim/Meessen/Riesenkampff, (o. Fn. 16), GWB § 1 Verbot wettbewerbsbeschränkender Vereinbarungen, Rn. 98; vgl. *Immenga/Mestmäcker*, (o. Fn. 11), Rn. 153.

GU zu einer Koordinierung des Marktverhaltens seiner Gesellschafter führt;[48] aber es könne in dem betreffenden Fall angenommen werden, dass die materiellen Voraussetzungen für eine Untersagung vorliegen, da die Gründung und die Existenz eines auf demselben Markt wie seine Gesellschafter tätigen GUs eine Koordinierung des Marktverhaltens erwarten lässt.[49] Dies sei keine Spekulation, sondern das Ergebnis einer Gesamtbetrachtung, bei der von einem wirtschaftlich zweckmäßigen und kaufmännisch vernünftigen Verhalten[50] der Unternehmen ausgegangen werde. Anstelle des Nachweises einer Wettbewerbsbeschränkung findet hier also eine Regelvermutung Anwendung, die natürlich dem BKartA die Arbeit in diesen Fällen erleichtert. In der Begründung wird weiter ausgeführt, dass die Art der Güter, nämlich homogene Massenware, eine Koordinierung begünstigen und der Informationsfluss über das GU hierfür nutzbar wäre. Das GU könne, selbst wenn es klein ist, als Scharnier für die Koordinierung der Muttergesellschaften fungieren. Zudem sei es wirtschaftlich zweckmäßig für die Beteiligten, auf Preiswettbewerb zu verzichten. Eine marktbeherrschende oder marktstarke Stellung der Beteiligten sei genauso wenig erforderlich wie die Durchsetzbarkeit von Preiserhöhungen. Es reiche, wenn die Situation eine überwiegende Wahrscheinlichkeit nahe legt, dass die Beteiligten ihr Verhalten abstimmen und dadurch versuchen, ihre Ertragssituation zu verbessern. Dabei sei für das Kartellverbot ein Weisungsrecht zu dem GU nicht erforderlich; es genüge das Ausrichten des Marktverhaltens an den Interessen des GUs und umgekehrt, wenn dadurch der Wettbewerb der Mütter betroffen ist.[51]

Der von der Praxis aus diesem Urteil gezogene Kernpunkt ist die Regelvermutung für eine Wettbewerbsbeschränkung, die zum Kartellverbot führt. Hierzu hat der BGH in seiner „Nord-KS"-Entscheidung 2008 erneut Stellung bezogen und ausgeführt, dass diese Regelvermutung auf der Basis einer Gesamtbetrachtung der wirtschaftlichen Zusammenhänge und Auswirkungen steht, wobei grundsätzlich von einem wirtschaftlich zweckmäßigen und kaufmännisch vernünftigen Verhalten der Beteiligten ausgegangen werden kann. Die bloße Feststellung, dass die Muttergesellschaften auf demselben Markt wie das GU agieren, reiche für eine solche Gesamtbetrachtung noch nicht aus. Die damit verbundene Frage, ob folglich eine reine Kapitalbeteiligung in einem solchen Fall möglich ist, wurde explizit offen gelassen.[52] Nichtsdestotrotz hat die Entscheidung deshalb Wellen geschlagen, weil hier die im „Ost-Fleisch"-Urteil vorgenommene Regelvermutung auch auf ein bestehendes GU angewendet wird.

In der nach diesem Urteil hin angestoßenen und kürzlich veröffentlichten Sektoruntersuchung Walzasphalt vom BKartA werden neben der entschiedenen Fallkonstellation, wo die Regelvermutung sicher greift, weitere GU-Typen entwickelt, die verdächtigt werden und daher auf eine Wettbewerbsbeschränkung hin genauer zu prüfen wären, wenn die Betroffenen nicht von selbst eine Lösung im Sinne einer Entflechtung vornehmen würden.[53]

---

48 Vgl. BGH, Beschl. v. 08.05.2001 – KVR 12/99 – „Ost-Fleisch", Ls. 2, BGHZ 147, 325 = NJW 2001, 3782.
49 Vgl. BGH, Beschl. v. 08.05.2001 – KVR 12/99 – „Ost-Fleisch", Gründe, B II 3. a.A., BGHZ 147, 325 = NJW 2001, 3782.
50 Vgl. BGH, Beschl. v. 04.10.1983 – KVR 3/82 – „Gemeinschaftsunternehmen für Mineralölprodukte", BGHZ 88, 284, 290 = NJW 1984, 2701.
51 Vgl. BGH, Beschl. v. 08.05.2001 – KVR 12/99 – „Ost-Fleisch", B II 3. e), BGHZ 147, 325 = NJW 2001, 3782.
52 Vgl. BGH, Beschl. .v .04.03.2008 – KVZ 55/07 – „Nord-KS", Rn. 9f., 14, WuW/E DE-R 2361.
53 Vgl. BKartA, B1-33/10, SU Walzasphalt, September 2012.

3. Kriterien für die Einzelfallprüfung der Regelvermutung

Wie zuvor beschrieben sind die wirtschaftlichen Zusammenhänge und Auswirkungen in ihrer Gesamtheit zu betrachten und im Einzelfall zu würdigen, um auf die Regelvermutung abstellen zu können. Dabei ist jeder Umstand relevant, der einem wirtschaftlich zweckmäßig und kaufmännisch vernünftig handelnden Unternehmen einen Anreiz bieten könnte, eine Koordinierung oder zumindest eine Ausrichtung[54] seines Marktverhaltens auf die Interessen des anderen vorzunehmen oder dies zu erleichtern. Darunter fallen personelle und sonstige Verbindungen zwischen den Unternehmen und die jeweiligen Entscheidungsstrukturen der Beteiligten,[55] ebenso wie die jeweiligen wirtschaftlichen Marktbedingungen.[56] Hierzu zählen u.a. die Produkteigenschaften, die Angebots- und Nachfragebedingungen und der Grad der Transparenz auf dem Markt. Homogene Güter auf einem Anbietermarkt[57] bei geringer Transparenz sind schlechtere Wettbewerbsvoraussetzungen als von Innovationen getriebene Güter auf einem Nachfragermarkt bei hoher Transparenz.
Eine besondere Rolle für die Gesamtbetrachtung spielen auch die strategischen Interessen der Beteiligten und die wirtschaftliche Bedeutung der Koordinierung.[58]

a.) Strategisches Interesse

Wenn das Interesse des Gesellschafters, das mit der Beteiligung am GU verbunden ist, über das an der bloßen Gewinnabführung hinausgeht, kann von einem strategischen Interesse gesprochen werden. Die Strategie umfasst normalerweise mittel- bis langfristige Ziele. Darunter fallen zum Beispiel das Absichern einer Marktstellung, die Erschließung neuer Märkte oder Wege zur Verbesserung der Profitabilität. Relevant sind dabei nicht nur der betroffene Markt des GUs, sondern auch vor- und nachgelagerte sowie benachbarte Märkte.[59] Als Indiz für das Bestehen eines strategischen Interesses kann auch die Vergangenheit des GUs dienen. Wurde beispielsweise ein Strukturkrisenkartell vormals geplant, kann sich daraus das gemeinsame Interesse der Beteiligten an einer Wettbewerbsberuhigung ablesen.[60]

b.) Wirtschaftliche Bedeutung der Koordinierung

Wie groß die wirtschaftliche Bedeutung des GUs für den Gesellschafter und damit der Anreiz und die Möglichkeit einer Koordinierung ist, lässt sich in zwei Schritten bewerten.
Zuerst ist die Bedeutung des GUs auf dem betroffenen Markt zu bemessen. Hierbei spielen Marktanteile eine wesentliche Rolle. Danach sind die Größe und die Bedeutung des GUs relativ zu seinen Gesellschaftern zu berücksichtigen. Sofern das GU dabei als nicht unbedeutend eingestuft wird, ist die wirtschaftliche Bedeutung hinreichend.[61]

---

54 Vgl. BKartA, B1-33/10, SU Walzasphalt, September 2012, Rn. 168.
55 Vgl. BKartA, B1-33/10, SU Walzasphalt, September 2012, Rn. 169.
56 Vgl. BKartA, B1-33/10, SU Walzasphalt, September 2012, Rn. 167.
57 Unter einem Anbietermarkt versteht man einen Markt auf dem die Anbieter die größere Marktmacht haben. Analog geht die Marktmacht auf einem Nachfragermarkt vorwiegend von den Nachfragern aus.
58 Vgl. BKartA, B1-33/10, SU Walzasphalt, September 2012, Rn. 167.
59 Vgl. BKartA, B1-33/10, SU Walzasphalt, September 2012, Rn. 174.
60 Vgl. BKartA, B1-33/10, SU Walzasphalt, September 2012, Rn. 173.
61 Vgl. BKartA, B1-33/10, SU Walzasphalt, September 2012, Rn. 175.

Vom BGH wurde es in der „Nord-KS" Entscheidung als ausreichend angesehen, wenn das GU einen Marktanteil von 7,5% und die mit 17,5% bzw. 32,6% beteiligten Gesellschafter 15-20% bzw. 5-10% Marktanteile hatten.[62] Neben den Marktanteilen können auch weitere wirtschaftliche Faktoren von Bedeutung sein, wie zum Beispiel eine Tätigkeit als Vorlieferant oder Abnehmer des GUs.[63]

4. GUs-Typen gemäß der Sektoruntersuchung Walzasphalt

a.) Typ A

„Typ A" in der Sektoruntersuchung Walzasphalt des BKartA entspricht einem GU wie in den beiden zuvor genannten Urteilen „Ost-Fleisch" und „Nord-KS". Dieses ist also auf demselben sachlich und räumlich relevanten Markt wie mindestens zwei seiner Muttergesellschaften tätig.[64] Zwar muss auch hier wie immer der konkrete Einzelfall mit seinem wirtschaftlichen Rahmen begutachtet werden. Diese Würdigung wird dann im Ergebnis aber zur Regelvermutung führen, dass das GU selbst eine Wettbewerbsbeschränkung darstellt. Als Tätigsein wird dabei auch eine zeitweise niedergelegte Tätigkeit verstanden, wenn diese ohne größeren Aufwand wieder aufgenommen werden kann. Werden beispielsweise Werke stillgelegt, deren Betrieb aber problemlos, also ohne größeren Aufwand wieder in Gang gesetzt werden kann, liegt hier ein Tätigsein auf dem Markt vor.[65] Diese Bewertung macht Sinn, damit ein Kartellverstoß nicht vom unter Umständen zufälligen Zeitpunkt der Prüfung abhängt. Andererseits ist diese Auslegung schwer auf Märkte zu übertragen, die niedrige Markteintrittskosten aufweisen. Hier könnte somit jedem, der entsprechendes Know-how besitzt, ein Tätigsein auf einem Markt unterstellt werden. Dieses Kriterium ist also hier auf den vorliegenden Einzelfall (Sektor Walzasphalt) ausgerichtet und kann daher nicht pauschal branchenübergreifend verwendet werden. Eine Tätigkeit aus einer bestehenden Ressourcenlage eines Unternehmens heraus zu definieren, macht nur insoweit Sinn, wie es ein geeignetes Differenzierungsmerkmal darstellt. Eine vorübergehende Unterbrechung soll nicht als Ausschlusskriterium dienen können; gleichzeitig sollte aber nicht der Handlungsraum eines marktfremden Unternehmens ungerechtfertigt erweitert werden.

b.) Typ B

Als „Typ B" werden verschiedene Typen von GU zusammengefasst, auf die die Kriterien von Typ A nicht vollständig zutreffen, aber nur einzelne derer fehlen.[66] Die Regelvermutung ist somit vermutlich nicht anwendbar, allerdings besteht bei Betrachtung der Fallkonstellation der Verdacht, dass hier eine Wettbewerbsbeschränkung vorliegt, zum Nachweis derer eine eingehende Prüfung vorzusehen ist.

---

62 Vgl. OLG Düsseldorf, Beschl. .v .25.10.2006 – VI-Kart 14/06 (V) – „Nord-KS", Rn. 3, WuW/E DE-R 2361; vgl. BKartA, B1-33/10, SU Walzasphalt, September 2012, Rn. 176.
63 Vgl. BKartA, B1-33/10, SU Walzasphalt, September 2012, Rn. 177.
64 Vgl. BKartA, B1-33/10, SU Walzasphalt, September 2012, Rn. 160.
65 Vgl. BKartA, B1-33/10, SU Walzasphalt, September 2012, Rn. 162.
66 Vgl. BKartA, B1-33/10, SU Walzasphalt, September 2012, Rn. 180.

Typ B1:
Im „Typ B1" sind nur ein Gesellschafter selbst und mindestens ein weiterer nur über eine nicht beherrschte Beteiligungsgesellschaft im Markt tätig.[66] Bei dieser dem Typ A am nahesten kommenden Fallkonstellation ist fraglich, ob die Regelvermutung greift. Durch das fehlende Beherrschungsverhältnis bei einem der Gesellschafter, bezogen auf seine neben dem GU parallele Tätigkeit auf dem Markt, sind bei diesem die Möglichkeiten, eine Koordinierung auszuüben, grundsätzlich eingeschränkt. Nichtsdestotrotz ist über den Umfang der betroffenen Beteiligung ein Koordinierungsinteresse auch bei diesem Gesellschafter gegeben. Im Einzelfall wird es entsprechend auf die rechtlichen und faktischen Einflussmöglichkeiten ankommen sowie auf die vorliegenden strategischen Interessen der Gesellschafter und die wirtschaftliche Bedeutung der Minderheitsbeteiligung und deren Markttätigkeit.[67] Beispielsweise ist das Halten einer kleineren Aktienbeteiligung als Finanzanlage an einem Unternehmen, welches nur zu einem kleinen Teil auch auf dem betroffenen Markt tätig ist, im Grunde unkritisch. Demgegenüber ist der Besitz einer Sperrminorität mit einer Mitgliedschaft in den leitenden Organen an einer größeren GmbH, die ausschließlich auf dem betroffenen Markt Umsätze erwirtschaftet und eine ebenbürtige Bedeutung wie die Beteiligung am GU hat, im Prinzip genauso kritisch wie ein Typ A Fall.

Typ B2:
Auch im „Typ B2" ist nur ein Gesellschafter selbst im Markt tätig, während mindestens ein weiterer nur in einem räumlich eng benachbarten Markt tätig und folglich nur als potentieller Wettbewerber anzusehen ist.[68] Hier ist zu prüfen, inwieweit der potentielle Wettbewerb beschränkt wird. Dabei entscheidend ist die Bewertung des gegenseitigen potentiellen Wettbewerbdrucks. Sowohl die unterlassene Tätigkeit des einen Gesellschafters auf dem Markt des GUs als auch das umgekehrte Verhältnis sind dabei zu betrachten.[69] Daneben ist auch eine Verringerung der Wettbewerbsintensität zwischen den Gesellschaftern zu prüfen; denn das GU könnte auch eine Pufferfunktion einnehmen.[70] Dafür müsste nicht einmal ein Gesellschafter auf dem gleichen Markt wie das GU tätig sein. Kommt man zu dem Schluss, dass die Unternehmen im jeweils anderen Markt nicht oder nur mit deutlichen Wettbewerbsnachteilen auftreten und folglich den dort ohnehin herrschenden Wettbewerb nicht oder kaum beeinflussen können, ist die mit dem Ausbleiben der Tätigkeit verbundene potentielle Wettbewerbsbeschränkung natürlich gering. Liegen allerdings keine rechtlichen oder wirtschaftlichen Gründe für ein solches Ausbleiben vor, da das Unternehmen problemlos auch den anderen Markt erschließen und dort mit der Aussicht auf Gewinne aktiv werden könnte, findet offensichtlich eine unzulässige Rücksichtnahme statt und der potentielle Wettbewerb wird beschränkt.
Eine Zulässigkeit dieser Rücksichtnahme kann nicht vorliegen, da es an einer entsprechenden gesellschaftsrechtlichen Treuepflicht gegenüber dem betroffenen Gesellschafter fehlt.[71] Des Weiteren hat zwar der BGH im Urteil „Gratiszeitung Hallo" 2009 entschieden, dass ein satzungsmäßiges Wettbewerbsverbot zulässig sein kann, um das GU in seinem Bestand und seiner Funktionsfähigkeit zu erhalten. Allerdings wird die Zulässigkeit an die Notwendigkeit, das GU vor einer Aushöhlung oder Zerstörung durch einen der Gesellschafter zu

---

67 Vgl. BKartA, B1-33/10, SU Walzasphalt, September 2012, Rn. 183.
68 Vgl. BKartA, B1-33/10, SU Walzasphalt, September 2012, Rn. 180.
69 Vgl. BKartA, B1-33/10, SU Walzasphalt, September 2012, Rn. 186.
70 Vgl. BKartA, B1-33/10, SU Walzasphalt, September 2012, Rn. 189.
71 Vgl. BKartA, B1-33/10, SU Walzasphalt, September 2012, Rn. 188.

schützen, geknüpft und vor allem das Vorliegen eines im Übrigen kartellrechtsneutralen Gesellschaftsunternehmens vorausgesetzt.[72] Dieses wird gleichgesetzt mit einem konzentrativen GU, wie es in „B I 2." beschrieben ist. In dieser Restriktion zeigt sich der Immanenzgedanke[73]. Bei der Beurteilung des Einzelfalls ist auch hier eine Gesamtwürdigung aller für das konkrete Gesellschaftsverhältnis wirksamen Umstände notwendig.[74] Nichtsdestotrotz kann in einem Fall vom Typ B2 eine solche Zulässigkeit einer Wettbewerbseinschränkung im Gesellschaftsvertrag nicht vorliegen, da das GU auf dem gleichen Markt wie einer seiner Gesellschafter tätig und damit nicht kartellrechtsneutral ist. Folglich scheidet diese Möglichkeit zumindest immer dann aus, wenn einer der Gesellschafter auf dem gleichen Markt wie das GU tätig ist, wie im Typ B2 definiert, was nicht heißt, dass die angesprochene Pufferfunktion eines GUs stets unzulässig sein muss.

Typ B3:

Bei „Typ B3"ist zwar kein Gesellschafter auf dem Markt des GUs tätig, aber es treffen mindestens zwei Gesellschafter auf mindestens einem anderen regionalen Markt als Wettbewerber aufeinander.[75] Diese Konstellation könnte in zweierlei Hinsicht eine Wettbewerbsbeschränkung bedeuten.

Einerseits könnte wie im Typ B2 der potentielle Wettbewerb beschränkt werden, da ja beide Gesellschafter darauf verzichten, auf dem Markt des GUs aktiv zu werden, und umgekehrt. Dies könnte in Form einer unzulässigen Rücksichtnahme erfolgen (vgl. Typ B2).

Andererseits können sog. spill-over Effekte auf den Märkten, in denen sich die Gesellschafter gegenüberstehen, auftreten.[76] Weil die Gesellschafter das GU zusammen zu führen und zu verantworten haben, könnten sie zum Wohle ihrer Zusammenarbeit, bei der eine vertrauensvolle Geschäftsbeziehung sicher von Vorteil ist, auf Konflikte untereinander auch in anderen Bereichen verzichten wollen. Ist beispielsweise ein Gesellschafter stärker auf das GU und dabei auf die Mitwirkung des anderen Gesellschafters angewiesen, um für den Erfolg des GUs notwendige Entscheidungen durchzusetzen, möchte er die Geschäftsbeziehung zu diesem nicht auf anderen Feldern strapazieren. Auf diese Weise kann der Wettbewerb auf den anderen Märkten zwischen den Gesellschaftern leiden, es zu gegenseitiger Rücksichtnahme im Wettbewerb führen und im schlimmsten Fall eine Koordinierung des Verhaltens auftreten. Ob es dazu kommt, hängt auch vom Ausmaß und von der jeweiligen wirtschaftlichen Bedeutung der Verflechtungen und der betroffenen Märkte ab.[77] Ein vielschichtiges und komplexes Netzwerk an Verflechtungen bietet dafür deutlich mehr Ansatzpunkte als ein einzelnes GU zweier Gesellschafter. Auch hier sind dabei wieder die Gesamtumstände des Einzelfalls ausschlaggebend.

---

72 Vgl. BGH, Beschl. v. 23.06.2009, KZR 58/07 „Gratiszeitung Hallo", Ls. 1.
73 Vgl. dazu *Fuchs*, Kartellrechtliche Immanenztheorie und Wettbewerbsbeschränkung in Genossenschaftssatzungen, BB 1993, 1893 (1896f.).
74 Vgl. BGH, Beschl. v. 23.06.2009, KZR 58/07 „Gratiszeitung Hallo", Rn. 18.
75 Vgl. BKartA, B1-33/10, SU Walzasphalt, September 2012, Rn. 180.
76 Vgl. BKartA, B1-33/10, SU Walzasphalt, September 2012, Rn. 191.
77 Vgl. BKartA, B1-33/10, SU Walzasphalt, September 2012, Rn. 192.

c.) Typ C

Als „Typ C" werden die Fälle bezeichnet, bei denen Wettbewerbsbeschränkungen durch Informationsflüsse zwischen dem GU und einem oder mehrerer seiner Gesellschafter hervorgerufen werden.[78] Für den beherrschenden Gesellschafter kann die darin bestehende kartellrechtliche Problematik ausscheiden. Besteht ein verbindliches Weisungsrecht, liegt keine Wettbewerbsbeziehung zwischen beherrschtem und beherrschendem Unternehmen vor, da sie als ein einheitliches Unternehmen fungieren. Deshalb spricht man in diesem Fall vom sog. Konzernprivileg, wie es der BGH ebenfalls bestätigt hat.[79] Zwar könnte das GU auch hier als potentielles Unternehmen gelten (vgl. „C II"), aber das Tatbestandsmerkmal der Wettbewerbsbeschränkung ist innerhalb eines Konzerns wohl auch dann nicht gegeben. Anders wäre es wahrscheinlich, wenn keine verbindlichen Weisungen erteilt und weiter eine Konkurrenzbeziehung zwischen Hauptanteilseigner und GU besteht. In dem Fall geht man verbreitet von der Anwendbarkeit von § 1 GWB aus.[80]

Für die übrigen und bei gemeinsamer Führung auch für alle Gesellschafter ist ein Austausch von wettbewerblich relevanten Informationen mit dem GU problematisch. Gerade diese Informationen vermindern die Ungewissheit über das Marktverhalten und somit auch die damit verbundenen Risiken. Erlangt ein nicht-beherrschender Gesellschafter also solche relevanten Informationen und ist gleichzeitig auch in anderer Form im Markt des GUs tätig, wird dadurch der Wettbewerb regelmäßig beschränkt.[81] Zwischen dem Informationsaustausch und der Wettbewerbsbeschränkung besteht eine widerlegbare Kausalitätsvermutung.[82] Deren Begründung liegt erneut in wirtschaftlich zweckmäßig und kaufmännisch vernünftig handelnden Unternehmen.[82] Wettbewerbsrelevante Informationen können z.B. aktuelle und detaillierte Finanzkennzahlen, Hinweise zur künftigen Preis-gestaltung oder die Strategieabsichten für bestimmte Ausschreibungen oder Maßnahmen der Geschäftsausrichtung umfassen.[83] Ein Nachweis dessen kann sich, wie im Sektor Walzasphalt geschehen, in den Protokollen von Gesellschafterversammlungen oder Beiratssitzungen finden. Neben der Art und dem strategischen Wert sind auch Dauer, Regelmäßigkeit und Exklusivität des Austauschens der Informationen zu berücksichtigen.[84] Zudem kommen ebenfalls die in Abschnitt „C IV 3." erwähnten Kriterien zum Tragen.

Im Unterschied zu den Typ B Fällen liegt beim Typ C die Wettbewerbsbeschränkung nicht auch im Bestehen des GUs selbst.[85] Eine Auflösung ist also nicht zwingend notwendig, um einen Verstoß zu vermeiden. Ein schlichtes Unterlassen der Informationsweitergabe würde genügen. Anders als im Fall eines Typ B sind aber auch solche Beteiligungen betroffen, bei denen kein wettbewerblich erheblicher Einfluss auf das GU vorliegt.[85]

---

78 Vgl. BKartA, B1-33/10, SU Walzasphalt, September 2012, Rn. 194.
79 Vgl. BGH, Beschl. v. 23.06.2009, KZR 21/08, „Entega", NJW-RR 2010, 618.
80 Vgl. *Klippert*, (o. Fn. 42), S. 148f.; vgl. *Langen/Bunte*, (o. Fn. 4), § 1 GWB, Rn. 116f..
81 Vgl. *Milanesi/Winterstein*, Minderheitsbeteiligungen und personelle Verflechtungen zwischen Wettbewerbern, in Rolfes/Fischer, Handbuch der europäischen Finanzdienstleistungsindustrie, 2001, S. 256.
82 Vgl. BKartA, B1-33/10, SU Walzasphalt, September 2012, Rn. 214.
83 Vgl. BKartA, B1-33/10, SU Walzasphalt, September 2012, Rn. 194.
84 Vgl. BKartA, B1-33/10, SU Walzasphalt, September 2012, Rn. 213.
85 Vgl. BKartA, B1-33/10, SU Walzasphalt, September 2012, Rn. 200.

d.) Typ U

Im „Typ U" Fall ist entweder kein nicht allein beherrschender Gesellschafter weder auf dem gleichen noch einem vor- oder nachgelagerten Markt wie das GU tätig, oder es haben weder das GU noch die ausschließlich kleineren oder mittelständischen Gesellschafter eine relevante Marktstellung in einem ihrer Märkte.[86] In diesen Fällen wird in der Sektoruntersuchung des BKartA grundsätzlich erst einmal keine Wettbewerbsbeschränkung erwartet;[87] was nicht heißt, das eine solche hier ausgeschlossen ist. Aber sie sind regelmäßig unkritisch, weshalb in der Regel von einer genaueren Prüfung abgesehen wird.[88]

5. Finanzbeteiligungen

Bei der Bewertung von Finanzbeteiligungen an GU ist zu prüfen, ob der betroffene Gesellschafter tatsächlich nur die Kapitalerträge oder vielleicht doch weitere Interessen mit seiner Beteiligung verfolgt. Lassen bei objektiver Betrachtung die Umstände, wie zum Beispiel Beteiligungen an anderen GU auf entsprechenden Märkten oder eigene Tätigkeiten auf vor-, nachgelagerten oder eng benachbarten Märkten, darauf schließen, dass der Gesellschafter neben dem reinen finanziellen auch andere weitere wirtschaftlichen Interessen verfolgt, ist dies durchaus kritisch zu sehen. Man ordnet diese Fälle dann nicht den unkritischen (echten) Finanzbeteiligungen zu.[89]

V. Bezwecken / Bewirken

Das Kriterium des Bezweckens oder Bewirkens einer Wettbewerbsbeschränkung ist differenziert zu sehen.

Vom Bezwecken spricht man immer, wenn die Vereinbarung unmittelbar eine Wettbewerbsbeschränkung zum Inhalt hat.[90] Ebenso liegt ein Bezwecken vor, wenn ein wirtschaftlich zweckmäßiges und kaufmännisch vernünftiges Handeln aufgrund der Vereinbarung eine Wettbewerbsbeschränkung unmittelbar erzielt.[91] Entsprechend kann schon das Bestehen oder die Gründung eines GUs eine Wettbewerbsbeschränkung bezwecken, wie nämlich beim Typ A.

Weiter kann auch das Marktverhalten eines GUs eine Wettbewerbsbeschränkung bezwecken, wenn nämlich zum Ausdruck kommt, dass die Gesellschafter eben jene beabsichtigen.[90] Dies wurde zum Beispiel in einem Fall von Drittwettbewerb in Form einer Beeinflussung des Preisniveaus auf dem Beschaffungsmarkt bestätigt.[92]

Grundsätzlich ist immer von einem Bezwecken auszugehen, wenn eine sog. Kernbeschränkung, wie Verkaufspreis-, Produktionsmengen- oder Absatzgebietsabsprachen (im horizontalen Verhältnis) und Preisbindung der zweiten Hand oder Gebietsschutzzusicherun-

---

86 Vgl. BKartA, B1-33/10, SU Walzasphalt, September 2012, Rn. 157.
87 Vgl. BKartA, B1-33/10, SU Walzasphalt, September 2012, Rn. 151.
88 Vgl. BKartA, B1-33/10, SU Walzasphalt, September 2012, Rn. 158.
89 Vgl. BKartA, B1-33/10, SU Walzasphalt, September 2012, Rn. 159.
90 Vgl. *Jan Bernd Nordemann,* in: Loewenheim/Meessen/Riesenkampff, (o. Fn. 16), GWB § 1 Verbot wettbewerbsbeschränkender Vereinbarungen, Rn. 125.
91 Vgl. BGH, WuW/E BGH 1367, 1373 „Zement-Verkaufsstelle Niedersachsen" = BGH NJW 1975, 1837 = BGHZ 65, 30.
92 Vgl. BGH, Beschl. v. 13.01.1998, WuW/E DE-R 115ff. „Carpartner" = NJW 1998, 2825.

gen (im vertikalen Verhältnis), vorliegt.[93] Bei den Kernbeschränkungen ist in der Praxis, zumindest beim EuGH, eine besondere Analyse der Marktgegebenheiten unerheblich.[94] Kann nicht geklärt werden, ob die Parteien eine Beschränkung des Wettbewerbs bezwecken wollten oder bezweckt haben, kommt weiterhin eine Bewirkung in Frage.[95] Dafür muss der Sachverhalt eine objektiv vorhersehbare wettbewerbsbeschränkende Wirkung haben.[96] Dies wird insbesondere anhand einer eingehenden Analyse der Marktbedingungen überprüft.[97] Beispielsweise könnte eine Vereinbarung über einen Exklusivbezug von einem bestimmten Lieferanten eine Wettbewerbsbeschränkung bewirken, da der damit verbundene Absatz möglichen Wettbewerben des Lieferanten vorenthalten wird und ihnen somit die Markttätigkeit erschwert oder der Marktzutritt verwehrt werden könnte.

VI. Spürbarkeit

Die Spürbarkeit der Wettbewerbsbeschränkung ist nach ständiger Rechtsprechung als ein ungeschriebenes Tatbestandsmerkmal anzusehen.[98] Es soll damit verhindert werden, dass unbedeutende oder nur theoretisch mögliche Marktbeschränkungen von § 1 GWB erfasst werden.[99]

An dieser Stelle ist nicht nur zu prüfen, ob die vorliegende Vereinbarung den Markt spürbar beschränkt, sondern gegebenenfalls auch, ob ein Bündel der gleichwertigen Verträge dieses Kriterium erfüllt.[100] Von einer Spürbarkeit kann man schon bei einem Mehr als nur unbedeutenden Umfang sprechen.[101] Die Prüfung basiert auf einer sorgfältigen Berücksichtigung aller in Betracht kommenden Umstände des konkreten Einzelfalls.[102]

Unerheblich ist das Kriterium der Spürbarkeit bei den Kernbeschränkungen.[103] Bei anderen Beschränkungen ist es fallabhängig und kann auch schon bei betroffenen Marktanteilen von deutlich unter 10% vorliegen.

Nicht völlig deckungsgleich ist die im Einzelfall zu prüfende Spürbarkeit in der Rechtsprechung mit den in der Bagatellbekanntmachung des BKartA herausgegebenen Schwellenwerten zu sehen. Bei letzteren handelt es sich um die Aufgreifkriterien des BKartA im Rahmen ihrer Ermessensausübung. Die Grenzen liegen hier bei 10% insgesamt von den beteiligten Unternehmen gehaltenen Marktanteilen für horizontale und in der Zuordnung zweifelhafte Vereinbarungen, bei 15% für nicht-horizontale und bei 5% im Falle

---

93 Vgl. *Immenga/Mestmäcker*, (o. Fn. 11), Rn. 162.
94 Vgl. EuGH, Beschl. .v. 13.07.1966, Slg. 1966, 321, 392 „Consten und Grundig"; vgl. EuGH, Beschl. v. 06.07.2000, Slg. 2000 II-2707, 2803 „Volkswagen / Kommission", Rn. 321.
95 Vgl. *Hootz*, Gesetz gegen Wettbewerbsbeschränkungen und Europäisches Kartellrecht, Gemeinschaftskommentar, 5. Aufl. 2006, § 1, Rn. 183.
96 Vgl. *Jan Bernd Nordemann*, in: Loewenheim/Meessen/Riesenkampff, (o. Fn. 16), GWB § 1 Verbot wettbewerbsbeschränkender Vereinbarungen, Rn. 128.
97 Vgl. *Immenga/Mestmäcker*, (o. Fn. 11), Rn. 160f..
98 Vgl. BGH, Beschl. v. 14.10.1976, WuW/E BGH 1458, 1461 „Fertigbeton" = BGHZ 68, 6 = NJW 1977, 804.
99 Vgl. BGH, Beschl. v. 09.03.1999, WuW/E DE-R 289, 295 „Lottospielgemeinschaft".
100 Vgl. *Immenga/Mestmäcker*, (o. Fn. 11), Rn. 165.
101 Vgl. BGH, Beschl. v. 13.01.1998, WuW/E DE-R 115ff. „Carpartner" = NJW 1998, 2825.
102 Vgl. BGH, Beschl. v. 23.02.1988, WuW/E BGH 2469, 2470 „Brillenfassungen".
103 Vgl. BKartA, Bekanntmachung Nr. 18/2007 des Bundeskartellamtes vom 13.03.2007 über die Nichtverfolgung von Kooperationsabreden mit geringer wettbewerbsbeschränkender Bedeutung, „Bagatellbekanntmachung", (Fn. 449), Rn. 13-15.

eines Verdachts eines kumulativen Marktabschottungseffektes.[104] Zudem behält sich das BKartA vor, Ausnahmen hiervon zu machen und entsprechend schon bei geringeren Marktanteilen Sachverhalte aufzugreifen.[105]

Für Gemeinschaftsunternehmen sind diese Schwellenwerte in gewissem Maße irrelevant, da laut BGH ihre Funktion als Scharnier zwischen den Gesellschaftern auch bei kleineren nicht unerheblichen GU zum Tragen kommen kann.[106]

D. *Ausnahmen und Rechtsfolgen*

I. *Ausnahmen*

1. *§2 GWB – Freigestellte Vereinbarungen*

§ 2 GWB enthält zwei Legalausnahmen von § 1. Zum einen sind gemäß Wortlaut solche (wettbewerbsbeschränkenden) Vereinbarungen von § 1 GWB freigestellt, die den Verbraucher angemessen am Gewinn beteiligen, welcher sich in Form von besserer Warenerzeugung, -verteilung, technischem oder wirtschaftlichem Fortschritt zeigt.[107] Zudem müssen die vorliegenden Beschränkungen unerlässlich zur Zielerreichung sein und es dürfen sich keine Möglichkeiten eröffnen, für einen wesentlichen Teil der betroffenen Waren den Wettbewerb auszuschließen.[108] Hierunter kann also ein GU zur gemeinsamen Forschung und Entwicklung fallen, soweit sich einem Gericht glaubhaft nachweisen lässt, dass die Errungenschaften zum Wohle des Verbrauchers dienen (sog. Wohlfahrtseffekt) und auch die übrigen Bedingungen erfüllt sind.

Zum anderen wird auf die Gruppenfreistellungsverordnen der EU Kommission Bezug genommen und deren Anwendung auch auf Fälle ohne Zwischenstaatlichkeitsbezug ausgeweitet.[109] Derartige Freistellungsverordnungen gibt es u.a. bei den Gruppen Spezialisierung, Forschung und Entwicklung, Versicherung, Technologietransfer oder Kraftfahrzeuge. Der genaue Inhalt mit den jeweilig für eine Freistellung notwendigen Bedingungen ist den einzelnen von der Kommission herausgegebenen Gruppenfreistellungsverordnungen zu entnehmen. Hierunter können verschiedene Formen von GU fallen, die in ihrer Funktion und ihrem Verhalten den Bedingungen der jeweiligen Verordnung entsprechen müssen.

2. *§3 GWB – Mittelstandskartelle*

Dass in Deutschland kleine und mittelständische Unternehmen einen besonderen Stellenwert in der Wirtschaftspolitik einnehmen, zeigt sich auch an dieser Vorschrift. Gemäß § 3

---

104 Vgl. BKartA, Bekanntmachung Nr. 18/2007 des Bundeskartellamtes vom 13.03.2007 über die Nichtverfolgung von Kooperationsabreden mit geringer wettbewerbsbeschränkender Bedeutung, „Bagatellbekanntmachung", (Fn. 449), Rn. 7-11.
105 Vgl. BKartA, Bekanntmachung Nr. 18/2007 des Bundeskartellamtes vom 13.03.2007 über die Nichtverfolgung von Kooperationsabreden mit geringer wettbewerbsbeschränkender Bedeutung, „Bagatellbekanntmachung", (Fn. 449), Rn. 12.
106 Vgl. BGH, Beschl. v. 08.05.2001 – KVR 12/99 – „Ost-Fleisch", Gründe, B II 3. e), BGHZ 147, 325 = NJW 2001, 3782.
107 Vgl. § 2 I GWB.
108 Vgl. § 2 I 1., 2. GWB.
109 Vgl. § 2 II GWB.

GWB ist die Zusammenarbeit unter Wettbewerbern zur Rationalisierung wirtschaftlicher Vorgänge gestattet, sofern der Wettbewerb nicht wesentlich beschränkt wird und sie dazu dient, die Wettbewerbsfähigkeit kleiner und mittlerer Unternehmen zu verbessern.[110] Zur genaueren Definition dieser beiden Kriterien wird in der Rechtsprechung wiederum auf eine Gesamtbetrachtung aller Umstände des konkreten Einzelfalls abgestellt, was keine Rechtssicherheit für pauschale Aussagen zulässt. Als Anhaltspunkt dient ein Merkblatt des BKartA, in dem für eine wesentliche Beeinträchtigung erneut eine 10-15% Marktanteilsschwelle genannt wird und bei der Einordnung von kleinen und mittleren Unternehmen ebenfalls vorwiegend auf die relative Größe im Verhältnis zu den anderen Wettbewerbern und auf die vorliegende Marktstruktur verwiesen wird.[111]

II. Rechtsfolgen

1. Nichtigkeit

Die Folge eines Verstoßes gegen das Kartellverbot ist zunächst einmal die Nichtigkeit der betroffenen Vereinbarung oder des Beschlusses nach § 1 GWB i.V.m. § 134 BGB. § 139 BGB gibt als gesetzliche Folge zudem an, dass grundsätzlich Teilnichtigkeit zur Gesamtnichtigkeit eines Rechtsgeschäfts führt. In Verbindung mit dem Kartellverbot ist dabei auch die Anerkennung von salvatorischen Klauseln zweifelhaft.[112] Liegt ein Kartellverstoß im Bestehen eines GUs vor, gingen die Meinungen über die Rechtsfolge auseinander. Einerseits wurde die Ansicht vertreten, dass bei Kapitalgesellschaften das Prinzip des Vertrauens- und Bestandsschutzes eine Nichtigkeit des Gesellschaftsvertrages ex tunc verhindert und stattdessen eine Auflösbarkeit der Gesellschaft, also eine Abwicklung ex nunc, vorliegt.[113] Im Falle einer Personengesellschaft, bei der es diese Bestandsschutzvorschriften nicht gibt, könnte eine fehlerhafte Gesellschaft angenommen werden, was zu einem vergleichbaren Ergebnis führt.[114]

Der BGH vertritt eine andere Meinung und hat dies zuletzt in seiner „Nord-KS" Entscheidung deutlich gemacht. Er hat, bezogen auf das dort betroffene GU (einer GmbH & Co. KG), die Existenz verneint, explizit auch die als fehlerhafte Gesellschaft.[115] Neben der Nichtigkeit stehen aber noch weitere Rechtsfolgen.

2. Auflösung

Nach § 32 GWB besitzt die Kartellbehörde die Befugnis, über Maßnahmen zur Abstellung eines Kartellverstoßes zu verfügen.[116] Mit dieser Regel kann also zum einen schon der Abschluss einer Vereinbarung, wie zum Beispiel die Gründung eines bestimmten GUs, untersagt werden. Zum anderen kann damit bei einem bestehenden GU die Auflösung dessen veranlasst werden.

---

110 Vgl. § 3 GWB.
111 Vgl. BKartA, Merkblatt des Bundeskartellamtes über Kooperationsmöglichkeiten für kleinere und mittlere Unternehmen, März 2007, Rn. 34-37.
112 Vgl. *Schmidt*, Der kartellverbotswidrige Beschluß, Festschrift für Robert Fischer 1979, Band 1, Teil 1, Art. 81 Abs. 2, S. 693 (Rn. 30).
113 Vgl. *Benner*, Kartellrechtliche Unwirksamkeit bei verfaßten Verbänden, 1993, S. 79-84.
114 Vgl. *Benner*, (o. Fn. 113), S. 104-108, 118.
115 Vgl. BGH, Beschl. .v .04.03.2008 – KVZ 55/07 – „Nord-KS", Rn. 16, WuW/E DE-R 2361.
116 Vgl. § 32 I GWB.

3. Gewinnabschöpfung

Des Weiteren hat die Kartellbehörde nach § 34 GWB die Möglichkeit, den durch den Verstoß erlangten wirtschaftlichen Vorteil abzuschöpfen.[117]

4. Unterlassungsanspruch

Die betroffenen Konkurrenten haben nach § 33 I GWB sowohl einen Anspruch auf Beseitigung der Zuwiderhandlung als auch bei Wiederholungsgefahr oder schon bei einem drohenden Verstoß einen Anspruch auf Unterlassung.[118]

5. Schadensersatzpflicht

Zudem kommt bei einem vorsätzlichen oder fahrlässigen Verstoß noch die Pflicht gemäß § 33 III GWB, den entstandenen Schaden zu ersetzen.[119] Die Crux für den Geschädigten dabei ist, die genaue Schadenshöhe im Einzelfall nachzuweisen. Hierbei hilft die gesetzliche Feststellung, dass eine überteuert bezogene Ware explizit auch bei einer gelungenen Weiterveräußerung einen Schaden begründen kann.[120]

6. Bußgeld

Ebenfalls bei vorsätzlichem oder fahrlässigem Handeln gilt ein Verstoß gegen § 1 GWB als ordnungswidrig, was zu einer nicht unerheblichen Geldbuße nach § 81 IV GWB führen kann.[121] Auch hier ist die Kartellbehörde für das Verfahren der Festsetzung zuständig.[122]

E. Fazit

I. Zusammenfassung

Ein GU ist eine Form der Kooperation zwischen zwei oder mehr Unternehmen. GU gibt es in vielen Funktionen. Sie können nahezu an jeder Stelle der Wertschöpfungskette eingesetzt werden. Inwieweit diese Kooperation nicht mit dem Kartellrecht vereinbar ist, hängt nicht nur von der Ausgestaltung des GUs und von den Gesellschaftern, sondern auch von den Gesamtumständen des konkreten Einzelfalls ab.
Eine Prüfung von § 1 GWB wird bei kooperativen GU neben der Fusionskontrolle schon bei der Gründung durch das BKartA vorgenommen. Unabhängig von jeglichen Zeitpunkten findet die Vorschrift des § 1 GWB aber immer Anwendung, weshalb auch konzentrative GU insofern keine Privilegierung erfahren.

---

117 Vgl. § 34 GWB.
118 Vgl. § 33 I GWB.
119 Vgl. § 33 III GWB.
120 Vgl. § 33 III 2 GWB.
121 Vgl. § 81 GWB.
122 Vgl. § 82 GWB.

Die Unternehmenseigenschaft trifft regelmäßig nicht nur auf das GU, sondern auch auf dessen einzelne Gesellschafter zu, sofern von den Betroffenen eine (potentielle) selbständige Markttätigkeit ausgeht, die nicht nur dem privaten Verbrauch dient.

Als eine Vereinbarung gelten neben dem Gesellschaftsvertrag auch die Beschlüsse und Entscheidungen der Organe des GUs, wenn hieran mehr als ein Unternehmen beteiligt sind. Eine abgestimmte Verhaltensweise wird vermutet, wenn wettbewerbsrelevante Informationen weitergegeben werden. Dieser Tatbestand kann bei GU insbesondere schon durch die Wahrnehmung gesellschaftsrechtlicher Informationsrechte vorliegen.

Kartellrechtliche Bedenken gibt es bei GU vor allem dann, wenn (potentielle) Wettbewerber gemeinsam ein GU gründen oder führen. Ist das GU dann zudem noch selbst im gleichen Markt aktiv, tritt mit nahezu sicherer Wahrscheinlichkeit die Regelvermutung eines Verstoßes gegen das Kartellverbot in Kraft. Die Rechtsfolgen einer solchen Feststellung sind gravierend. Aber auch ohne konkurrierende Markttätigkeit des GUs gibt es zahlreiche Möglichkeiten eines Fehlverhaltens. Der enge Kontakt der Gesellschafter erleichtert eine verbotene Fühlungnahme zwischen den Unternehmen, um das mit der Ungewissheit des Marktverhaltens verbundene Risiko zu verringern. Gerade auch die Informationsflüsse von Gesellschaft und Gesellschaftern sind daher zum Beispiel in der Satzung des GUs streng zu reglementieren.

Für das Vorliegen einer von § 1 GWB befreienden Ausnahme gibt es mehrere Alternativen. Insbesondere die Freistellungsverordnungen der EU Kommission decken verschiedene Bereiche ab. Um unter einer dieser subsumiert werden zu können, ist eine genaue Prüfung der jeweiligen Bedingungen angebracht.

II. Bedeutung für die Praxis

Die Urteile Ost-Fleisch und Nord-KS haben maßgeblichen Einfluss genommen. Durch sie wurde die Arbeit des BKartA deutlich leichter gemacht und sie beinhalten eine gewisse Drohgebärde gegenüber betroffenen Marktteilnehmern. Das BKartA kann nun dort eingreifen, wo ihm vorher der Nachweis eines Verstoßes fehlte.

Die Urteile erleichtern nicht nur den Verfahrensgang, sondern bieten auch eine neue deutlich effizientere Lösung an, als jeden Fall einzeln anzugehen. Eine branchenweite Untersuchung über Verflechtungen und Marktlage enthält genug Grundlage, um die Marktteilnehmer aufzuschrecken und sie dazu zu bringen, selbst Abhilfe ihrer (möglichen) Verstöße zu leisten. Unter diesem Aspekt wurde nach der Nord-KS Entscheidung eine Untersuchung des Sektors Walzasphalt in Auftrag gegeben. Der Abschlussbericht, der im September 2012 veröffentlicht wurde, schreibt den Unternehmen konkrete Maßnahmen vor.[123] Werden diese versäumt umzusetzen, droht das BKartA mit einem Verfahren.[124] Die Selbstregulierung wird also vor eine gerichtliche Durchsetzung gestellt.

Das BKartA setzt verstärkt schon auf ein solches Vorgehen und die Unternehmen sind gewarnt.

---

123 Vgl. BKartA, B1-33/10, SU Walzasphalt, September 2012, Rn. 245-250.
124 Vgl. BKartA, B1-33/10, SU Walzasphalt, September 2012, Rn. 251f..

Das Rückrufrecht des Urhebers nach § 34 UrhG in seinen Auswirkungen auf den Unternehmenskauf

Von Gabriele Jansen, LL.M.

A. Einleitung 208
B. Urheberrechte in Technologieunternehmen 211
    I. Die typischen urheberrechtlich relevanten Werke in Technologieunternehmen ...211
        1. Sprachwerke 211
            a.) Schriftwerke 211
            b.) Computerprogramme als besondere Form der Schriftwerke 212
        2. Darstellungen wissenschaftlicher oder technischer Art 213
        3. Datenbankwerke 214
        4. Multimediawerke 215
    II. Der Urheber in Technologieunternehmen 215
        1. Arbeitnehmer 215
        2. Freie Mitarbeiter/Freie Urheber 216
        3. Auftragsarbeiter 217
        4. Eigentümer 217
        5. Miturheber 218
        6. Bearbeiter 218
    III. Urheberrechte 218
        1. Urheberpersönlichkeitsrechte 219
        2. Verwertungsrechte 220
C. Rechtsnachfolge im Urheberrecht 220
    I. Einräumung von Nutzungsrechten 221
    II. Übertragung von Nutzungsrechten und Zustimmungserfordernis 221
    III. Einschränkungen des Zustimmungserfordernis 222
        1. Treuwidriges Verhalten 222
        2. Erschöpfung 222
        3. Abbedingung 223
        4. Ausnahmen 223
        5. Gesetzliche Schranken 224
D. Rückruf von Nutzungsrechten bei Unternehmensveräußerung 224
    I. Voraussetzungen für den Rückruf bei Unternehmensveräußerung 224
        1. Unzumutbarkeit 225
            a.) Persönlichkeitsrechtliche Gründe 225
            b.) Wirtschaftliche Gründe 226
        2. Begrenzung der Rückrufmöglichkeit durch Treu und Glauben 226
        3. Abgrenzung Rückruf zu Kündigung aus wichtigem Grund 228
        4. Vertrauensverhältnis zwischen Urheber und Unternehmen 229
        5. Einschränkungen des Rückrufrechts durch § 90 UrhG 230
    II. Verfahren des Rückrufs bei Unternehmensveräußerungen 230
        1. Form und Adressat des Rückrufs 230
        2. Frist zur Ausübung des Rückrufs 231
        3. Unverzichtbarkeit des Rückrufrechts 232
    III. Zeitlicher Geltungsbereich des Rückrufrechts 232

IV. Auswirkungen des Rückrufs auf das Nutzungsrecht 233
   1. Heimfall des Nutzungsrechts 233
   2. Entschädigungsverpflichtung des Urhebers 234
   3. Auswirkungen des Rückrufs auf Enkelrechte 234
   4. Auswirkungen des Rückrufs auf schuldrechtliche Rechtsgeschäfte 235
E. Unternehmenstransaktionen mit Relevanz für das Rückrufrecht 236
   I. Unternehmensübertragung (Asset Deal) 237
   II. Gesellschafterwechsel bei Kapitalgesellschaften (Share Deal) 238
   III. Gesellschafterwechsel bei Personengesellschaften (Share Deal) 239
   IV. Umwandlungen 240
       1. Verschmelzung 240
       2. Spaltung 240
       3. Vermögensübertragung (Einbringung) 241
       4. Formwechsel 241
   V. Geschäftsführerwechsel 241
   VI. Internationale Unternehmenstransaktionen 241
F. Auswirkungen des Rückrufs auf den Unternehmenskauf 244
   I. Wirtschaftliche Folgen für den Unternehmenserwerber 244
   II. Wirtschaftliche Folgen für den Unternehmensverkäufer 245
   III. Relevanz für Unternehmenstransaktionen in Deutschland 247
G. Maßnahmen zur Begrenzung des Risikos aus dem Rückrufrecht für den
   Unternehmenskauf 249
   I. Due Diligence 249
   II. Kaufpreisklauseln 251
   III. Kaufvertragsgestaltung 251
H. Schlussbetrachtung 253
I. Anhang 246

A. Einleitung

Am 01. Juli 2002 ist das Gesetz zur Stärkung der vertraglichen Stellung von Urhebern und ausübenden Künstlern in Kraft getreten. Das Hauptziel, das mit diesem Gesetz erreicht werden sollte, war eine bessere Beteiligung der Urheber und ausübenden Künstler am wirtschaftlichen Nutzen ihrer Arbeit. Dies ist einer der Grundgedanken des Urheberrechtes und hier sah der Gesetzgeber ein wirtschaftliches Ungleichgewicht, insbesondere begründet durch die strukturelle Überlegenheit der Verwerter gegenüber den Urhebern. Dieses Ungleichgewicht sollte durch einen gesetzlichen Anspruch auf angemessene Vergütung behoben werden.[1] Zusätzlich sollte das Gesetz punktuelle Modernisierungen des Urheberechts vornehmen. Dazu gehörte, einem von Urheberseite vielfach vorgebrachtem Wunsch entsprechend[2], auch die Einführung eines unverzichtbaren Rückrufrechts der Nutzungsrechte sofern diese im Rahmen eines Unternehmensverkauf übertragen wurden. Dieses Rückrufrecht wurde aufgenommen in den § 34 Abs. 3 UrhG n.F. Der bislang einschlägige § 28 VerlG wurde gestrichen. Das Rückrufrecht soll den Urheber davor schützen, die Nutzung seiner Werke gegen seinen Willen an jemanden übertragen zu sehen,

---

1 BT-Drucks. 14/6433, 2.
2 So die Formulierung im Gesetzesentwurf von 2001, BT-Drucks. 14/6433, 16.

den er nicht selbst ausgewählt hatte, sofern ihm eine Zusammenarbeit mit dem Erwerber nicht zumutbar ist.[3] Obwohl das Gesetz insgesamt sehr heftig diskutiert wurde[4], blieb die Einführung des Rückrufrechts nur wenig beachtet. Der Bundesrat bat um Prüfung, ob auf den Rückruf verzichtet werden könne und führte zur Begründung an, dass Unternehmensveräußerungen im Medienbereich in Zukunft kaum noch durchführbar sein werden, wenn der Wert des Unternehmens wegen des Rückrufrisikos der Nutzungsrechte und damit des wesentlichen Kapitals dieser Unternehmen nicht mehr feststellbar sei.[5] Die Spitzenorganisation der Filmwirtschaft e.V. sah in dem Gesetzentwurf einen Angriff auf den Mittelstand und befürchtete, dass der deutsche Film als Folge der Haftungsrisiken aus dem Rückrufrecht im Ausland unverkäuflich würde.[6] Ähnlich sah dies auch der DMMV in seiner Stellungnahme.[7] Die Kirch-Gruppe äußerte in ihrer Stellungnahme zur Erweiterung des § 34 UrhG sogar verfassungsrechtliche Bedenken, da die wirtschaftliche Handlungsfreiheit des Unternehmers zur Disposition durch den Urheber gestellt wird.[8] Allerdings waren auch in diesen genannten Stellungnahmen das Rückrufrecht und dessen Folgen insgesamt von untergeordneter Bedeutung im Vergleich zum Aufschrei, den die gesetzlich verankerten Vergütungsregeln hervorgerufen haben. Auch Haimo Schack streift dieses Thema in seinen durchaus kritischen Anmerkungen zum Professorenentwurf nur am Rande (allerdings mit positiver Wertung).[9] Die Folge dieser geringen Aufmerksamkeit war eine nur sehr kurze Antwort des Gesetzgebers auf die vorgebrachte Kritik und die Aufnahme der unveränderten Version (insgesamt wurden von allen vorgeschlagenen Änderungen nur drei unverändert übernommen[10]) des ursprünglichen Vorschlags in den finalen Gesetzestext.[11]

Auch wenn insgesamt nur wenige Einwände gegen die Einführung des Rückrufrechts in § 34 Abs. 3 UrhG vorgebracht wurden, so ist es dennoch erstaunlich, dass kein Einwand außerhalb der Reihen der Medienunternehmen zu finden ist. Zwar hat der BITKOM, Bundesverband Informationswirtschaft, Telekommunikation und neue Medien e.V., der insbesondere auch die Unternehmen der Software-Industrie vertritt, zu einigen Punkten des Gesetzentwurfs sehr kritisch Stellung bezogen, das Rückrufrecht aber dabei nicht angesprochen.[12] Stellungnahmen anderer großer Industrieverbände, wie beispielsweise ZVEI, VDE oder VDMA fehlen ganz. Erstaunlich ist dies deswegen, da neben den Unternehmen der Medienwirtschaft – den Verlagen und anderen Verwertern - durch diese Gesetzesänderung insbesondere die Technologieunternehmen aus dem modernen Maschinenbau, der Elektrotechnik, der Informationstechnik, der Medizintechnik oder auch der Automatisierungstechnik betroffen sind. In allen diesen Unternehmen steigt die Bedeutung der Intellectual Property als Produktivfaktor zunehmend an während die Bedeutung der klassischen materiellen Werte des Anlagevermögens (Maschinen und Anla-

---

3   *Partsch/Reich*. Die Change-of-Control-Klausel im neuen Urhebervertragsrecht, AfP 2002, 298 (302).
4   s. dazu die Dokumentation dieser Diskussion unter www.urheberrecht.org/UrhGE-2000/.
5   BT-Drucks. 14/7564, 8.
6   Stellungnahme der Spitzenorganisation der Filmwirtschaft e.V., 2001 zu finden unter www.urheberrecht.org/UrhGE-2000/.
7   Stellungnahme des DMMV (Deutscher Multimedia Verband e.V.), 2000, zu finden unter www.urheberrecht.org/UrhGE-2000/.
8   Stellungnahme des Verbands Deutscher Spielfilmproduzenten e.V. zu finden unter www.urheberrecht.org/UrhGE-2000/.
9   *Schack*, Neuregelung des Urhebervertragsrechts, ZUM 2001, 453 (456).
10 *Wernicke/Kockentiedt*, Das Rückrufrecht aus § 34 Abs. 3 UrhG, ZUM 2004, 348 (349).
11 Gesetz zur Stärkung der vertraglichen Stellung von Urhebern und ausübenden Künstlern vom 22.03.2002, BGBl. I, S. 1155-1158.
12 Stellungnahme BITKOM, 2001, zu finden unter www.urheberrecht.org/UrhGE-2000/.

gen) relativ an Gewicht verliert.[13] So beträgt laut einer Studie des BMWi der Anteil der Software an der Wertschöpfung beispielsweise bei Werkzeugmaschinen stolze 40%. Der Anteil von softwarebezogenen Erfindungen lag schon im Jahr 2005 laut DPMA bei knapp 10% und damit etwa bei 6.000 Schutzrechten pro Jahr.[14] Der Marktwert von insbesondere den technologieorientierten Unternehmen ist in den letzten 10 bis 15 Jahren deutlich gestiegen, der Wert des Anlagevermögens dieser Unternehmen aber bei weitem nicht im selben Maß. Die Wertsteigerung resultiert also aus dem Wert des immateriellen Vermögens, das in der Regel in der Unternehmensbilanz nicht oder nicht vollständig ausgewiesen ist.[15] Nach einer Untersuchung von Laurie stieg der Anteil immaterieller Vermögenswerte am Marktwert der im S&P 500-Index erfassten Unternehmen von 1978 bis 2000 von 20% auf 84%.[16]

Mandel formuliert die Bedeutung des immateriellen Anteils an der Wertschöpfung in Bezug auf das wertvollste Unternehmen der Welt kurz und prägnant so: "Where the gizmo is made is immaterial to its popularity. It is great design, technical innovation, and savvy marketing that have helped Apple Computer sell more than 40 million iPods."[17]

Design, technische Innovation und auch weite Bestandteile des Marketings finden sich typischerweise in den urheberrechtlich geschützten Werken der Technologieunternehmen. Diese Werttreiber, auf die es auch maßgeblich in Unternehmenstranskationen ankommt, sind also möglicherweise unmittelbar betroffen durch das Rückrufrecht ihrer Urheber. Die Folgen dieser Gesetzesänderung aus dem Jahre 2002 für M&A-Transaktionen speziell im Bereich der Technologieunternehmen sind allerdings bislang in der Literatur noch kaum behandelt. Die vorliegende Arbeit setzt deswegen den Schwerpunkt der Betrachtung genau dorthin: auf die Urheberrechte in Technologieunternehmen und die Voraussetzungen und Folgen des Rückrufrechts des Urhebers bei Veräußerungen dieser Technologieunternehmen. Dabei soll zunächst untersucht werden, ob und in welchen Fällen mit Relevanz für den Unternehmenskauf das Urheberrecht in Technologieunternehmen eine Rolle spielt. Dazu werden die für die Unternehmen typischen urheberrechtlich relevanten Werke und die typischen Urheber in ihrem Verhältnis zum Unternehmen betrachtet. Anschließend wird die Frage erörtert, welche Urheberrechte die Urheber genießen und inwieweit der Urheberrechtsschutz, insbesondere der Urheberpersönlichkeitsschutz im betrachteten Umfeld überhaupt zur Anwendung kommt. Nach einer kurzen Einführung zur Übertragung von Nutzungsrechten, wird der Rückruf der Nutzungsrechte im Unternehmenskauf ausführlich betrachtet. Im Anschluss daran werden die Arten von Unternehmenstransaktionen identifiziert, bei denen das Rückrufrecht nach § 34 Abs. 3 UrhG überhaupt zur Anwendung kommen kann. Anschließend werden die Folgen des Rückrufs auf den Unternehmenskauf dargestellt und Maßnahmen vorgestellt, diese Folgen bereits in der Transaktion zu berücksichtigen und ihre negativen Auswirkungen zu begrenzen.

---

13 *Natusch*, Intellectual Property Rights (gewerbliche Schutzrechte) im Rahmen der Unternehmensfinanzierung, MittdtschPatAnw 2010, 118.
14 BMWi, Patente auf computerimplementierte Erfindungen, 2006, 8, zu finden unter www.bmwi.de/DE/ Mediathek/publikationen.html, zuletzt abgerufen am 12.06.2013.
15 *Hulten / Hao*, Intangible Capital and the 'Market to Book Value' Puzzle, NBER Working Paper 14548, 2008, S. 2.
16 *Spranger, Hans Christoph*, Die Bewertung von Patenten, Dissertation, Würzburg 2006, S.1.
17 *Mandel*, Why the economy is a lot stronger than you think, Bloomberg Businessweek Magazine, 2006, zu finden unter www.businessweek.com/stories/ 2006-02-12/why-the-economy-is-a-lot-stronger-than-you-think, zuletzt abgerufen am 12.06.2013.

B. Urheberrechte in Technologieunternehmen

Das Urheberrecht schützt den Urheber in seinen ideellen und materiellen Interessen an seinem Werk. In der Einführung zum Urheber- und Verlagsrecht nennt Hillig gemäß § 1 UrhG explizit den Urheber eines Werkes der Literatur, Wissenschaft oder Kunst, der gegen die unbefugte wirtschaftliche Auswertung seines Werkes und gegen Verletzungen seiner ideellen Interessen am Werk geschützt werden soll.[18] Ursprünglich adressiert waren mit dem Urheberrecht also bestimmte kulturelle Geistesschöpfungen. Tatsächlich finden sich urheberrechtlich relevante Werke aber nicht nur in den schönen Künsten, sondern auch unter den Assets von Technologieunternehmen.

I. Die typischen urheberrechtlich relevanten Werke in Technologieunternehmen

Die urheberrechtlich geschützten Werke sind (nicht abschließend) in § 2 Abs. 1 UrhG aufgezählt. Abs. 2 dieser Norm legt fest, dass es sich bei Werken im Sinne dieses Gesetzes um persönliche geistige Schöpfungen handeln muss. Auf der Basis dieser bewusst sehr offenen Formulierung des Gesetzgebers lassen sich im Zweifel in jedem Unternehmen urheberrechtlich relevante Werke finden. Das mag ein poetisch formulierter Werbetext sein oder die künstlerisch gestaltete Zeichnung eines Produktes und in jedem Falle ist es jedes persönlich aufgenommene Foto. Interessant für die vorliegende Betrachtung sind jedoch nur die urheberechtlich geschützten Werke, deren möglicher Rückruf im Fall der Unternehmensveräußerung überhaupt einen Schaden verursachen kann, der sehr deutlich über eine bloße Irritation oder ein Ärgernis hinaus geht. Unter dieser Betrachtungsweise finden sich in Technologieunternehmen im wesentlichen Werke nach Ziffer 1 (Sprachwerke) und Ziffer 7 (Darstellungen wissenschaftlicher oder technischer Art) der Aufzählung aus § 2, Abs. 1 UrhG.

1. Sprachwerke

Sprachwerke sind der klassische Gegenstand des Urheberrechts. Der Begriff ist weit gefasst und umspannt einen Bogen vom Zeitschriftenartikel über die Predigt bis hin zur Lyrik. Sprache wird dadurch gekennzeichnet, dass sie Mittel zum Zweck ist einen Inhalt zu transportieren. Dabei ist unerheblich in welcher Ausdrucksform (schriftlich, verbal, mit Gebärden) und mit welcher Codierung (Zeichen, Symbole, Syntax) sie dies tut. Explizit sind im Gesetz Schriftwerke, Reden und Computerprogramme beispielhaft aufgeführt.

a.) Schriftwerke

Der größte Umfang an Schriftwerken findet sich in einem Technologie-Unternehmen im Bereich der technischen Dokumentation. Die Dokumentation von technischen Anlagen umfasst die technische Beschreibung der Anlage selbst, Bedienungsanleitungen, Wartungs- und Installationsanweisungen aber auch das Schulungsmaterial. Bei komplexen technischen Anlagen kann die Dokumentation einen sehr großen Erstellungsaufwand durch hoch-

---

18 *Hillig* in: Hillig, Hans-Peter [Hrsg.], Urheber- und Verlagsrecht, 14. Auflage, München 2011, XV.

qualifiziertes Personal erfordern. Insbesondere im Anlagenbau ist die Dokumentation oft ein Unikat und auf die spezifischen Vorgaben und Richtlinien des Auftraggebers abgestimmt. Wenn man berücksichtigt, dass nach üblichen Vertragsbedingungen die Zahlung von 10% des Gesamtpreises einer Anlage erst bei Übergabe der vollständigen Dokumentation erfolgt, bekommt man einen Eindruck vom wirtschaftlichen Wert dieses Umfangs. Der wirtschaftliche Wert der Dokumentation als integraler Anlagenbestandteil sagt jedoch noch nichts über ihre urheberrechtliche Schutzwürdigkeit aus. Diese ist nur dann gegeben, wenn sie die Schwelle der persönlich-geistigen Schöpfung erreicht.[19] Der BGH sieht dies prinzipiell als möglich an, da auch bei zweckgebundenen technischen Beschreibungen Spielraum für eine von didaktischen Zwecken bestimmte anschauliche und übersichtliche Gestaltung verbleibt. Dies betrifft sowohl den Text selbst als auch die Auswahl und Anordnung der ihn ergänzenden Zeichnungen und Bilder mit der wechselseitigen Aufgabenzuweisung der Text- und Bildinformationen.[20] Insbesondere die Dokumente, die Anlagenbediener und Instandhalter in die Lage versetzen sollen, den einwandfreien Betrieb des Produktionsmittels (man denke z.B. an eine in den Produktionstakt integrierte roboterbasierte Anlage zum automatischen Scheibenfügen in einer Automobilproduktion) sicher zu stellen, werden in der Regel auch in ihren sprachlichen Beschreibungen ein hohes Maß an individueller didaktischer Aufbereitung aufweisen müssen, so dass in diesen Fällen die vom BGH formulierten Kriterien erfüllt sein sollten.

In allen Fällen, in denen die Dokumentation in eine andere Sprache übersetzt wird, was bei Export-Lieferungen innerhalb der EU bereits gesetzlich vorgeschrieben ist[21], genießt ggf. auch die Übersetzung Urheberrechtsschutz nach § 3 UrhG.

b.) Computerprogramme als besondere Form der Schriftwerke

Seit 1985 sind Computerprogramme als zur Wissenschaft gehörend unter § 2 Abs. 1 Punkt 1 UrhG in den Katalog urheberechtlich geschützter Sprachwerke aufgenommen. Gegenstand, Umfang und Voraussetzungen des Schutzes sind in §§ 69a ff. UrhG festgelegt. Anstelle einer gesetzgeberischen Definition hat sich für Computerprogramme eine Umschreibung durchgesetzt, die auf einer Mustervorschrift der WIPO (World Intellectual Property Organization) aus dem Jahr 1977 basiert: Computerprogramme sind das in jeder Form, Sprache und Notation oder in jedem Code gewählte Ausdrucksmittel für eine Folge von Befehlen, die dazu dient, einen Computer zur Ausführung einer bestimmten Aufgabe oder Funktion zu veranlassen.[22] Geschützt ist also das Ausdrucksmittel (die Form), nicht aber die zugrundeliegende Idee (die Funktion). Die Einordnung von Computerprorammen in die Sprachwerke und die relativ vage Umschreibung führen dazu, dass die jeweils konkrete Auslegung inwiefern insbesondere neue Formen der Computerprogramme unter das Urheberrecht fallen, der Rechtsprechung überlassen sind und dass damit eine mindestens temporäre Phase der Rechtsunsicherheit entsteht. Schwierig stellt sich dabei immer wieder die konkrete Abgrenzung zwischen Form und Funktion dar.[23]

---

19 *Kox*, Schutz der tD, technische kommunikation, 1999, 32 (33).
20 BGH, Urteil vom 10.10.1991 – I ZR 147/89 - Bedienungsanweisung; OLG Oldenburg, NJW 1992, 689.
21 Richtlinie 2006/42/EG (Maschinenrichtlinie).
22 "Model Provisions on the Protection of Computer Software", zu finden unter www.wipo.int/mdocsarchives/ LPCS_I_79/LPCS_I_2_E.pdf, zuletzt abgerufen am 12.06.2013.
23 So auch *Marly*, Der Schutzgegenstand des urheberrechtlichen Softwareschutzes, GRUR 2012, 773 (775 und 776).

Nachdem die Rechtsprechung in der Anfangszeit sehr strenge Kriterien an die Schutzvoraussetzungen bei Computersoftware angelegt hatte, geht man heute davon aus, dass jede Software mit einem gewissen Komplexitätsgrad schützenswert ist, sofern sie eine eigene geistige Schöpfung ist und nicht nur eine Nachahmung eines anderen bestehenden Programmes.[24]

Die Aufnahme von Computerprogrammen in die schützenswerten Werke hat eine neue Entwicklung im Urheberrecht eingeläutet, die sich durch einen vermehrten Schutz von Investitionen in Abgrenzung zu kulturell-geistigen Leistungen auszeichnet.[25] Dabei ist durchaus kritisch zu hinterfragen, ob das Computerprogramm überhaupt in die Systematik des Urheberschutzes passt. Da am Computerprogramm nicht die Funktion (oder die zugrundeliegende Algorithmik) geschützt wird, sondern nur der Code, ist es das einzige Werk der urheberrechtlichen Systematik, das als Werk nicht unmittelbar sichtbar und (im Sinne der urheberrechtlichen Überprüfung) bewertbar ist. Ebenso könnte man aber auch bezweifeln, dass ein Computerprogramm überhaupt eine schöpferische Leistung im Sinne eines Urheberrechts darstellt, dessen Systematik sich laut Gesetzgeber vom damals geltenden Recht dadurch abhebe, dass der Schutz allein der schöpferischen Leistung vorbehalten ist, wie sie der Komponist, der Schriftsteller oder der bildende Künstler erbringt.[26] Dass es unter den Computerprogrammen in höchstem Maße kreative Schöpfungen wie auch banale Gebrauchswerke gibt ist sicherlich ebenso unbestritten wie der Umstand, dass es in der Literatur höchst kreative Schöpfungen wie auch banale „Gebrauchsliteratur" (man denke hier zum Beispiel an die wirtschaftlich sehr erfolgreichen *Shades of Grey*) gibt. Wenn es also für die Wertung des literarischen Werkes nicht auf den künstlerischen Wert und nicht auf den Zweck (l'art pour l'art oder Mittel zur Einkommenserzielung) ankommt, dann darf dieser Maßstab bei dem Computerprogramm ebenfalls nicht angelegt werden. Es bleibt also festzuhalten, dass das Computerprogramm als schöpferische Leistung richtigerweise zu den urheberechtlich geschützten Werken gehört, dass seine Einordnung als Schriftwerk und damit seine Reduzierung auf die Form des Programms der tatsächlichen Schöpfung jedoch nur mit gedanklichen Klimmzügen entspricht, dass es weiterhin im Gegensatz zu anderen Schriftwerken ungleich schwieriger ist, die schöpferische Leistung allein durch die Betrachtung des Programm-Codes zu bewerten und dass damit das Anlegen weniger strenger Kriterien zwangsläufig war.

2. Darstellungen wissenschaftlicher oder technischer Art

Zu den Darstellungen wissenschaftlicher oder technischer Art wird in § 2 Abs. 1 Satz 7 UrhG ein Katalog aufgeführt mit den Beispielen Zeichnungen, Pläne, Karten, Skizzen und plastische Darstellungen. Alle diese Katalogbestandteile finden sich typischerweise wieder im Design, im Entwicklungsprozess, in den Marketingmaterialien und der Dokumentation von Produkten, Systemen und Anlagen von Technologieunternehmen. Insbesondere im Sondermaschinenbau ist die Erstellung dieser Dokumente durchaus ein schöpferischer Akt

---

24 *Loewenheim* in: Loewenheim, Ulrich [Hrsg.], Urheberrecht, Kommentar, 4. Auflage, München 2010, § 69a Rn 22; BGH, I ZR 111/02 („Fash 2000").
25 So auch *Czychowski* in: Fromm, Friedrich Karl/Nordemann, Wilhelm [Begr.], Urheberrecht, Kommentar, 10. Auflage, Stuttgart 2008, Vor §§ 69a ff Rn 25; auch *Berger*, Der Rückruf urheberrechtlicher Nutzungsrechte bei Unternehmensveräußerungen nach § 34 Abs. 3 Satz 2 UrhG in: Festschrift für Gerhard Schricker zum 70. Geburtstag, 2005, 223 (223).
26 So in der Begründung zur Einführung des Urheberrechtsgesetzes 1962, BT-Drucks IV/270, 29.

dessen Ergebnis zumindest zum integralen Bestandteil der unternehmensinternen Dokumentation wird und damit für die Pflege, Wartung und den Nachbau von im Feld befindlichen Anlagen unverzichtbar ist. Der wirtschaftliche Wert dieser Dokumente ist also deutlicher höher als es auf den ersten Blick den Anschein haben könnte und eine Unternehmenstransaktion bei der die interne Dokumentation der Intellectual Property des Unternehmens fehlte, ist schlicht nicht sinnvoll durchführbar.

3. Datenbankwerke

Datenbankwerke, also Datenbanken die eine persönliche geistige Schöpfung darstellen, sind als eigene Werkart durch § 4 Abs. 2 UrhG geschützt. Darüber hinaus ist in § 87a ff UrhG ein sui generis Schutz für Datenbanken, die diesem Kriterium nicht genügen, festgeschrieben. Ein Datenbankwerk ist ein Sammelwerk, dessen Elemente systematisch oder methodisch angeordnet und einzeln zugänglich sind. Die persönliche geistige Schöpfung liegt in der Sammlung von unabhängigen, d.h. für sich selbst stehenden, Elementen und deren Auswahl und Anordnung. Sammelwerke und Datenbankwerke können aus in sich urheber- oder leistungsrechtlich geschützten Elementen bestehen, müssen es aber nicht.[27] Das Urheberrecht an der Datenbank besteht lediglich an der Datenbank als solcher, nicht an den darin enthaltenen Werken. Wie bei Computerprogrammen ist für die Einordnung einer Datenbank als Werk im Sinne des UrhG die geistige Schöpfung ausschlaggebend, nicht aber der inhaltliche oder der ästhetische Wert. Die Anforderung an eine geistige Schöpfung ist bereits erfüllt, wenn der Auswahl und Anordnung der Datenbankinhalte ein individuelles Ordnungsprinzip zugrunde liegt.[28] Datenbanken, deren Wert sich dadurch bemisst, dass sie auf Vollständigkeit angelegt sind, können notwendigerweise ein individuelles Ordnungsprinzip nur schwerlich aufweisen. Diese Datenbanken sind dann jedoch immer noch über die Leistungsschutzrechte der §§ 87a ff. UrhG geschützt. Allerdings kommt diesen Werken nur noch ein begrenzter Schutz zu. Die Anwendung des § 34 UrhG auf Datenbanken ist jedoch nicht ausgeschlossen und damit sind auch die im Unternehmen verwendeten Datenbanken für die vorliegende Betrachtung von Interesse. Dabei ist es unerheblich, ob die Datenbank als Werkzeug im Unternehmen genutzt wird, beispielsweise in Form eines internen Informationssystems, oder ob die Datenbank zu den vermarkteten Produkten des Unternehmens zählt. Noch deutlicher als bei der Aufnahme von Computerprogrammen in den Katalog der geschützten Werke wird bei der Datenbank die Fokusverschiebung des urheberrechtlichen Schutzgedankens erkennbar. § 87a UrhG schützt den mit der Herstellung einer Datenbank verbundenen Investitionsaufwand des Herstellers. Das entscheidende schutzbegründende Kriterium ist damit nicht das Vorliegen einer persönlich geistigen Schöpfung. Auch Werke, die nicht einmal unter den Begriff der kleinen Münze fallen, sind hier erfasst, wenn sie eine nach Art oder Umfang wesentliche Investition erfordern. Dabei wird an das Kriterium der „wesentlichen" Investition keine hohe Anforderung gestellt; es ist bereits mit der Durchführung umfangreicher Recherchen erfüllt.[29]

---

27 *Kauert* in: Wandtke, Axel [Hrsg.], Urheberrecht, 3. Auflage, Berlin 2012, Rn 118
28 So auch *Ott, Stephan*, Urheber- und wettbewerbsrechtliche Probleme von Linking und Framing, Dissertation, Bayreuth 2003, S. 256.
29 So auch *Ott, Stephan*, Urheber- und wettbewerbsrechtliche Probleme von Linking und Framing, Dissertation, Bayreuth 2003, S. 259.

4. Multimediawerke

Multimediawerke sind eine vom Urheberrecht bislang noch nicht eigenständig erfasste Werkkategorie. Sie fallen nicht zwingend unter die verbundenen Werke, da sie nicht notwendigerweise aus für sich allein schon schutzfähigen Werken bestehen müssen. Es ist aber auch nicht sinnvoll, nur einzelne Bestandteile eines Multimediawerkes zu betrachten, also beispielsweise die Schriftwerke, die Graphiken, die laufenden Bilder, die wahlweise als Lichtbildwerke oder als Filmwerke betrachtet werden können, oder die unterlegte Musik. Der tatsächliche schöpferische Wert liegt in der eigenständigen Kombination aller dieser Elemente zu einem Gesamtkunstwerk. Nicht nur im Marketing spielen Multimediawerke eine zunehmend gewichtige Rolle, sondern auch in der Aus-und Weiterbildung der eigenen Mitarbeiter und der Schulung der Kunden des Unternehmens. Betrachtet man beispielsweise didaktische Konzeptionen, die sich der Augmented Reality[30] bedienen, so kann man ermessen, dass in diese Multimediawerke erhebliche Mittel geflossen sind. Das Paradigma des Investitionsschutzes, der für die Datenbanken eine Rolle spielt, sollte also auch hier zum Tragen kommen.

II. Der Urheber in Technologieunternehmen

Die typischen Betrachtungen zum Urheberrecht haben die klassische Kombination aus unabhängig schaffenden Urhebern (den Künstlern) und den symbiotisch mit ihnen verbundenen Verwertern (den Verlagen) im Fokus. Dabei erschafft der Künstler ein Werk als Ausdruck seiner Persönlichkeit und seiner inneren Überzeugung und der Verlag fungiert als Multiplikator dieses Werkes hinaus in die Welt. Dieses Gedankenmodell lag nicht nur den Anfängen des Urhebergesetzes zugrunde sondern war auch noch vorherrschend bei der Einführung des Rückrufrechts im Rahmen des Gesetzes zur Stärkung der vertraglichen Stellung von Urhebern und ausübenden Künstlern im Jahr 2002. Diese im künstlerischen Bereich typische Konstellation findet sich in Technologieunternehmen nur selten. Der typische Urheber ist hier eher Angestellter, freier Mitarbeiter, Auftragsarbeiter oder der Eigentümer des Unternehmens selbst. Dies hat Auswirkungen auf die jeweiligen Rechte des Urhebers an seinem Werk.

1. Arbeitnehmer

Insbesondere die technologieorientierten Unternehmen mit hohem F+E-Anteil erwerben den Großteil ihrer Nutzungsrechte von den eige nen Arbeitnehmern.[31]

Die Beziehung zwischen dem Urheber und seinem Werk bestimmt sich ausschließlich nach dem Urheberecht (§§ 1, 7 und 11 UrhG). Dies gilt auch für den Arbeitnehmer-Urheber, der

---

30 Augmented Reality ist eine meist visuelle Erweiterung der Realität. Hierbei werden digitale Informationen wie z. B. Videos, Bilder, Texte etc. über ein in der Realität existierendes Bild gelegt. Diese ergänzenden Daten ermöglichen es dem Anwender sowohl spezifische, als auch alltägliche Abläufe optimiert und zeitsparend durchführen zu können. Durch die Sinneserweiterung in Echtzeit kann der Nutzer in Interaktion treten und mehrere Prozesse auf einmal bewerkstelligen. (www.theaugmentedreality.de).
31 *Kindermann*, Der angestellte Programmierer – urheberrechtliche Beurteilung und Vertragspraxis, GRUR 1985, 1008; *Bayreuther*, Zum Verhältnis zwischen Arbeits-, Urheber- und Arbeitnehmererfindungsrecht, GRUR 2003, 570; *Von Pfeil, Yorck Graf,* Urheberrecht und Unternehmenskauf, Dissertation, Berlin 2007, S. 35.

weisungsgebunden in einen fremden Organisationsbereich eingegliedert fremdbestimmte Arbeit leistet.[32] Dem Arbeitgeber stehen zwar die Arbeitsergebnisse seines Arbeitnehmers prinzipiell zu und er wird nach den sachenrechtlichen Grundsätzen des BGB Eigentümer und Besitzer dieser Arbeitsergebnisse, nicht aber ihr geistiger Eigentümer. Sein Anspruch auf Einräumung des Nutzungsrechtes am geschaffenen Werk leitet sich nach § 43 UrhG aus dem Inhalt und Wesen des Arbeitsverhältnisses ab. Sofern dazu im Arbeitsvertrag nichts explizit vereinbart ist, geht man nach der Zweckübertragungstheorie davon aus, dass die Nutzungsrechte an Pflichtwerken zwar zeitlich uneingeschränkt aber in ihrem Umfang nur soweit auf den Arbeitgeber übertragen sind, wie es sich aus dem Betriebszweck ergibt. Eine Ausnahme dazu bildet § 69b UrhG, der dem Arbeitgeber bereits ex lege alle vermögensrechtlichen Befugnisse an Computerprogrammen, die der Arbeitnehmer in Wahrnehmung seiner Aufgaben oder auf Anweisung des Arbeitgebers geschaffen hat, ausschließlich zuweist. Allerdings lässt das Gesetz es ausdrücklich zu, dass Arbeitgeber und Arbeitnehmer davon abweichende Vereinbarungen treffen. Mit der Einräumung der Nutzungsrechte gehen die Verwertungsrechte am Werk auf den Arbeitgeber über. Dafür schuldet der Arbeitgeber dem Arbeitnehmer eine angemessene Vergütung nach § 32 UrhG, die mit dem Arbeitslohn abgegolten sein soll. Allerdings findet auch § 32a UrhG auf den Arbeitnehmer-Urheber Anwendung, der ihm das Recht einräumt eine Anpassung der Vergütung zu verlangen, wenn der Arbeitgeber mit seinem Werk Einnahmen erzielt, die zur Vergütung in einem auffälligen Missverhältnis stehen. Diese Anpassung geht bis hin zu einer tatsächlichen Beteiligung des Arbeitnehmers an den Erträgen des Werkes.[33] Daraus lässt sich ableiten, dass auch der Arbeitnehmer unbeachtlich der möglicherweise vollständigen Übertragung der Nutzungsrechte an seinem Werk auf den Arbeitgeber weiterhin ein wirtschaftliches Interesse an der Verwertung des Werkes durch den Arbeitgeber haben kann. Damit sind mögliche Rückrufgründe im Unternehmensverkauf für einen Arbeitnehmer-Urheber nicht zwingend auf persönlichkeitsrechtliche Aspekte reduziert (siehe dazu auch D.I.1.b.).

2. Freie Mitarbeiter/Freie Urheber

Inwiefern ein „freier Mitarbeiter" als arbeitnehmerähnlich oder als selbständiger Unternehmer zu betrachten ist, resultiert aus den tatsächlichen Arbeitsbedingungen und seiner tatsächlichen Beziehung zum Unternehmen, unabhängig von einer vertraglichen Bezeichnung dieses Verhältnisses. Sofern der „freie Mitarbeiter" tatsächlich in einem Abhängigkeitsverhältnis zum Unternehmen steht, gilt auch für ihn der § 43 UrhG. Anderenfalls, wenn also der freie Mitarbeiter auf der Basis eines Honorarvertrags arbeitet, weder in die Betriebsordnung eingebunden noch dem Weisungsrecht des Arbeitgebers unterworfen ist (auch hinsichtlich Ort und Zeit seiner Arbeitsausführung), richtet sich die Einräumung von Nutzungsrechten an seinem Werk wie bei dem Auftragsarbeiter (s.u.) nach § 31 UrhG. Im Medienbereich gängig ist der sogenannte „Feste Freie (Mitarbeiter)", dies ist meist die Umschreibung eines Scheinselbständigen, der hinsichtlich seiner urheberrechtlichen Belange wie ein Arbeitnehmer zu behandeln wäre. In Technologieunternehmen findet sich diese Konstellation in größeren Unternehmen eher selten, in kleineren Unternehmen und gerade Start-ups jedoch durchaus gern, insbesondere im Bereich der Software-Entwicklung.

---

32 *Schack* in: Schack, Haimo, Urheber- und Urhebervertragsrecht, 5. Auflage, Tübingen 2010, Rn 1116.
33 *Bayreuther*, GRUR 2003, 570 (573); kritisch hingegen *Kindermann*, GRUR 1985, 1008 (1011).

Darüber hinaus gibt es auch den freien Urheber von Technologie-Werken, also beispielweise den selbständigen Softwareentwickler, der dann analog der Beziehung Autor zu Verlag, sein Werk einem Verwerter zur Vermarktung übergibt. Dieser ist dann in der Regel ein Produkt- und Rechtehändler, im Branchensprachgebrauch ein Distributor. Urheber und Verwerter schließen einen Distributionsvertrag über die Verwertung der Nutzungsrechte und die Vergütung.

3. Auftragsarbeiter

Werke, die von selbständigen Unternehmern oder Unternehmen als Auftragsarbeiten geschaffen werden, unterliegen dem Werkvertragsrecht. Danach schuldet der Auftragnehmer dem Auftraggeber die Herstellung und Lieferung des Werkes. In welchem Umfang dem Auftraggeber an diesem Werk auch Nutzungsrechte eingeräumt werden, wird im Vertrag festgelegt. Im Zweifel gilt die Zweckübertragungstheorie des § 31 UrhG. Voneinander trennen muss man also z.B. die Entwicklung und Lieferung einer Sondermaschine, die – auch unter Verwendung speziell entwickelter Software – erstmals ein beim Auftragsgeber bestehende Qualitätsproblem in der Produktion löst und vom Auftraggeber genau in der Form des einen gelieferten Werkstückes genutzt werden darf, von der zusätzlichen Einräumung der Verbreitungsrechte an der Softwarelösung mit dem Ziel der Vermarktung an andere Unternehmen der gleichen Branche mit ähnlichen Qualitätsproblemen.

In der Praxis relevant für die Betrachtung des Rückrufrechts im Unternehmensverkauf sind insbesondere die Werkverträge, deren Vergütungsregelung eine Lizenzkomponente enthält sowie die reinen Lizenzverträge, da hier der Urheber fortlaufende wirtschaftliche Interessen an der Verwertung seines Werks durch den Auftragsgeber hat. Sofern in diesen Verträgen die Übertragbarkeit eingeräumter Nutzungsrechte nicht ohnehin eingeschränkt ist oder die Änderung der Gesellschaftsverhältnisse mit einer Change-of-Control-Klausel abgesichert ist, kann das Rückrufrecht durchaus zum Tragen kommen.

4. Eigentümer

Natürlich kann auch der Eigentümer oder Gesellschafter eines Unternehmens Urheber von Werken sein, die im Unternehmen genutzt werden. Anders als beim Arbeitnehmer kann für den Gesellschafter nicht aus dem Arbeitsrecht abgeleitet werden, dass seine Arbeitsergebnisse grundsätzlich dem Arbeitgeber zustehen. Zusätzlich ist auch nicht immer davon auszugehen, dass die Schaffung des im Unternehmen genutzten Werkes während der Tätigkeit des Gesellschafters für das Unternehmen entstanden ist. Es ist vielmehr die Regel, dass High Tech Unternehmen geboren werden auf der Basis von kreativen (technologischen) Schöpfungen, die vom Gründer bereits im Vorfeld geschaffen wurden, deren Nutzungsrechte dem Unternehmen aber nie (oder zumindest nicht formal) vom Urheber eingeräumt wurden. In diesem Fall befinden sich die Urheberrechte im Sonderbetriebsvermögen des Gesellschafters und müssen mit separatem Kaufvertrag im Wege der Einzelrechtsnachfolge übertragen werden.[34] Solange der Eigentümer auch der Unternehmensveräußerer ist, wird

---

34 Siehe dazu auch *Koch-Sembdner, Richard*, Das Rückrufrecht des Urhebers bei Unternehmensveräußerungen, Dissertation, Göttingen 2004, S. 43.

sich in der Praxis in aller Regel eine Lösung für diese Situation finden, sofern sie dem Käufer vor Vertragsabschluss überhaupt transparent wird. Schwierig für den Unternehmensverkauf kann es aber werden, wenn der Urheber in der Zwischenzeit als Gesellschafter aus dem Unternehmen ausgeschieden ist, sein Werk aber im Unternehmen weiterhin genutzt wird.

5. Miturheber

Der idealtypische künstlerisch schaffende Urheber ist ein Solitär. Allenfalls hat er, wie die alten Meister, Gehilfen an seiner Seite, die aber lediglich auf seine Anweisung arbeiten und nicht selbst zu Urhebern werden. In der Unternehmenssphäre ist der Urheber jedoch typischerweise Mitglied eines Teams. Je größer und komplexer das Werk ist, desto größer ist meist das Team. Hier kommt es also gegebenenfalls zur Miturheberschaft. Diese ist nach § 8 UrhG dadurch gekennzeichnet, dass ein Werk von mehreren Urhebern geschaffen wurde, ohne dass sich die Teile des Werks einzeln verwerten lassen. Dabei bedarf es des geistigen Willens der Urheber zur Zusammenarbeit und des Willens die einzelnen Werkbeiträge, die jeweils selbst eine schöpferische Leistung darstellen müssen, einem übergeordneten Ziel unterzuordnen.[35] Miturheber können über die Verwertungsaspekte ihres Werkes nur einstimmig entscheiden, sind jedoch frei hinsichtlich der persönlichkeitsrechtlichen Befugnisse, die ausschließlich sie selbst berühren.[36] Im Hinblick auf die im Persönlichkeitsrecht des Urhebers begründete Motivation zur Ausübung des Rückrufrechts ist also jeder einzelne Miturheber eines Gesamtwerkes zu berücksichtigen.

6. Bearbeiter

"If I have seen further it is by standing on the shoulders of giants." sagte Sir Isaac Newton und brachte damit zum Ausdruck, dass die Größe neuer Werke nur möglich ist durch die Werke ihrer Vorgänger. Das soll die schöpferischen Leistungen der „Zwerge" jedoch nicht schmälern und so sieht auch das Urheberecht in § 3 UrhG einen eigenen unabhängigen Schutz für die Bearbeitung eines Werkes vor, sofern sie eine persönliche geistige Schöpfung des Bearbeiters ist. Für diesen Schutz (und damit für die vorliegende Betrachtung) ist dabei unerheblich, inwiefern der „Riese" seine Zustimmung zur Bearbeitung erteilt hat.[37]

Wie die Miturheberschaft ist auch die Bearbeitung von urheberrechtlich relevanten Werken in Technologieunternehmen ein durchaus typischer Fall.

III. Urheberrechte

Schutzgegenstand des Urheberrechts ist nach § 11 UrhG die Beziehung des Urhebers zu seinem Werk. Diese findet ihre Ausprägung in den Urheberpersönlichkeitsrechten und in den Verwertungsrechten.

---

35 *Wandtke* in: Wandtke, Axel [Hrsg.], Urheberrecht, 3. Auflage, Berlin 2012, Rn I/151.
36 *Schack*, (o. Fn. 32), Rn 320.
37 *Schack*, (o. Fn. 32), Rn 267.

1. Urheberpersönlichkeitsrechte

Das Urheberpersönlichkeitsrecht umfasst die §§ 12 bis 14 UrhG, kommt aber in weiterem Sinne auch in anderen Vorschriften, wie beispielsweise den §§ 25, 29, 39 und 42 UrhG zum Ausdruck und spielt auch für das Rückrufrecht nach § 34 UrhG eine Rolle. Besonderes Merkmal des Urheberpersönlichkeitsrechtes ist seine Unübertragbarkeit. Geschützt wird das geistige Band, das den Urheber mit seinem Werk als manifestiertem Teil seiner Persönlichkeit verbindet.[38] Dem Schutz unterstehen dabei die geistigen Interessen des Urhebers, also das Werk selbst, sowie seine persönlichen Interessen, also Ansehen und Ehre des Urhebers. Das Urheberpersönlichkeitsrecht ist immer auf ein konkretes Werk bezogen. Die zentralen Persönlichkeitsrechte sind das (Erst-) Veröffentlichungsrecht, die Anerkennung der Urheberschaft und die Verhinderung einer Entstellung des Werkes.

Das Urheberpersönlichkeitsrecht ist unverzichtbar und die ideellen Interessen des Urhebers an seinem Werk sind auch dann geschützt, wenn der Urheber sich entscheidet anonym zu bleiben (§§ 13 Satz 2, 10 Abs. 2, 66 UrhG). In der Abwägung zwischen den wirtschaftlichen Interessen des Verwerters und den Persönlichkeitsrechten des Urhebers an den typischen Werken in Technologieunternehmen, also Software, Dokumentationen, Datenbanken, Zeichnungen oder Multimediawerken, spielt es jedoch durch aus eine Rolle inwieweit der Urheber das Werk überhaupt als das seine kenntlich macht. Nur wenn die Beziehung zwischen Urheber und Werk zumindest einer Fachöffentlichkeit transparent ist, können die persönlichen Interessen des Urhebers gefährdet sein.[39] Bei der öffentlichen Anerkennung der Urheberschaft kommt es weitestgehend auf die Branchenüblichkeit hinsichtlich der konkreten Werkart an. Bei Fotografen und Filmschaffenden, und ganz vergleichbar auch bei den Urhebern von Multimediawerken, ist eine Namensnennung auch außerhalb des künstlerischen oder medialen Umfelds durchaus üblich, wohingegen weder bei Datenbankwerken noch bei den Darstellungen wissenschaftlicher oder technischer Art typischerweise der Urheber genannt wird. Bei Computerprogrammen geht die herrschende Meinung davon aus, dass urheberpersönlichkeitsrelevante Komponenten nur eine untergeordnete Rolle spielen.[40] Dies hat mehrere Ursachen. Zunächst ist es in vielen Branchen unüblich die Urheber von Software zu benennen, dann ist es insbesondere bei Programmen einiger Komplexität eher die Regel als die Ausnahme, dass sie von ganzen Entwicklungsteams an Miturhebern geschaffen werden und nicht zuletzt „lebt" ein Computerprogramm, zumindest solange es wirtschaftlich genutzt wird, so dass immer wieder neue Urheber dazu kommen. Der einzelne Urheber der Software bliebe also anonym.[41] Unter dieser Betrachtungsweise ginge der persönlichkeitsrechtliche Aspekt des Urheberrechts ins Leere. Tatsächlich findet man jedoch beide Varianten: die Software anonymer Urheber, aber auch den „Software-Guru" dessen öffentlichkeitswirksame Urheberschaft erheblich zum Wert der Software beiträgt. Weiterhin entwickelt sich im Softwarebereich eine Unternehmensform, die einen wirtschaftlich ausgerichteten Zweig mit einem non-for-profit Zweig verbindet, indem sie in ersterem Software-Dienstleistungen auf der Basis von Programmen anbietet, die sie in letzterem als Open Source zur Verfügung stellt.[42] Insbesondere der Open Source Programmierer hat aber oft ein hohes Interesse daran als Urheber seiner Werke identifiziert

---

38 *Schack*, (o. Fn. 32), Rn 353.
39 *Schack*, (o. Fn. 32), Rn 388.
40 Stellvertretend *Wernicke/Kockentiedt*, ZUM 2004, 348.
41 Stellvertretend *Miczek*, Geistiges Eigentum und Unternehmenskauf, Freilaw, 1/2006
42 Siehe. z.B. Paradigm4 (www.paradigm4.com) und SciDB (www.scidb.org).

zu werden, denn die Steigerung seines Bekanntheitsgrades „in der Szene" ist zum großen Teil sein Incentive.[43] Gerade der kreative Programmierer legt auch durchaus Wert darauf seine Arbeit namentlich kenntlich zu machen. Dies wird ihm durch die Rechtsprechung spätestens seit 2008 auch zuerkannt.[44] Allerdings liegt für den Programmierer die kreative Leistung in der Funktionalität der Software, für das Urheberecht das schützenswerte Werk hingegen nur in der Form. Dieses Missverhältnis ist allerdings bereits in der Entscheidung des Gesetzgebers über Umfang und Voraussetzungen für den Softwareschutz im Urheberrecht begründet und ändert zunächst nicht an den Rechtsfolgen.

2. Verwertungsrechte

Die Verwertungsrechte sind in den §§ 15 bis 23 UrhG geregelt und legen für den Urheber das ausschließliche positive Nutzungsrecht sowie das ausschließliche negative Verbotsrecht fest. Der Grundgedanke des § 15 UrhG ist, dass der Urheber für jede Erweiterung der Öffentlichkeit eine erneute Gelegenheit zur Entlohnung bekommen soll.[45] In diesen Kontext sind auch die Zustimmungsrechte des Urhebers für die Übertragung dieser Nutzungsrechte in jeder Stufe zu sehen (s. unten, C.I).

C. Rechtsnachfolge im Urheberrecht

Das Urheberrecht ist unter Lebenden nicht übertragbar (§ 29 Abs. 1 UrhG). Aufgrund der monistischen Auffassung des Urheberrechts resultiert daraus auch die Unübertragbarkeit der Verwertungsrechte. Will der Urheber also sein Werk durch andere verwerten lassen, ist dies nur möglich über die Abspaltung von Nutzungsrechten aus seinem Verwertungsrecht. Nutzungsrechte, also der verfügbare Teil der Verwertungsrechte, können nach §§ 29 Abs. 2, 31 UrhG eingeräumt werden. Damit werden in der Person des Erwerbers Nutzungsrechte begründet, während der Urheber Inhaber des Urheberrechts und der Verwertungsrechte bleibt.[46] Nach § 34 UrhG können eingeräumte Nutzungsrechte übertragen werden, damit verliert der Übertragende seine Nutzungsrechte im übertragenen Umfang.
Für die Einräumung oder Übertragung werden nach dem Trennungsprinzip ein Verpflichtungs- und ein Verfügungsvertrag zwischen dem Urheber/Nutzungsrechtinhaber und dem Erwerber geschlossen. Das im Zivilrecht gültige Abstraktionsprinzip, also die Unabhängigkeit der Wirksamkeit eines Verfügungsgeschäftes von Bestand und Wirksamkeit des zugrundeliegenden Verpflichtungsgeschäftes (Kausalgeschäft), wird im Urheberrecht differenziert betrachtet. Ist ein enger Zusammenhang erkennbar zwischen Übertragung der Nutzungsrechte (Verfügung) und Verwertung eines Werkes (Verpflichtung) kommt das Kausalprinzip zur Anwendung mit der Folge, dass das Verfügungsgeschäft mit Beendigung des Verpflichtungsgeschäftes ebenfalls beendet ist, d.h. das Nutzungsrecht fällt heim und wächst wieder dem Stammrecht zu, ohne dass es durch ein eigenes Rechtsgeschäft zurück

---

43 Siehe dazu auch *Speichert* „Gastbeitrag: Haftungsrisiko Open Source Software?" zu finden unter www.medienkultur-stuttgart.de/source/frameset.htm?../thema02/ 2archiv/news6/mks6OSS.htm, zuletzt abgerufen am 12.06.2013.
44 OLG Hamm 4 U 14/07, www.justiz.nrw.de/nrwe/olgs/hamm/j2007/4_U_14_07 urteil20070807.html, zuletzt abgerufen am 12.06.2013.
45 *Schack,* (o. Fn. 32), Rn 413.
46 *Schack,* (o. Fn. 32), Rn 594.

übertragen werden müsste.⁴⁷ Für die Gültigkeit des Kausalprinzips spricht ebenfalls der Sukzessionsschutz des § 33 UrhG, der überflüssig wäre ginge man davon aus, dass die Verfügung über die Nutzungsrechte ohne die ihr zugrundeliegende Verpflichtung weiterbestehen könne.⁴⁸ Das Abstraktionsprinzip hingegen hat seine volle Gültigkeit im Arbeitnehmerurheberrecht. Hier verbleiben die eingeräumten Nutzungsrechte beim Arbeitgeber auch nach Beendigung des Arbeitsverhältnisses.

I. Einräumung von Nutzungsrechten

Nutzungsrechte können als einfache oder ausschließliche Nutzungsrechte (auch als Lizenzen bezeichnet) eingeräumt werden, unbeschränkt oder räumlich, zeitlich oder inhaltlich beschränkt.

Die Einräumung von Nutzungsrechten an zum Vertragszeitpunkt unbekannten Nutzungsarten (§ 31a UrhG) sowie die Einräumung von Nutzungsrechten an künftigen Werken (§ 40 UrhG) erfordert die Schriftform. Alle anderen Verfügungen sind formfrei, d.h. die Einräumung von Nutzungsrechten kann mündlich, konkludent oder auch stillschweigend erfolgen. Sofern die Beschränkungen des eingeräumten Nutzungsrechtes nicht ausdrücklich gekennzeichnet sind, bestimmen sie sich außer bei Filmwerken (hier gilt § 89 Abs. 1 UrhG) und bei Computerprogrammen (hier gilt § 69 b UrhG) nach der sogenannten Zweckübertragungsregel aus § 31 Abs. 5 UrhG nach dem Zweck, den die Parteien mit dem Vertrag verfolgen, d.h. die Nutzungsrechte gelten als nur in dem Umfang eingeräumt, der zur Erreichung des Vertragszwecks erforderlich ist. Darin kommt der das Urheberrecht leitende Grundgedanke zum Ausdruck, dass das Urheberecht soweit als möglich beim Urheber verbleiben soll.⁴⁹

II. Übertragung von Nutzungsrechten und Zustimmungserfordernis

Der Inhaber ausschließlicher Nutzungsrechte kann diese ganz oder teilweise auf einen nächsten Erwerber übertragen. Damit bildet sich eine Kette von den „Mutterrechten" des Urhebers über die „Tochterrechte", die dem Ersterwerber eingeräumt wurden zu den „Enkelrechten", die dieser an einen Zweiterwerber übertragen hat. Mit der Übertragung verliert der Ersterwerber seine Rechtsposition an dem übertragenen Nutzungsrecht und der Zweiterwerber erhält ein nach wie vor an den Urheber gebundenes Nutzungsrecht.⁵⁰

Das eigentliche Leitbild des Urheberrechts ist die Weiterübertragung mit Zustimmung des Urhebers.⁵¹ Sowohl eine Übertragung von Nutzungsrechten (§ 34 Abs. 1 Satz 1 UrhG) als auch die Einräumung von weiteren Nutzungsrechten durch den Inhaber eines ausschließlichen Nutzungsrechts (§ 35 Abs. 1 Satz 1 UrhG) kann nur mit der Zustimmung

---

47 Sehr ausführlich zur Geltung des Kausalitätsprinzips im Urheberrecht: *Von Pfeil, Yorck Graf,* Urheberrecht und Unternehmenskauf, Dissertation, Berlin 2007, S. 65-79.
48 *Adolphsen / Tabrizi,* Zur Fortwirkung zurückgerufener Nutzungsrechte, GRUR 2011, 384 (388).
49 *Von Pfeil, Yorck Graf,* Urheberrecht und Unternehmenskauf, Dissertation, Berlin 2007, S. 33.
50 *Schack,* (o. Fn. 32), Rn 628.
51 *Schulze* in: Dreier, Thomas / Schulze, Gernot, Urheberrechtsgesetz, Kommentar, 3. Auflage, München 2008, § 34 Rn 14.

des Urhebers erfolgen.[52] Damit wird hauptsächlich der fortbestehenden urheberpersönlichkeitsrechtlichen Bindung des Nutzungsrechtes an das Stammrecht Rechnung getragen und dem Urheber die Möglichkeit gegeben zu verhindern, dass seine Werke zur Auswertung an Personen gelangen, die sein Vertrauen nicht besitzen. Es wird so aber auch der Aspekt berücksichtigt, dass der Verwertungserfolg der Werke von der Eignung des Verwerters abhängig ist.[53] Mit dem gesetzlich festgeschriebenen Zustimmungserfordernis wird also gewährleistet, dass der Urheber über jeden weiteren Erwerbsschritt informiert ist, damit er seine Persönlichkeits- und Verwertungsrechte geltend machen kann.

III. Einschränkungen des Zustimmungserfordernis

Das Recht des Urhebers, eine Übertragung von Nutzungsrechten von seiner Zustimmung abhängig zu machen, wird jedoch an einigen Stellen durchbrochen.

1. Treuwidriges Verhalten

Der Urheber kann seine Zustimmung nicht wieder Treu und Glauben verweigern (§ 34 Abs. 1 Satz 2 UrhG). Dabei richtet sich die Auslegung des unspezifischen Treu und Glauben nach einer umfassenden Interessenabwägung im Einzelfall.[54] Der Maßstab für diese Interessensabwägung ist in der Literatur streitig, richtet sich aber im Zweifel eher an den Interessen des Urhebers aus.[55] Nicht nur steht diesem eine angemessene Entlohnung zu, auch die Verhältnisse auf Erwerberseite spielen für die Interessenabwägung eine Rolle. Die persönliche Eignung des Erwerbers, die Tendenzen seines Unternehmens, Geschäftszuschnitt, Konkurrenzsituation, Ruf und Ansehen können bei begründeten negativen Erwartungen für eine Verweigerung der Zustimmung ausreichen.[56]

2. Erschöpfung

Der Erschöpfungsgrundsatz aus § 17 UrhG besagt, dass das Werkoriginal oder eine Kopie des Werkes ohne Zustimmung des Urhebers weiterveräußert werden dürfen, sobald sie einmal mit Zustimmung des Urhebers in den Verkehr gebracht wurden. Die Erschöpfung des Verbreitungsrechts an einem Vervielfältigungsstück von Software (§ 69c Nr. 3 Satz 2 UrhG) führt zum Entfallen des Zustimmungserfordernis des Urhebers nach dem ersten Inverkehrbringen durch Veräußerung des Vervielfältigungsstückes.[57] Damit unterliegt die Weiterveräußerung mit einhergehender Übertragung der Nutzungsrechte von im Unternehmen verwendeter Standardsoftware nicht mehr der Zustimmung des Urhebers,

---

52 *Schulze*, (o. Fn. 51), § 34 Rn 1.
53 *Nordemann* in: Fromm, Friedrich Karl/Nordemann, Wilhelm [Begr.], Urheberrecht, Kommentar, 10. Auflage, Stuttgart 2008, § 34 Rn 2.
54 *Zimmeck*, Grundlagen der Nutzungsrechtsübertragung an urheberrechtlich geschützten Computerprogrammen durch den Lizenznehmer, ZGE / IPJ 2009, 324 (345).
55 *Nordemann*, (o. Fn. 53), § 34 Rn 18.
56 *Schricker* in: Loewenheim, Ulrich [Hrsg.], Urheberrecht, Kommentar, 4. Auflage, München 2010, § 34 Rn 32.
57 Siehe dazu auch *Donle*, Gewerbliche Schutzrechte im Unternehmenskauf, DStR 1997, 74 (80) sowie *Royla/ Gramer*, Urheberrecht und Unternehmenskauf, CR 2005, 154 (155).

zumindest sofern sie ursprünglich auf einem Datenträger geliefert wurde. Inwiefern dies auch zutrifft bei Online-Lieferung von Software, beispielsweise über Download aus dem Internet, ist aktuell noch strittig.[58]

3. Abbedingung

Nach § 34 Abs. 5 Satz 2 UrhG ist das Zustimmungsrecht disponibel, d.h. der Urheber kann auf sein Zustimmungsrecht zur weiteren Übertragung von Nutzungsrechten im Voraus verzichten. Als stillschweigend erfolgt betrachtet man diesen Verzicht im Arbeitsverhältnis, allerdings ggf. beschränkt auf die für den Betriebszweck erforderliche wirtschaftliche Nutzung.[59] Ex lege nach § 69b UrhG erfolgt ist die Abbedingung des Zustimmungserfordernis zu der Übertragung von Nutzungsrechten an Computerprogrammen, die in Arbeits- oder Dienstverhältnissen geschaffen wurden, sofern vertraglich nichts anderes vereinbart wurde.

Aufgrund teleologischer Reduktion ist die Zustimmung des Urhebers nicht erforderlich bei Übertragung weiterer Nutzungsrechte durch den Arbeitgeber auf einen Zweiterwerber, da die wirtschaftliche Nutzung vollständig auf den Arbeitgeber übertragen wurde und nach herrschender Meinung persönlichkeitsrechtliche Belange selten zur Anwendung kommen und damit der Schutzzweck der Zustimmungserfordernis ins Leere geht.[60] Alternativ zu dieser Ansicht findet sich in der Literatur auch die Auffassung wieder, dass mit der Übertragung sämtlicher vermögensrechtlicher Befugnisse auf den Arbeitgeber auch das Recht zur Zustimmungserteilung auf diesen übergeht.[61]

4. Ausnahmen

Die Zustimmung des Urhebers ist nach § 34 Abs. 3 UrhG nicht erforderlich, wenn Nutzungsrechte an seinem Werk im Rahmen einer Veräußerung des Unternehmens übertragen werden (s. unten, Kapitel E). Ebenfalls nicht erforderlich ist die Zustimmung des Urhebers soweit es sich um Verfilmungsrechte oder Nutzungsrechte an Filmwerken nach § 90 UrhG handelt. Eine weitere Ausnahme des Zustimmungserfordernis regelt § 34 Abs. 2 UrhG, der bestimmt, dass bei der Übertragung von Nutzungsrechten an Sammelwerken nicht von jedem Urheber der im Sammelwerk enthaltenen Einzelwerke eine Zustimmung erforderlich ist, sondern nur vom Urheber des Sammelwerkes.[62] § 34 UrhG bezieht sich nur auf die Übertragung unter Lebenden. Das Zustimmungserfordernis des Urhebers entfällt im Fall der Vererbung.[63]

---

58 Ausführlich dazu *Von Pfeil, Yorck Graf*, Urheberrecht und Unternehmenskauf, Dissertation, Berlin 2007, S. 53.
59 *Nordemann*, (o. Fn. 53), § 34 Rn 15; *Kindermann*, GRUR 1985, 1008 (1012).
60 *Zimmeck*, ZGE/IPJ, 2009, 324 (326, 327); im Ergebnis auch *Von Pfeil, Yorck Graf*, Urheberrecht und Unternehmenskauf, Dissertation, Berlin 2007, S. 40, 46.
61 *Zimmeck*, ZGE/IPJ, 2009, 324 (328).
62 *Schulze*, (o. Fn. 51), § 34 Rn 25.
63 *Schulze, (o. Fn. 51)*, § 34 Rn 8; *Schricker*, (o. Fn 56), § 34 Rn 19; *Nordemann*, (o. Fn. 54), § 34 Rn 10.

5. Gesetzliche Schranken

Zum Schutz der Presse-, Rundfunk- und Informationsfreiheit (Art. 5 GG) und zum Ausgleich zwischen den Interessen der Urheber und der Allgemeinheit beziehungsweise besonders geschützten Untergruppen der Allgemeinheit sieht das Urheberrecht in den §§ 45–63 UrhG eine Reihe von gesetzlichen Schranken vor. Diese bestehen in unterschiedlichen Formen und führen zur Aufhebung des Zustimmungserfordernisses für die Einräumung, nicht aber für die Übertragung, von Nutzungsrechten.

D. Rückruf von Nutzungsrechten bei Unternehmensveräußerung

Die Übertragung von Nutzungsrechten stellt immer einen Wechsel des Inhabers des Nutzungsrechtes dar. Eine Ausprägung einer solchen Übertragung ist der Inhaber- oder Kontrollwechsel durch Unternehmensveräußerung. In diesem Fall entfällt nach § 34 Abs. 3 Satz 1 UrhG das Zustimmungsrecht des Urhebers. Damit wollte der Gesetzgeber eine Vereinfachung von Unternehmenstransaktionen dadurch bewirken, dass den Beteiligten erspart wird von allen Urheberrechts-inhabern eine Zustimmung einzuholen.[64] Diese Erleichterung dient dem Bestandsschutz bei der Unternehmensnachfolge und der wirtschaftlichen Werthaltigkeit der Nutzungsrechte.[65] Nach Einzelmeinungen in der Literatur ist der Urheber sowieso nicht schutzwürdig, wenn das Unternehmen, das er als sachlichen Rahmen für die Nutzung seines Werkes akzeptiert hat, lediglich veräußert wird.[66] Dies wurde vom Gesetzgeber allerdings anders entschieden und so erhält der Urheber zum Ausgleich der Einschränkung seiner Rechte nach § 34 Abs. 3 Satz 2 UrhG das im Voraus unverzichtbare Recht die mit Unternehmensverkauf übertragenen Nutzungsrechte zurück zu rufen, sofern dies nicht gegen Treu und Glauben verstößt. Der Rückruf ist also das Pendant zum entfallenen Recht der Zustimmungsverweigerung.[67] Der Regelungszweck des Rückrufs ist, dass der Urheber das aus seinem Verwertungsrecht abgespaltene Nutzungsrecht zurück und damit wieder die Kontrolle über sein Werk erhält.[68] Das Rückrufrecht ist ein Gestaltungsrecht sui generis mit unmittelbar verfügender Wirkung, ex nunc.[69]

I. Voraussetzungen für den Rückruf bei Unternehmensveräußerung

Zum Rückruf berechtigt ist der Urheber grundsätzlich, unabhängig davon in welchem Verhältnis er zum Inhaber des Nutzungsrechtes steht. Beim Arbeitnehmerurheber sind jedoch die Besonderheiten nach § 43 UrhG und im Falle von Computerprogrammen diejenigen nach § 69b UrhG zu beachten. Teilweise wird in der Literatur die Auffassung vertreten, dass durch den § 69b UrhG nicht nur alle vermögensrechtlichen Befugnisse, sondern auch das Zustimmungsrecht und das Rückrufrecht vom Urheber des Computer-

---

64 Siehe amtliche Begründung für § 34 Abs. 3 in BT-Drucks IV/270, 57.
65 *Berger, (o. Fn. 25) 223 (*233*).
66 So *Nordemann*, (o. Fn. 53), § 34 Rn 23.
67 So auch *Von Pfeil, Yorck Graf*, Urheberrecht und Unternehmenskauf, Dissertation, Berlin 2007, S. 103.
68 *Pahlow*, Von Müttern, Töchtern und Enkeln – Zu Rechtscharakter und Wirkung des urhebervertraglichen Rückrufs, GRUR 2010, 112 (113).
69 *Wandtke, (o. Fn. 35)*, Rn IV/203; *Schack*, (o. Fn. 32), Rn 633; *Koch-Sembdner*, Das Rückrufrecht des Autors bei Veränderungen im Verlagsunternehmen – Überlegungen zu § 34 Abs. 3 UrhG, AfP 204, 211 (213); *Von Pfeil, Yorck Graf*, Urheberrecht und Unternehmenskauf, Dissertation, Berlin 2007, S. 93.

programms auf den Arbeitgeber übergehen und damit der Arbeitgeber das Rückrufrecht ausüben kann.[70] Dieser Auffassung kann hier nicht gefolgt werden, da der Gesetzgeber mit der Einführung des Rückrufrechts die Rechtsstellung des Urhebers als der regelmäßig schwächeren Partei gegenüber den Unternehmen, denen sie die Erstverwertung ihrer Werke und Leistungen anvertrauen, stärken wollte. Die Reform zielte explizit nicht ab auf Verträge zwischen Nutzungsrechtinhabern untereinander.[71]

Miturheber und Urheber verbundener Werke haben analog zu §§ 8 Abs. 2, 9 UrhG nur ein Rückrufrecht der gesamten Hand, wobei einzelne Urheber ihre Einwilligung dazu nicht wieder Treu und Glauben verweigern dürfen.[72]

Die Eingrenzung der Unternehmenstransaktionen, in denen § 34 UrhG zur Anwendung kommt, findet sich weiter unten (Kapitel E).

1. Unzumutbarkeit

Das wesentliche Kriterium für den Rückruf ist die Unzumutbarkeit der Übertragung der Nutzungsrechte an den Unternehmenserwerber für den Urheber. Diese Unzumutbarkeit ist nicht eindeutig definiert, muss sich aber zumindest in einer begründbaren negativen Erwartungshaltung des Urhebers hinsichtlich der zukünftigen Ausübung der Nutzungsrechte durch den Erwerber manifestieren.[73] Dabei erlaubt der Gesetzestext sowohl die persönlichkeitsrechtliche als auch die wirtschaftliche Motivation der negativen Erwartungshaltung, wenngleich der Schutzzweck sich nach allgemeinem Verständnis primär auf die persönlichkeitsrechtlichen Aspekte bezieht.[74] Die Rückrufvoraussetzungen müssen zum Zeitpunkt des Closing, also dem Zeitpunkt der Übertragung der Nutzungsrechte, vorliegen.[75]

a.) Persönlichkeitsrechtliche Gründe

Persönlichkeitsrechtliche Gründe können nur in der „Person" des Erwerbers und ihrer (erwarteten) Beziehung zum Urheber liegen, denn dies ist die einzige für den Rückruf maßgebliche Veränderung aus dem Unternehmensverkauf. Das klassische Beispiel für diesen Fall kommt üblicherweise aus der Verlagswelt und skizziert den Autor dessen politische oder ethische Gesinnung sich in seinem Werk ausdrückt und der auf eine ganz konträre Einstellung des Erwerbers stößt (Beispiel: Verwertung der Werke von Günter Wallraff im Springer-Verlag).[76] Auf die typischen Werke und die typischen Urheber in Technologie-

---

70 *Zimmeck*, ZUM 2004, 324 (352); *Berger (o. Fn. 25)* 223 (229).
71 BT-Drucks 14/6433, 8.
72 *Von Pfeil, Yorck Graf*, Urheberrecht und Unternehmenskauf, Dissertation, Berlin 2007, S. 90 ff.
73 *Wernicke/Kockentiedt*, ZUM 2004, 348 (351).
74 So auch *Wernicke/Kockentiedt*, ZUM 2004, 348 (351); *Raitz von Frentz/Masch*, Rechtehandelsunternehmen und Unternehmenskauf, ZUM 2009, 354 (358); *Joppich*, § 34 UrhG im Unternehmenskauf, K&R 2003, 211 (214); laut *Berger, (o. Fn. 25) 223* (230) spielen sogar ausschließlich persönlichkeitsrechtliche Umstände eine Rolle.
75 *Von Pfeil, Yorck Graf*, Urheberrecht und Unternehmenskauf, Dissertation, Berlin 2007, S. 116; Nordemann, (o. Fn. 54), § 34 Rn 30 (Zeitpunkt der Veräußerung).
76 *Nordemann*, (o. Fn. 53), § 34 Rn 31; *Joppich*, K&R 2003, 211 (212); auch *Von Pfeil, Yorck Graf*, Urheberrecht und Unternehmenskauf, Dissertation, Berlin 2007, S. 115.

unternehmen lässt sich dieses Bild nicht so ohne weiteres übertragen. In der Literatur herrscht sogar die Meinung, dass urheberpersönlichkeitsrechtliche Belange bei mehr wissenschaftlich-technischen Werken wie Computerprogrammen oder Datenbanken nicht von Relevanz sind.[77] Ein alternatives Beispiel soll hier exemplarisch die Gegenmeinung illustrieren: Dem Programmierer einer Software für die Roboterführung durch Kamerabildinformation, dessen Werk im Unternehmen bislang für industrielle Zwecke eingesetzt wird, kann es deutlich persönlichkeitsrechtlich motiviert unzumutbar sein einer Übertragung der Nutzungsrechte durch Verkauf des Unternehmens an einen Rüstungskonzern mit der Folge des Einsatzes seiner Software in durch Kamerabilder ferngelenkten Kampfdrohnen hinzunehmen. Aber auch weniger drastische Beispiele lassen sich finden: insbesondere Technologieunternehmen sind attraktive Targets für Hedge Fonds, die sogenannten Heuschrecken, die den Unternehmenskauf durch die Übertragung der Schulden auf das Unternehmen selbst finanzieren und die Begleichung der Schulden über massive Strukturmaßnahmen (also Entlassungen) ermöglichen. Der Urheber, dessen Werke maßgeblich für die Attraktivität des Unternehmens für den Hedge Fond sind, möchte unter Umständen zu dieser Attraktivität gar keinen Beitrag leisten.

Weitere Kriterien für einen persönlichkeitsrechtlich begründeten Rückruf können in Ruf und Ansehen des Unternehmens (oder auch des Unternehmers) in Fachkreisen, sowie der Unternehmensphilosophie liegen.[78]

b.) Wirtschaftliche Gründe

Wirtschaftliche Gründe die einen Rückruf motivieren können, kommen im Wesentlichen in Betracht für Urheber, denen fortlaufende Lizenzzahlungen des Unternehmens zustehen, aber auch im Fall der späteren Beteiligung am unerwarteten wirtschaftlichen Erfolg der Vermarktung nach § 32a UrhG. Letzteres gilt auch für Arbeitnehmer-Urheber. In diesen Fällen ist es im Interesse des Urhebers, das die Nutzungsrechte bei einem wirtschaftlich erfolgreichen Unternehmen liegen das nicht nur die Voraussetzungen für die weitere erfolgreiche Vermarktung des Werkes mitbringt (beispielsweise eine geeignete Vertriebsstruktur), sondern diese Vermarktung auch beabsichtigt. Sofern der Urheber befürchten muss, dass die Vermarktung seines Werkes nicht fortgeführt wird, beispielsweise um es in einer Wettbewerbssituation vom Markt zu nehmen, weil die Aktivitäten ins Ausland verlagert werden, weil der neue Eigentümer sich bereits negativ zum Werk des Urhebers oder zum Urheber selbst geäußert hat oder auch weil es nicht zur Geschäftsfeldstrategie des neuen Eigentümers passt, liegen ebenfalls wirtschaftliche Gründe für einen Rückruf vor.[79]

2. Begrenzung der Rückrufmöglichkeit durch Treu und Glauben

Analog zur Vorgabe, dass der Urheber seine Zustimmung zur Übertragung der Nutzungsrechte nicht wieder Treu und Glauben verweigern darf (§ 34 Abs. 1 Satz 2 UrhG), ist auch die Rückrufmöglichkeit durch Treu und Glauben nach § 242 BGB begrenzt. Dabei richtet

---

77 *Royla/Gramer*, CR 2005, 154 (159); *Joppich*, K&R 2003, 211 (216).
78 Analog für den Verleger ausgeführt von *Von Pfeil, Yorck Graf*, Urheberrecht und Unternehmenskauf, Dissertation, Berlin 2007, S. 114.
79 So auch *Wernicke/Kockentiedt*, ZUM 2004, 348 (351).

sich die Auslegung des unspezifischen Treu und Glauben auch hier nach einer umfassenden Interessenabwägung im Einzelfall, erfordert aber in jedem Fall einen sachlichen Grund für den Rückruf. Allerdings gibt es in der Literatur unterschiedliche Auffassungen darüber, ob im Falle des Rückrufs zur Interessensabwägung die gleichen Maßstäbe angelegt werden sollen wie bei Zustimmungsverweigerung. Ein Standpunkt hält die gleichen Maßstäbe für angemessen, da der Rückruf das ursprüngliche nun entfallene Recht des Urhebers, die Übertragung der Nutzungsrechte von seiner Zustimmung abhängig zu machen, kompensiert und deshalb analog angewendet werden sollte.[80] Ein anderer Standpunkt hält strengere Maßstäbe für angemessen, da das Rückrufrecht eine sehr viel gravierendere wirtschaftliche Auswirkung haben kann, da dadurch unter Umständen die ganze Unternehmenstransaktion betroffen ist.[81] Für diesen zweiten Standpunkt wird auch das Argument vorgebracht, dass es gesetzgeberische Wertentscheidung war, diese Übertragung im Regelfall zustimmungsfrei zu gestalten.[82] Für das Ergebnis der Abwägung wird es darauf ankommen welche Seite größeren Schaden nimmt: die wirtschaftlichen Interessen des Erwerbers oder die wirtschaftlichen oder persönlichen Interessen des Urhebers. Im Zweifelsfall dürften die persönlichen Interessen des Urhebers stärkeres Gewicht haben als die wirtschaftlichen Interessen des Erwerbers, da dies in der Schutzabsicht des Gesetzes liegt.[83] Bei dieser Abwägung sollte jedoch auch die tatsächlich vorliegende persönliche Beziehung des Urhebers zu seinem Werk betrachtet werden, die sich unter anderem in einer öffentlich erkennbaren Urheberschaft ausdrückt (siehe dazu auch B.III.1). Auf der anderen Seite sind bei der Gesamtabwägung auch die Interessen des Veräußerers zu berücksichtigen und auch mitunter die Interessen des übertragenen Unternehmens selbst. Das Rückrufrecht des Urhebers sollte nicht dazu führen, dass beispielsweise sanierende Unternehmensübertragungen scheitern und damit Arbeitsplätze verloren gehen.[84]

Ebenfalls betrachtet werden muss die Frage, ob das Rückrufrecht auch anwendbar ist in Fällen, in denen der Urheber auf sein Recht seine Zustimmung zur Übertragung der Nutzungsrechte zu verweigern im Vorfeld generell verzichtet hat, da er damit sein Einverständnis mit der freien Übertragbarkeit des Nutzungsrechtes erklärt hat.[85] Dies würde allerdings einem faktischen Vorab-Verzicht auf das Rückrufrecht entsprechen der von § 34 Abs. 5 Satz 1 UrhG ausgeschlossen wird.

Sollte hingegen der Urheber konkret der Nutzungsrechtübertragung im Rahmen der Unternehmenstransaktion zugestimmt haben, kann er später von seinem Rückrufrecht keinen Gebrauch mehr machen, da dies gegen Treu und Glauben vorstoßen würde.[86] Dies ist auch nicht durch die Unverzichtbarkeit des Rückrufrechts vorab ausgeschlossen, da es sich in diesem Fall nicht um einen generell Vorab-Verzicht, also einen Verzicht vor Entstehung des Rückrufrechts, handelt sondern um eine einzelfallbezogene Zustimmung auf Basis aller Fakten zum Unternehmensverkauf nach Entstehung des Rückrufrechtes, die per Gesetz nicht ausgeschlossen ist.[87]

---

80 Exemplarisch *Von Pfeil, Yorck Graf*, Urheberrecht und Unternehmenskauf, Dissertation, Berlin 2007, S. 111.
81 *Berger, (o. Fn. 25) 223* 229); *Schulze*, (o. Fn. 51), § 34 Rn 37.
82 *Royla/Gramer*, Urheberrecht und Unternehmenskauf, CR 2005, 154 (159); *Schricker*, (o. Fn 56),§ 34 Rn 42.
83 So auch *Wernicke/Kockentiedt*, ZUM 2004, 348 (351).
84 So auch *Berger, (o. Fn. 25) 223 (*221).
85 Dafür: *Berger, (o. Fn. 25) 223 (*229); dagegen: *Schulze*, (o. Fn. 51), § 34 Rn 37.
86 Im Ergebnis auch *Schricker*, (o. Fn 56), § 34 Rn 41.
87 So auch *Von Pfeil, Yorck Graf*, Urheberrecht und Unternehmenskauf, Dissertation, Berlin 2007, S. 100 – 101.

Für Arbeitnehmer gelten nach herrschender Meinung strengere Maßstäbe hinsichtlich ihrer Verpflichtung nach Treu und Glauben als für unabhängige Urheber. In der Literatur wird dem Arbeitnehmer stellenweise das Recht zum Rückruf nach § 34 Abs. 3 UrhG gänzlich abgesprochen, da seine wirtschaftlichen Interessen durch die Verpflichtung des Arbeitgebers zur Gehaltzahlung angemessen berücksichtigt sind und persönlichkeitsrechtliche Belange im Arbeitsverhältnis nicht maßgeblich zum Tragen kommen.[88] Dieser Auffassung kann nicht gefolgt werden. Auch der Rückruf nach § 41 UrhG steht dem Arbeitnehmer zu, wenn der Arbeitgeber das in Erfüllung des Arbeitsvertrags geschaffene Werk nicht nutzen will, obwohl auch hier der Arbeitgeber seiner Verpflichtung zur Gehaltzahlung nachkommen muss.[89] Darüber hinaus hat auch der Arbeitnehmer-Urheber im Falle der Unternehmensveränderung Anspruch auf persönlichkeitsrechtlichen Schutz.[90] Unangemessen ist die in der Literatur anzutreffende Forderung, dass der Arbeitnehmer-Urheber dem Übergang seines Arbeitsverhältnisses auf den Erwerber nach § 613a BGB wiedersprechen muss beziehungsweise im Falle des Share Deal sein Arbeitsverhältnis im Wege der ordentlichen Kündigung beenden muss, wenn er den Rückruf ausübt, um nicht gegen Treu und Glauben zu verstoßen.[91] Dies scheint vielleicht zunächst die logische Konsequenz daraus zu sein, dass dem Arbeitgeber schließlich auch die Nutzungsrechte an allen nach dem Betriebsübergang geschaffenen Pflichtwerken des übernommenen Arbeitnehmers zustehen.[92] Parallel zum Rückruf auch das Arbeitsverhältnis zu beenden würde den Rückruf allerdings für Arbeitnehmer-Urheber faktisch unmöglich machen, da dies ihre wirtschaftliche Existenz gefährden würde. Dies ist aber nicht im Sinne des Gesetzgebers gewesen, der genau aus diesem Grund auch von einer Entschädigungsverpflichtung des Urhebers gegenüber dem Erwerber abgesehen hat.

3. Abgrenzung Rückruf zu Kündigung aus wichtigem Grund

Teilweise wird in der Literatur die Unzumutbarkeit aus § 34 Abs. 3 UrhG gleichgesetzt mit dem wichtigen Grund, der für eine außerordentliche Kündigung nach § 314 BGB vorliegen müsste.[93] Hergeleitet wird dies mit der Begründung des Gesetzgebers zur Ablehnung der Bitte des Bundesrats auf die Einführung des Rückrufrechts zu verzichten, in der es heißt, dass der Urheber schon nach geltender Rechtslage den Nutzungsvertrag fristlos aus wichtigem Grund kündigen kann, wenn seine berechtigten Interessen der Übertragung der Nutzungsrechte entgegenstehen.[94] Das Rückrufrecht sei demnach lediglich eine Kodifizierung des schon bestehenden Kündigungsrechts aus wichtigem Grund. Dieser Ansicht kann jedoch nicht gefolgt werden, denn der Gesetzgeber hat mit der Reform eine Verbesserung der Situation des Urhebers angestrebt, die mit einer reinen Kodifizierung des Status Quo

---

88 So auch *Wernicke/Kockentiedt*, ZUM 2004, 348 (356); *Nordemann*, (o. Fn. 53), § 34 Rn 31.
89 *Schack*, (o. Fn. 32),, Rn 1126.
90 *Koch-Sembdner, Richard*, Das Rückrufrecht des Urhebers bei Unternehmensveräußerungen, Dissertation, Göttingen 2004, S. 114.
91 So gefordert von *Wernicke/Kockentiedt*, ZUM 2004, 348 (356) und *Von Pfeil, Yorck Graf*, Urheberrecht und Unternehmenskauf, Dissertation, Berlin 2007, S. 105.
92 *Berger, (o. Fn. 25) 223* (231).
93 *Partsch/Reich*, AfP 2002, 298 (299) und Änderungen im Unternehmenskaufvertragsrecht durch die Urhebervertragsrechtsreform - § 34 III UrhG (neu) und der Wegfall des § 28 VerlG, NJW 2002, 3286 (3287); *Nordemann*, (o. Fn. 53), § 34 Rn 29; *Joppich*, K&R 2003, 211 (213); *Berger, (o. Fn. 25) 223* (230).
94 BT-Drucks. 14/7564, 12.

nicht erzielt worden wäre.[95] Der Gesetzgeber wollte also gerade die Schwelle für den Rückruf niedriger ansetzen als für die Kündigung aus wichtigem Grund.[96] Im Übrigen wäre das Rückrufrecht in diesem Fall auch überflüssig, da das Kündigungsrecht aus wichtigem Grund nach § 314 BGB für Dauerschuldverhältnisse bereits greift.[97]

Im Gegensatz zur Kündigung, die eine Abwägung der beiderseitigen Interessen fordert, wird der Rückruf nur auf die Unzumutbarkeit für den Urheber abgestellt. Folgerichtig sind für den Rückruf auch keine vorherige Androhung und kein vorheriger Widerspruch erforderlich.[98]

Im Ergebnis wird also den Interessen des Urhebers im Falle von § 34 Abs. 3 UrhG mehr Gewicht eingeräumt als dies im Falle der ultima ratio, der Kündigung aus wichtigem Grund nach § 314 BGB, möglich wäre.[99] Dies zeigt sich einerseits in den erleichterten Voraussetzungen für den Rückruf und zum anderen in den weiter reichenden Rechtsfolgen, die für den Urheber günstiger sind als die der Kündigung (siehe dazu auch D.IV).

4. Vertrauensverhältnis zwischen Urheber und Unternehmen

Aus dem postulierten engen Vertrauensverhältnis zwischen dem Urheber und dem Unternehmen, das seine Werke vermarktet, leitet sich die persönlichkeitsrechtliche Grundlage für das Rückrufrecht ab. Leitbild für diesen Ansatz mögen Beziehungsgeflechte zwischen Autor und Verleger gewesen sein, wie wir sie durch Briefe eines Bertold Brecht an seinen Verleger Peter Suhrkamp dokumentiert finden.[100] Dieses Vertrauensverhältnis zum Unternehmen und zum Unternehmer wird jedoch dem typischen Urheber technologieorientierter Werke ebenso abgesprochen wie dem Arbeitnehmer-Urheber. Dieser Auffassung muss man nicht zustimmen. Gerade in High Tech Unternehmen findet man charismatische Unternehmerpersönlichkeiten, die die Kultur des Unternehmens formen und die inspirierend für den kreativen Schaffensdrang in ihrem Arbeitsumfeld sind. Prominentes Beispiel mit Guru-Qualität ist hier sicherlich Steve Jobs. Man stelle sich nur einmal vor, Apple wäre im Laufe des 30 Jahre währenden Krieges zwischen den Unternehmen an Microsoft verkauft worden. Zwischen diesen beiden Unternehmen, sowie den beiden Unternehmern Jobs und Gates, herrschte eine so große ideelle Kluft, dass man keinem der mit Apple assoziierten Urheber das Persönlichkeitsrecht hätte absprechen können, ihre Werke vor dem Erzfeind beschützen zu müssen.[101]

---

95 So auch *Von Pfeil, Yorck Graf*, Urheberrecht und Unternehmenskauf, Dissertation, Berlin 2007, S. 108; *Schulze*, (o. Fn. 51), § 34 Rn 37.
96 So auch *Zimmeck*, ZGE/IPJ 2009, 324 (353); *Koch-Sembdner*, AfP 2004, 211.
97 *Wernicke/Kockentiedt*, ZUM 2004, 348 (350).
98 Dafür *Koch-Sembdner, Richard*, Das Rückrufrecht des Urhebers bei Unternehmensveräußerungen, Dissertation, Göttingen 2004 S. 99; entgegengesetzter Auffassung *Von Pfeil, Yorck Graf*, Urheberrecht und Unternehmenskauf, Dissertation, Berlin 2007, S. 106.
99 *Koch-Sembdner*, AfP 2004, 211 (213).
100 "Lieber Suhrkamp, natürlich möchte ich unter allen Umständen in dem Verlag sein, den Sie leiten.", 21.05.1950, zu finden unter www.suhrkamp.de/autoren/bertolt_brecht_568.html?d_view=pinboard, zuletzt aufgerufen am 12.06.2013
101 "The only problem with Microsoft is they just have no taste. They have absolutely no taste. And I don't mean that in a small way, I mean that in a big way, in the sense that they don't think of original ideas, and they don't bring much culture into their product." Steve Jobs in der PBS-Dokumentation "Triumph of the Nerds: The Rise of Accidental Empires" (1996), www.youtube.com/watch?v=SGqK6kP-AzM, zuletzt abgerufen am 12.06.2013.

5. Einschränkungen des Rückrufrechts durch § 90 UrhG

Die Urheber von Filmwerken und deren Vorlagen haben nach § 90 UrhG durch Ausschluss der Gültigkeit des § 34 UrhG (für das Recht zur Verfilmung erst ab Beginn der Dreharbeiten) kein Rückrufrecht. Damit soll der hohe finanzielle Invest einer Filmproduktion abgesichert werden.[102] Wiewohl dies ein wirtschaftlich nachvollziehbares Argument ist, geht es doch am eigentlichen Schutzzweck des Urheberrechts vorbei. Wenn denn aber dennoch die Investitionshöhe ein Entscheidungskriterium für die Einschränkung der Rechte des Urhebers ist, stellt sich die Frage warum dieser Schutzmechanismus nicht auch bei hohen Investitionen in andere Werke gelten sollte, beispielsweise den hohen Entwicklungskosten von Software oder Datenbanken, insbesondere wenn sie von einer großen Zahl an Miturhebern geschaffen wurden.

II. Verfahren des Rückrufs bei Unternehmensveräußerungen

Zum tatsächlichen Verfahren eines Rückrufs der Nutzungsrechte nach § 34 Abs. 3 UrhG liefert das Gesetz keine weiteren Informationen. Aus diesem Grund herrschen zu den meisten Aspekten in der Literatur unterschiedliche Auffassungen vor.

1. Form und Adressat des Rückrufs

§ 34 Abs. 3 UrhG sieht keine Formvorschrift für den Rückruf vor. Auch die beiden anderen gesetzlichen Regelungen zum Rückruf, §§ 41 und 42 UrhG, sehen keine Formvorschriften vor, so dass man davon ausgehen kann, dass der Rückruf formfrei und auch mündlich erfolgen kann. Eine Begründung für den Rückruf ist vom Gesetz ebenfalls nicht gefordert, auch wenn letztendlich die Beweislast für das Vorliegen eines Rückrufgrunds beim Urheber liegt. Aus Gründen der Nachweisbarkeit wird jedoch die Schriftform sicherlich die angemessene Form sein den Rückruf auszuführen.

Der Adressat für den Rückruf kann theoretisch der ehemalige Inhaber des Nutzungsrechtes sein, also der Unternehmensverkäufer, oder der Unternehmenserwerber und damit zunächst aktuelle Inhaber des (mit dem Unternehmensverkauf übertragenen) Nutzungsrechtes oder im Falle des reinen Gesellschafterwechsels das Unternehmen selbst.[103] Das Gesetz lässt hier alle Möglichkeiten zu. Da das Rückrufrecht ex nunc (siehe D.IV.) wirkt und zum Heimfall des Nutzungsrechtes an den Urheber führt, ist der korrekte Adressat jedoch der aktuelle

Inhaber des Nutzungsrechtes, denn der Rückruf führt nicht dazu, dass die Übertragung rückwirkend nichtig und damit das Nutzungsrecht noch beim alten Inhaber verblieben wäre.[104]

---

102 *Wernicke/Kockentiedt*, ZUM 2004, 348 (355).
103 *Schricker*, (o. Fn 56),§ 34 Rn 47.
104 Im Ergebnis auch: *Von Pfeil, Yorck Graf*, Urheberrecht und Unternehmenskauf, Dissertation, Berlin 2007, S. 132.

2. Frist zur Ausübung des Rückrufs

Einer der deutlichen Kritikpunkte bereits am Gesetzentwurf war die fehlende Fristangabe für den Rückruf. Damit würde die Rechtsunsicherheit, die ohnehin Folge der Gesetzesänderung sei noch durch ihre unbestimmte zeitliche Dimension verstärkt. Aus dem Regelungszweck des Gesetzes lässt sich allerdings ableiten, dass es mit einer endlichen Dauer zur Ausübung des Rückrufrecht verbunden ist, denn der Anlass für den Rückruf ist Veränderung auf der Unternehmensseite, die natürlich nach einem gewissen Zeitablauf ihr Veränderungsmoment verliert.[105] Zur Frist selbst finden sich aber auch heute noch unterschiedliche Auffassungen in der Literatur.

Eine Frist von einem Monat nach Erhalt einer Information zum Unternehmensverkauf ließe sich ableiten aus der Analogie zum § 613a BGB.[106] Auch in diesem Fall (des Betriebsübergangs) handelt es sich um einen erzwungen Vertragsübergang bei Unternehmensveräußerung, nämlich den Übergang der Arbeitsverträge vom alten auf den neuen Unternehmensinhaber, gegen den der Betroffene sich wehren kann. In beiden Fällen hat der Erwerber sich kein rechtsfehlerhaftes Verhalten zu Schulden kommen lassen und in beiden Fällen hat er das wirtschaftliche Interesse an einem schnellen Eintreten von Planungssicherheit. Folgte man diesem Ansatz müsste auch die umfassende Informationspflicht des Unternehmensveräußerers dem Arbeitnehmer gegenüber auf den Urheber übertragen werden, denn die Frist des § 613a BGB beginnt erst ab dieser Unterrichtung zu laufen. Allerdings betreffen diese beiden Regelungen mit dem Arbeitsrecht und dem Urheberrecht doch zwei ganz unterschiedliche Rechtsgebiete mit unterschiedlichen Interessenslagen, so dass weder der Inhalt der Information zum Betriebsübergang übertragen werden kann, noch die Ausweitung der Frist für den Rückruf auf sieben Monate ab Unternehmensveräußerung, die eine mangelhafte Information des Urhebers in Analogie zur mangelhaften Information des Arbeitnehmers hätte.[107]

Eine Frist von zwei Monaten nach Kenntnis über den Unternehmensverkauf ließe sich ableiten aus § 28 VerlG der vor der Reform des § 34 UrhG herangezogen wurde.[108] Allerdings hat der Gesetzgeber just diesen Paragraphen mit Reform des § 34 UrhG als überflüssig abgeschafft und sich damit auch gegen die dort vorgesehene zwei-monatige Befristung entschieden.[109]

Die Ableitung von Kriterien, die die Rechtsprechung bislang angewendet hatte im Falle der außerordentlichen Kündigung nach Unternehmensveräußerung würde zu einer „hinreichend bemessenen Frist" führen, die im Regelfall bei vier Wochen liegen sollte.[110] Da das Rückrufrecht jedoch explizit keine Form einer Kündigung aus wichtigem Grund darstellt, scheint die Ableitung der Ausübungsfrist ebenfalls nicht angebracht.

---

105 So auch *Joppich*, K&R 2003, 211 (214) und *Berger, (o. Fn. 25) 223 (*231).
106 Dafür: *Partsch/Reich*, AfP 2002, 298 (300), *Berger (o. Fn. 25) 223 (*232); *Koch-Sembdner, Richard*, Das Rückrufrecht des Urhebers bei Unternehmensveräußerungen, Dissertation, Göttingen 2004, S. 101ff; *Nordemann*, (o. Fn. 53), § 34 Rn 33; Dagegen: *Wernicke/Kockentiedt*, ZUM 2004, 348 (354); *Joppich*, K&R 2003, 211 (215).
107 So aber *Koch-Sembdner*, AfP 2004, 211 (214).
108 Dafür: *Schulze*, (o. Fn. 51), § 34 Rn 39.
109 *Wernicke/Kockentiedt*, ZUM 2004, 348 (354).
110 *Wernicke/Kockentiedt*, ZUM 2004, 348 (354).

Eine weitere Ansicht geht davon aus, dass es tatsächlich an einer Regelungslücke fehle, dass der Gesetzgeber also tatsächlich keine Verfristung vorsehen, sondern das Rückrufrecht als Gestaltungsrecht stattdessen der Verwirkung unterwerfen wollte.[111] Verwirkt wäre das Rückrufrecht, wenn der Urheber von diesem für einen längeren Zeitraum keinen Gebrauch gemacht hat und der Erwerber davon ausgehen kann, dass er dies auch in Zukunft nicht tun würde. Dieser Fall würde zwar für den Erwerber nach wie vor zu einer Phase der Planungsunsicherheit führen, da der Zeitraum für die Verwirkung unbestimmt und von den Ausprägungen des Einzelfalls abhängig ist, stünde aber zum Grundgedanken des Gesetzesänderung nicht im Widerspruch, da damit das Rückrufrecht keiner konkreten zeitlichen Beschränkung unterliegt. Für diese Ansicht spricht weiterhin, dass der Gesetzgeber die fehlende Befristung nicht übersehen, sondern auf die entsprechende Kritik des Bundesrats geantwortet hatte, dass er eine Frist für nicht erforderlich hielte.[112]

3. Unverzichtbarkeit des Rückrufrechts

Im Gegensatz zum Zustimmungserfordernis, dessen Wegfall bei Unternehmensverkauf der Rückruf kompensieren sollte, kann auf den Rückruf nicht vorab verzichtet werden (§ 34 Abs. 5 Satz 1 UrhG). Da der Gesetzgeber die Verhandlungsposition des Urhebers gegenüber dem immer als mächtiger angenommenen Vertragspartner stärken wollte, war diese Regelung zwangsläufig. Anderenfalls wäre das Rückrufrecht nur ein zahnloser Tiger geworden. Nach Entstehung des Rückrufrechts ist ein Verzicht allerdings möglich.

III. Zeitlicher Geltungsbereich des Rückrufrechts

Auch zum zeitlichen Geltungsbereich des Rückrufrechts gibt es in der Literatur unterschiedliche Auffassungen. Die Übergangsbestimmungen des § 132 Abs. 3 Satz 1 UrhG, die auch für den § 34 Abs. 3 UrhG Geltung haben, legen fest, dass das Rückrufrecht erst auf Verträge anzuwenden ist, die nach dem 01.07.2002 geschlossen wurden. Allerdings ist nicht klar formuliert, ob sich dies auf das Vertragsdatum der Nutzungsverträge bezieht, die der Urheber ggf. zurückruft, oder auf das Datum des Unternehmenskaufvertrags, der zur Übertragung der Nutzungsrechte führt. Für die erste Ansicht spricht die Rechtssicherheit, unter der die beiden Parteien den Nutzungsvertrag geschlossen haben und die anderenfalls nachträglich entzogen würde.[113] Das bessere Argument spricht jedoch für die zweite Ansicht: der Absicht des Gesetzgebers, die in § 34 Abs. 5 UrhG durch die Unverzichtbarkeit des Rückrufrechts im Voraus ihren Ausdruck findet, ist nur so Rechnung getragen.[114] Anderenfalls stellte der Abschluss des Nutzungsvertrages vor dem 01.07.2002 einen inhärenten Verzicht auf das Rückrufrecht dar.

---

111 Dafür: *Joppich*, K&R 2003, 211 (215); dagegen: *Berger, (o. Fn. 25) 223* (231).
112 BT-Drucks. 14/7564, 12. *(o. Fn. 25) 223*
113 Im Ergebnis auch *Nordemann*, (o. Fn. 53), § 34 Rn 6.
114 So auch *Koch-Sembdner*, AfP 2004, 211 (215) und Rückrufrecht des Urhebers bei Unternehmensveräußerungen, Dissertation, Göttingen 2004, S. 130; im Ergebnis auch *Schulze*, (o. Fn. 51), § 34 Rn 4.

IV. Auswirkungen des Rückrufs auf das Nutzungsrecht

Mit Wirksamwerden des Rückrufs erlischt das dingliche Nutzungsrecht, zugleich wird der zugrundeliegende schuldrechtliche Vertrag aufgelöst. Der Rückruf kann also bezeichnet werden als ein dingliches Recht mit schuldrechtlicher Wirkung.[115]

Unmittelbar gestaltend wirkt der Rückruf allerdings nur gegenüber dem Unternehmenserwerber, dem er erklärt wird. Gegenüber dem Unternehmensveräußerer, dem Nutzungsvertragspartner des Urhebers, wirkt der Rückruf nur mittelbar, da diesem keine Rückruferklärung zugeht. Nur durch diese Konstruktion hebt der Rückruf das Nutzungsrecht auch in den Fällen auf in denen das Kausalitätsprinzip vertraglich abbedungen wurde. § 34 Abs. 3 Satz 2 UrhG stellt also jeden Nutzungsvertrag unter die auflösende Bedingung des Rückrufs.[116]

Mit dem Wirksamwerden des Rückrufs erlischt das Nutzungsrecht ex nunc.[117] Von einer ex tunc Wirkung ist nicht auszugehen, da ansonsten die bislang erfolgten Nutzungen ex post Urheberrechtsverletzungen wären.[118]

1. Heimfall des Nutzungsrechts

Der Rückruf wirkt, anders als die Kündigung, unmittelbar auf dinglicher Ebene. Das abgespaltene Nutzungsrecht (Tochterrecht) fällt automatisch wieder dem Mutterrecht zu – an den Urheber heim – und erlischt damit. Der zugrundeliegende schuldrechtliche Vertrag erlischt dadurch ebenfalls. Durch den Rückruf sind also das Verpflichtungs- und das Verfügungsgeschäft betroffen.

Nach Einzelmeinungen in der Literatur unterläuft diese Konstellation jedoch den Willen des Gesetzgebers, die Unternehmensveräußerungen zu privilegieren. Deshalb sollte die Ausübung des Rückrufrechts nicht zum Heimfall der Nutzungsrechte an den Urheber, sondern an den Veräußerer fallen.[119] Damit wäre aus Sicht des Urhebers die Situation vor der Unternehmensveräußerung wiederhergestellt. Sollte der ursprüngliche Inhaber, also der Unternehmensveräußerer, die Nutzungsrechte dann nicht mehr ausüben können, infolge der Unternehmensveräußerung ein wahrscheinliches Szenario, könne der Urheber dann ja den Rückruf nach § 41 UrhG ausüben. Dies scheint eine wenig nützliche Forderung zu sein, da der Unternehmensveräußerer das Nutzungsrecht offensichtlich veräußern wollte, der Urheber im Falle der Übertragung des Nutzungsrechts außerhalb des privilegierten Unternehmensveräußerung, die dann ja folgerichtig vom Inhaber angestrebt würde, ein

---

115 *Koch-Sembdner, Richard*, Das Rückrufrecht des Urhebers bei Unternehmensveräußerungen, Dissertation, Göttingen 2004, S. 97.
116 So *Von Pfeil, Yorck Graf*, Urheberrecht und Unternehmenskauf, Dissertation, Berlin 2007, S. 95.
117 *Pahlow*, GRUR 2010, 112 (113); *Koch-Sembdner, Richard*, Das Rückrufrecht des Urhebers bei Unternehmensveräußerungen, Dissertation, Göttingen 2004, S. 104; *Hoeren*, Die Kündigung von Softwareerstellungsverträgen und deren urheberrechtliche Auswirkungen, CR 2005, 773 (777); *Royla/Gramer*, CR 2005, 154 (159).
118 *Wandtke, (o. Fn. 35*, Rn IV/103.
119 *Berger, (o. Fn. 25)* 223 *(* 232).

Recht auf Zustimmungsverweigerung hat und damit insgesamt die Eintrittswahrscheinlichkeit für den Rückruf nach § 41 UrhG recht hoch wäre.[120] Damit läge dann das gleiche Ergebnis vor, wie nach heutigem Verständnis der Rechtsfolge des Rückrufs, nur nach einem längeren Weg.

2. Entschädigungsverpflichtung des Urhebers

Der Urheber hat gegenüber dem Inhaber des zurückgerufenen Nutzungsrechtes keine Verpflichtung zur Entschädigung.[121] Dies ist folgerichtig aus dem Schutzgedanken dieser Regelung abzuleiten, da ein Rückruf dem Urheber sonst aus wirtschaftlichen Gründen in vielen Fällen versagt wäre. Dieser Effekt zeigt sich auch in der Erfahrung mit den beiden Rückrufrechten aus §§ 41, 42 UrhG, die mit Entschädigungsverpflichtungen verbunden sind und die in der Praxis so gut wie nie zur Anwendung kommen.[122]

Auch eine vorab gezahlte Pauschalvergütung verbleibt beim Urheber und muss nicht zurückgezahlt werden. Dies nimmt sich zwar auf den ersten Blick unangemessen aus, ist aber folgerichtig, da mit der Vereinbarung einer Pauschalvergütung das Verständnis verbunden ist, dass der Nutzungsrechtsinhaber das gesamte unternehmerische Risiko, positiv wie negativ, alleine trägt.[123] Eine Rückzahlung der Pauschalvergütung käme eine Risikoverteilung zwischen Urheber und Nutzungsrechtinhaber gleich ohne dass auch die Erwerbschancen gleich verteilt gewesen wären.

3. Auswirkungen des Rückrufs auf Enkelrechte

Inwiefern sich der Rückruf der Nutzungsrechte auf den Bestand der Enkelrechte (Sublizenzen) auswirkt ist nicht klar gesetzlich geregelt und es existiert auch noch keine klare Rechtsprechung. Aus dem grundsätzlichen Zustimmungserfordernis des Urhebers bei der Übertragung von Nutzungsrechten könnte man ableiten, dass bei einem Entzug der Zustimmung durch Rückruf die gesamte Erwerbskette betroffen ist, d.h. der Zweiterwerber (Unterlizenznehmer) verliert sein Nutzungsrecht sobald der Ersterwerber (Lizenznehmer) sein Nutzungsrecht und damit sein Recht auf Weiterübertragung verliert.[124] Folgt man weiter der Auffassung, dass dem Urheberecht das Kausalprinzip, nicht das Abstraktionsprinzip zugrunde liegt, betrifft der Rückruf ebenfalls die gesamte Rechtekette, zumindest für die konstitutiv entstandenen (in Abgrenzung zu den translativ übertragenen) Enkelrechte.[125] Dies wird in der Literatur durch das Zweckübertragungsprinzip des § 31 UrhG begründet: in der konstitutiven Einräumung des Tochterrechts liegt die Abhängigkeit vom Mutterrecht begründet, dadurch ist das Tochterrecht so mit dem Mutterrecht verbunden, dass es ohne dieses nicht autark bestehen kann.[126] Insbesondere wenn die Enkelrechte auf einem vertraglichen Dauerschuldverhältnis beruhen, ist ihr Fortbestand unabhängig vom

---

120 Im Ergebnis auch *Schulze*, (o. Fn. 51), § 34 Rn 39 und *Nordemann*, (o. Fn. 53), § 34 Rn 34.
121 *Schack*, (o. Fn. 32), Rn 635.
122 *Koch-Sembdner*, AfP 2004, 211 (214).
123 *Koch-Sembdner, Richard*, Das Rückrufrecht des Urhebers bei Unternehmensveräußerungen, Dissertation, Göttingen 2004, S. 106.
124 So *Schack*, (o. Fn. 32), Rn 629; *Nordemann*, (o. Fn. 53), § 34 Rn 34.
125 *Brauer / Sopp*, Sicherungsrechte an Lizenzrechten; eine unsichere Sicherheit?, ZUM 2004, 112 (117).
126 dafür: *Brauer / Sopp*, ZUM 2004, 112 (117); dagegen: *Hoeren*, CR 2005, 773 (774).

Fortbestand des Tochterrechts auch aus praktischen Erwägungen schwierig, da auf der einen Seite zwar eine fortlaufende Verpflichtung zur Zahlung von Lizenzgebühren an den ehemaligen Inhaber der Tochterrechte bestehen könnte, dieser aber seinen Verpflichtung aus bestehenden Nutzungsrechten (z.B. die Wahrnehmung von Verteidigungs- und Schutzpflichten) ggf. nicht mehr nachkommen kann.[127]

Abgeleitet aus dem Sukzessionsschutz des § 33 Satz 2 UrhG entfallen die Enkelrechte jedoch nicht mit Rückruf der Tochterrechte.[128] Selbst wenn der Weiterbestand der Sublizenzen bei Verzicht des Hauptlizenznehmers auf seine Nutzungsrechte nicht analog auf andere Fälle angewendet werden könnte, geht aus dieser gesetzlichen Regelung zumindest hervor, dass die Unterlizenz nicht automatisch mit dem Wegfall der Hauptlizenz heimfällt.[129] Entsprechend entschieden hat auch der BGH im Jahr 2009 in seinem Urteil „Reifen Progressiv",[130] das sich jedoch konkret auf den Rückruf nach § 41 UrhG bezieht und nach herrschender Meinung nicht allgemein übertragbar ist.[131] Dennoch weist die Entscheidung, die mit der dinglichen Natur der Nutzungsrechtseinräumung begründet wird, auf einen grundsätzlichen Fortbestand der Enkelrechte auch bei Wegfall der Tochterechte hin.[132] Das Recht zur Weiterübertragung eines Nutzungsrechtes ist ein selbständiges Nutzungsrecht mit dinglicher Wirkung.[133] So wirkt der Rückruf bezogen auf die Enkelrechte ebenfalls ex nunc, d.h. ab dem Zeitpunkt seiner Erklärung. Enkelrechte, die zu diesem Zeitpunkt bereits eingeräumt wurden, sind nicht von diesem Rückruf betroffen.[134]

4. Auswirkungen des Rückrufs auf schuldrechtliche Rechtsgeschäfte

Die Auswirkung des Rückrufs auf die der Nutzungseinräumung zugrundeliegenden Rechtsgeschäfte ist gesetzlich nicht geregelt. In der Literatur wird auf der Basis des Kausalprinzips zwischen Verpflichtung und Verfügung mit dem Rückruf auch die Auflösung des schuldrechtlichen Vertrags angenommen. Diese erfolge ebenfalls ex nunc, da ansonsten die bereits erfolgten Nutzungen ex post als Urheberrechtsverletzungen anzusehen wären.[135] Dies entspräche jedoch nicht der Regelungsabsicht des § 34 Abs. 3 Satz 2 UrhG, da dieser den Urheber bei unzumutbaren Veränderungen in der Zukunft schützen möchte und keine Regelungsabsicht für die Vergangenheit hat.

Auf rein schuldrechtliche Rechtsgeschäfte, also beispielsweise einen Vorvertrag mit der Verpflichtung einen Nutzungsvertrag abzuschließen, ist der Rückruf nicht anwendbar. Hier bliebe nur das Kündigungsrecht aus wichtigem Grund.[136]

---

127 *Nordemann*, Die Rechtsstellung des Lizenznehmers bei vorzeitiger Beendigung des Hauptvertrags im Urheberrecht, GRUR 1970, 174 (175); im Ergebnis auch: *Von Pfeil, Yorck Graf*, Urheberrecht und Unternehmenskauf, Dissertation, Berlin 2007, S. 124.
128 Dieser Auffassung ist *Wandtke, (o. Fn. 35)*, Rn IV, 72.
129 *Haupt*, Rückrufrecht des Urhebers und Lizenzberechtigung Dritter, jurisPR-WettbR 2006, Anm. 6
130 BGHZ 180, 344.
131 *Adolphsen / Tabrizi*, GRUR 2011, 384 (386).
132 *Scholz*, Zum Fortbestand abgeleiteter Nutzungsrechte nach Wegfall der Hauptlizenz, GRUR 2009, 1107 (1111).
133 *Schulze*, (o. Fn. 51), § 34 Rn 22.
134 *Hoeren*, CR 2005, 773 (777).
135 *Pahlow*, GRUR 2010, 112 (114).
136 *Koch-Sembdner, Richard*, Das Rückrufrecht des Urhebers bei Unternehmensveräußerungen, Dissertation, Göttingen 2004, S. 125.

E. Unternehmenstransaktionen mit Relevanz für das Rückrufrecht

Das auslösende Moment für das Rückrufrecht des Urhebers nach § 34 Abs. 3 UrhG ist nach Satz 1 die Übertragung von Nutzungsrechten an seinem Werk ohne seine Zustimmung im Rahmen der Gesamt- oder Teilveräußerung eines Unternehmens sowie nach § 34 Abs. 3 Satz 3 UrhG eine wesentliche Änderung der Beteiligungsverhältnisse am Unternehmen des Nutzungsrechtinhabers. Damit sind also die Veränderungen in der Gesellschafterstruktur erfasst, die das persönliche Band zwischen dem Urheber und dem Unternehmenslenker zerschneiden.[137] So ist der Rückruf mehr als nur die Kompensation des entfallenen Zustimmungsrechtes im Falle von § 34 Abs. 3 Satz 1 UrhG, denn bei einer reinen Änderung der Gesellschafterverhältnisse im Unternehmen werden die Nutzungsrechte nicht übertragen und der Urheber hat a priori keinen Zustimmungsvorbehalt. Durch § 34 Abs. 3 Satz 3 UrhG bekommt er hier also eine zusätzliche Möglichkeit der Einflussnahme eingeräumt.

Bei gleichem Endresultat, dem Entstehen eines Rückrufrechts, gibt es also zwei unterschiedliche Pfade durch den § 34 UrhG.

Pfad 1: Für die Anwendbarkeit des § 34 Abs. 1 UrhG muss zunächst eine Übertragung von Nutzungsrechten vorliegen. Diese unterliegt im Regelfall der Zustimmung des Urhebers. Nur in Ausnahmefällen entfällt das Zustimmungserfordernis. Ein solcher Ausnahmefall ist die Übertragung des Nutzungsrechts im Rahmen einer Unternehmensveräußerung. Als Ersatz für das in diesem Fall entfallende Nutzungsrecht erhält der Urheber das Rückrufrecht nach § 34 Abs. 3 Satz 1 UrhG. In diesem Fall müssen also zwei Voraussetzungen vorliegen: die Übertragung eines Nutzungsrechtes auf einen anderen Inhaber und die Veräußerung eines Unternehmens.

Pfad 2: Beide Voraussetzung, die für Pfad 1 vorliegen müssen, entfallen für Pfad 2: es wird kein Nutzungsrecht übertragen und das Unternehmen, welches das Nutzungsrecht am Werk des Urhebers hält, wird nicht veräußert. Stattdessen ändern sich die Beteiligungsverhältnisse an diesem Unternehmen maßgeblich. In diesem Fall entsteht das Rückrufrecht nicht in Kompensation des entfallenen Zustimmungsvorbehalts, da es einen solchen gar nicht gegeben hatte, sondern als zusätzliches Recht in Anerkennung der andere Interessen überlagernden Bindung zwischen dem Urheber und seinem Werk.

Die nachfolgend aufgeführten Fälle von Unternehmenstransaktionen müssen sich also entweder in den einen oder den anderen Pfad einordnen lassen um zum Entstehen eines Rückrufrechts nach § 34 Abs. 3 UrhG zu führen.

Die nachfolgenden Betrachtungen gelten sowohl für den Fall der Übertragung von Tochterrechten im Zusammenhang mit einer Unternehmensveräußerung, als auch in Falle der Übertragung von Enkelrechten im gleichen Kontext (also der Unternehmensveräußerung eines Unterlizenznehmers des Urhebers).

---

137 *Berger, (o. Fn. 25) 223 (228).*

Dies leitet sich einerseits aus der Formulierung des Gesetzestextes ab, in der allgemein von Nutzungsrechten, unabhängig von einer Verwertungsstufe, gesprochen wird, andererseits aus dem gesetzlichen Regelungszweck, dass der Urheber bei jedem Erwerbsschritt seine Persönlichkeits- und Verwertungsrechte geltend machen kann.[138]

I. Unternehmensübertragung (Asset Deal)

Die vom Gesetzgeber gewollte Erleichterung der Unternehmenstransaktionen durch Wegfall des Zustimmungserfordernis soll gelten für die Veräußerung ganzer Unternehmen oder Unternehmensteile, nicht jedoch für die Veräußerung nur einzelner Rechte.[139] Die typische Form der Unternehmensübertragung im eigentlichen Sprachsinn ist der Asset Deal. Hier wird das Unternehmen als Ganzes von dem bisherigen auf einen neuen Rechtsträger übertragen durch die Übertragung aller für das Unternehmen relevanten Assets.

Dabei wird das Unternehmen verstanden als die auf Dauer angelegte am Wirtschaftsleben teilhabende Zusammenfassung personeller und sachlicher Mittel, wobei es weder auf die Rechtsform noch auf eine Gewinnerzielungsabsicht ankommt.[140] Ein Unternehmensteil im Sinne des § 34 Abs. 3 Satz 1 UrhG ist ein fachlich abgrenzbarer Teil des Unternehmens.[141] Dabei muss es sich um einen sinnvoll abgrenzbaren Bereich des Unternehmens handeln, also beispielsweise einen Geschäftsbereich mit eigenem Produktspektrum, eigener Entwicklung, Produktion und Vertrieb. Dieser Teilbereich muss nicht notwendigerweise bereits vor der Veräußerung bestanden haben, er kann auch eigens zum Zwecke der Veräußerung geschaffen worden sein.[142] Der Unternehmenskauf ist ein Kauf im Sinne der §§ 433, 453 BGB, bei dem die zum Unternehmen gehörenden Sachen, Rechte und sonstigen Vermögenswerte auf einen Erwerber übertragen werden um diesen in die Lage zu versetzen, das Unternehmen als solches weiterzuführen.[143] Es wird also der gesamte „Organismus" Unternehmen[144] oder auch das „Unternehmenssubstrat"[145] übertragen. Dieses muss nicht die gesamte Gesellschaft des Veräußerers umfassen, sondern kann auch ein autarker Betriebsteil, Geschäftsbereich oder ein Tochterunternehmen sein.[146] Zu den Assets des Unternehmens gehören auch die Immaterialgüter, die insbesondere bei Technologieunternehmen häufig einen wesentlichen Grund für den Unternehmenserwerb darstellen.[147] Dazu gehören auch die urheberrechtlichen Nutzungsrechte, die innerhalb ihres Verwertungsrahmens, bei der Unternehmensveräußerung nach § 34 Abs. 3 Satz 1 UrhG den Inhaber wechseln.[148] So folgt also der Asset Deal dem oben beschrieben Pfad 1 und führt damit zum Entstehen des Rückrufrechts nach § 34 Abs. 3 Satz 1 UrhG.[149]

---

138 Im Ergebnis auch *Koch-Sembdner, Richard*, Das Rückrufrecht des Urhebers bei Unternehmensveräußerungen, Dissertation, Göttingen 2004, S. 64.
139 *Nordemann*, (o. Fn. 53), § 34 Rn 26.
140 *Nordemann*, (o. Fn. 53), § 34 Rn 24.
141 *Wernicke/Kockentiedt*, ZUM 2004, 348 (350).
142 So auch *Koch-Sembdner, Richard*, Das Rückrufrecht des Urhebers bei Unternehmensveräußerungen, Dissertation, Göttingen 2004, S. 45.
143 *Picot* in: Picot, Gerhard [Hrsg.], Handbuch Mergers & Acquisitions, 5. Auflage, Stuttgart, 2012, S. 300.
144 *Picot*, (o. Fn. 143), S. 303.
145 *Schricker*, (o. Fn 56), § 34 Rn 40.
146 *Schulze*, (o. Fn. 51), § 34 Rn 32.
147 *Von Pfeil, Yorck Graf*, Urheberrecht und Unternehmenskauf, Dissertation, Berlin 2007, S. 17.
148 *Von Pfeil, Yorck Graf*, Urheberrecht und Unternehmenskauf, Dissertation, Berlin 2007, S. 51.
149 *Royla/Gramer*, CR 2005, 154 (156); *Berger*, (o. Fn. 25) 223 (228).

II. Gesellschafterwechsel bei Kapitalgesellschaften (Share Deal)

Der Share Deal ist der Erwerb von Gesellschaftsanteilen nach § 453 BGB, bei dem der Erwerber in die Rechtsposition des bisherigen Rechtsinhabers eintritt und der die Identität des Unternehmens unberührt lässt. Das Unternehmen verbleibt also bei seinem Rechtsträger während dieser selbst übertragen wird. Nach einer Auffassung kommt das Rückrufrecht nach § 34 Abs. 3 Satz 1 UrhG hier ebenfalls zur Anwendung sofern die Änderung der Beteiligungsverhältnisse zu einem Wechsel der Rechtszuständigkeit führt (also beispielsweise bei 50% bis 75% Anteilserwerb an einer Kapitalgesellschaft, je nach Abstimmungsregelungen im Gesellschaftsvertrag).[150] § 34 Abs. 3 Satz 3 UrhG käme also nur in Ausnahmefällen zum Tragen bei einer de facto-Übernahme ohne die Überschreitung dieser Schwellen.[151] Nach anderer Auffassung, der hier der Vorzug zu geben ist, kommt es bei einem Share Deal nicht zu einem Rechtsträgerwechsel in Bezug auf die Nutzungsrechte, also im Sinne des § 34 UrhG, da diese letztlich bei der Gesellschaft verbleiben, unabhängig von den Änderungen im Gesellschafterkreis.[152] Dennoch kann auch im Falle des Share Deals ein Rückrufrecht des Urhebers entstehen, dann allerdings nach § 34 Abs. 3 Satz 3 UrhG, also Pfad 2, bei einem Wechsel in der Unternehmenskontrolle, der einer Übertragung des Nutzungsrechtes durch Unternehmensveräußerung gleich zu stellen ist.[153] Das Entstehen eines Rückrufrechts des Urhebers im Falle eines Share Deals führt also nicht zu einer Umklassifizierung einer Anteilsübertragung in eine Unternehmensveräußerung und somit auch nicht zu einer Erweiterung des Zustimmungserfordernisses auf die Anteilsübertragung.[154]

In der Literatur werden unterschiedliche Richtwerte argumentiert, wann eine wesentliche Änderung der Beteiligungsverhältnisse am Unternehmen im Sinne des § 34 Abs. 3 Satz 3 UrhG vorliegt. Dabei kommt es nicht auf das Vorliegen einer tatsächlichen Einflussnahme, sondern nur auf deren Möglichkeit an.[155]

Für eine Wesentlichkeitsschwelle von 50% spricht aus der Sicht der Befürworter, dass durch die Reform des Urhebervertragsrechts und die Einführung des Rückrufs zwar primär die wirtschaftlichen Interessen des Urhebers geschützt werden sollten. Diese sind jedoch bei einer Änderung der Beteiligungsverhältnisse zunächst nicht betroffen, da sich an den bestehenden Lizenzverträgen nichts ändert. Maßgeblich für die Wesentlichkeitsschwelle ist also der Schutz des Urhebers in seinen persönlichkeitsrechtlichen Belangen. Diese würden jedoch erst dann tangiert, wenn der Gesellschafter maßgeblichen Einfluss auf die Alltagsgeschäfte des Unternehmens ausüben könne, was bei Kapitalgesellschaften erst ab einer Beteiligungshöhe von 50% plus 1 Stimme durch das Überschreiten der absoluten Stimmenmehrheit eintritt.[156]

---

150 *Schricker*, (o. Fn 56), § 34 Rn 44; *Koch-Sembdner, Richard*, Das Rückrufrecht des Urhebers bei Unternehmensveräußerungen, Dissertation, Göttingen 2004, S. 43.
151 *Joppich*, K&R 2003, 211 (213).
152 *Royla/Gramer*, CR 2005, 154 (157); *Raitz von Frentz/Masch*, ZUM 2009, 354 (364); *Von Pfeil, Yorck Graf*, Urheberrecht und Unternehmenskauf, Dissertation, Berlin 2007, S. 59.
153 *Nordemann*, (o. Fn. 53), § 34 Rn 35.
154 *Royla/Gramer*, CR 2005, 154 (157).
155 *Koch-Sembdner, Richard*, Das Rückrufrecht des Urhebers bei Unternehmensveräußerungen, Dissertation, Göttingen 2004, S. 46.
156 *Partsch/Reich*, NJW 2002, 3286 (3288).

Eine andere Auffassung sieht bereits bei Überschreiten der Sperrminorität von 25% die Einflussmöglichkeit des Gesellschafters auf die wesentlichen Geschicke des Unternehmens als gegeben an. Dabei orientieren sich die Befürworter an den entsprechenden Regelungen zum Kontrollerwerb aus dem Kartellrecht.[157] Nach dieser Ansicht birgt bereits eine Einflussnahme auf die Gesamtausrichtung des Unternehmens die Gefahr der Unzumutbarkeit für den Urheber aus persönlichkeitsrechtlichen Gründen.[158] Dies ist insbesondere bei der GmbH von Bedeutung, deren Geschäftsführung der Gesellschafterversammlung weisungsgebunden ist.

Je nach Gesellschafterkonstellation kann allerdings auch eine deutlich niedrigere Beteiligung bereits zu einem Kontrollwechsel führen. Dies kann der Einstieg eines Investors mit einer kleinen Beteiligungshöhe verbunden mit einem großen Darlehen sein oder aber auch der im Kartellrecht betrachtete Fall einer Minderheitsbeteiligung an einer Aktiengesellschaft mit chronisch schlechter Hauptversammlungspräsenz.[159] Ebenso kann eine Stimmenminderheit wesentlichen Einfluss gewinnen bei Vorliegen von Stimmbindungsverträgen, Stimmrechtvollmachten oder auch persönlichem oder familiärem Lagerverhalten.

Eine rein prozentuale Betrachtung der Beteiligungsverhältnisse allein ist also nicht ausreichend aussagekräftig, da sich das tatsächliche Kontrollverhalten durch individuelle Gestaltungen ganz anders darstellen kann.[160] Zu beachten ist ebenfalls, dass es sich bei der Vorgabe des § 34 Abs. 3 Satz 3 UrhG um die Wirkung einer relativen Beteiligungsänderung handelt: eine kleine Änderung kann also zum Überschreiten der Wesentlichkeitsschwelle führen und damit das Rückrufrecht auslösen.[161]

III. Gesellschafterwechsel bei Personengesellschaften (Share Deal)

Inwiefern ein Gesellschafterwechsel in einer Personengesellschaft als Unternehmensveräußerung zu betrachten ist, hängt davon ab wen man in der Personengesellschaft als Rechtsträger ansieht. Ist dies die Gesamthand der Gesellschafter (§ 719 BGB) führt ein Gesellschafterwechsel zwangsläufig auch zum Wechsel des Rechtsträger und § 34 Abs. 3 Satz 1 UrhG käme zur Anwendung.[162] Ist jedoch die Gesellschaft selbst der Rechtsträger, wie es sich nach bevorzugter Ansicht z.B. für Handelsgesellschaften aus § 124 Abs. 1 HGB und in anderen Fällen aus der Rechtsprechung ergibt, bleibt der Rechtsträger bei einem Gesellschafterwechsel erhalten.[163] Es kommt also in Abhängigkeit von der Wesentlichkeit einer Beteiligungsänderung ggf. § 34 Abs. 3 Satz 3 UrhG zur Anwendung, der im Falle eines Kontrollwechsels ebenfalls zum Entstehen des Rückrufrechts führt.

---

157 *Wandtke*, (o. Fn. 35), Rn IV/114; *Schulze*, (o. Fn. 51), § 34 Rn 38.
158 *Wernicke/Kockentiedt*, ZUM 2004, 348 (353).
159 *Koch-Sembdner, Richard*, Das Rückrufrecht des Urhebers bei Unternehmensveräußerungen, Dissertation, Göttingen 2004, S. 48.
160 *Nordemann*, (o. Fn. 53), § 34 Rn 35.
161 *Koch-Sembdner, Richard*, Das Rückrufrecht des Urhebers bei Unternehmensveräußerungen, Dissertation, Göttingen 2004, S. 52.
162 So *Schricker*, (o. Fn 56), § 34 Rn 39; *Von Pfeil, Yorck Graf*, Urheberrecht und Unternehmenskauf, Dissertation, Berlin 2007, S. 57.
163 *Royla/Gramer*, CR 2005, 154 (157).

IV. Umwandlungen

Umwandlungen von Gesellschaften sind, soweit sie zu einer Änderung der Rechtszuständigkeit führen, der Veräußerung des Unternehmens gleichzusetzen.[164]

1. Verschmelzung

Bei einer Verschmelzung (§§ 1 Abs. 1 Nr. 1, 2 ff UmwG) zweier Unternehmen zu einem neuen kommt es sowohl im Fall der Aufnahme (sofern sich die Nutzungsrechte beim aufzunehmenden Unternehmen befinden) als auch im Fall der Neugründung, zu einer Übertragung des Vermögens (und damit auch der Nutzungsrechte) der aufzulösenden Unternehmen auf das aufnehmende Unternehmen. Zwischen den alten und dem neuen Unternehmen besteht keine Unternehmensidentität. Damit entstünde also ein Rückrufrecht nach § 34 Abs. 3 Satz 1 UrhG. Keine Anwendung findet der § 34 Abs. 1 UrhG im Falle der Aufnahme, wenn sich die Nutzungsrechte beim aufnehmenden Unternehmen befinden, da in diesem Fall keine Nutzungsrechtübertragung vorliegt.

Gegen eine Anwendung von § 34 Abs. 3 Satz 1 UrhG spricht allerdings nach einer Auffassung, dass das Vermögen des übertragenden Rechtsträger gemäß § 20 Abs. 1 Nr. 1 UmwG im Rahmen einer Gesamtrechtsnachfolge übergeht. Es fehlte also in diesem Fall an einer Unternehmensveräußerung die ein Zustimmungserfordernis begründen würde.[165] Im o.g. Pfad 1 fehlt es also an einer von zwei notwendigen Voraussetzungen. Nach anderer Auffassung werden jedoch die höchstpersönlichen Belange des Urhebers durch das UmwG weder eingeschränkt noch für unbeachtlich erklärt.[166]

Sofern es allerdings im Zusammenhang mit einer Verschmelzung auch zu einer wesentlichen Änderungen der Beteiligungsverhältnisse kommt, entsteht in jedem Falle das Rückrufrecht nach § 34 Abs. 3 Satz 3 UrhG.

2. Spaltung

Die Spaltung (§§ 1 Abs. 1 Nr. 2, 123 ff UmwG) umfasst die Aufspaltung, die Abspaltung und die Ausgliederung. Allen drei Formen ist gemeinsam, dass aus einem Rechtsträger unter Aufteilung seines Vermögens mehrere Rechtsträger werden. Damit bringt die Spaltung immer einen Rechtsträgerwechsel mit sich. Sofern dabei auch Nutzungsrechte aufgeteilt werden, handelt es sich also um einen Nutzungsrechtübertragung und Unternehmensveräußerung im Sinne des § 34 Abs. 3 UrhG.[167]

---

[164] *Schricker*, (o. Fn 56), § 34 Rn 39; *Nordemann*, (o. Fn. 53), § 34 Rn 25; *Royla/Gramer*, CR 2005,154 (157).
[165] So *Royla/Gramer*, CR 2005, 154 (158).
[166] *Raitz von Frentz/Masch*, ZUM 2009, 354 (366); auch BT-Drucks. 16/2919, 19.
[167] *Zimmeck*, ZGE/IPJ 2009, 324 (351); *Royla/Gramer*, CR 2005, 154 (157); *Koch-Sembdner, Richard*, Das Rückrufrecht des Urhebers bei Unternehmensveräußerungen, Dissertation, Göttingen 2004, S. 59.

3. Vermögensübertragung (Einbringung)

Bei der Vermögensübertragung (§§ 1 Abs. 1 Nr. 3, 174 ff UmwG) überträgt der aufzulösende Rechtsträger sein Vermögen auf einen anderen bestehenden Rechtsträger. Auch hier findet ein Vermögensübergang im Sinne der Unternehmensveräußerung des § 34 Abs. 3 UrhG statt. Dies gilt sowohl für die Einbringung des Nutzungsrechtsinhabers in eine Personen- als auch in eine Kapitalgesellschaft.[168]

4. Formwechsel

Bei einem reinen Formwechsel (§§ 1 Abs. 1 Nr. 4, 190 ff UmwG), bei dem sich aus wirtschaftlicher Sicht der Nutzungsrechtinhaber nicht ändert, entsteht kein Rückrufrecht. Es findet nur ein formal-rechtlicher Wechsel des Rechtsträgers statt, durch den aber nicht der Schutzzweckfall des Gesetzes eintritt, denn der Urheber hat es nach wie vor mit den gleichen „Personen" seines Vertrauens zu tun.

V. Geschäftsführerwechsel

Für die Anwendbarkeit des § 34 Abs. 3 Satz 2 UrhG muss ein echter Inhaberwechsel stattgefunden haben, ein bloßer Geschäftsführerwechsel führt nicht zur Entstehung des Rückrufrechts.[169] Das ist zunächst gar nicht so einleuchtend, wird doch zur Begründung des Rückrufrechts gern das persönliche Vertrauensverhältnis zwischen dem Urheber und dem Verleger (also der handelnden Person unabhängig von ihrer Gesellschafterstellung) bemüht. Auch die Regelung des § 34 Abs. 3 Satz 3 UrhG zielt eher auf personelle Veränderungen denn auf einen Rechtsträgerwechsel ab. Kongruent ist die Vorgabe zu einem anderen Fall: dem Erbfall auf Verlegerseite. Auch hier zerreißt das persönliche Band zwischen dem Urheber und dem Unternehmer, dennoch ist der Erbfall ausgenommen vom Gültigkeitsbereich des § 34 UrhG (er richtet sich stattdessen nach §§ 1922, 2302 BGB).[170] Dies ist argumentativ nur möglich, wenn nicht die Person des Unternehmers, oder eben des Geschäftsführers, sondern das Unternehmen als solches der Anknüpfungspunkt für das Vertrauen des Urhebers ist.[171]

VI. Internationale Unternehmenstransaktionen

In den vier Phasen des deutschen M&A-Marktes von 1989 bis 2009 ist insgesamt ein deutlicher Anstieg von Cross-Border-Transaktionen zu verzeichnen: von unter 20% vor dem Fall der Berliner Mauer bis zu ca. 50% im Jahr 2009. Von den 25 Top-Deals in diesem Zeitraum waren nur 6 Transaktionen rein national.[172] Diese Entwicklung wurde aus unterschiedlichen Richtungen motiviert: zu Beginn musste sich das M&A-Geschäft in Deutschland überhaupt einmal entwickeln und professionalisieren, dies hat in den

---

168 *Koch-Sembdner, Richard*, Das Rückrufrecht des Urhebers bei Unternehmensveräußerungen, Dissertation, Göttingen 2004, S.60, 61.
169 *Nordemann*, (o. Fn. 53), § 34 Rn 28.
170 *Koch-Sembdner, Richard*, Das Rückrufrecht des Urhebers bei Unternehmensveräußerungen, Dissertation, Göttingen 2004, S. 71.
171 Siehe dazu auch *Berger, (o. Fn. 25) 223* (226).
172 *Kunisch* in: Günter / Kunisch, Sven / Binder, Andreas [Hrsg.], Mergers & Acquisitions, Stuttgart, 2010, S. 73.

Anfangszeiten sicherlich zu einem eher nationalen Fokus geführt. Auch die Wiedervereinigung beider deutschen Länder und die damit verbundenen Aktivitäten der Treuhandanstalt haben zu einem deutsch-deutschen Schwerpunkt beigetragen. In den Folgejahren hat sich jedoch mehr und mehr die Rolle von Deutschland als „Exportweltmeister" auch in den M&A-Transaktionen niedergeschlagen. Parallel dazu ist Europa stärker zusammengewachsen und hat sich die Gesetzgebung innerhalb der europäischen Union aufeinander zubewegt.

Für die Praxis der M&A-Vertragsgestaltung wird es zudem zunehmend unerheblich aus welchen nationalen Rechtssystemen die Vertragspartner kommen, da sich zur Abbildung der komplexen Interessenlagen in Unternehmenstransaktionen ein international einheitliches Transaktionsrecht entwickelt.[173]

In diesem Zusammenhang stellt sich die Frage, inwieweit die Regelungen des deutschen Gesetzgebers zum Rückruf aus § 34 Abs. 3 UrhG auch in internationalen Transaktionen zum Tragen kommen oder über die Vereinbarung eines anderen Vertragsstatus umgangen werden können. Dies ist insbesondere deswegen von Interesse, da das deutsche Urheberrechtsgesetz mit seinem dinglich wirkenden Rückrufrecht im internationalen Vergleich eine Sonderstellung einnimmt und ein vergleichbarer Schutz in ausländischen Rechtssystemen selten gewährt wird.[174]

Bei der Beantwortung dieser Fragestellung kommt es darauf an, welchem Recht der zu übertragende Nutzungsvertrag unterliegt.[175] Entscheidend ist also die Bestimmung des Urheberrechtsstatuts. Dazu herrschen in der Literatur allerdings unterschiedliche Auffassungen.

Nach dem in der deutschen Rechtsprechung favorisiertem Territorialitätsprinzip ist der Schutz des deutschen Urheberrechts auf das deutsche Staatsgebiet beschränkt. Dabei genießen nach § 120 UrhG nur deutsche Staatsangehörige den Schutz für alle ihre Werke unabhängig von deren Veröffentlichung, dem Ort der Veröffentlichung und möglichen nicht-deutschen Miturhebern. Den deutschen Staatsangehörigen gleichgestellt sind Deutsche im Sinne des Art. 116 Abs. 1 GG, Angehörige eines Mitgliedstaates der EU oder des EWR, sowie Staatenlose und Flüchtlinge nach §§ 122, 123 UrhG. Ausländer aus Drittstaaten können nur unter bestimmten Voraussetzungen den Schutz des UrhG für sich beanspruchen.[176] Mit dem aus dem Territorialitätsprinzip abgeleiteten Schutzlandprinzip, das das Urheberrecht insgesamt dem Recht des jeweiligen Landes für den ein Schutz beantragt wird, unterstellt, würde sich ein ganzes Bündel unterschiedlicher nationaler Rechte an jedem Werk ergeben.[177]

---

173 *Picot, G./Picot, M.*, (o. Fn. 143), S. 44; *Binder* in: Müller-Stewens, Günter/Kunisch, Sven/Binder, Andreas [Hrsg.], Mergers & Acquisitions, Stuttgart, 2010, S. 484.
174 *Koch-Sembdner, Richard*, Das Rückrufrecht des Urhebers bei Unternehmensveräußerungen, Dissertation, Göttingen 2004, S. 182.
175 *Von Pfeil, Yorck Graf*, Urheberrecht und Unternehmenskauf, Dissertation, Berlin 2007, S. 132: *Völker*, Das geistige Eigentum beim Unternehmenskauf, BB 1999, 2413 (2413).
176 *Dietz* in Wandtke, Urheberrecht, Rn 13/5, 13/10.
177 *Dietz, (o. Fn 176)*, 13/2, 13/45.

Eine andere Auffassung hält das Territorialitätsprinzip der Ubiquität des Immaterialgutes nicht angemessen und favorisiert das Universalitätsprinzip, nach dem das Werk universell seine Schutzrechte sozusagen mit sich führt. Das geltende Recht ist das des Ursprungslandes, also des Landes in dem das Werk erstmals veröffentlicht wird (Ursprungslandprinzip).[178] Damit hinge die Übertragbarkeit der Nutzungsrechte davon ab, in welchem Land das Werk zuerst veröffentlicht wurde. Diese Ansicht hat den Vorteil deutlich größerer Praktikabilität in der zunehmenden Internationalisierung der Immaterialgüternutzung.

Die Parteien haben im internationalen Vertragsrecht nach Art. 3 Abs. 1 Rom I-VO das Recht der freien Wahl des anwendbaren Rechts.[179] Bei fehlendem Vertragsstatut gilt nach Art. 4 Abs. 2 Rom I-VO das Recht des Staates, in dem die Partei, welche die für den Vertrag charakteristische Leistung zu erbringen hat, ihren gewöhnlichen Aufenthalt hat.

Allerdings gibt es Einschränkungen der Gültigkeit des gewählten Rechtsstatuts. Das UrhG sieht im § 32b die zwingende Anwendung der §§ 32 und 32a UrhG vor sofern mangels einer Rechtswahl deutsches Recht anzuwenden wäre und soweit Gegenstand des Vertrags maßgebliche Nutzungshandlungen innerhalb des deutschen Vertragsgebietes sind. Nach Art. 9 Rom I-VO werden solche Eingriffsnormen, also zwingende nationale Regeln, durch Art. 3 Abs. 1 Rom I-VO nicht berührt. Durch Wahl eines ausländischen Vertragsstatuts können also die gesetzlichen Vorgaben zur angemessenen Vergütung und weiteren wirtschaftlichen Beteiligung des Urhebers nicht umgangen werden. Das Fehlen einer solch zwingenden Norm mit Bezug zum § 34 UrhG spricht dafür, dass dieser jedoch durch die Wahl eines ausländischen Vertragsstatus umgangen werden kann.[180] Allerdings liegt auch in § 34 Abs. 5 UrhG eine zwingende Schutznorm vor, so dass man argumentieren könnte, dass auf das Rückrufrecht auch durch die Wahl eines ausländischen Vertragsstatuts im Vorhinein nicht verzichtet werden kann. Darüber hinaus drückt das Zustimmungserfordernis als Ausgangspunkt für das Rückrufrecht einen wesentlichen Grundsatz des deutschen Urheberrechts, nämlich den persönlichkeitsrechtlichen Schutz, aus und sollte deswegen zumindest im Rahmen des ordre public beachtet werden.[181] Nach anderer Ansicht ist jedoch das Zustimmungsrecht auch nach deutschem Recht über § 34 Abs. 5 Satz 2 UrhG disponibel und dem Parteiwillen unterworfen. Dies sollte dann also auch im internationalen Zusammenhang und auch für das Rückrufrecht als actus contrarius zum Zustimmungsrecht Gültigkeit behalten.[182]

Geht man jedoch vom Universalitätsprinzip des Urheberrechtsstatuts aus, dann untersteht das Rückrufrecht dem Recht des Ursprungslandes. Sofern dies im Geltungsbereich des § 34 UrhG liegt, steht dem Urheber unabhängig von einer späteren anderen Rechtswahl ein unverzichtbares Rückrufrecht zu.[183]

---

178 *Schack,* (o. Fn. 32),, Rn 919.
179 *Dietz* (o. Gfn. 176), Rn 13/52.
180 So *Joppich,* K&R, 2003, 211 (215).
181 So *Royla/Gramer,* CR 2005, 154 (160).
182 *Stopp,* Die Nichtübertragbarkeit der Lizenz beim Unternehmenskauf: Anwendbares Recht bei fremdem Lizenzstatut im Lichte des § 34 UrhG, IPRax 2008, 386 (388); im Ergebnis auch *Von Pfeil, Yorck Graf,* Urheberrecht und Unternehmenskauf, Dissertation, Berlin 2007, S. 135.
183 So *Koch-Sembdner, Richard,* Das Rückrufrecht des Urhebers bei Unternehmensveräußerungen, Dissertation, Göttingen 2004, S. 164.

Aus allen betrachteten Herangehensweise lässt sich jeweils eine zwar unterschiedlich hohe aber nicht zu vernachlässigende Wahrscheinlichkeit ableiten, dass bei Unternehmenstransaktionen innerhalb derer Nutzungsrechte an Werken übertragen werden, die von deutschen Urhebern geschaffen wurden, oder die in Deutschland zuerst veröffentlicht wurden oder deren Nutzungsberechtigter in Deutschland seinen Hauptsitz hat, die übertragenen Nutzungsrechte mit einem Rückrufrecht des Urhebers nach § 34 Abs. 3 UrhG versehen sind.

F. Auswirkungen des Rückrufs auf den Unternehmenskauf

Die Ausübung des Rückrufrechts an einem im Rahmen einer Unternehmenstransaktion übertragenen Nutzungsrechts durch den Urheber führt zu einer Wertminderung des verkauften Unternehmens, zu zusätzlichen Aufwendungen und Kosten, möglicherweise zu langwierigen Rechtsstreitigkeiten und ist in jedem Fall ein Problem. Das Ausmaß des Problems hängt vom Wert des Nutzungsrechtes für den Erwerber sowie von seiner gesetzlichen und vertraglichen Absicherung für diesen Fall ab. Auch auf Seiten des Unternehmensveräußerers kann diese Situation zu erheblichem Schaden führen, wobei der Urheber ihm gegenüber zu keiner Entschädigung verpflichtet ist.[184]

I. Wirtschaftliche Folgen für den Unternehmenserwerber

Die Ausgangsituation der vorliegenden Betrachtungen war die Unternehmensveräußerung von Technologieunternehmen, bei denen ein erheblicher Wertanteil und mitunter auch die gesamte strategische Ratio für den Erwerb in den Immaterialgütern liegt, von denen eine ganze Reihe (nur) urheberrechtlich geschützt sind.[185] Scheitert die wirksame Übertragung der angestrebten Nutzungsrechte, und sei es auch nur weil rückrufberechtigte Miturheber übersehen wurden, kann dies aus Erwerbersicht zur Wertlosigkeit der kompletten Transaktion führen. Weniger drastisch in ihren Folgen des Scheiterns aber dennoch von entscheidender Bedeutung für den Erfolg der Akquisition ist die komplette Transaktion aller Nutzungsrechte an Werken, die zum normalen geschäftlichen Ablauf im Unternehmen erforderlich sind, wie Unternehmenssoftware, Datenbanken und technische Dokumentation. Hier mag zwar nicht der für die Akquisition ausschlaggebende Unternehmenswert liegen, aber das Fehlen der Nutzungsrechte an diesen Werken kann zu erheblichen Störungen des täglichen Geschäfts und damit zu großen materiellen und immateriellen Schäden führen. Ohne eine funktionierende Unternehmenssoftware, ohne die Kundendatenbanken ist ein modernes Unternehmen schlagartig nicht mehr handlungsfähig. Ohne die Anlagendokumentation ist die Unzufriedenheit der Kunden und damit der Schaden für den Unternehmenswerber vorprogrammiert.

Diese Folgen für den Unternehmenskauf können nur in begrenztem Umfang kompensiert werden. Sollte der Urheber sich nicht „umstimmen" lassen ist eine Nachbesserung für den Unternehmensveräußerer unmöglich. Eine Kaufpreisminderung kann den Wertverlust

---

184 *Schack*, (o. Fn. 32),, Rn 635.
185 So auch *Völker*, BB 1999, 2413 (2415); *Brenner/Knauer/Wömpener* in Berger, Wolfgang/Brauner, Hans U./ Strauch, Joachim [Hrsg.], Due Diligence bei Unternehmensakquisitionen, 6. Auflage, Stuttgart 2011, S. 659.

mitunter nicht kompensieren. Dem Unternehmenserwerber bietet sich als ultima ratio nur die Rückabwicklung, die aber in den meisten Unternehmenskaufverträgen ausgeschlossen ist. Es ist davon auszugehen, dass in diesen Fällen auch keine MAC-Klausel (s.u., G III.) greift, denn dann hätte man das Risiko bereits antizipiert und schon in der Vorphase für die Zustimmung des Urhebers sorgen können. Sofern also die vom Rückruf betroffenen Nutzungsrechte für den Erwerber wesentlich sind, kann man die Folgen des § 34 Abs. 3 UrhG durchaus als GAU in der Unternehmenstransaktion bezeichnen.

II. Wirtschaftliche Folgen für den Unternehmensverkäufer

Der Verkauf von Nutzungsrechten ist ebenso wie der Verkauf von Unternehmensanteilen ein Rechtskauf nach § 453 BGB. Der Unternehmensveräußerer haftet dem Erwerber gegenüber seinen Ansprüchen aus dem Kaufvertrag (§§ 433, 453 BGB). Der Käufer hat einen Erfüllungsanspruch dahingehend, dass der Verkäufer ihm den Kaufgegenstand frei von Sach- und Rechtsmängeln liefert. Ein Rechtsmangel liegt nach § 435 BGB vor, wenn Dritte in Bezug auf die Sache Rechte gegen den Käufer geltend machen können, die dieser im Kaufvertrag nicht übernommen hatte. Ein Sachmangel liegt nach § 434 BGB dann vor, wenn die Sache sich nicht für die dem Vertrag nach genannte oder die gewöhnliche Verwendung eignet.

Im Fall des Asset Deal muss also zunächst geprüft werden inwieweit die Nutzungsrechte mit dem Kaufvertrag hätten übertragen werden sollen, d.h. ob sie nach dem Bestimmheitsgrundsatz bei der Übertragung einzelner Vermögenswerte, der Singularsukzession, im Vertrag klar, zweifelsfrei und unterscheidbar erfasst sind.

Die Frage nach der initialen Verpflichtung des Verkäufers zur Nachbesserung stellt sich auch noch aus einem anderen Grund: Das Rückrufrecht des Urhebers wirkt ex nunc.[186] Seine volle negative Wirkung erzielt der ausgeübte Rückruf erst dann, wenn er nach dem Closing erfolgt (vorher können die Parteien noch anders reagieren). In diesem Falle könnte man argumentieren, das Unternehmen sei (bezogen auf das Nutzungsrecht) mängelfrei übergeben worden und der Verkäufer hätte den Kaufvertrag ordnungsgemäß erfüllt.[187] Der Sach- oder Rechtsmangel tritt erst nach der Übergabe des Kaufgegenstandes auf. Man könnte andererseits auch argumentieren, jedes Nutzungsrecht dessen Übertragung der Urheber nicht zugestimmt hat, ist belastet mit dem Rückrufrecht und damit mit einem inhärenten Mangel. Allerdings wäre dieser Umstand aber auch jedem Käufer bekannt, da das Rückrufrecht im Vorhinein nicht abdingbar ist.

Liegt ein Mangel des übertragenen Nutzungsrechtes vor, stellt sich sowohl beim Asset Deal als auch – nach bisheriger Rechtsprechung - beim Share Deal die Frage inwieweit dieser Mangel als Mangel des Unternehmens zu betrachten ist. Dies ist nach der Gesamterheblich

---

186 *Pahlow*, GRUR 2010, 112 (113); *Koch-Sembdner, Richard*, Das Rückrufrecht des Urhebers bei Unternehmensveräußerungen, Dissertation, Göttingen 2004, S. 104; *Hoeren*, CR 2005, 773 (777); *Royla/Gramer*, CR 2005, 154 (159).
187 So *Partsch/Reich*, NJW 2002, 3286 (3290).

keitstheorie nur dann der Fall, wenn der Mangel auf den Wert des Unternehmens oder die Tauglichkeit des Unternehmens im Ganzen durchschlägt.[188] Zu dieser Frage werden die Parteien im Zweifel unterschiedlicher Auffassung sein.

Bei Vorliegen eines Mangels kann der Käufer Nacherfüllung nach §§ 437 Punkt 1, 439 BGB verlangen. In diesem Fall muss der Verkäufer die Zustimmung des Urhebers erwirken und diesen gegebenenfalls auf seine Kosten dafür entlohnen. Sollte eine Nachbesserung nicht möglich sein, weil der Urheber nicht zustimmt, oder von einer Reihe von Miturhebern nicht alle zustimmen, hat der Käufer Anspruch auf Kaufpreisminderung, kann vom Vertrag zurück treten und hat Schadensersatzansprüche.

Die Kaufpreisminderung ist möglich nach § 441 BGB. Sofern der materielle Anteil des zurückgerufenen Nutzungsrechtes nicht bereits im Kaufvertrag beziffert ist, muss dieser Wert nun nachträglich für die Kaufpreisminderung ermittelt werden. Eine Bezifferung des einzelnen Nutzungsrechts im Kaufvertrag wird in der Regel nicht vorliegen, denn läge dieser Detaillierungsgrad hier bereits vor, wäre vermutlich auch das Rückrufrisiko für dieses Nutzungsrecht vorher detaillierter betrachtet worden. Die Höhe der Kaufpreisminderung wird also der nächste Punkt sein, über den die Parteien unterschiedlicher Auffassung sind.

Ein Rücktritt vom Vertrag ist zwar nach § 440 BGB möglich, in den meisten Unternehmenskaufverträgen aber ausgeschlossen bis auf speziell vereinbarte, in MACs (Material Adverse Clauses) festgelegte, Rücktrittgründe. Dies liegt an der faktischen Unmöglichkeit eine so komplexe Transaktion wie einen Unternehmenskauf tatsächlich in allen Konsequenzen rückabwickeln zu können. Sollte es allerdings zum Vertragsrücktritt kommen ist der Schaden für den Verkäufer maximal; nicht nur entgeht ihm der Veräußerungsertrag sondern er erhält ein erheblich beschädigtes Unternehmen zurück, das er in absehbarer Zeit nicht wird für einen vergleichbaren Betrag verkaufen können. Schlimmstenfalls wird das Unternehmen durch die zweimalige Transaktion so in seiner operativen Tätigkeit und in seinem Ruf beschädigt, dass es zu erheblichen wirtschaftlichen Einbrüchen bis zur Gefährdung der wirtschaftlichen Existenz kommt.

Unabhängig von den bereits genannten Folgen steht dem Käufer nach §§ 440 sowie 280 ff BGB Schadenersatz zu. Den Schaden zu beziffern wird allerdings schwierig und wohl auch streitig sein. Der Schaden kann jedoch einen erheblichen Umfang annehmen, auch durch die Einbeziehung der Kompensation für den (zukünftig) entgangenen Gewinn auf Unternehmenserwerberseite.[189] Aus Käufersicht wird es unattraktiv sein, statt des Schadenersatzes den Ersatz vergeblicher Aufwendungen nach § 284 BGB in Anspruch zu nehmen, da sein Schaden trotz üblicherweise hohen Transaktionskosten in der Regel deutlich höher liegen dürfte.

Insgesamt sind die gesetzlichen Regelungen aus dem Kaufrecht allerdings nicht sehr geeignet für den Fall des Unternehmenskaufs. Aus diesem Grund wird das gesetzliche Mängelhaftungssystem in der Regel ausgeschlossen und durch ein eigenständiges vertragliches Haftungssystem ersetzt, das im Wesentlichen basiert auf der Aufnahme von selbständigen und verschuldensunabhängigen Garantien, den sogenannten Reps &

---

188 *Picot*, (o. Fn. 143), S. 326.
189 *Donle*, DStR, 1997, 74 (77).

Warranties, mit individueller Gestaltung der Rechtsfolgen.[190] Ob und in welchem Umfang der Veräußerer in diesem Fall für das rückgerufene Nutzungsrecht haftet, richtet sich nach der spezifischen Vertragsgestaltung.

Der Veräußerer ist unter Umständen nicht nur dem Käufer, sondern auch dem Urheber gegenüber schadenersatzpflichtig nach §§ 280 ff BGB, wenn die Übertragung des Nutzungsrechtes vertragswidrig war.

Zusammenfassend kommen auf den Veräußerer also hohe zusätzliche Kosten zu bis hin zum Risiko einer kompletten Rückabwicklung der Transaktion. Für den Erwerber besteht das Risiko, dass er keinerlei Ansprüche geltend machen kann, wenn im Zuge des Unternehmenserwerbs im Asset Deal das Nutzungsrecht gar nicht im Umfang enthalten war oder der Verkäufer vertragskonform geliefert hat und der nach Closing erfolgte Rückruf nicht anderweitig im Vertrag abgesichert ist. Zusätzlich besteht für ihn die Gefahr, dass er auch im Falle von Schadenersatz den tatsächlich entstandenen Schaden nicht vollständig kompensiert bekommt.

Der insgesamt entstandene Schaden wird umso größer sein, je länger der Zeitraum zwischen Unternehmensveräußerung und Rückruf ist. Dieser Zeitraum kann aber durchaus im Bereich mehrerer Monate liegen (s. D.II.2.).

III. Relevanz für Unternehmenstransaktionen in Deutschland

Nach eingehender Betrachtung der theoretischen Anwendbarkeit des Rückrufrechtes im Falle von Unternehmenstransaktionen im Bereich der Technologieunternehmen, stellt sich die Frage nach der tatsächlichen praktischen Relevanz dieser gesetzlich vorgesehenen Möglichkeit.

In der Rechtsprechung ist bislang noch kein Fall zum Rückrufrecht des Urhebers nach § 34 Abs. 3 UrhG behandelt worden. Ob und wie häufig es diese Fälle in der Praxis tatsächlich bereits gegeben hat, ohne dass dies zu einer gerichtlichen Auseinandersetzung geführt hat, ist nicht bekannt. Es existieren dazu keine Veröffentlichungen.

Dies ist gut zehn Jahre nach Einführung des Gesetzes zunächst mal eine beruhigende Situation. Das Potenzial für den Eintrittsfall darf dennoch nicht unterschätzt werden.

Es gibt in Deutschland über 30.000 forschende und über 110.000 innovative Technologieunternehmen, die jährlich Technologieprodukte im Wert von über 500 Milliarden Euro exportieren.[191] Die Exporteinnahmen für Lizenzen, Markenrechte und F&E sind seit 2003 in jedem Jahr höher als die Ausgaben für den Import von ausländischem Know-how in seinen unterschiedlichen Formen. Mit dem Export von F&E-Dienstleistungen wurden im Jahr 2010

---

190 *Picot*, (o. Fn. 143), S., 323.
191 BMWi, Publikation Technologie- und Informationspolitik, 2012, zu finden unter www.bmwi.de/DE/Mediathek/publikationen.html, zuletzt abgerufen am 12.06.2013.

mehr als 3 Mrd. USD erwirtschaftet, im Handel mit Lizenzen weist Deutschland im gleichen Jahr ein Plus von ca. 270 Mio. USD auf.[192]

Laut BMWi ist der wichtigste Innovations- und Technologiemotor Deutschlands der Mittelstand, also kleine Unternehmen, häufig Familienbetriebe, die mit ihren High Tech-Produkten oftmals sogar internationaler Marktführer in ihrer Marktnische sind. Diese „hidden champions" sind einerseits Deutschlands Stärke, die das Land relativ sicher durch die Weltwirtschaftskrise getragen haben, und anderseits aus dem gleichen Grund auch hochattraktive Übernahmekandidaten. Gerade im Bereich der Familienunternehmen im High Tech-Sektor wird es in den nächsten Jahren zu einer hohen Zahl an Unternehmenstransaktionen kommen. Viele der Unternehmensgründer aus der Baby-Boomer-Generation, die jetzt in das Ausstiegsalter kommen, wählen mangels familiärer Alternativen die Unternehmensveräußerung als Modell der Nachfolgeregelung.

Eine Studie von PwC beziffert das Transaktionsvolumen von Unternehmensakquisitionen im Technologiesektor in Deutschland mit 5.9 Milliarden Euro im Jahr 2011, ein Wachstum von 36% im Vergleich zum Vorjahr. Die Käufer waren im Wesentlichen strategische Investoren (in Abgrenzung zu reinen Finanzinvestoren) und die meisten Investoren kamen aus dem Ausland.[193] Auch der Sektor der industriellen Produktion ist hoch attraktiv für (ausländische) Investoren, insbesondere durch die dort vorherrschende Kombination aus hoher Profitabilität und hohem Innovationslevel der Unternehmen sowie hohem Fragmentierungsgrad des Sektors.[194] Zusammenfassend heißt das, dass sowohl Transaktionsvolumen als auch Anzahl an Transaktionen im Technologiesektor hoch ist und damit ebenfalls die gesamtwirtschaftliche Relevanz für den Rückruf nach § 34 Abs. 3 UrhG. Da wie gezeigt wurde urheberrechtlich relevante Werke in den Technologieunternehmen eine heute schon große und zukünftig noch wachsende Bedeutung einnehmen, liegen von dieser Seite die Voraussetzungen für die Anwendung des § 34 Abs. 3 UrhG vor. Von Urheberseite können, wie ebenfalls gezeigt wurde, auch bezogen auf Nutzungsrechte in Technologieunternehmen persönlichkeitsrechtliche und wirtschaftliche Gründe vorliegen, die ihm die Übertragung seiner Nutzungsrechte unzumutbar werden lassen. Begrenzt wird das faktische Risiko im Wesentlichen dadurch, dass viele Urheber in Technologieunternehmen Angestellte sind und dass viele der (relevanten) Werke Computerprogramme sind. In beiden Fällen ist die Rückrufmöglichkeit stark eingeschränkt.

Der Grund warum das Rückrufrecht bislang scheinbar wenig zum Einsatz gekommen ist, ist aber vermutlich ein anderer. Das gesamte Thema IP nimmt in Deutschland in der Unternehmenstransaktion erst jetzt langsam den Raum ein, der ihm in Anbetracht der Bedeutung der Intellectual Property für den Unternehmenserfolg, eigentlich zu-kommt.

---

192 Deutsche Bank DB Research, Mehr Wertschöpfung durch Wissen(swerte), 2012, zu finden unter www.dbresearch.de/PROD/DBR_INTERNET_DE-PROD/ PROD0000000000296978/Mehr+Wertsch%C3%B6pfung+durch+Wissen%28swerte%29%3A+Folgen+f%C3%BC Cr+regionale+Wachstumsstrategien.pdf, zuletzt abgerufen am 12.06.2013.
193 pwc, Technology, Media and Telecommunications M&A Insights 2012, zu finden unter www.pwc.de/de / technologie-medien-und-telekommunikation/technology-media-and-telecommunications-m-and-a-insights-2012.jhtml, zuletzt abgerufen am 12.06.2013.
194 pwc, Doing Deals in 2013: An insight into current industrial products deal environment, 2013, zu finden unter www.pwc.de/de/industrielle-produktion/deutsche-industrie-zieht-auslandsinvestoren-an.jhtml, zuletzt abgerufen am 12.06.2013.

In den USA, beispielsweise, ist die Sensibilität für das Thema bereits deutlich höher. Zudem steht das Thema Urheberrecht innerhalb dieser Entwicklung nicht im Fokus, sondern es sind eher die registrierten Schutzrechte wie Patente, Gebrauchsmuster und Marken, die im Transaktionsprozess an Aufmerksamkeit gewinnen.

Möglicherweise ist das Rückrufrecht des Urhebers nach § 34 Abs. 3 UrhG eine Büchse der Pandora, die bislang noch niemand geöffnet hat.

G. *Maßnahmen zur Begrenzung des Risikos aus dem Rückrufrecht für den Unternehmenskauf*

Wenn auch das faktische Risiko eines Rückrufs der Nutzungsrechte nach § 34 Abs. 3 UrhG in der Unternehmensveräußerung aus heutiger Sicht klein scheint, wären der materielle und der immaterielle Schaden im Eintrittsfall doch sehr hoch. Allein schon aus diesem Grund ist es ratsam im Vorfeld alle Maßnahmen zu ergreifen, um diesen GAU zu verhindern oder zumindest in seiner Wirkung abzufedern.

I. *Due Diligence*

Der wichtigste Schritt der Risikobegrenzung ist zunächst einmal die Ermittlung des potenziellen Risikos. Der dafür geeignete Prozessschritt in der Unternehmenstransaktion ist die Due Diligence.

Die Due Diligence, ursprünglich ein Begriff aus den US Securities Laws, bezeichnet heute im Zusammenhang mit Unternehmenstransaktionen einen Verfahrensschritt der Informationsbeschaffung und -aufbereitung für die Chancen- und Risikoerkennung auf betriebswirtschaftlicher und juristischer Ebene sowie die Wertermittlung des betrachteten Unternehmens.[195] Die Due Diligence ist die Grundlage für das individuell vereinbarte Gewährleistungsregime des Kaufvertrags.[196] Aus Verkäufersicht ist die Due Diligence das geeignete Instrument zur Enthaftung, da in diesem Rahmen dem Käufer die möglichen Risiken im Unternehmen offen gelegt werden. Die Vorgehensweise in der Due Diligence ist weitestgehend standardisiert und wird meist umgesetzt in Form einer Financial, Tax und Legal Due Diligence bei der jeweils für den Bereich qualifizierte professionelle Berater für die Informationsanalyse und -bewertung eingesetzt werden. Die Due Diligence im Bereich der Intellectual Property ist heute häufig noch ein Teil der allgemeinen Legal Due Diligence, erst allmählich wird dieser Umfang ausgegliedert und in einer eigenen IP Due Diligence mit mehr Aufmerksamkeit (Ressourcen) versehen. Unter IP wird dabei das durch Schutzrechte kodierte Wissen verstanden. Bei den Schutzrechten handelt es sich um Patente, Gebrauchsmuster, Marken, Geschmacksmuster und sonstige gewerbliche Schutzrechte sowie Urheberrechte. Der wirksame Bestand, die tatsächliche Inhaberschaft oder Nutzungserlaubnis sowie der Schutzumfang der IP-Rechte sind die Prüfungselemente der IP Due Diligence.[197]

---

195 *Berens/Strauch,* (o. Fn. 185), S. 10.
196 *Merkt,* Due Diligence und Gewährleistung beim Unternehmenskauf, BB 1995, 1041 (1048).
197 *Brenner/Knauer/Wömpener,* (o. Fn. 185), S. 659.

Die Schwierigkeit für die Risikoermittlung bezogen auf die nur urheberrechtlich geschützten Nutzungsrechte in der IP Due Diligence besteht darin, dass das Urheberrecht, anders als beispielsweise das Patent, bereits durch die Schaffung des Werkes entsteht und in keinem Register dokumentiert ist. Auch im Anlagevermögen der Handelsbilanz des Unternehmens tauchten bis 2009 die Nutzungsrechte nur dann auf wenn sie entgeltlich erworben wurden (§ 248 Abs. 2 HGB). Erst seit 2010 besteht für selbst geschaffene immaterielle Vermögenswerte ein Aktivierungswahlrecht. Typischerweise existiert im zu prüfenden Unternehmen keine Aufstellung aller aus den Urheberrechten abgeleiteten Nutzungsrechte und deren Historie der Nutzungsrechtübertragungen (chain of title).[198] Diese Informationen müssen also spezifisch beschafft werden und werden typischerweise im ohnehin engen Zeitrahmen der IP Due Diligence im Vergleich zur Betrachtung der registrierten Schutzrechte vernachlässigt.

Wichtiger erster Schritt für eine IP Due Diligence bezogen auf die Urheber- und Nutzungsrechte ist zunächst einmal dem IP Anwalt, der mit der Due Diligence betraut ist, das Verständnis für die spezifischen IP Assets, im hier betrachteten Fall also Technologie-Assets, des Unternehmens zu vermitteln. Nur auf der Basis eines eigenen Verständnisses der für den Käufer entscheidungsrelevanten Werte im Unternehmen kann der Berater gezielt und effizient prüfen.

Die Prüfung selbst beginnt mit der Identifikation der wesentlichen urheberrechtlich relevanten Werke, die im Unternehmen genutzt werden, sei es in den eigenen internen Abläufen, in der Außendarstellung oder im Produktportfolio. Die Urheber dieser Werke müssen identifiziert werden und die vom Urheber eingeräumten Nutzungsrechte müssen hinsichtlich wirksamer Einräumung, Umfang oder Begrenzungen der Einräumung und vereinbarter Vergütung geprüft werden. In diesem Zusammenhang erfolgt auch die Prüfung der Arbeitsverträge mit den Mitarbeitern und die Werk- und Lizenzverträge mit externen Urhebern sowie die Prüfung von Rechtezuweisungen aus F+E- und anderen Kooperationsvereinbarungen. Aus der Prüfung der mit den einzelnen Urhebern geschlossenen Verträge lassen sich unter Umständen bereits Hinweise für ein Rückrufrisiko ableiten.

Für die übertragenen Nutzungsrechte wird geprüft ob sich jeder Schritt der Rechtekette der Übertragung nachvollziehen lässt.

Für die im Unternehmen verwendete Software wird ermittelt, ob es sich um erworbene Vervielfältigungsstücke (Stichwort Erschöpfung) handelt oder um Individualsoftware und ob diese intern von den Mitarbeitern des Unternehmens oder extern erstellt wurde. Daraus ermittelt sich der Prüfungsumfang der Verträge.

Alle Nutzungsrechtverträge werden auf Change of Control Klauseln hin untersucht, auf Fristensetzungen, Rechtswahlklauseln, Veräußerungsverbote oder generell erteilte Zustimmungen zur weiteren Übertragung von Nutzungsrechten.

Bei internationalen Transaktionen aber auch bei internationalen Lizenzverträgen ist zu prüfen, welches Recht dem Vertrag zugrunde liegt und ob gegebenenfalls ein IP-Rechtsexperte des anderen Rechtsraums hinzuzuziehen ist.

---

198 So auch *Von Pfeil, Yorck Graf*, Urheberrecht und Unternehmenskauf, Dissertation, Berlin 2007, S. 23.

Das Ergebnis dieser Analyse sollte eine Aufstellung aller aus Käufersicht wesentlichen urheberrechtlich geschützten Werke sein, bei denen der Urheber sein Rückrufrecht bei der geplanten Unternehmenstransaktion ausüben könnte (beispielhafte Strukturierung einer solchen Aufstellung siehe Anhang). Auf Basis dieser Aufstellung kann in einer Einzelfallbetrachtung entschieden werden, welche Maßnahmen zur Risikominimierung geeignet sind. Der sicherste Weg ist dabei immer, trotz § 34 Abs. 3 Satz 1 UrhG, die Zustimmung des Urhebers zur Nutzungsrechtsübertragung im Rahmen der geplanten Transaktion einzuholen. Nicht nur reduziert dies das Rückrufrisiko (s. D.I.2), auch die Erwerberhaftung nach § 34 Abs. 4 UrhG wird so vermieden. Allerdings muss auch dieser Schritt einer sorgfältigen Schaden-Nutzen-Betrachtung unterzogen werden, da hier bereits hohe zusätzliche Kosten auftreten können, sei es dadurch dass die Urheber nicht mehr so leicht greifbar sind oder sei es, dass befürchtet werden muss, dass sie die Chance nutzen aus der Situation, in der die Transaktionspartner im Unternehmenskauf in der Regel unter Zeitdruck stehen, Kapital zu schlagen.

Alle Risiken hinsichtlich eines drohenden Rückrufs von Nutzungsrechten durch den Urheber, die nicht durch Verständigungen mit dem Urheber bereits im Vorfeld ausgeschlossen werden konnten, können dann nur noch in spezifischen Kaufpreisklauseln und Vertragsbedingungen berücksichtigt werden.

II. Kaufpreisklauseln

Sofern die Due Diligence zu einer Wertermittlung der urheberrechtlich geschützten IP und einer Risikoanalyse hinsichtlich der betroffenen Nutzungsrechte geführt hat, kann das verbleibende Risiko in den Kaufpreisklauseln im Unternehmensvertrag abgebildet werden. Dabei können Teilrücktrittsrechte des Käufers bezogen auf einzelne Nutzungsrechte oder Nutzungsrechtspakete festgelegt werden, die zu einer nachträglichen Reduzierung des Kaufpreises führen, der über eine Hinterlegung eines Teils des Kaufpreises oder über eine Bankbürgschaft abgesichert werden kann. Alternativ kann auch eine dem Earn Out ähnliche Variante einer gestreckten Kaufpreiszahlung vereinbart werden, bei der ein zusätzlicher Kaufpreises erst dann ausgezahlt wird, wenn von einem Rückruf des Urhebers nicht mehr auszugehen ist. Best case und bei umgehender proaktiver Unterrichtung aller betroffenen Urheber dürfte dies nach einem Monat bereits greifen (analog der Frist für § 613a BGB), auf der sicheren Seite ist man vermutlich erst nach Ablauf eines Jahres (s. D.II.2.).

Allen Varianten gemein ist, dass sie nur dann anwendbar sind, wenn das initiale Risiko in der Due Diligence überhaupt erkannt wurde und der Wert der einzelnen Nutzungsrechte hinlänglich beziffert werden konnte.

III. Kaufvertragsgestaltung

Sofern es sich bei der Transaktion um einen Share Deal, also einen Anteilserwerb handelt, bedarf es in der Regel keiner gesonderten Übertragung der Nutzungsrechte deren Inhaber das Unternehmen ist. Da die Rechtekette bei Nutzungsrechtübertragungen jedoch in der Due Diligence nicht immer zweifelsfrei geklärt werden kann und da das Unternehmen unter Umständen urheberechtlich geschützte Werke nutzt für die keine Nutzungsrechte vorliegen,

ist es auch im Fall des Share Deal sinnvoll, die wesentlichen zu übertragenden Schutzrechte explizit im Vertrag zu benennen.[199]
Sofern es sich bei der Transaktion um einen Asset Deal handelt, sollte der Erwerber darauf achten das alle zu übertragenden Nutzungsrechte eindeutig benannt und spezifiziert sind. Ist dies nicht der Fall gilt auch hier die Zweckübertragungstheorie zur Ableitung der Nutzungsrechte, die hätten übertragen werden sollen. Für eine nachträgliche Bewertung im Konfliktfall muss der Zweck den der Erwerber mit dem Unternehmenskauf verbindet – in Bezug auf die dazu benötigten Nutzungsrechte – dokumentiert sein. Es empfiehlt sich also in jedem Fall die Aufnahme einer entsprechenden Präambel in den Kaufvertrag.[200]

Je nach dem Gewicht welches den Nutzungsrechten im Gesamtunternehmenskauf von Käuferseite aus beigemessen wird, kann der Bestand der Nutzungsrechte auch zum Gegenstand einer MAC-Klausel gemacht werden. Unter einem Material Adverse Change (MAC) wird ein Ereignis verstanden, das so gravierend ist, dass der Käufer bei Eintreten dieses Ereignisses nicht länger an die vertragliche Verpflichtung zum Erwerb des Unternehmens gebunden ist.[201] Der MAC ist also ein Vertragsbestandteil, der für den Zeitraum zwischen Signing und Closing seine Wirkung entfaltet und folgerichtig im vorliegenden Fall nur dann einen Nutzen bringt, wenn der Urheber in diesem Zeitraum sein Rückrufrecht ausübt.

Die Abbildung des (erkannten) Rückrufrisikos erfolgt sinnvollerweise über den Garantiekatalog des Unternehmenskaufvertrages. Hier wird der Veräußerer verpflichtet den Bestand, seine Inhaberschaft, die Lastenfreiheit sowie die Vollständigkeit der übertragenen Nutzungsrechte zur Erzielung des Vertragszwecks zu garantieren und hier gehört zur Absicherung des Erwerbers eine Klausel aufgenommen, die den Bestand der Nutzungsrechte für einen gewissen Zeitraum nach Vertragsabschluss gewährleistet. Dieser Zeitraum korreliert mit der (angenommenen) Verfristung oder dem (angenommenen) Zeitraum für eine Verwirkung des Rückrufrechts. Alternativ kann sich hier aber auch der Verkäufer absichern mit der Aufnahme eines Passus, dass er keine Haftung für Rückrufe nach § 34 Abs. 3 UrhG und ihre Folgen übernimmt.

Die Folgen einer Garantieverletzung können individuell festgelegt werden mit Möglichkeit zur Nachbesserung oder auch Beschaffung der Nutzungsrechte durch den Unternehmenserwerber direkt beim Urheber und Erstattung der dabei aufgewendeten Kosten durch den Unternehmensveräußerer. Der letztgenannte Fall dürfte jedoch nur dann eintreten, wenn der Urheber wirtschaftliche Gründe für seinen Rückruf hat und der Unternehmenserwerber diese wirtschaftlichen Gründe unter Erzeugung zusätzlicher Kosten ausräumt. Als weitere Folgen der Garantieverletzung kommen in Betracht Teilrücktritt von diesem Teil des Kaufvertrags, Gesamtrücktritt vom Kaufvertrag, Kaufpreisminderung, und Schadenersatz. Bei Vereinbarung selbständiger Garantieversprechen werden üblicherweise ebenfalls festgelegt die Höhe eines Mindestschadens der pro Fall einer Garantieverletzung (threshold) und insgesamt (basket) überschritten werden muss, bevor es zu einer Schadensleistung des Verkäufers kommt, sowie eine Höchstgrenze (cap) für die Schadensleistungen und die Länge der Verjährung, die je nach Schadenskategorie in der Regel unterschiedlich gestaffelt ist.

---

199 *Völker*, BB 1999, 2413 (2418).
200 So auch *Von Pfeil, Yorck Graf*, Urheberrecht und Unternehmenskauf, Dissertation, Berlin 2007, S. 176.
201 *Van Kann, Jürgen* [Hrsg.], Praxishandbuch Unternehmenskauf, Stuttgart 2009, S. 59.

Im Hinblick auf den möglichen Beginn einer Verfristung oder Verwirkung (s. D.II.2.) gehört in den Kaufvertrag ebenfalls aufgenommen, welcher Vertragspartner innerhalb welchen Zeitraums die betroffenen Urheber über die Transaktion informiert. Sinnvoll ist es ein entsprechendes Informationsschreiben bereits zu formulieren und als Anlage in den Kaufvertrag zu übernehmen.

H. Schlussbetrachtung

Das Rückrufrecht des Urhebers nach § 34 Abs. 3 UrhG greift für Nutzungsrechtübertragungen, die ohne Zustimmung des Urhebers im Rahmen eines Teil- oder Gesamtunternehmensverkauf erfolgt sind sowie bei wesentlichen Änderungen in der Gesellschafterstruktur der Nutzungsrechtinhaber. Betroffen sind davon auch typische urheberrechtlich geschützte Werke in Technologieunternehmen, wie Computersoftware, technische Dokumentation, Datenbanken und Multimediawerke. Der Rückruf kann mit persönlichkeitsrechtlicher oder wirtschaftlicher Unzumutbarkeit für den Urheber begründet sein. Das Rückrufrecht steht aus beiden Motivationen auch den typischen Urhebern in Technologieunternehmen zu, wenn auch teilweise nur in eingeschränkter Form. Die Schwellen für die Unzumutbarkeit liegen niedriger als die Schwellen für eine Kündigung aus wichtigem Grund. Die Ausübung des Rückrufrechtes führt zum entschädigungslosen Heimfall der Nutzungsrechte an den Urheber und zum Erlöschen des zugrundeliegenden Nutzungsvertrags. Auf das Rückrufrecht kann im Vorfeld nicht verzichtet werden. Der Zeitraum in dem der Rückruf ausgeübt werden kann ist nicht eindeutig begrenzt. Auch in grenzüberschreitenden Transaktionen kann es zur Anwendbarkeit des Rückrufrechts kommen. Für Unternehmenstransaktionen im Technologiesektor, in denen die Intellectual Property einen erheblichen Anteil am Unternehmenswert ausmacht, kann der Rückruf der übertragenen Nutzungsrechte den GAU darstellen, sowohl aus Sicht des Unternehmensveräußerers als auch aus Sicht des Unternehmenserwerbers. Die Möglichkeiten den Schaden durch Kaufpreisklauseln und andere Elemente des Garantiekatalogs im Unternehmenskaufvertrag abzufangen sind begrenzt. Auch wenn die praktische Relevanz des Rückrufs nach § 34 Abs. 3 UrhG aus heutiger Sicht gering scheint, darf das Risiko aufgrund des hohen Schadenspotenzials im Eintrittsfall nicht unterschätzt werden. Das Risiko für das Auftreten solcher Fälle wird in der Zukunft eher größer, da die Bedeutung der urheberrechtlich geschützten Intellectual Property in Technologieunternehmen beständig wächst und die Zahl der Unternehmenstransaktionen in diesem Bereich ebenfalls zunimmt. Eine individuelle Begrenzung des Risikos ist nur auf der Basis einer sorgfältigen spezifischen IP Due Diligence möglich. Ausgeschaltet kann das Eintrittsrisiko nur durch die Zustimmung des Urhebers zur Nutzungsrechtübertragung im Rahmen der Unternehmenstransaktion werden. Damit entfällt allerdings die vom Gesetzgeber mit dieser Norm angestrebte Vereinfachung von Unternehmenstransaktionen.

I. Anhang

Due Diligence Liste urheberrechtlich geschützter Werke

Werk, Bezeichnung	Zuordnung Katalog § 2 I UrhG	Datum Entstehung	Datum Erstveröffentlichung	Ablauf Schutzfrist	Rechtsstatut Urheberrecht	Urheber, Mitarbeiter, ggf. Bearbeiter	Rechtsbeziehung zum Urheber	bei Arbeitnehmer-Urheber Pflichtwerk j/n	bei Arbeitnehmer-Urheber Arbeitsvertragliche Regelung	Gültiger Tarifvertrag
Kurze Beschreibung des urheberrechtlich geschützten Werkes, seines Einsatzortes und Priorität für die Transaktion	Schriftwerk						Arbeitnehmer			
	Computerprogramm						Freier Mitarbeiter			
	Musik						Auftragnehmer			
	Lichtbild						Lieferant			
	Filmwerk						Freier Entwicklungspartner			
	Techn. Dokumentation						Freier Urheber Eigentümer / Gesellschafter			
	Multimediawerk						keine direkte			
	sonstiges Werk									

Vom Unternehmen erworbene Nutzungsrechte

Werk, Bezeichnung	Art des Nutzungsrechts (§ 31 UrhG)	Datum Übertragung Nutzungsrecht (Vertrag)	Nutzungsrecht erworben von	Einschränkungen Nutzungsrecht	Verzicht auf Zustimmungserfordernis	Change-of-Control-Klausel	Vergütung Nutzungsrecht	Vertragsdauer	Rechtsstatut Nutzungsrecht	SW-Erwerb über (Erschöpfung)	Chain of Title geprüft und vollständig?
Kurze Beschreibung des urheberrechtlich geschützten Werkes, seines Einsatzortes und Priorität für die Transaktion	*Fortsetzung* Nutzungsarten einfach/ausschließlich		Urheber							Datenträger	
			Nutzungsrechtinhaber							Online	

Vom Unternehmen vergebene Nutzungsrechte (Lizenzen)

Werk, Bezeichnung	Art des Nutzungsrechts (§ 31 UrhG)	Datum Übertragung Nutzungsrecht (Vertrag)	Nutzungsrecht lizensiert an	Einschränkungen Nutzungsrecht	Verzicht auf Zustimmungserfordernis für Unterlizensierung	Change-of-Control-Klausel	Vergütung Nutzungsrecht	Vertragsdauer	Rechtsstatut Nutzungsrecht	Rechtsstreitigkeiten	Besonderheiten
Kurze Beschreibung des urheberrechtlich geschützten Werkes, seines Einsatzortes und Priorität für die Transaktion	*Fortsetzung* Nutzungsarten einfach/ausschließlich		Urheber								
			Nutzungsrechtinhaber								

Individuelle Widerstände im Change Management im Anschluss an Unternehmenstransaktionen

Von Dr. Ute Richter, EMBA

A. Problemstellung 255
B. Individuelle Widerstände im Change-Management als theoretischer und konzeptioneller Bezugsrahmen 257
   I. Mergers & Acquisitions als veränderungsinduzierendes Ereignis 257
      1. Begriffsdefinition und Formen 257
      2. Merger Syndrom 258
   II. Das Phänomen des Widerstands in der Post Merger Phase 260
      1. Charakteristika, Definition und systematische Übersicht 260
      2. Ursachen individueller Widerstände 261
      3. Erscheinungsformen individueller Widerstände 263
      4. Auswirkungen individueller Widerstände 264
   III. Determinanten des individuellen Widerstandes 265
      1. Organisationale Faktoren 265
      2. Individuelle Faktoren 266
C. Change-Management in der Post Merger Integration 268
   I. Change Management - Definition, Handlungsfelder und Ziele 268
   II. Voraussetzungen der Veränderung von Individuen 269
      1. Situatives Ermöglichen (Dürfen und Sollen) 269
      2. Wandlungsbereitschaft und -fähigkeit (Wollen und Können) 270
   III. Der Change Management-Prozess 271
   IV. Maßnahmen und Instrumente des Change Managements 272
      1. Übersicht über Strategien und Instrumente des Change Managements 272
      2. Kommunikation 273
      3. Qualifizierung 274
      4. Partizipation 275
      5. Materielle und immaterielle Anreizsysteme 276
D. Implikationen für die Praxis für die Phase der Post Merger Integration 276
   I. Strategische und strukturelle Empfehlungen 276
   II. Normative Empfehlungen 282
E. Schlussbetrachtung 285

A. Problemstellung

"Die einzige Konstante im Universum ist die Veränderung."[1]

Dieses Zitat von Heraklit ist zeitlos und besitzt heute mehr Gültigkeit denn je. Damit zeigt sich, dass das Phänomen des Wandels keinesfalls eine neuartige Erscheinung ist. Vor dem

---

[1] Heraklit von Ephesus (etwa 540 - 480 v. Chr.), auch Herakleitos, griechischer Philosoph.

Hintergrund zunehmend volatiler Unternehmensumfelder,[2] als Produkt der fortschreitenden Globalisierung und der hiermit korrespondierenden Wettbewerbsintensität, sind Unternehmen[3] gezwungen, ressourcenorientierte Optimierungsstrategien zu verfolgen, die in der Vergangenheit zu einer Zunahme von Unternehmenstransaktionen geführt haben.[4] Zwar konnte in den letzten Jahren ein rückläufiger Trend bei der Anzahl durchgeführter Mergers & Acquisitions (M&A) beobachtet werden, dennoch ist das Thema in der Praxis aktuell relevant und von signifikanter Bedeutung.[5] Zudem muss angemerkt werden, dass es sich bei M&A um zyklische Wellenphänomene handelt.[6] Ein Großteil der Unternehmenstranskationen scheitert jedoch, wie sich branchenunabhängig an den Negativbeispielen von Daimler und Chrysler, Time Warner und AOL sowie EADS und BAE zeigt. Die Misserfolgsquote wird in der Literatur, abhängig vom jeweiligen Studiendesign, auf 40 bis 85 Prozent beziffert.[7] Damit wird evident, dass Unternehmenstransaktionen ein hohes Investitionsrisiko immanent ist.[8]

Als eine der Hautpursachen fehlgeschlagener M&A wird das sog. Merger Syndrom und die daraus resultierenden individuellen Widerstände, infolge mangelnder Mitarbeiterintegration, identifiziert.[9] Damit zeigt sich die essentielle Bedeutung individueller Widerstände in der Integrationsphase (Post Merger Phase) für den Erfolg von M&A, die den zentralen Untersuchungsgegenstand bilden.

Zielsetzung der vorliegenden Arbeit ist die deskriptive Darstellung individueller Widerstände, die in der Post Merger Integrationsphase von M&A verortet sind. Hierauf aufbauend sollen mögliche Lösungsmechanismen zur Überwindung dieser Widerstände, auf Grundlage verhaltensökonomischer Ansätze, abgeleitet werden.

Im Anschluss an die Problemstellung wird der theoretische und konzeptionelle Bezugsrahmen individueller Widerstände in der Post Merger Integrationsphase erarbeitet. Hierzu wird zunächst auf Mergers & Acquisitions als fundamentalen Restrukturierungsprozess eingegangen und das in diesem Zusammenhang auftretende Merger-Syndrom vorgestellt.

---

2 Vgl. *Mast*, Mitarbeiterkommunikation, Change und Innovationskultur: Balance von Informationen und Innovationen, in: Zerfaß/Möslein, Kommunikation als Erfolgsfaktor im Innovationsmanagement, Strategien im Zeitalter der Open Innovation, Gabler 2009, S.272.
3 Für die Zwecksetzung dieser Arbeit wird nicht zwischen den Begriffen Unternehmen und Organisation unterschieden, da sie hinsichtlich der Problematik individueller Widerstände homogen sind.
4 *Lucks/Meckl*, Internationale Mergers & Acquisitions, Der prozessorientierte Ansatz, Springer 2002, S. 6.
5 Vgl. *Gerds/Schewe*, Post Merger Integration, Unternehmenserfolg durch Integration Excellence, 4. überarbeitete Auflage 2011, S. 3; aufgrund der diskontinuierlichen Wirtschaftsentwicklung der letzten Jahre, infolge der Finanz- und Wirtschafs- sowie der aktuellen Staatsschuldenkrise im Euroraum, sind die Zahlen der jüngeren Vergangenheit zudem nur bedingt repräsentativ.
6 Vgl. *Lucks/Meckl*, (o. Fn. 4), S. 6.
7 Vgl. *Bischoff*, Change Management in M&A Projekten – Von der Cultral Due Diligence zur Post-Merger-Integration, in: Keuper/Groten, Nachhaltiges Change Management, Gabler 2007, S. 61; Grube/Töpfer, Post Merger Integration. Erfolgsfaktoren für das Zusammenwachsen von Unternehmen, Schäffer-Poeschel 2002, S. 43; *Mast*, (o. Fn. 2), S.272 (sie bezieht sich allgemein auf Veränderungsprojekte); *Schewe/Michalik/Hendtker*, Kommunikationsgestaltung bei der Post Merger Integration, Arbeitspapier Nr. 22/2003, Westfälische Wilhelms Universität Münster, 2003, S. 3.
8 Vgl. *Grube/Töpfer*, (o. Fn. 7), S. 44.
9 Vgl. *Lucks/Meckl*, (o. Fn. 4), S. 140 f.; *Olie/Köster*, Internationale Mergers an Acquisitons: Kulturintegration und Personalmanagement, in: Stahl/Mayrhofer/Kühlmann, Internationales Personalmanagement: neue Aufgaben, neue Lösungen, Rainer Hampp 2005, S. 70.

Anschließend erfolgt eine Bestandsaufnahme individueller Widerstände, indem Ursachen, Erscheinungsformen, Auswirkungen und Determinanten im organisationalen Kontext thematisiert werden.

Das dritte Kapitel ist dem Veränderungsmanagement (Change-Management) gewidmet. Zunächst wird im Rahmen dieses Kapitels der Begriff Change Management definiert sowie die wichtigsten Konzepte und Handlungsfelder kurz erläutert. Hieran im Anschluss wird der Change-Management-Prozess dargestellt und auf die vier zentralen Gestaltungsparameter sowie die hierbei zum Einsatz kommenden Instrumente eingegangen.

Das vierte Kapitel befasst sich mit möglichen Lösungsansätzen zur Überwindung individueller Widerstände. Zu diesem Zweck wird auf Erkenntnisse der Verhaltensökonomie (Behavioral Economics) rekurriert, um Implikationen für den effektiven und effizienten Abbau individueller Widerstände herleiten zu können. Zudem werden die Beeinflussungsgrenzen der Veränderungsbereitschaft aufgezeigt und der Untersuchungsgegenstand einer kritischen Würdigung unterzogen.

Den Abschluss der Arbeit bildet eine Schlussbetrachtung, die die Ergebnisse zusammenfasst und einen kurzen Ausblick gewährt.

B. *Individuelle Widerstände im Change-Management als theoretischer und konzeptioneller Bezugsrahmen*

I. *Mergers & Acquisitions als veränderungsinduzierendes Ereignis*

1. *Begriffsdefinition und Formen*

Ausgangspunkt der vorliegenden Untersuchung bilden Unternehmenszusammenschlüsse im engeren Sinn (Mergers & Acquisitions), die ein veränderungsinduzierendes Ereignis initiieren, das gravierende Umwälzungen der organisationalen und psycho-sozialen Ebene eines Unternehmens impliziert.[10] Konstituierende Kriterien von M&A sind der Eigentumsübergang im Rahmen eines Transaktionsprozesses und die daraus resultierende Übertragung von Weisungs- und Kontrollrechten.[11] Der Begriff M&A ist demzufolge ein Sammelbegriff für Transaktionen: "*..., die durch den Übergang von Leitungs- und Kontrollbefugnissen an Unternehmen auf andere Unternehmen gekennzeichnet sind.*"[12] M&A können nach dem Ausmaß der wirtschaftlichen und rechtlichen Selbständigkeit, im Anschluss an die Transaktion, in Konzernierung (Acquisitions) und Unternehmensfusion (Merger) unterschieden werden.[13] Abstrahiert man von juristischen Aspekten sind die phänomenologischen Unterschiede zwischen Fusionen und Akquisitionen regelmäßig marginal, da auch die Akquisition i.d.R. eine Verschmelzung von Organisationen auslöst. Aus diesem Grund soll in der Folge für die Zwecke dieser Untersuchung keine Unterscheidung dieser beiden

---

10 Vgl. *Lucks/Meckl*, (o. Fn. 4), S. 105. *Schewe/Schaecke/Nentwig*, Personenbedingte Widerstände bei Reorganisationsprozessen – Identifikation und Überwindung, Arbeitspapier Nr. 26/2004, Westfälische Wilhelms Universität Münster 2004, S. 1.
11 Vgl. *Wirtz*, Mergers & Acquisitions Management. Strategie und Organisation 2003, S. 11 f.
12 *Lucks/Meckl*, (o. Fn. 4), S. 24.
13 Vgl. *Wirtz*, (o. Fn. 11), S. 16.

Begriffe erfolgen. Die dominierende Zielsetzung von M&A ist die Realisierung von Synergieeffekten.[14] Hierzu ist es erforderlich zwei differierende Unternehmensorganisationen und -kulturen zu integrieren.[15] Das Ausmaß der hierfür erforderlichen Restrukturierung ist abhängig vom gewählten Integrationsgrad (Bindungsintensität) und korreliert positiv mit diesem.[16]

Der chronologische Ablauf von M&A wird in der Literatur regelmäßig mittels Phasenschemata dargestellt. Eine idealtypische und häufig verwendete Darstellung strukturiert den Ablauf von M&A anhand der drei Phasen Konzeption (Pre-Merger), Transaktion (Merger) und Integration (Post Merger).[17] Unisono wird in der Literatur konstatiert, dass die meisten M&A in der Integrationsphase scheitern[18] und der Akquisitionserfolg in dieser Phase determiniert wird,[19] wobei gleichermaßen harte wie weiche Faktoren erfolgskritisch sind.[20]

Für die weiteren Ausführungen ist demzufolge die Phase der Integration untersuchungsrelevant, die den Kern der Personalveränderungsprozesse bildet. Das intendierte Hauptziel aus Sicht des Personalmanagements in der Integrationsphase ist die allokationseffiziente Zuteilung quantitativer und qualitativer Humanressourcen.[21]

2. Merger Syndrom

Bei M&A inkludiert die Gegensätzlichkeit der unterschiedlichen zu integrierenden Unternehmenskulturen ein enormes Konfliktpotenzial.[22] Ein hiermit eng verbundenes Phänomen ist das sog. Merger-Syndrom, das negative psychische und verhaltensbedingte Effekte auf die Belegschaft im Zusammenhang mit M&A beschreibt. Hiervon sind im Wesentlichen das Verhalten, die Einstellung und die Motivation der Mitarbeiter betroffen, wobei die Intensität der Effekte abhängig von den konkreten Ausgangssituationen der an der Unternehmenstransaktion beteiligten Unternehmen ist.[23] Für das Merger-Syndrom ist folgende Symptomatik charakteristisch:[24]

- *Befangenheit*: aus Sicht der Belegschaft ist die Unternehmenstransaktion das zentrale Ereignis, das sie kognitiv und emotional beschäftigt. Vor diesem Hintergrund spekulieren die Mitarbeiter verstärkt über mögliche (negative) Konsequenzen, was sich dysfunktional auf die individuelle Arbeitsleistung auswirkt. Dies

---

14 Vgl. *Grube/Töpfer*, (o. Fn. 7), S. 6; Hackmann, Organisatorische Gestaltung in der Post Merger Integration: Eine organisationstheoretische Betrachtung unterschiedlicher Integrationsansätze, Gabler 2011, S. 13; Schwarz, Erfolg im Post-Merger Management: Zielorientierte Unternehmensintegration nach M&A mittels Integrationsscorecard WiKu 2004, S. 96; weitere Ziele finden sich bei Bischoff, (o. Fn. 7), S. 63 f., Schwarz, (o. Fn. 14), S. 93 ff. u. Wirtz, (o. Fn. 11), S.18.
15 Vgl. *Lucks/Meckl*, (o. Fn. 4), S. 61; *Wirtz*, (o. Fn. 11), S. 314.
16 Vgl. *Bischoff*, (o. Fn.7), S. 65; *Hackmann*, (o. Fn. 14), S. 84.
17 Vgl. *Bischoff*, (o. Fn. 7), S. 64 f; *Grube/Töpfer*, (o. Fn. 7), S. 45. *Hackmann*, (o. Fn. 14), S. 18.
18 Vgl. *Gerds/Schewe*, (o. Fn. 5), S. 5; *Grube/Töpfer*, (o. Fn. 7), S. 103. *Wirtz*, (o. Fn. 11), S. 271.
19 Vgl. *Schewe/Michalik/Hendtker*, (o. Fn. 7), S. 3.
20 Vgl. *Gerds/Schewe*, (o. Fn. 5), S. 62.
21 Vgl. *Lucks/Meckl*, (o. Fn. 4), S. 133.
22 Vgl. *Breuer/Bartha*, Deutsch-französische Geschäftsbeziehungen erfolgreich managen, Spielregeln für die Zusammenarbeit auf Fach- und Führungsebene, Gabler 2012, S. 74.
23 Vgl. *Grube/Töpfer*, (o. Fn. 7), S. 47; *Lucks/Meckl*, (o. Fn. 4), S. 140.
24 In Anlehnung an *Nerdinger/Blickle/Schaper*, Arbeits- und Organisationspsychologie, Springer 2008, S. 173 f.

betrifft im Wesentlichen die Sorge über die Sicherheit des Arbeitsplatzes sowie einen möglichen Verlust von Einfluss oder Status.[25]

- *Gerüchte:* die innerbetriebliche Kommunikation wird von Gerüchten[26] und Spekulationen geprägt. Der dominierende Gesprächsgegenstand sind Worst-Case-Szenarien.[27] Hierdurch wird die Unternehmenskommunikation stark reduziert rezipiert, was zu eingeschränkten Informationsflüssen führt. Erweisen sich Gerüchte retrospektiv jedoch als zutreffend, kann dies das Vertrauen der Belegschaft unterminieren.[28]

- *Stressreaktionen:* die Mitarbeiter quittieren die Ausnahmesituation mit zunehmender Aggression, Rückzugsverhalten und physischen Reaktionen wie Kopfschmerzen und Schlaflosigkeit.

- *Eingeschränkte Kommunikation:* der Kontakt und die Kommunikation zwischen den Mitarbeitern und den Entscheidungsträgern sind reduziert, wodurch Ziel und Modus des Integrationsprozesses für die Mitarbeiter intransparent bleiben.

- *Kontrollverlust der Unternehmensleitung:* die Mitarbeiter zweifeln an der Kompetenz der Unternehmensleitung und den sie repräsentierenden Vorgesetzten die Umwälzungsprozesse beherrschen und kontrollieren zu können.

- *Kampf der Kulturen:* die kulturelle Differenz wird besonders intensiv wahrgenommen. Gemeinsamkeiten und kulturelle Ähnlichkeiten werden verdrängt.

- *Wir versus sie:* der Fokus der Mitarbeiter liegt auf den wahrgenommenen Differenzen zwischen sich und den neuen Kollegen, wodurch diese verschärft werden (Ingroup-Vorurteile[29]).

- *Gewinner versus Verlierer:* die Mitarbeiter des übernommenen Unternehmens sehen sich als Verlierer, was zu Resignation und hoher Fluktuation führen kann.

- *Angriff und Verteidigung:* die Mitarbeiter fokussieren sich auf Veränderungen des jeweils anderen Unternehmens und versuchen des Status quo im eigenen Unternehmen zu erhalten.

- *Kulturüberlegenheit:* das Arbeitsumfeld wird von der Belegschaft als ein kultureller Wettbewerb wahrgenommen, wobei die eigene Kultur als überlegen erachtet wird.

Damit kann konstatiert werden, dass die Unternehmenstransaktion von der Belegschaft des übernommenen Unternehmens als Zwangssituation wahrgenommen wird.[30] Zudem herrscht ein Klima der Verunsicherung, da die Mitarbeiter die anstehenden Veränderungen und einen möglichen Arbeitsplatzverlust fürchten. Diese Befürchtungen sind grundsätzlich berechtigt,

---

25 Vgl. *Olie/Köster*, (o.Fn. 9), S. 70.
26 Ein Gerücht ist eine i.d.R. glaubhaft und verbal kommunizierte Behauptung über Tagesereignisse, deren Richtigkeit nicht verifiziert werden kann. Vgl. *Nerdinger*, (o. Fn. 24), S. 72.
27 Vgl. *Lucks/Meckl*, (o. Fn. 4), S. 140.
28 Vgl. *Nerdinger*, (o. Fn. 24), S. 73.
29 Das Ingroup-Phänomen beschreibt die Bevorzugung der eigenen Gruppe, wodurch alle Personen außerhalb dieser Gruppe (outgroup) benachteiligt werden; vgl. *Olie/Köster*, (o. Fn. 9), S. 75.
30 Eine Ausnahme hiervon bildet u.U. der sogenannte "Merger of Equals", wo der Zusammenschluss der Unternehmen einvernehmlich erfolgt. Das grundsätzliche Problem fundamentaler Restrukturierungen besteht aber auch hier.

da es im Zuge von M&A regelmäßig zu Personalbestandsveränderungen kommt, um Effizienzsynergien realisieren zu können.[31] Konsequenzen des Merger-Syndroms sind fehlende Wandlungsbereitschaft der Mitarbeiter, ein Rückgang der Motivation und hieraus resultierende Produktivitätseinbußen.[32] Aber auch das institutionelle Vertrauen wird erschüttert, da die Mitarbeiter die Unternehmensleitung für den organisatorischen Wandel verantwortlich machen.

II. Das Phänomen des Widerstands in der Post Merger Phase

1. Charakteristika, Definition und systematische Übersicht

Generell bezeichnet Widerstand eine Prozess hemmende oder diesem entgegenwirkende Kraft. In der Literatur ist hierfür der Ausdruck hemmende oder retardierende Kraft (restraining forces) gebräuchlich, deren Auswirkung einen näher zu spezifizierenden Status quo konserviert.[33] Diese Vorstellung von Veränderungsprozessen geht auf die Forschung zur sozialen Feldtheorie Kurt Lewins zurück, der Veränderung als Zusammentreffen hemmender und treibender Kräfte konzeptualisiert hat.[34] Der Begriff des Widerstandes ist in unterschiedlichen Kontexten und Disziplinen verortet, was unterschiedliche Konnotationen bedingt. Für die nachfolgenden Ausführungen soll Widerstand als psychologische Barriere von Organisationsmitgliedern interpretiert werden, die rational oder emotional bedingt einem Veränderungsprozess entgegenwirkt. Demnach kann Widerstand, auf eine der Literatur allgemein anerkannte Begriffsabgrenzung referenzierend, wie folgt definiert werden:

"*Von Widerstand kann immer dann gesprochen werden, wenn vorgesehene Entscheidungen oder getroffene Maßnahmen, die auch bei sorgfältiger Prüfung als sinnvoll, logisch oder sogar dringend notwendig erscheinen, aus zunächst nicht ersichtlichen Gründen bei einzelnen Individuen, bei einzelnen Gruppen oder bei der ganzen Belegschaft auf diffuse Ablehnung stoßen, nicht unmittelbar nachvollziehbare Bedenken erzeugen oder durch passives Verhalten unterlaufen werden.*"[35]

Im Rahmen von Veränderungsprozessen können grundsätzlich externe und interne Widerstände unterschieden werden, abhängig von ihrer Entstehungssphäre.[36] Diese lassen sich jeweils weiter in systembedingte und personenbedingte Widerstände differenzieren, wobei eine eindeutige Trennung nicht immer möglich ist.[37] Personenbedingte Widerstände erklären sich aus dem Verhalten einer Person, wohingegen systembedingte Widerstände das Produkt des strukturellen Umfelds sind.[38] Die externen Widerstände sind exogen vorgegeben und repräsentieren die Rahmenbedingungen in denen Unternehmen und Individuen agieren.

---

31 Vgl. *Gerds/Schewe*, (o. Fn. 5), S. 219; *Kaltenbacher*, Integration bei Mergers & Acquisitions: Eine empirische Studie des Human Resource Managements aus Sicht des ressourcenbasierten Ansatzes, Hampp 2011, S. 9; vgl. *Schwarz*, (o. Fn. 14), S. 197.
32 Vgl. *Lucks/Meckl*, (o.Fn. 4), S. 141.
33 Vgl. *Lauer*, Change Management, Grundlagen und Erfolgsfaktoren, Springer 2010, S. 55.
34 Vgl. *Cacaci*, Chance Management – Widerstände gegen Wandel, Plädoyer für ein System der Prävention, DUV 2006, S. 36 f; *Lewin*, Feldtheorie in den Sozialwissenschaften, Huber 1963, S. 292.
35 Vgl. *Doppler/Lauterburg*, Change Management, Den Unternehmenswandel gestalten, 10. Auflage 2002, S. 323.
36 Vgl. *Schewe/Schaecke/Nentwig*, (o. Fn. 10), S. 3.
37 Vgl. *Schewe/Schaecke/Nentwig*, (o. Fn. 10), S. 5.
38 Vgl. *Schewe/Schaecke/Nentwig*, (o. Fn. 10), S. 3; *Hackmann*, (o. Fn. 14), S. 82.

Zu den systembedingten, externen Widerständen zählen die sozialen, technischen und rechtlichen Unternehmensumfelder und bei den externen, individuellen Barrieren sind Einstellungen, Normen und Werte zu nennen, die durch das bestehende sozio-kulturelle Referenzsystem determiniert werden.[39]

Den zentralen Untersuchungsgegenstand dieser Arbeit bilden die individuellen und damit die personenbedingten Widerstände. Im Folgenden wird somit von den systembedingten Widerständen abstrahiert. Nachdem das Phänomen individueller Widerstände eingegrenzt wurde, werden im nächsten Unterabschnitt die Ursachen von Widerständen erörtert.

2. *Ursachen individueller Widerstände*

Die Verhaltensmuster des Menschen haben sich über Jahrtausende hinweg in einer relativ stabilen Umwelt entwickelt. Der Mensch ist daher, historisch bedingt, auf eine habituelle Lebensführung konditioniert. Eine Zunahme und Intensivierung der Veränderungsprozesse ist, zumindest aus evolutionärer Perspektive, ein relativ junges Phänomen (Wandel des Wandels).[40] Aus diesem Grund sind Widerstände gegen Veränderungen ein natürlicher Prozess.[41] Dieser manifestiert sich im Wunsch des Menschen nach Kontinuität und dem Bedürfnis nach einer sicheren, stabilen und strukturierten Umgebung.[42] Damit kann konstatiert werden, dass Individuen eine naturgegebene Präferenz für das Vertraute und Gewohnte haben, womit ein eigenständiger Nutzen korrespondiert.[43]

In der Literatur wird eine Vielzahl unterschiedlichster Gründe für Widerstände angeführt, was die Notwendigkeit einer Klassifizierung indiziert. Grundsätzlich können Widerstände auf zwei Ursachenkomplexe zurückgeführt werden. Hierbei handelt es sich einerseits um emotionale und andererseits um rationale Gründe.[44] Zu den emotionalen Ursachen zählen im Wesentlichen Angst und Reaktanz. Die rationalen Auslöser können auf das Ergebnis eines impliziten Evaluationsprozesses zurückgeführt werden, im Rahmen dessen Vor- und Nachteile der Veränderung gegeneinander abwogen werden.

Im Kontext von Unternehmenstransaktionen kommt es zu einer Veränderung der organisationalen Regeln, die von den Mitarbeitern als Einschränkung ihrer individuellen Handlungsdispositionen interpretiert werden.[45] Fühlt sich ein Mensch in seiner Freiheit

---

39 Vgl. *Schewe/Brast/Nienaber*, Vertrauenskommunikation zur Überwindung von Innovationsbarrieren, eine explorativ-empirische-Analyse, Arbeitspapier des Lehrstuhls für Betriebswirtschaftslehre, insbesondere Organisation, Personal und Innovation, Arbeitspapier Nr. 39/2006, Westfälische Wilhelms Universität Münster 2006, S. 3.
40 Vgl. *Neubauer/Rosemann*, Führung, Macht und Vertrauen in Organisationen, *Kohlhammer* 2006, S. 146; von Rosenstiel, Der Widerstand gegen Veränderung, ein vielbeschriebenes Phänomen in psychologischer Perspektive, in: Franke/von Braun, Innovationsforschung und Technologiemanagement, Konzepte, Strategien Fallbeispiele, Springer 1998, S. 36.
41 Vgl. *Kraus/Becker-Kolle/Fischer*, Handbuch Change-Management, Cornelsen 2004, S. 62; *von Rosenstiel*, (o. Fn. 40), S. 37.
42 Vgl. *Stock-Homburg*, Personalmanagement, Theorien – Konzepte – Instrumente, Gabler, 2. Auflage 2010, S. 71.
43 Vgl. *Frey/Gerkhardt/Fischer*, Erfolgsfaktoren und Stolpersteine bei Veränderungen, in: Fisch/Müller/Beck, Veränderungen in Organisationen, VS 2008, S. 281.
44 Vgl. *Kraus/Becker-Kolle/Fischer*, (o. Fn. 41), S. 329.
45 Vgl. *Lauer*, (o. Fn. 33), S. 45.

eingeschränkt, kommt es zu entsprechenden Abwehrreaktionen, die als Reaktanz bezeichnet werden.[46] Dabei sind die entsprechenden Reaktionen umso stärker, je intensiver die Eingriffe in die eigene Handlungsfreiheit wahrgenommen werden.

Kennzeichnend für menschliches Empfinden ist eine starke Unsicherheitsaversion.[47] Ein Veränderungsprozess bedeutet zunächst einen temporären Steuerungs- und Kontrollverlust, die zu Unsicherheit bei den Betroffenen führt. Charakteristisch für unsichere und ambivalente Situationen, wie sie für M&A typisch sind, ist eine Zunahme von Angst und Stress.[48] Angst dominiert daher neben Reaktanz die emotionalen Widerstände, die sich in Verlust-, Versagens- und Konfliktängsten äußern kann.[49]

Bei individuell rationaler Betrachtungsweise lassen sich Widerstände auf Basis eines Nutzenkalküls modellieren. Diesem Verständnis entsprechend resultiert Widerstand dann, wenn die Kosten den Nutzen aus Veränderungen überkompensieren. Die Verweigerungshaltung ist demnach umso größer, je höher der für die Veränderung erforderliche Aufwand bzw. die befürchteten individuellen Verluste sind.[50] In diesem Zusammenhang repräsentiert der Wandel eine Bedrohung individuelle Besitzstände. Demnach resultieren Barrieren, wenn die Aufwendungen und Verluste nicht durch die Anreize der Veränderung kompensiert werden können.[51] Insofern konfligiert ein Veränderungsprozess mit Eigeninteressen, wenn hierdurch persönliche Besitzstände bedroht werden.

Im Sinne dieser Arbeit sind Besitzstände sämtliche nutzenstiftenden bzw. bedürfnisbefriedigenden materiellen und immateriellen Güter im Kontext arbeitsteiliger Systeme. Hierunter subsumieren sich das Gehalt, vermögenswirksame Leistungen, sonstige materielle Anreize wie Firmenwagen, Weiterbildungsmaßnahmen aber auch Ansehen, Prestige, Sozialkontakte (Sozialkapital) etc. Das Ausmaß der Widerstände korreliert positiv mit der Höhe der potenziellen Verluste.[52]

Sämtliche Veränderungsprozesse führen auch dazu, dass sich Machtverhältnisse in der Organisation verschieben.[53] Dieses Problem ist insbesondere auf den oberen Hierarchieebenen und bei bestehenden Machtkoalitionen virulent. Damit zeigt sich zudem, dass Barrieren nicht auf untere Hierarchieebenen beschränkt sind, sondern potenziell das gesamte Unternehmen betreffen.

Ein elementares Problem bei utilitaristischer Betrachtung ergibt sich aus dem Umstand, dass sich der Mensch nicht strikt rational verhält wie das Menschenbild des homo oeconomicus suggeriert.[54] In diesem Zusammenhang ist das Problem der beschränkten Rationalität zu

---

46 Vgl. *Lauer*, (o. Fn. 33), S. 45. *Neubauer/Rosemann*, (o. Fn. 40), S. 89 f.
47 Vgl. *Frey/Gerkhardt/Fischer/Peus/Traut-Mattausch*, Change Management in Organisationen – Widerstände und Erfolgsfaktoren der Umsetzung, in: von Rosenstiel u.a., Führung von Mitarbeitern – Handbuch für erfolgreiches Personalmanagement; *Schäffer-Pöschel* 2009, S. 561.
48 Vgl. *Nerdinger*, (o. Fn. 24), S. 73.
49 Vgl. *Grube/Töpfer*, (o. Fn. 7), S. 175.
50 Vgl. *Frey*, (o. Fn. 47), S. 563.
51 Vgl. *Hackmann*, (o. Fn. 14), S. 82.
52 Vgl. *Frey*, (o. Fn. 47), S. 563.
53 Vgl. *Doppler/Lauterburg*, (o. Fn. 35), S. 137.
54 Vgl. *von Rosenstiel*, (o. Fn. 40), S. 35; ähnlich *Cacaci*, (o. Fn. 34), S. 45.

nennen, das sich aufgrund begrenzter kognitiver Kapazitäten ergibt.[55] Außerdem können Entscheidungen von affektiven Komponenten wie Angst und Gier überlagert werden. Ein zentrales Problem ergibt sich darüber hinaus durch die Verwendung von Entscheidungsheuristiken, wodurch Entscheidungsprozesse unscharf werden. Im Ergebnis kommt es zu Wahrnehmungs-, Interpretations-, Bewertungs- und Entscheidungsfehlern. Nachdem die Ursachen von Widerständen dargelegt wurden, sind die Erscheinungsformen und Auswirkungen individueller Widerstände im nächsten Abschnitt untersuchungsrelevant.

3. Erscheinungsformen individueller Widerstände

Widerstände sind im Arbeitsbereich eine natürliche Begleiterscheinung in Entwicklungs- bzw. Veränderungsprozessen.[56] Oftmals ist der Widerstand gegen Veränderungen passiv und verdeckt, wodurch er latent vorhanden und für Dritte nicht wahrnehmbar ist. Erschwerend kommt hinzu, dass ein Großteil des Widerstandes von den Betroffenen nicht artikuliert wird.[57] Interventionen setzen jedoch voraus, dass Barrieren identifiziert werden. Resistenz ist in diesem Zusammenhang eine versteckte oder chiffrierte Botschaft, die es zu entschlüsseln gilt.[58] In der Literatur wird die Häufigkeit des latenten Widerstandes in der Praxis mit 70 Prozent angegeben.[59] Ausgangspunkt für Gegenmaßnahmen liefert das Verhalten des jeweiligen Mitarbeiters mittels dessen offen bzw. verdeckt agierende Promotoren und Opponenten identifiziert werden können.[60] Neben den Formen verdeckten Widerstandes kann sich dieser aber auch konkret manifestieren. Schließlich kann die Gegenwehr der Betroffenen aktiv oder passiv erfolgen. Die verschiedenen Symptome des Widerstandes sollen nachfolgend tabellarisch zusammengefasst werden, wobei nach aktivem und passivem sowie verbalem und nonverbalem Widerstand differenziert wird:

	Verbal (Reden)	Nonverbal (Verhalten)
Aktiv (Angriff)	Widerspruch • Gegenargumentation • Vorwürfe • Drohungen • Polemik • sturer Formalismus • Ausreden	Aufregung • Unruhe • Streit • Intrigen • Gerüchte • Cliquenbildung • Sabotage • Verweigerungshaltung (unerledigte Arbeit)

---

55 Vgl. *Lauer*, (o. Fn. 33), S. 33.
56 Vgl. *Doppler/Lauterburg*, Change Management. Den Unternehmenswandel gestalten, 11. Auflage Campus 2005, S. 324.
57 Vgl. *Kraus/Becker-Kolle/Fischer*, (o. Fn. 41) , S. 62.
58 Vgl. *Doppler/Lauterburg*, (o. Fn. 56) , S. 325 f.; *Schewe/Schaecke/Nentwig*, (o. Fn. 10), S. 12.
59 Vgl. *Cacaci*, (o. Fn. 34), S. 86; inwieweit diese Aussage zutreffend ist darf, in Ermangelung konkreter Messmethoden, bezweifelt werden, allerdings ist davon auszugehen, dass verdeckter Widerstand in der Praxis die häufigste Erscheinungsform darstellt.
60 Vgl. *Krüger*, Management permanenten Wandels, in: Glaser/Schröder/Werder, Organisation im Wandel der Märkte 1998, S. 232 ff.

Passiv (Flucht)	Ausweichen • Schweigen • Bagatellisieren • Blödeln • ins Lächerliche ziehen • Unwichtiges debattieren	Lustlosigkeit • Unaufmerksamkeit • Müdigkeit • Fernbleiben • Fluktuation • innere Emigration (innere Kündigung) • Dienst nach Vorschrift • Krankheit • Zurückhalten von Informationen

Tabelle 1: Symptome des Widerstands[61]

Diese Symptome bilden für das Management und die Führungskräfte Indikatoren oder Ansatzpunkte, um potenzielle Widerstände diagnostizieren und hieran im Anschluss intervenieren zu können.[62] Widerstand ist jedoch nicht per se ein negatives Phänomen. Resistenz kann Lernprozesse initiieren, als Indikator für ein falsch gewähltes Veränderungstempo fungieren oder in Form konstruktiver Kritik Probleme indizieren.[63] Insofern lässt sich destruktiver und konstruktiver Widerstand unterscheiden. Kennzeichnend für destruktiven Widerstand ist, dass Veränderungen aktiv oder passiv verhindert werden, wohingegen beim konstruktiven Widerstand eine grundsätzliche Bereitschaft "Veränderungen" zu akzeptieren gegeben ist.[64] Diese kann genutzt werden, um den Change Prozess zu verbessern und zu optimieren. Aus Sicht der Entscheidungsträger gilt daher die handlungsleitende Maxime "Betroffene zu Beteiligten zu machen", indem destruktiver Widerstand in konstruktive Unterstützung transformiert wird (Partizipation).[65]

4. Auswirkungen individueller Widerstände

Unisono wird in der Literatur konstatiert, dass die Mitarbeiter den zentralen Erfolgsfaktor für Veränderungsprojekte bilden, da diese den Wandel umsetzen und ihn mittragen müssen,[66] was auch darin zum Ausdruck kommt, dass die meisten Veränderungsprojekte am Widerstand der Mitarbeiter scheitern.[67] Diese Einschätzung wird auch in der Praxis geteilt. Im Rahmen einer Umfrage gaben 89 % der befragten Top-Manager an, dass Mitarbeiterwiderstände die größte Integrationsbarriere darstellen.[68]

---

61 Entnommen aus *Doppler/Lauterburg*, (o. Fn. 56), S. 327, ergänzt um weitere Aspekte von *Cacaci*, (o. Fn. 34), S. 87, *Frey/Gerkhardt/Fischer*, (o. Fn. 43), S. 283 und *Neubauer/Rosemann*, (o. Fn. 40), S.151.
62 Vgl. *Frey/Gerkhardt /Fischer*, (o. Fn. 43), S. 283.
63 Vgl. *Lauer*, (o. Fn. 33), S. 59.
64 Vgl. *Schewe/Brast/Nienaber*, (o. Fn. 39), S. 1.
65 Vgl. *Frey/Gerkhardt/Fischer*, (o. Fn. 43), S. 297; *Lauer*, (o. Fn. 33), S. 114. Thom, Management des Wandels. Grundelemente für ein differenziertes und integriertes „Change Management", in: Die Unternehmung, 51. Jahrgang, Nummer 3, 1997, S. 206.
66 Vgl. *Cacaci*, (o. Fn. 34), S. 109; *Felfe*, Mitarbeiterbindung, Göttingen 2008, S. 234; *Rüegg-Stürm*, Jenseits der Machbarkeit – Idealtypische Herausforderungen tiefgreifender unternehmerischer Wandlungsprozesse aus einer systemisch-relational-konstruktivistischen Perspektive, in: Schreyögg/Conrad, Organisatorischer Wandel und Transformation Gabler 2000, S. 222.
67 Vgl. *Lauer*, (o. Fn. 33), S. 40.
68 Vgl. *Gerds/Schewe*, Post Merger Integration, Unternehmenserfolg durch Integration Excellence, 2. erweiterte Auflage Springer 2006, S. 30.

Diese Widerstände können derart intensiv sein, dass es zu Einbußen beim Tagesgeschäft kommt, da Leistungspotenziale von Absicherungsmaßnahmen des Besitzstandes absorbiert werden.[69] Bewertet der Einzelne den Wandel negativ, bestehen Anreize das Unternehmen zu verlassen (Exit-Option), was zu erhöhter Fluktuation führt. Aus Unternehmenssicht ist hierbei problematisch, dass in der Regel die leistungsstärksten Mitarbeiter das Unternehmen verlassen, wodurch es zu einem Abfluss von Wissen und Know-how kommt. Speziell für die Bewältigung der im Zuge von M&A auftretenden Probleme ist dieses Wissen jedoch essentiell.[70]

Im Ergebnis führen Widerstände dazu, dass Veränderungen verhindert, abgemildert oder die Veränderungsprozesse verlangsamt werden.[71] Insbesondere bei flächendeckendem Widerstand kann die Unternehmenstransaktion scheitern. Nachdem Ursachen, Erscheinungsformen und Auswirkungen individueller Widerstände deskriptiv dargestellt wurden, werden im nächsten Abschnitt die wesentlichen Einflussfaktoren eruiert.

III. Determinanten des individuellen Widerstandes

1. Organisationale Faktoren

Individuelle Widerstände sind kontextsensitiv, indem sie von organisatorischen und individuellen Faktoren beeinflusst werden. Diese Determinanten sind Gegenstand dieses Abschnitts, wobei zunächst die organisationalen Faktoren behandelt werden:

Organisationsstruktur
Widerstand kann systemisch bedingt sein, was sich in einer mangelnden systemseitigen Wandlungsbereitschaft äußert, die sich auf Organisationsregeln zurückführen lässt (Organisationsstruktur[72]).[73] Ein Beispiel hierfür ist die organisationale Trägheit bei langfristig bestehenden und stark gefestigten Strukturen, wodurch eine höhere Resilienz resultiert.[74] Insbesondere Kommunalverwaltungen erweisen sich als in diesem Sinne rigide, was absicherndes Verhalten positiv beeinflusst.[75]

Unternehmenskultur
Die Unternehmenskultur[76] beeinflusst ebenfalls den Wandel einer Organisation.[77] Unter Organisationskultur subsumieren sich Traditionen, Gesetze und Werte, die das Denken, Fühlen und Handeln der Organisationsmitglieder beeinflussen.[78] Die Integration der unterschiedlichen Unternehmenskulturen ist eine der anspruchsvollsten Aufgaben im Rahmen

---

69 Vgl. *Lucks/Meckl*, (o. Fn. 4), S. 141.
70 Vgl. *Wirtz*, (o. Fn. 11), S. 403.
71 Vgl. *Frey*, (o. Fn. 47), S. 561.
72 Die Organisationsstruktur ist ein formales und zeitstabiles Regelsystem, das von der Aufbau- und Ablauforganisation repräsentiert wird, um ein gemeinsames Ziel mittels Arbeitsteilung und Koordination realisieren zu können; vgl. Doppler/Lauterburg, (o. Fn. 35), S. 455.
73 Vgl. *Schewe/Schaecke/Nentwig*, (o. Fn. 10), S. 4, ähnlich *Cacaci*, (o. Fn. 34), S. 110.
74 Vgl. *Kraus/Becker-Kolle/Fischer*, (o. Fn. 41), S. 112.
75 Vgl. *Doppler/Lauterburg*, (o. Fn. 35), S. 455.
76 Die Unternehmenskultur wird nach Schein von Grundannahmen, Werten und Normen sowie Artefakten konstituiert, vgl. *Bischoff*, (o. Fn. 7), S. 71.
77 Vgl. *Lauer*, (o. Fn. 33), S. 31.
78 Vgl. *Doppler/Lauterburg*, (o. Fn. 35), S. 455.

der Post Merger Integration.[79] Die Unternehmenskultur ist so zu gestalten, dass Veränderungsbereitschaft zur Grundlage von Denken und Handeln der Organisations-mitglieder wird. Hierzu förderliche Kulturkomponenten sind kreative Unruhe, Konflikt-fähigkeit, Zusammengehörigkeitsgefühl, Sinnvermittlung und Kommunikation.[80]

Spezifische Einflussfaktoren im Kontext von M&A
Folgenden M&A-spezifischen Rahmenbedingungen beeinflussen potenziell individuelle Widerstände:[81]

- Länderspezifische und/oder organisationale Kulturunterschiede
- Ex-post Konsolidierungsgrad (Integrationsgrad)
- Attraktivität der Übernahmeorganisation
- Bedeutung des jeweiligen Unternehmensidentitätsgrad

Im nächsten Unterabschnitt werden die individuellen Einflussfaktoren auf den Widerstand dargestellt. Tatsächlich haben die meisten Rahmenbedingungen keinen signifikanten Einfluss auf den Erfolg von M&A,[82] weswegen auf eine detaillierte Darstellung verzichtet wird.

2. Individuelle Faktoren

Neben den im vorstehenden Unterabschnitt abgehandelten organisationalen Faktoren haben auch individuelle Faktoren einen direkten Einfluss auf den persönlichen Widerstand. Zu diesen Faktoren zählen *a) Trägheit, b) Commitment, c) Organisationale Identifikation und d) Angst.* Diese Einflussfaktoren werden nachfolgend kurz erläutert:

Trägheit
In Analogie zur organisationalen Trägheit kann dies auch auf individueller Ebene beobachtet werden. Menschen neigen naturgegeben zur Trägheit, wie sich mittels der Satisficing-Theorie explanativ darstellen lässt. Veränderungsbereitschaft wird diesem Verständnis entsprechend erst dann initiiert, wenn der Leidensdruck bei den Betroffenen so groß ist, dass sie de facto zum Handeln gezwungen sind bzw. sie den Wandlungsbedarf artikulieren.[83]

Commitment
Allgemein versteht man unter (organisationalem) Commitment bzw. Mitarbeiterbindung die Verbundenheit, Zugehörigkeit und Identifikation, die ein Mitarbeiter seinem Unternehmen gegenüber empfindet.[84] Commitment kann affektiv (emotionale Bindung), kalkulativ (Kosten-Nutzenkalkül) oder normativ (moralische Verpflichtung gegenüber dem Unternehmen) in Erscheinung treten.[85] Mitarbeiter mit einem besonders hoch ausgeprägten Commitment

---

79 Vgl. *Hackmann*, (o. Fn. 14), S. 139.
80 Vgl. *Doppler/Lauterburg*, (o. Fn. 35), S. 61 ff.; ähnlich Reiß, Change Management als Herausforderung, in: Reiß/von Rosenstiel/Lanz, Change Management. Programme, Projekte und Prozesse, Schäffer-Poeschel 1997, S. 9.
81 Vgl. *Olie/Köster*, (o. Fn. 9) , S. 74.
82 Vgl. *Gerds/Schewe*, (o. Fn. 5), S. 27 ff.
83 Vgl. *Krüger*, (o. Fn. 60), S. 230; *Lauer*, (o. Fn. 33), S. 49; ähnlich *Lewin*, (o. Fn. 34), S. 62.
84 Vgl. *Felfe*, (o. Fn. 66) , S. 25.
85 Vgl. *Felfe*, (o. Fn. 66), S. 38; *Nerdinger*, (o. Fn. 24), S. 84.

sehen ihre Beziehung zu dem Unternehmen durch den Wandel gefährdet. Hier ist davon auszugehen, dass der individuelle Widerstand positiv mit dem Commitment des Mitarbeiters korreliert. Zudem wird in der Literatur "commitment to change" diskutiert. Hierbei handelt es sich um eine grundsätzliche Affinität zur Veränderung bzw. Offenheit, was individuellen Widerständen entgegenwirkt.

Organisationale Identifikation

Nach Definition des Dudens beschreibt Identifikation im Sinne der Psychologie einen kognitiven Prozess,[86] im Rahmen dessen sich Individuen *"... mit einer anderen Person oder Gruppe emotional gleichsetzen und ihre Motive und Ideale in das eigene Ich übernehmen."*[87] Durch die Identifikation mit einer Organisation werden menschliche Grundbedürfnisse zu denen etwa Sicherheit, Zugehörigkeit oder Selbstaufwertung zählen, befriedigt.[88] Als problematisch erweist sich in diesem Zusammenhang, dass das Referenzobjekt Organisation einem fundamentalen Veränderungsprozess unterworfen ist, wodurch es vom Individuum als entfremdet wahrgenommen wird.[89] Dies wirkt sich wiederum dysfunktional auf die organisationale Identifikation des Individuums aus, was zu starken emotionalen Vorbehalten führen kann, selbst wenn das Veränderungsvorhaben rational nachvollziehbar ist. Das Individuum reagiert mit Widerstand, der eine entsprechende Besitzstandswahrung intendiert.[90] Dies führt zu abnehmender Motivation, innerer Kündigung oder im Extremfall zur Fluktuation, wenn die Veränderungssituation mit einem Identitätsverlust einhergeht.[91]

Angst

Regelmäßig kommt es im Rahmen von organisatorischen Veränderungsprozessen zu Verunsicherung und Angst bei den Beteiligten.[92] Im betrieblichen Kontext dominieren Verlustängste vor der Entwertung von Fähigkeiten[93] oder vor dem Arbeitsplatzverlust. Aber auch Reallokationsprozesse immaterieller Ressourcen, wie kollektiven Normen, Gesetzen, informellen Prestige- und Statushierarchien, führen zu Angst. Dies impliziert direkte Nutzenminderung bei dem hiervon betroffenen Teil der Belegschaft.[94] Konkreter Einflussfaktor bildet der Grad der individuellen Unsicherheitsaversion bzw. Risikobereitschaft. Weitere denkbare Einflussfaktoren neben den hier vorgestellten sind die Persönlichkeit (bspw. Neugierde und Offenheit), Alter bzw. Betriebszugehörigkeit. Schließlich bilden das Change-Management bzw. der konkrete Ansatz und die zum Einsatz kommenden Instrumente einen eigenständigen Einflussfaktor. Nachdem das Phänomen des Widerstandes in seinen grundlegenden Facetten dargestellt wurde, erfolgt im nächsten Kapitel die Auseinandersetzung mit dem Change Management als Lösungsansatz zur Überwindung dieser Barrieren.

---

86 Vgl. *Böhm*, Organisationale Identifikation als zentrale Voraussetzung für eine erfolgreiche Unternehmensentwicklung, Gabler 2008, S. 41.
87 Duden (o.a.), identifizieren. Abrufbar unter URL: http://www.duden.de/rechtschreibung/identifizieren (Abgerufen am 10.06.2013).
88 Vgl. *Böhm*, (o. Fn. 86) , S. 17.
89 Vgl. *Nerdinger*, (o. Fn. 24) , S. 171.
90 Vgl. *Böhm*, (o. Fn. 86), S. 205.
91 Vgl. *Bach*, Mentale Modelle als Basis von Implementierungsstrategien – Konzepte für ein erfolgreiches Change Management, 2. Auflage 2010, S. 111; *Wirtz*, (o. Fn. 11), S. 284.
92 Vgl. *Neubauer/Rosemann*, (o. Fn. 40), S. 126.
93 Vgl. *Frey*, (o. Fn. 47), S. 563.
94 Vgl. *Schewe/Schaecke/Nentwig*, (o. Fn. 10) , S. 4.

C. Change-Management in der Post Merger Integration

I. Change Management - Definition, Handlungsfelder und Ziele

In Anlehnung an den Begriff des Managements kann Change-Management als systematische Planung, Steuerung und Kontrolle von Veränderungsprozessen in Organisationen interpretiert werden.[95] Unter den Begriff Change Management subsumieren sich jene Managementtechniken, die explizit für Situationen des Wandels konzipiert wurden.[96] Mit dem Begriff des organisatorischen Wandels wird allgemein die Veränderung einer Organisation bezeichnet,[97] wobei das Ereignis, das den Wandel initiiert hat, unerheblich ist.[98] Semantisch äquivalent sind die Begriffe Veränderungsmanagement, Transformationsmanagement oder Organisationsentwicklung.[99]

Zentraler Gestaltungsparameter sind die sich durch das Verhalten der Organisationsmitglieder ergebenden Widerstände.[100] Das Change Management basiert auf der elementaren Prämisse, dass Widerstände graduell veränderbar sind und letztlich überwunden werden können.[101] Allerdings lehnt ein Teil der Literatur die Modellierung als systematisch lösbares Planungsproblem ab.[102] Der Begriff Change Management kann wie folgt definiert werden:

"*Change Management ist die Strategie des geplanten und systematischen Wandels, der durch die Beeinflussung der Organisationsstruktur, Unternehmenskultur und individuellem Verhalten zu Stande kommt, und zwar unter größtmöglicher Beteiligung der betroffenen Arbeitnehmer. Die gewählte ganzheitliche Perspektive berücksichtigt die Wechselwirkung zwischen Individuen, Gruppen, Organisationen, Technologien, Umwelt, Zeit sowie die Kommunikationsmuster, Wertestrukturen, Machtkonstellationen etc., die in der jeweiligen Organisation real existieren.*"[103]

Aufgrund der Tatsache, dass Veränderungen im Wirtschaftsleben postmoderner Prägung ein omnipräsentes Phänomen darstellen, ist das Change Management als kontinuierlicher Prozess zu begreifen, wodurch sowohl evolutionäre als auch revolutionäre Veränderungen Gegenstand des Change Managements sind.[104]

---

95 Ähnlich *Thom*, (o. Fn. 65), S. 201 f.; für die Zwecksetzung dieser Arbeit wird von einer funktionellen Sichtweise ausgegangen und auf das institutionelle Verständnis verzichtet.
96 Change Management ist kein konsistenter Theorieansatz. Vielmehr ist es ein Meta-Begriff sowohl für konkurrierende als auch komplementäre Ansätze, vgl. *Kraus/Becker-Kolle/Fischer*, (o. Fn. 41), S. 14.
97 Unternehmenswandel ist die Gesamtheit von Veränderungen des sozialen Systems, Unternehmung, was die Mitglieder sowie Nutzen- und Leistungspotenziale umfasst, vgl. *Bach*, (o. Fn. 91), S. 18.
98 Vgl. *Bohn*, Vertrauen in Organisationen, Welchen Einfluss haben Reorganisationsmaßnahmen auf Vertrauensprozesse, Eine Fallstudie, Dissertation, Ludwig-Maximilian-Universität München, München 2007, S. 59.
99 Vgl. *Kraus/Becker-Kolle/Fischer*, (o. Fn. 41), S. 14. Die Organisationsentwicklung wird in der Literatur als eigenständiges Themengebiet behandelt, das Überschneidungen zum Change Management aufweist.
100 Vgl. *Cacaci*, (o. Fn. 34), S. 25; *Lauer*, (o. Fn. 33), S. 3 f.; *Stolzenberg/Heberle*, Change Management, Veränderungsprozesse erfolgreich gestalten – Mitarbeiter mobilisieren, 2. erweiterte Auflage Springer 2009, S. 5.
101 Vgl. *Schewe/Brast/Nienaber*, (o. Fn. 39), S. 1. Dies setzt zugleich die implizite Prämisse voraus, dass Menschen entwicklungs- und lernfähig sind sowie Verantwortung für ihr Handeln übernehmen, vgl. *Thom*, (o. Fn. 65), S. 205. In der Realität dürfte diese Bedingung nicht immer erfüllt sein.
102 Wirtz bezieht sich hier bei seiner Aussage auf die bedingte Gestaltbarkeit der Unternehmenskultur. *Wirtz*, (o. Fn. 11), S. 317 f. Die Gestaltbarkeit des Wandels vollzieht sich im Spanungsfeld von Voluntarismus und Determinismus.
103 *Kraus/Becker-Kolle/Fischer*, (o. Fn. 41), S. 15; für Wandel existiert keine fundierte Theorie, was die Definitionsfindung für das Change Management grundsätzlich erschwert; vgl. *Reiß*, (o. Fn. 80), S. 20.
104 Vgl. *Schewe/Brast/Nienaber*, (o. Fn. 39), S. 1.

In diesem Zusammenhang lassen sich geplanter (Reorganisation) und ungeplanter (evolutionärer) Wandel unterscheiden. Reorganisation im Sinn von Change Management bezeichnet eine "...*geplante, bewusste Maßnahme zur Umgestaltung von Organisationen.*",[105] indem Organisationsstrategien und -strukturen an veränderte Rahmenbedingungen angepasst werden.[106] Ungeplanter Wandel ist ein selbstreflexiver Prozess, der sich weitgehend einer bewussten Steuerung entzieht, da er inkrementell im Verborgenen abläuft.[107] Hiermit korrespondieren das reaktive und proaktive Veränderungs-management.[108]

Zielsetzung der Veränderungsmanagements ist es fortlaufend die Flexibilität der Unternehmung gewährleisten zu können.[109] Hierzu ist es erforderlich, dass eine optimale Anpassung an die Vorgaben des strategischen Managements erfolgt.[110] Damit dies gewährleistet wird, muss die Veränderungsbereitschaft des Individuums ermöglicht und stimuliert werden. Aus Sicht des Change Managements ist es erforderlich jene Bedingungen zu identifizieren, die sich negativ und positiv auf die Veränderungsbereitschaft von Individuen auswirken.[111] Die Veränderungsbereitschaft des Individuums wird nachfolgend thematisiert.

II.   Voraussetzungen der Veränderung von Individuen

1.   Situatives Ermöglichen (Dürfen und Sollen)

Entscheidend für den Erfolg von Veränderungsprozessen in Organisationen ist die Bereitschaft von Individuen die Veränderungen zu tragen. Veränderungen von Individuen auf personaler Ebene sind an die Bedingungen Kennen, Können, Wollen sowie Dürfen und Sollen geknüpft.[112] Diese Voraussetzungen stehen im Untersuchungsfokus dieses Abschnitts, wobei zunächst auf Dürfen und Sollen eingegangen wird, da es sich hierbei um organisationale Kontextfaktoren handelt.[113]

Grundsätzlich wird die Einstellung gegenüber Veränderung von Ansichten und Meinungen des Umfelds einer Person beeinflusst.[114] Insofern bezeichnet Nicht-Dürfen eine Barriere, die im sozialen Normen- und Wertegefüge der Organisation begründet liegt und einer Veränderung des Individuums entgegensteht. Nicht-Sollen ist eine moralische Verpflichtung, die ebenfalls hier ihren Ursprung hat. Ähnlich Lewin, der in diesem Zusammenhang von soziokultureller Verfügbarkeit spricht.[115] Inwieweit die beiden Konzepte phänomenologisch trennbar sind darf bezweifelt werden, da beide durch das Normen- und Wertegefüge verursacht werden und zu einer Selbstverpflichtung führen, die im Ergebnis veränderungs-

---

105   Vgl. *Bohn*, (o. Fn. 98), S. 59.
106   Vgl. Lexikon-Redaktion des Gabler Verlages, Gabler Kompakt Lexikon Wirtschaft, 10. erweiterte Auflage 2010, S. 81, "Change Management". Hier speziell bezogen auf Unternehmen.
107   Vgl. *Cacaci*, (o. Fn. 34), S. 143.
108   Vgl. *Krüger*, (o. Fn. 60), S. 229.
109   Vgl. *Cacaci*, (o. Fn. 34), S. 36.
110   Vgl. *Lauer*, (o. Fn. 33), S. 3 f.
111   Vgl. *Lewin*, (o. Fn. 34), S. 208; *von Rosenstiel*, (o. Fn.40), S. 37.
112   Vgl. *Frey/Gerkhardt/Fischer*, (o. Fn. 43), S. 283 f.; *Schewe/Schaecke/Nentwig*, (o. Fn. 10), S. 14.
113   Vgl. *Frey/Gerkhardt/Fischer*, (o. Fn. 43), S. 284.
114   Vgl. *Reiß*, (o. Fn. 80), S. 17.
115   Vgl. *Lewin*, (o. Fn. 34), S. 214.

hemmend wirkt.[116] Von einem Teil der Literatur wird das Nicht-Dürfen darüber hinaus dahingehend interpretiert, dass es an den materiellen Rahmenbedingungen mangelt.

Aus Sicht der Organisation ist es daher erforderlich Veränderungen situativ zu ermöglichen, indem die sozialen Normen und Werte (Unternehmenskultur) sowie die erforderlichen Ressourcen bereitgestellt werden, um einerseits ein gemeinsames Problembewusstsein zu schaffen und andererseits die Veränderung umsetzen zu können.[117] Diese Voraussetzungen spiegeln die individuelle und organisationale Veränderungsmöglichkeit wider.

2. Wandlungsbereitschaft und -fähigkeit (Wollen und Können)

Auf personaler Ebene können zwei wesentliche Barrieren identifiziert werden, die Veränderungsbemühungen konterkarieren können. Hierbei handelt es sich um Nicht-Wollen- und Nicht-Können-Barrieren.[118] Eine Grundvoraussetzung für Veränderung ist, dass diese vom Individuum akzeptiert werden.[119] Ohne einen impliziten Willen zur Veränderung gibt es keine Veränderungsbereitschaft.[120] Demzufolge beschreibt der Begriff der Wandlungs- oder Veränderungsbereitschaft Einstellungen bzw. den Willen der an Veränderungsprozessen involvierten Personen diese aktiv mitzutragen und die Reorganisationsziele zu realisieren.[121]
Als eine Prämisse wird in der Literatur das Kennen der Veränderungsmotive und -hintergründe diskutiert. Nicht-Kennen resultiert in einem Informationsdefizit hinsichtlich Motiven und Hintergründen der Veränderung, wodurch es am Willen zur Umsetzung mangelt (Nicht-Wollen).

Von der Wandlungsbereitschaft ist der Begriff der Wandlungsfähigkeit abzugrenzen, der kompetenzbasiert konzeptualisiert ist.[122] Es handelt sich um die die Befähigung im Sinne psychischer (affektiver), kognitiver und motorischer Kompetenzen (Wissen und Können) sich flexibel an neue Rahmenbedingungen anpassen zu können und den Wandel zu bewältigen.[123] Der Einzelne empfindet Veränderung insbesondere dann als Bedrohung, wenn er sich nicht in der Lage sieht, die Herausforderung zu bewältigen.[124] Zusammenfassend lässt sich festhalten, dass Nicht-Wollen-Barrieren das Ergebnis von Unkenntnis, Angst und Reaktanzen sind.
Nur wenn sowohl die Voraussetzungen der Wandlungsbereitschaft als auch der Wandlungsfähigkeit erfüllt sind, kommt es zu einer Überwindung personenbedingter Barrieren und ein Veränderungsprozess wird initiiert.[125]

---

116 *Frey/Gerkhardt/Fischer*, (o. Fn. 43), S. 284, treffen hier bspw. keine Unterscheidung. Es handelt sich bei beiden Formen um Signale aus dem Umfeld, dass eine Veränderung nicht gewünscht wird.
117 Vgl. *Bach*, (o. Fn. 91), S. 25, 95 u. 190.
118 Vgl. *Gerds/Schewe*, (o. Fn. 5), S. 44 f.
119 Vgl. *Mast*, (o. Fn. 2), S.272. Lewin gebraucht in seinem Modell den Terminus Valenz bzw. Spannung; *Lewin*, (o. Fn. 34), S. 56.
120 Vgl. *Krüger*, (o. Fn. 60), S.232.
121 Vgl. *Schewe/Brast/Nienaber*, (o. Fn. 39), S. 4.
122 Nach Becker sind dem Kompetenzbegriff die Elemente Können, Wollen, Dürfen und Tun immanent, vgl. *Becker*, Personalentwicklung. Bildung, Förderung und Organisationsentwicklung in Theorie und Praxis, 4. überarbeitete Auflage, Schäffer-Poeschel 2005, S. 8 u. 521.
123 Vgl. *Schewe/Schaecke/Nentwig*, (o. Fn. 10), S. 3 f.
124 Vgl. *Frey*, (o. Fn. 47), S. 561.
125 Vgl. *Frey/Gerkhardt/Fischer*, (o. Fn. 43), S. 294; *Schewe/Schaecke/Nentwig*, (o. Fn. 10), S. 5.

III. Der Change Management-Prozess

Der chronologische Ablauf von Veränderungsprojekten kann idealtypisch mittels der Phasen unfreezing, moving und refreezing strukturiert werden.[126] Diese Einteilung geht auf Kurt Lewin zurück, einem der Pioniere der Change Management-Forschung. In der Literatur existieren mittlerweile weitaus differenziertere Schemata für den Change-Management-Prozess. Auf eine Darstellung wird an dieser Stelle verzichtet, da sie zu keinem Erkenntnisgewinn beitragen.[127] Außerdem bildet die Konzeption Lewins die Grundlage der meisten Arbeiten zum Thema Veränderungsmanagement[128] und gilt als Fundamentalmodell auf diesem Gebiet.[129] Die folgenden Phasen durchläuft ein Veränderungsprozess idealtypisch nach Lewin:[130]

- *Unfreezing (Auftauen):* in dieser Phase erfolgen Analyse und Planung eines Veränderungsprojektes, mit der Zielsetzung eine stabile Situation (quasi-stationärer Zustand von Kräfteverhältnissen) aufzutauen, indem eine Veränderungsbereitschaft der Organisation durch die Verringerung hemmender oder die Intensivierung treibender Kräfte induziert wird.

- *Moving (Bewegen):* der eigentliche Veränderungsprozess wird in Bezugnahme auf Lewins Terminologie als moving bezeichnet, indem die geplanten Maßnahmen umgesetzt werden. Hierzu wird die Strategie adaptiert, neue Strukturen und Prozesse implementiert sowie neue Denk- und Verhaltensmuster antrainiert, wobei ein neuer, zielkonformer Gleichgewichtszustand intendiert wird.

- *Refreezing (Einfrieren):* im letzten Schritt werden die erreichten Veränderungen konserviert, um das neue, quasi-stationäre Gleichgewicht zu stabilisieren. Diese Phase ist für den nachhaltigen Erfolg von Veränderungen essentiell. Lewin gebraucht in diesem Zusammenhang die Metapher eines Strohfeuers, sollten die Maßnahmen des Verfestigens unterbleiben und hebt die Notwendigkeit hervor, bereits anfänglich in die Planung mit einzubeziehen, auf welche Art und Weise ein neues Gleichgewicht erhalten werden kann.[131]

Der Ansatz Lewins wurde in der Literatur vielfach kritisiert. Insbesondere wird bemängelt, dass evolutionärer und externer Wandel mit dem Konzept von Lewin nicht vereinbar sind.[132] Für die Zwecksetzung dieser Arbeit ist dieser Kritikpunkt jedoch nicht substantiell, da ein Unternehmenszusammenschluss regelmäßig in Form eines Projektes organisiert wird,[133] das per Definition einen Anfang und ein Ende hat,[134] wodurch Modell und Wirklichkeit approximativ kongruent sind.

---

126 Vgl. *Lewin*, 34, S. 207 f.
127 Die zunehmende Differenzierung ist den Erfordernissen der Praxis geschuldet. Eine Übersicht weiterer Phasen-Modelle findet sich bei Siebert, Führungssysteme zwischen Stabilität und Wandel, Ein systematischer Ansatz zum Management der Führung, Deutscher Universitäts-Verlage 2006, S. 135 ff.
128 Vgl. *Siebert*, (o. Fn. 127), S. 135.
129 Vgl. *Cacaci*, (o. Fn. 34), S. 35.
130 Vgl. *Lauer*, (o. Fn. 33), S. 55 ff.; *Lewin*, (o. Fn. 34), S. 262 ff. Lewin ging bei seinen Überlegungen metaphorisch von festgefrorenem Eis aus, das es aufzutauen gilt, um die Ausgangssituation darzustellen.
131 Vgl. *Lewin*, (o. Fn. 34), S. 262.
132 Vgl. *Cacaci*, (o. Fn. 34), S. 35.
133 Vgl. *Wirtz*, (o. Fn. 11), S. 160, dies spiegelt sich auch in den Phasen Konzeption (Pre-Merger), Transaktion (Merger) und Integration (Post Merger) wider.
134 Vgl. Lexikon-Redaktion des Gabler Verlages, (o. Fn. 106), S. 357, "Projekt".

Die Phasenschemata suggerieren einen linearen Ablauf von Veränderungsprojekten, jedoch ist diese Annahme grundsätzlich nicht realitätskonform. Bei Veränderungen handelt es sich realiter um nichtlineare Prozesse, deren Verlauf sich nicht vollständig antizipieren lässt.[135] Hieran anschließend sollen die Maßnahmen und Instrumente des Change-Managements vorgestellt werden.

IV. Maßnahmen und Instrumente des Change Managements

1. Übersicht über Strategien und Instrumente des Change Managements

Bei der Implementierung von Veränderungen können unterschiedliche Strategien eingesetzt werden.[136] Nach der Richtung der Veränderungsimpulse unterscheidet man die Strategien Top-down (Wandel wird von der Führungsebene initiiert), Bottom-up (Wandel wird von der untersten Hierarchieebene initiiert) und das Gegenstromverfahren (Der Wandel erfolgt bidirektional).[137] Zudem können die Strategien nach dem Grad der Veränderung in inkrementellen und radikalen Wandel (Bombenwurf-Strategie[138]) differenziert werden.[139] Nach der Wahl geeigneter Strategien muss in einem nächsten Schritt ein Mix adäquater Instrumente für die Strategieumsetzung gewählt werden, die aus den nachfolgenden Bereichen stammen:[140]

- *Kommunikation*
- *Qualifikation*
- *Partizipation*
- *Materielle und immaterielle Anreizsysteme*

Eine eindeutige Zuordnung der jeweiligen Instrumente ist nicht immer zweifelsfrei möglich, da die Instrumente unterschiedlichen Bereichen zugleich zugeordnet werden können.[141] So kann bspw. eine spezifische Schulung als Qualifizierung klassifiziert werden, aber auch als Anreiz für einen Mitarbeiter fungieren.

Der Erfolg von Veränderungsprojekten korreliert mit der Auswahl des situationsadäquaten Change-Management-Ansatzes bzw. der ihn konstituierenden Instrumente.[142] In diesem Zusammenhang ist die konzeptionelle Ausgestaltung des Ansatzes nach Maßgabe des konkreten Kontexts zwingend erforderlich.[143] Hier anschließend werden die unterschiedlichen Bereiche erörtert.

---

135 Vgl. *Kraus/Becker-Kolle/Fischer*, (o. Fn. 41), S. 16.
136 Mithilfe der Implementierungsstrategie wird ein Wandlungskonzept planmäßig durchgesetzt; vgl. *Bach*, (o. Fn. 91), S. 32.
137 Vgl. *Frey/Gerkhardt/Fischer*, (o. Fn. 43), S. 296 ff.
138 Die Bombenwurfstrategie ist die Extremform radikalen Wandels, indem komplette Reorganisationen innerhalb kürzester Zeit ungesetzt werden, vgl. *Lauer*, (o. Fn. 33), S.109. Die Bombenwurfstrategie ist für die Mitarbeiter ein Schockerlebnis, da innerhalb kürzester Zeit massive Veränderungen vollzogen werden, die zu enormen Instabilitäten und starke Verunsicherungen bei den Betroffenen führen, vgl. *Thom*, (o. Fn. 65), S. 210.
139 Vgl. *Thom*, (o. Fn. 65), S. 213.
140 In Anlehnung an *Schewe/Schaecke/Nentwig*, (o. Fn. 10), S. 14; *Stolzenberg/Heberle*, (o. Fn. 100), S. 5, sehen in der Vision ein weiteres Instrument.
141 Vgl. *Schewe/Schaecke/Nentwig*, (o. Fn. 10), S. 14.
142 Vgl. *Reiß*, Erfolgsorientiertes Change Management, Excellence und Resilience als Leitbilder für Change Management – Ansätze, in: Eggers/Ahlers/Eichenberg, Integrierte Unternehmensführung, Festschrift für Professor Dr. Steinle zum 65. Geburtstag 2011, S. 192.
143 Vgl. *Doppler/Lauterburg*, (o. Fn. 35), S. 61 ff.; ähnlich *Reiß*, (o. Fn. 80), S. 9.

2. Kommunikation

Eine Grundvoraussetzung für die Erfüllung gemeinsamer Ziele im Kontext arbeitsteiliger Systeme bildet die Kommunikation, mittels derer kollektive Bemühungen koordiniert werden. Kommunikation kann als Übermittlung oder Austausch von Informationen definiert werden.[144] Bei der Kommunikation handelt es sich um einen zentralen Erfolgsfaktor für die Gestaltung von Veränderungsprozessen.[145] Dies kann damit begründet werden, dass für Menschen eine hohe Unsicherheitsaversion charakteristisch ist, wodurch sich ein hoher Informationsbedarf, hinsichtlich der individuell relevanten Auswirkungen von Veränderungen, ergibt.[146] Diese vornehmlich in der Post Merger Integrationsphase entstehende Informationslücke muss mithilfe gezielter Kommunikation geschlossen werden, um Unsicherheiten abbauen zu können.[147]
Ein weiterer Grund für die elementare Bedeutung der Kommunikation findet sich in der Grundannahme Paul Watzlawicks, wonach die Organisationen eine "sozial konstruierte Wirklichkeit" ist.[148] Diesem Verständnis entsprechend ist die Organisation das Produkt individueller Wahrnehmungsvorgänge und kommunikativer Austauschprozesse.[149] Insofern ist es zwingend erforderlich ein gemeinsames Problembewusstsein zu schaffen, indem ein kollektives und konsistentes Verständnis hinsichtlich Interpretation und Ausführung der Regeln gegeben ist.[150]
Aber auch für die Selbstabstimmung bzw. Selbstregulierung im Rahmen kooperativer Arbeitssysteme ist Kommunikation ein unverzichtbarer Bestandteil.[151] Gerade in der PMI ist ein erhöhter Koordinationsbedarf gegeben, da eine Vielzahl unterschiedlicher Gruppen am Reorganisationsprozess partizipiert.[152]

Kommunikation wird von der wechselseitigen Wahrnehmung der (beiden) Kommunikationspartner beeinflusst.[153] Daher ist eine Grundvoraussetzung für erfolgreiche Kommunikation, dass die Botschaft vom Sender beim Empfänger so ankommt, wie sie gemeint war.[154] Für eine reibungslose Kommunikation ist das Feedback des Empfängers entscheidend, anhand dessen der Sender beurteilen kann, ob die übermittelten Informationen (Botschaft) in der intendierten Weise vom Empfänger rezipiert wurden.[155] Zudem ist eine offene Kommu-

---

144 Vgl. *Franken*, Verhaltensorientierte Führung, Handeln, Lernen und Diversity in Unternehmen, 3. erweiterte Auflage Gabler 2010, S. 143; *Nerdinger*, (o. Fn. 24), S. 62; *Wirtz*, (o. Fn. 11), S. 337. Die Kommunikation ist interpersonell aber auch intermaschinell denkbar, wobei für diese Arbeit lediglich der erste Gesichtspunkt von Interesse ist. Ökonomisch ist Kommunikation ein Instrument der Informationsversorgung, das Informationsangebot und – nachfrage ausgleicht, vgl. *Schewe/Michalik/Hendtker*, (o. Fn. 7), S. 4.
145 Vgl. *Gutzy*, Kommunikation bei Fusionen und Übernahmen, Anspruch und Wirklichkeit klaffen vielfach noch weit auseinander, in: M&A Review 3/2013, S. 102; *Mast*, Unternehmenskommunikation, Ein Leitfaden, 5. erweiterte Auflage Lucius & Lucius 2012, S. 408. Dies gilt in besonderem Maß für die PMI Phase, vgl. *Wirtz*, (o. Fn. 11), S. 345.
146 Vgl. *Frey*, (o. Fn. 47), S. 561.
147 Vgl. *Hackmann*, (o. Fn. 14), S. 81; *Schewe/Michalik/Hendtker*, (o. Fn. 7), S. 3 u. 7.
148 Vgl. *Vacek*, „Wie man über Wandel spricht", Zur perspektivischen Darstellung und interaktiven Bearbeitung von „Wandel" in Organisationsprozessen, VS 2009, S. 172.
149 Vgl. *Hackmann*, (o. Fn. 14), S. 4; *Rüegg-Stürm*, (o. Fn. 66), S. 201.
150 Vgl. *Frey/Gerkhardt/Fischer*, (o. Fn. 43), S. 290; *Siebert*, (o. Fn. 127), S. 84.
151 Vgl. *Hackmann*, (o. Fn. 14), S. 74.
152 Vgl. *Lucks/Meckl*, (o. Fn. 4), S. 57.
153 Vgl. *Franken*, (o. Fn. 144), S. 143.
154 Vgl. *Franken*, (o. Fn. 144), S. 145. Die Termini Sender und Empfänger gehen auf das sogenannte Sender-Empfänger-Modell zurück; *Lauer*, (o. Fn. 33), S. 45; *Nerdinger*, (o. Fn. 24), S. 65 f.
155 Vgl. *Franken*, (o. Fn. 144), S. 145.

nikation zwingend erforderlich, um sämtliche Konflikte und Diskrepanzen (Verdeckte Widerstände) im Integrationsprozess eruieren zu können.[156] Hierdurch wird die Bedeutung von Feedback-Systemen für die PMI akzentuiert.[157]

Die zentralen Ziele der Change Communication sind Akzeptanz, Motivation Vertrauen, Commitment, Steigerung der Produktivität und Verbesserung des Unternehmensimages.[158] Zudem wirkt Kommunikation stabilisierend und kann zu einer Verringerung von Verwirrung beitragen.[159] Die hierbei zum Einsatz kommenden Kommunikationsinstrumente reichen vom persönlichen Gespräch (Face-to-Face) über Telefon, E-Mail, Intranet, Corporate TV und Blogs bis hin zu Firmenzeitschriften und dem schwarzen Brett. Nach der Richtung der Kommunikation kann in Analogie zu den Implementierungsstrategien die Abwärtskommunikation/vertikale Kommunikation, Aufwärtskommunikation, Mischkommunikation/Dialog (horizontale Kommunikation) unterschieden werden.[160]
In Veränderungsprozessen ist der dialogbasierte Kommunikationsweg erfolgsentscheidend und zu präferieren.

3. Qualifizierung

Ein weiteres Instrument zum Abbau individueller Barrieren ist die Qualifizierung, für die in der wirtschaftswissenschaftlichen Literatur der Terminus Personalentwicklung gebräuchlich ist. Die Personalentwicklung lässt sich in den betrieblichen Kontext als Teilbereich der Personalwirtschaft (synonym Personalmanagement, Personalwesen oder engl. Human Resource Management)[161] einordnen[162] und bildet innerhalb dieser eine eigenständige Funktion.[163]
Veränderungen sind regelmäßig mit Herausforderungen verbunden, was neue Qualifikationen und Fertigkeiten erfordert.[164] Die Qualifizierung dient daher primär der Überwindung der Barrieren des Nicht-Könnens, indem bestehende Kompetenzdefizite kompensiert werden. Außerdem kann sich die Teilnahme an Fortbildungsmaßnahmen auch motivierend auf die individuelle Wandlungsbereitschaft auswirken.[165] So lässt sich das Gefühl der Unsicherheit bei den Mitarbeiten durch Qualifizierung reduzieren.[166] Dies ist entscheidend, um dem Individuum zu vermitteln, dass die Veränderung beherrschbar ist und eine Chance darstellt.[167]

---

156 Vgl. *Wirtz*, (o. Fn. 11), S. 394.
157 Vgl. *Lauer*, (o. Fn. 33), S. 82.
158 Vgl. *Gutzy*, (o. Fn. 145), S. 105; Mast, (o. Fn. 2), S. 408; Wirtz, (o. Fn. 11), S. 394.
159 Vgl. *Lucks/Meckl*, (o. Fn. 4), S. 13.
160 Die Aspekte der verschiedenen Kommunikationswege werden bei Mast dargestellt, vgl. *Mast*, (o. Fn. 145), S. 233ff.
161 Vgl. Lexikon-Redaktion des Gabler Verlages, (o. Fn. 106), S. 206, "Human Resource Management" u. "Personalwirtschaft", S. 340.
162 Vgl. *Stock-Homburg*, (o. Fn. 42), S. 16.
163 Vgl. *Holtbrügge*, Personalmanagement, 3. erweiterte Auflage Springer 2007, S. 52.
164 Vgl. *Bach*, (o. Fn.91), S. 26 f.; *Frey/Gerkhardt/Fischer*, (o. Fn. 43), S. 294.
165 Vgl. *Lauer*, (o. Fn. 33), S. 153.
166 Vgl. *von Rosenstiel*, (o. Fn. 40), S. 43.
167 Vgl. *Frey*, (o. Fn. 47), S. 562.

Die Notwendigkeit von Qualifizierungsmaßnahmen lässt sich auch empirisch verifizieren, demnach haben Nicht-Können Barrieren einen um 60 Prozent höheren Erfolgseinfluss als die Nicht-Wollen Barrieren.[168] Zeitlich erfolgt der Einsatz von Qualifizierung erst relativ spät im Transformationsprozess.[169]

Abschließend soll der Zusammenhang von Personal- und Organisationsentwicklung aufgezeigt werden. Allgemein versteht man unter Organisationsentwicklung ein eigenständiges Instrument der organisationalen Veränderung, das einen geplanten Wandel der Organisation herbeiführen soll.[170] Der Lernprozess der Mitarbeiter einer Organisation und der daraus resultierende personale Veränderungsprozess haben einen direkten Effekt auf die individuellen Leistungspotenziale, wodurch sich ebenfalls die organisationalen Leistungspotenziale ändern.[171] Hierdurch kommt es zu organisationalen Lernen innerhalb des Organisationsentwicklungsprozesses. Die lernende Organisation bezeichnet dabei eine Organisation, die sich kontinuierlich an die sich ändernden Rahmenbedingungen der Umwelt anpassen kann, um wettbewerbsfähig zu bleiben.[172] Die lernende Organisation begreift Wandel als Normalfall.[173]

4. Partizipation

Partizipation wird in der Literatur als Kernerfolgsfaktor des Change Managements bezeichnet, der zugleich ein Grundprinzip bzw. den Ursprung der Disziplin darstellt.[174] Dies kann damit begründet werden, dass Partizipation dem menschlichen Grundbedürfnis nach Kontrolle entspricht.[175] Partizipation im Sinne des Change Management beschreibt die Teilnahme sämtlicher Personen, die von einem Veränderungsprozess betroffen sind.[176] Die Maxime ist es "*Betroffene zu Beteiligten zu machen*". Hierzu müssen den Mitarbeitern Einfluss- und Mitsprachemöglichkeiten sowie Handlungsspielräume eröffnet werden.[177]

Mittels Partizipation wird die Akzeptanz von Veränderungen positiv beeinflusst, was die Wandlungsbereitschaft erhöht. Zudem kann hierdurch Wissen und Know-how der Mitarbeiter genutzt und der Informationsfluss verbessert werden, was bessere und praxiskonformere Entscheidungen produziert. Die Motivation der Beteiligten und die Identifikation mit dem Unternehmen werden durch Teilnahme ebenfalls gesteigert. Außerdem wirkt Partizipation konfliktreduzierend. Eine Beteiligung der Mitarbeiter setzt jedoch zwingend voraus, dass diese die relevanten Motive und Hintergründe kennen.[178]

Aus Sicht der Entscheidungsträger ist eine realistische Einschätzung des Soll- und Ist-Zustandes, folglich der Barrieren und Nutzenpotenziale des Veränderungsvorhabens nur

---

168 Vgl. *Gerds/Schewe*, (o. Fn. 68), S. 63.
169 Vgl. *Stolzenberg/Heberle*, (o. Fn. 100), S. 162.
170 Vgl. *Nerdinger/Blickle/Schaper*, (o. Fn. 24), S. 160.
171 Vgl. *Bach*, (o. Fn. 91), S. 27.
172 Vgl. *Nerdinger/Blickle/Schaper*, (o. Fn. 24), S. 167.
173 Vgl. *Krüger*, (o. Fn. 60), S. 228.
174 Vgl. *Frey/Gerkhardt/Fischer*, (o. Fn. 43), S. 293; *Lauer*, (o. Fn. 33), S. 125.
175 Vgl. *Frey/Gerkhardt/Fischer*, (o. Fn. 43), S. 293.
176 Vgl. *Lauer*, (o. Fn. 33), S. 125.
177 Vgl. *Schewe/Schaecke/Nentwig*, (o. Fn. 10), S. 17.
178 Vgl. *Doppler/Lauterburg*, (o. Fn. 35), S. 156 f.; *Neubauer/Rosemann*, (o. Fn. 40), S. 164.

durch die Mitarbeit der Organisationsmitglieder am Transformationsprozess möglich.[179] Fehlende Partizipation kann sich im Umkehrschluss negativ auf die Wandlungsbereitschaft des Arbeitnehmers auswirken, was zu Unzufriedenheit, Absentismus, innerer Kündigung und tatsächlicher Fluktuation führen kann.[180]

5. Materielle und immaterielle Anreizsysteme

Die Motivation determiniert Richtung, Intensität und Ausdauer menschlichen Verhaltens.[181] Diese Erkenntnis bildet die Basis betrieblicher Anreizsysteme, die elementarer Bestandteil des betrieblichen Führungsprozesses sind. Mithilfe von Anreizsystemen werden Mitarbeiter direkt oder indirekt zu zielgerichtetem Verhalten motiviert.[182] Je nach Konzeption können Anreizsystemen auf den Prinzipien Belohnung oder Sanktionierung basieren. Diese Mechanismen gelten gleichermaßen für Veränderungsprozesse, da Veränderung ebenfalls handlungsmotivierende Gründe voraussetzen.[183] Damit neue Denk- und Verhaltensmuster in der Refreeze-Phase konserviert werden können, sind entsprechende Motivatoren daher ein probates Mittel.[184]

Die Motivation von Mitarbeitern kann intrinsisch oder extrinsisch bedingt sein.[185] Extrinsische Motivation ist das Resultat einer externen und kompensierenden Bedürfnisbefriedigung, die für ein entsprechendes Verhalten gewährt wird. Bei der intrinsischen Motivation ist die Befriedigung der Tätigkeit immanent. Als Voraussetzung für die Entstehung intrinsischer Motivation im Kontext von Arbeitssystemen werden in der Literatur interessante Arbeit, anspruchsvolle Aufgaben und Handlungsspielräume genannt.[186]

Die extrinsische Motivation Entlohnung (Firmenwagen etc.) und immateriell (Entscheidungsbefugnis, Selbstverwirklichung etc.) sein. Bei der Gestaltung von Anreizen muss das Problem des "crowding out" berücksichtigt werden. Hierbei handelt es sich um das Verdrängen intrinsischer durch extrinsische Motivation.[187]

D. Implikationen für die Praxis für die Phase der Post Merger Integration

I. Strategische und strukturelle Empfehlungen

Zur erfolgreichen Bewältigung komplexer Transformationsprojekte wird eine Berücksichtigung von Strategie, Struktur und Kultur proponiert.[188] Bei der Strategie handelt es sich um einen Plan, der für die effektive und effiziente Umsetzung langfristiger Unternehmensziele, mittels hierfür geeigneter Maßnahmen, im Sinne einer Verhaltensanpassung an die Umwelt

---

179 Vgl. *Frey/Gerkhardt/Fischer*, (o. Fn. 43), S. 289 f.
180 Vgl. *Cacaci*, (o. Fn. 34), S. 145.
181 Vgl. *Nerdinger/Blickle/Schaper*, (o. Fn.24), S. 426.
182 Vgl. *Doppler/Lauterburg*, (o. Fn. 56), S. 466 f.
183 Vgl. *Rüegg-Stürm*, (o. Fn. 66), S. 216.
184 Vgl. *Siebert*, (o. Fn. 127), S. 138.
185 Vgl. *Schewe/Schaecke/Nentwig*, (o. Fn. 10), S. 20.
186 Vgl. *Doppler/Lauterburg*, (o. Fn. 56), S. 60.
187 Vgl. *Gerds/Schewe*, (o. Fn. 5), S. 237 f.
188 Vgl. *Kraus/Becker-Kolle/Fischer*, (o. Fn. 41), S. 16 f., ergänzend wird in neueren Publikationen auch die operative Ebene als Handlungsfeld genannt.

("structure follows strategy"), konzipiert wurde.[189] Vor dem Hintergrund der Integrationsphase ist die M&A-Strategie und die neue Unternehmensstrategie zu unterscheiden. Es besteht ein Konsens dahingehend, dass die Strategien fusionierenden Unternehmen harmonisiert werden müssen.[190]

Auf eine Darstellung der strategischen Integration wird verzichtet, da diese nicht Gegenstand der untersuchungsrelevanten Phase der Post Merger Integration ist und diese wird im Folgenden als exogen gegeben unterstellt. Die Gestaltung der Kultur wird für die Arbeit ebenfalls als nicht zielführend abgelehnt, da deren Anpassungen einen mehrjährigen Zeitrahmen erfordern bzw. von einem Teil der Literatur sogar als gänzlich unmöglich abgelehnt werden.[191] Verdeckte Widerstände sind schwieriger zu identifizieren impliziert die Notwendigkeit Widerstände zu antizipieren und präventiv zu begegnen,[192] was bei der Strategiefindung zwingend zu berücksichtigen ist.

Ein fundiertes Post Merger Integrationskonzept (M&A-Strategie) kann Probleme und Schwierigkeiten der PMI ausweichen oder entschärfen, was sich grundsätzlich positiv auf den Integrationserfolg auswirkt.[193] Bei der M&A-Strategie sind primär die Implementierungsstrategien zu diskutieren. Eine Top-down-Strategie erweist sich im Hinblick auf eine potentielle Kosten- und Zeitersparnis als positiv, da der Koordinationsprozess mit der Belegschaft entfällt. Nachteilhaft ist hingegen, dass die Mitarbeiter an den Veränderungen nicht partizipieren. Die Wirkungsrichtungen der Bottom-up-Strategie sind entsprechend gegenläufig. Mittels der Bottom-up-Strategie werden, dem Grundgedanken des Change Managements entsprechend, die Betroffenen zu Beteiligten gemacht.[194] Die Bombenwurf-Strategie als Extremform solle, in Ermangelung jedweder Partizipation, nur als Mittel für Ausnahmesituationen gewählt werden. Im Integrationsprozess erweist sich diese Strategie jedoch grundsätzlich als kontraproduktiv, da eine wesentliche Zielsetzung die Akzeptanz und Partizipation der Mitarbeiter ist.[195] Organisatorisch sollte daher nach dem Prinzip „*so viel top-down wie nötig, so viel bottom-up wie möglich*" verfahren werden.[196]

Wesentlicher Gestaltungsparameter der prozessualen Ebene ist die Integrationsgeschwindigkeit. Bei der Integrationsgeschwindigkeit unterscheidet man grundsätzlich niedriges und hohes Tempo. Es besteht zwischen Geschwindigkeit der Integration und der Beherrschbarkeit des Integrationsprozesses ein inverses Verhältnis. Die zunehmende Geschwindigkeit führt zur Abnahme der Kontrollierbarkeit, wodurch die Fehleranfälligkeit erhöht wird. Kickstart, dann Zeit zum Verschnaufen, danach zweite Welle (zwei langgezogene Wellen)[197] Organisationen zeichnen sich durch informelle Sphären aus, was Handlungsspielräume bedingt, die von den Organisationsmitgliedern opportunistisch ausgenutzt werden.

---

189 Vgl. *Doppler/Lauterburg*, (o. Fn. 56), S. 173.
190 Vgl. *Lucks/Meckl*, (o. Fn. 4), S. 12, ähnlich *Gerds/Schewe*, (o. Fn. 5), S. 239.
191 Vgl. *Kraus/Becker-Kolle/Fischer*, (o. Fn. 41), S. 14.
192 Vgl. *Cacaci*, (o. Fn. 34), S. 87.
193 Vgl. *Wirtz*, (o. Fn. 11), S. 275.
194 Vgl. *Frey/Gerkhardt/Fischer*, (o. Fn.43), S. 293; *Stock-Homburg*, (o. Fn. 42), S. 65.
195 Vgl. *Bach*, (o. Fn. 91), S. 138.
196 Vgl. *Frey*, (o. Fn. 47), S. 570.
197 Vgl. *Gerds/Schewe*, (o. Fn. 5), S. 273.

Im Rahmen der organisatorischen Integration werden die strukturellen Voraussetzungen geschaffen, um die Zusammenführung der Unternehmen bewerkstelligen zu können.[198] Im Wesentlichen sind hiermit Anpassungen der Aufbau- und Ablauforganisation gemeint, die entsprechend den Strategien und Zielen des Unternehmenszusammenschlusses durchgeführt werden. Oberste organisatorische Zielsetzung während der PMI ist die Installation einer Organisationsstruktur, die reagibel ist und flexibel operieren kann, um den Erfordernissen der fluiden Ausgangssituation gerecht werden zu können.[199]

Ein zentrales Problem strategischer Ansätze im Change Management besteht darin, dass Veränderungsvorhaben bezüglich vorhandener Ressourcen mit dem Tagesgeschäft konkurrieren.[200] Aus der Sicht des Managements ergibt sich bei der Bewältigung des Wandels demzufolge ein Trade-off beim Ressourceneinsatz.[201] Hierbei ist es erforderlich, dass Führungskräfte ihre regulären Aufgaben nicht vernachlässigen und zugleich die mit der Integration verbundenen Aufgaben ebenfalls übernehmen.[202] Hierdurch resultiert eine enorme Doppelbelastung für die Change Agents.

Erfolgreiche Unternehmen machen aus diesem Grund verbindliche Vorgaben für die Zeiteinteilung. Demzufolge müssen die Mitglieder des Integrationsteams mindestens 50 Prozent der Arbeitszeit für das Integrationsprojekt aufwenden. Ergeben sich Konflikte zwischen Tagesgeschäft und Integrationsaufgaben, sollten diese auf dem "kleinen Dienstweg" gelöst werden,[203] was zugleich die Wichtigkeit einer flexiblen Organisationsstruktur während der Integrationsphase unterstreicht.

Die nachfolgenden Ausführungen orientieren sich an der in Abschnitt 3.4. getroffenen Unterscheidung der Bereiche Kommunikation, Qualifizierung, Partizipation sowie materielle und immaterielle Anreizsysteme zum Abbau individueller Widerstände, wobei ergänzend weitere relevante Aspekte diskutiert werden. Darüber hinaus wird auf verhaltensökonomische Erkenntnisse bei der Argumentation zurückgegriffen.

Kommunikation
Die Kommunikationsstrategie in Wandelprozessen sollte sich strikt an den Bedürfnissen der Mitarbeiter orientieren und auf diese ausgerichtet sein.[204] Insbesondere bei der strategischen Ausrichtung der Kommunikation werden in der Praxis jedoch Defizite erkannt. Einer nichtrepräsentativen Umfrage zufolge nutzen rund zwei Drittel der befragten Unternehmen keine explizite Kommunikationsstrategie.[205] Aufgrund mangelnder Strategiebildung können unter Umständen wesentliche Ziele nicht erreicht werden.

---

198 Vgl. *Hackmann*, (o. Fn. 14), S. 111.
199 Vgl. *Grube/Töpfer*, (o. Fn. 7), S. 120.
200 Vgl. *Rüegg-Stürm*, (o. Fn. 66), S. 218, der sich hier konkret auf strategische Ausrichtungen des Change Managements bezieht. Diese Aussage lässt sich jedoch analog auf sämtliche Bemühungen im Kontext des Change Managements übertragen.
201 Vgl. *Kraus/Becker-Kolle/Fischer*, (o. Fn. 41), S. 20.
202 Vgl. *Grube/Töpfer*, (o. Fn. 7), S. 111.
203 Vgl. *Gerds/Schewe*, (o. Fn. 5), S. 206 f.
204 Vgl. *Mast*, (o. Fn. 145), S. 409, die bei ihren Ausführungen allgemein auf Stakeholder Bezug nimmt.
205 Vgl. *Gutzy*, (o. Fn. 145), S. 103.

Bereits bei der Konzeption kommunikativer Maßnahmen sollte berücksichtigt werden, dass im Sinne der Partizipation, eine breit angelegte Adressierung erfolgt, die alle von den Veränderungen tangierte Zielgruppen anspricht.[206] Diese Vorgehensweise ist auch vor dem Hintergrund von Fairness und Reziprozität zu präferieren, andernfalls werden Individuen oder Gruppen isoliert, was als unfair erachtet wird und ein entsprechendes Sanktionspotenzial nach sich zieht.[207]

Kommunikationsprozesse gelten unter ökonomischen Gesichtspunkten als effizient, wenn sich Informationsangebot und -nachfrage entsprechen und im Gleichgewicht befinden.[208] Daher sollte zwischen gehaltvoller und umfassender Kommunikation ein Gleichgewicht hergestellt werden.[209] Idealerweise werden hierzu Feedbacksysteme installiert und eine dialogbasierte Kommunikation stimuliert, wodurch Informationen bidirektional ausgetauscht werden können, was zugleich die Herausbildung partizipativer Strukturen fördert.

Widerstände können, infolge des Sender-Empfänger-Problems, auch aus Missverständnissen bei der Kommunikation resultieren,[210] was eine zielgruppenkonforme Gestaltung der Ausdrucksweise notwendig erscheinen lässt. Bei der Verständigung sollte daher darauf geachtet werden, dass eine gemeinsame Sprache gesprochen wird, damit die Adressaten die Botschaften verstehen.[211] Darüber hinaus können sich Mitarbeiter in diesem Fall mit den Inhalten besser identifizieren, was der Ausgrenzung entgegenwirkt und sich positiv auf die Partizipation auswirkt. Nach Media-Richness-Theorie gilt hierzu die persönliche Kommunikation als effektivstes Instrument.[212] Für die Gewinnung von Vertrauen sind persönliche Gespräche ebenso prädestiniert wie für den wirksamen Abbau von Unsicherheitsgefühle und Zukunftsängsten.

Zentrales Handlungsfeld der M&A Kommunikation sind Kommunikationsinhalte, wobei die Auswirkungen auf die Belegschaft und die Sinnhaftigkeit des anstehenden Transformationsvorgangs darzulegen sind.[213] Konkret sollten die Notwendigkeit des Wandels, die sich hiermit ergebenden negativen Aspekte, aber auch die erzielbaren positiven Erträge vermittelt werden. Damit die oben genannten Anforderungen effektiver Veränderungskommunikation erfüllt werden, sollte eine konsistente, verständliche und plastische "Change-Story" erzählt werden.[214]

Hierbei kann der Framing-Effekt genutzt werden, indem diese sinnstiftende Geschichte (story-telling) dazu instrumentalisiert wird, um ein gewünschtes Verhalten bei den Rezipienten zu stimulieren.[215] Dabei wird mittels der Kommunikation versucht die Wahrnehmung der Relevanz von Zielen, die Notwendigkeit bzw. Legitimität gewählter Instrumente sowie deren Effektivität zu manipulieren, was zu entsprechenden Verhaltensanpassungen der

---

206 Vgl. *Frey/Gerkhardt/Fischer*, (o. Fn. 43), S. 292.
207 Die Norm der Reziprozität wird weiter unten in diesem Abschnitt unter "Materielle und immaterielle Anreizsysteme" erläutert.
208 Vgl. *Schewe/Michalik/Hendtker*, (o. Fn. 7), S. 11; in diesem Fall entsprechen sich Grenzkosten und Grenznutzen.
209 Vgl. *Grube/Töpfer*, (o. Fn. 7), S. 146 ff.
210 Vgl. *Lauer*, (o. Fn. 33), S. 45.
211 Vgl. *Frey/Gerkhardt/Fischer*, (o. Fn. 43), S. 287.
212 Vgl. *Gerds/Schewe*, (o. Fn. 5), S. 210; *Mast*, (o. Fn. 145), S. 422.
213 Vgl. *Frey*, (o. Fn. 47), S. 570 f.; *Gutzy*, (o. Fn. 145), S. 110.
214 Vgl. *Mast*, (o. Fn. 2), S. 281 f.
215 Vgl. *Mast*, (o. Fn. 145), S. 57.

Arbeitnehmer führt. Dabei ist es erforderlich eine mentale Grundhaltung zu vermitteln, wonach Veränderungen möglich sind.[216] Wichtig ist für die Betroffenen, dass ihnen das Gefühl vermittelt wird, der Veränderungsprozess ist beherrschbar. Für die Vermittlung dieses Eindrucks sind die Faktoren Erklärbarkeit, Vorhersehbarkeit, Transparenz, Beeinflussbarkeit und Partizipation wichtig.[217]

Die Notwendigkeit einer Vision wird in der Literatur mehrheitlich bejaht und es besteht ein Konsens dahingehend, dass es sich hierbei um einen wichtigen Erfolgsfaktor handelt.[218] Die Vision muss ebenfalls mit geeigneten Mitteln kommuniziert werden. Vision kann definiert werden als *"Bild einer realistischen, glaubwürdigen und attraktiven Zukunft für die Organisation".*[219]

Qualifizierung
In Anbetracht der Tatsache, dass die Nicht-Können-Barrieren den zentralen Einflussfaktor individueller Veränderungsbereitschaft markieren, wird die Notwendigkeit der Qualifizierung evident. Diese Aussage kann auch in der Praxis belegt werden, da zwischen erfolglosen und erfolgreichen Unternehmen bei Unternehmensfusionen hinsichtlich der Qualifizierungsmaßnahmen der größte Unterschied besteht.[220] Strategisch und strukturell sind hierfür die notwendigen Voraussetzungen zu schaffen.

Partizipation (Integrationskonformer Personaleinsatz)
Ein vorrangiges Problem in der Integrationsphase ist der Umstand, dass durch die Zusammenführung ein Personalüberangebot gegeben ist, was zu entsprechender Bewerberkonkurrenz führt. Zur Vermeidung von Resistenzen, ist es aus Gründen der Reziprozität und Fairness erforderlich, dass bei der Stellenbesetzung ein Höchstmaß an Transparenz und Fairness erreicht wird.

Das Kriterium der Transparenz bezieht sich auf den Auswahlprozess und die Auswahlkriterien, die objektiv und nachvollziehbar sein müssen, damit der Auswahlprozess intersubjektiv überprüfbar ist. Zudem sollen aus Gründen der Fairness die Entscheidungen anhand rationaler, ökonomischer und qualitativer Kriterien fundiert werden und nicht von politischen Überlegungen dominiert werden.[221] Das Kriterium der Fairness gilt gleichermaßen für die Einsetzung von Führungskräften, die andernfalls mit massivem Widerstand rechnen müssen.[222]

Die Relevanz geeigneter Promotoren konnte empirisch bestätigt werden. Die erfolgreichen Spitzenunternehmen binden Promotoren zu 50 Prozent stärker in den Integrationsprozess in.[223] Aus diesem Grund ist die Selektion geeigneter Multiplikatoren erfolgsentscheidend. Idealerweise haben diese einen hohen Einfluss innerhalb der Organisation oder auf die

---

216 Vgl. *Frey/Gerkhardt/Fischer*, (o. Fn. 43), S. 291.
217 Vgl. Brandenburg, Vertrauen in Veränderungsprozessen, in: Brandenburg/Thielsch, Praxis der Wirtschaftspsychologie, Band I, MV Wissenschaft 2009, S. 226.
218 Vgl. *Frey/Gerkhardt/Fischer*, (o. Fn. 43), S. 290.
219 Vgl. *Schwarz*, (o. Fn. 14), S. 89.
220 Vgl. *Gerds/Schewe*, (o. Fn. 5), S. 248.
221 Vgl. *Lucks/Meckl*, (o. Fn. 4), S. 146; ähnlich *Gerds/Schewe*, (o. Fn. 5), S. 239.
222 Vgl. *Gerds/Schewe*, (o. Fn. 5), S. 231.
223 Vgl. *Gerds/Schewe*, (o. Fn. 5), S. 203.

Prozessimplementierung und sind von der Notwendigkeit der Veränderung überzeugt. Der Einfluss auf die Veränderungsbereitschaft der anderen Organisationsmitglieder wird maßgeblich vom Vertrauen und dem Respekt bestimmt, dass diese dem Promotor entgegenbringen.[224]

Bereits mehrfach wurde die Bedeutung der Beteiligung für Veränderungsvorhaben herausgestellt. Die glaubhafte Beteiligung an den relevanten Prozessen und Entscheidungen ist also ratsam, wobei das Ausmaß dieser Partizipation von der fachlichen Qualifikation und der menschlichen Reife der Betroffenen abhängig zu machen ist.[225]

Materielle und immaterielle Anreizsysteme
Kooperationen basieren, ebenso wie Transaktionen, auf Austauschbeziehungen.[226] Damit Austauschbeziehungen reibungslos funktionieren, ist es erforderlich, dass diese reziprok gestaltet werden. Reziprozität bezeichnet die Norm der Wechselseitigkeit (Fairness), der die Idee eines langfristigen Ausgleichs von materiellem und immateriellem Nutzen in sozialen Beziehungsgefügen zugrunde liegt.[227] Im organisationalen Kontext (organisationale Gerechtigkeit) unterscheidet man diesbezüglich distributive, prozedurale, interpersonale und informationale Gerechtigkeit.[228] In diesem Zusammenhang ist der psychologische Vertrag zu thematisieren, mittels dessen die subjektive Bindung einer Person an eine Organisation erklärt werden kann.[229]

Diese Grundbedingung menschlicher Interaktion impliziert direkte Konsequenzen für den Integrationsprozess. Im Vergleich zum Status quo wird von den Mitarbeitern ein zusätzliches Anstrengungsniveau gefordert. Rekurriert man auf die Reziprozität, ist es erforderlich, dass die Mitarbeiter im Gegenzug eine korrespondierende Kompensation erhalten. Erfolgt keine Gegenleistung, wird dies von den Mitarbeitern sanktioniert, wodurch es zu Beeinträchtigungen bei den Akquisitionszielen kommt.[230] Sofern es bei Tauschvorgängen zu Defiziten kommt, können diese mittels Motivation ausgeglichen werden.[231] Aus diesem Grund muss ein Anreizsystem installiert werden, das das resultierende Arbeitsleid entsprechend entschädigt und an integrationsspezifische Anforderungen angepasst ist.[232] Auch bei der Gestaltung von Anreizsystemen selbst ist es erforderlich, dass die Reziprozitäts-Bedingung erfüllt ist.[233]

Aus Gründen der Komplexitätsreduktion nutzen Menschen bei der Entscheidungsfindung sog. Entscheidungsheuristiken. Die Entscheidung von Individuen ist kontextsensitiv und von den jeweiligen Rahmenbedingungen abhängig, was in der Literatur als Framing Effekt

---

224 Vgl. *Frey/Gerkhardt/Fischer*, (o. Fn. 43), S. 288.
225 Vgl. *von Rosenstiel*, (o. Fn. 40), S. 45.
226 Vgl. *Franken*, (o. Fn. 144), S. 141.
227 Vgl. *Stock-Homburg*, (o. Fn. 42), S. 535.
228 Vgl. *Frey/Gerkhardt/Fischer*, (o. Fn. 43), S. 293; *Stock-Homburg*, (o. Fn. 42), S. 65.
229 Vgl. *Nerdinger/Blickle/Schaper*, (o. Fn. 24), S. 233.
230 Vgl. *Schewe/Michalik/Hendtker*, (o. Fn. 7), S. 3.
231 Vgl. *Siebert*, (o. Fn. 127), S. 72.
232 Vgl. *Gerds/Schewe*, (o. Fn. 5), S. 246 und 251.
233 Vgl. *Siebert*, (o. Fn. 127), S. 314.

bezeichnet wird, der sich mittels Kommunikation beeinflussen lässt.[234] In diesem Zusammenhang können der Sicherheitseffekt (certainty-effect) und der Reflexionseffekt (reflection-effect) unterschieden werden.[235]

Der Reflexionseffekt besagt, dass sich Entscheidungsträger in Gewinnsituationen risikoavers verhalten, wohingegen sie in Verlustszenarien risikofreudiges Verhalten zeigen, wobei jeweils die gleichen Nutzenniveaus zur Disposition stehen.[236] Demnach agieren Individuen risikofreudig, wenn es um die Wahrung ihrer Besitzstände geht. Umgangssprachlich kann dieses Phänomen mit der Redensart "Mit dem Rücken zur Wand stehen" umschrieben werden. Insofern erscheint eine Bedrohung individueller Besitzstände aus motivationalen Gründen kontraproduktiv, da es irrationales Verhalten bei den Betroffenen provoziert. Der Besitzeffekt hat zugleich einen direkten Einfluss auf die wahrgenommene Gerechtigkeit von Situationen.[237] Die hierbei auftretenden Effekte gilt es zu nutzen, um Veränderungsimpulse induzieren zu können.

II. Normative Empfehlungen

Kommunikation

Zu Beginn der Integrationsphase steht ein vergleichsweise geringes Informationsangebot einer hohen Informationsnachfrage gegenüber, wodurch ein starkes Ungleichgewicht resultiert. Dies führt zur Bildung informeller Informationskanäle und der Weitergabe von Gerüchten,[238] die aus unklaren, mehrdeutigen und als bedrohlich empfundenen Situationen resultieren.[239] Für Gerüchte ist charakteristisch, dass sich diese äußerst schnell verbreiten sowie relevante und dringliche Themen zum Gegenstand haben. Die effiziente und schnelle Verbreitung von Gerüchten lässt sich mit der Brisanz und Aktualität der Informationen sowie dem Umstand, dass sich deren Informationsgehalt rasch verflüchtigt begründen.[240]

Schließlich erschaffen Gerüchte, in Anlehnung an das Konzept sozial konstruierter Wirklichkeit, eine eigene Realität.[241] Sobald entsprechende Vorstellungen in den Köpfen der Mitarbeiter verankert sind, lassen sich diese nur schwer wieder ändern. Eine wirksame Präventivstrategie im Umgang hiermit ist eine schnelle Entscheidungsfindung, die den Mitarbeitern transparent vermittelt wird.[242] Auf diese Weise wird das bestehende Informationsvakuum gefüllt und informelle Informationskanäle verlieren an Bedeutung und Attraktivität.

---

234 Vgl. *Mast*, (o. Fn. 145), S. 58 u. 245; *Tversky/Kahneman*, Rational choice and the Framing of Decisions, in: The Journal of Business, Volume 59, Number 4, Part 2, The Behavioral Foundations of Economic Theory 1986, S. 255 ff.
235 Vgl. *Tversky/Kahneman*, Prospect Theory, An Analysis of Decision under Risk, in: Econometrica, Volume 47, Number 2, 1979, S. 263 ff.
236 Vgl. *Kahneman/Knetsch/Thaler*, Anomalies, The Endowment Effect, Loss Aversion an Status Quo Bias, in: The Journal of Economic Perspectives, Volume 5, Issue 1, 1991, S. 203.
237 Vgl. *Kahneman/Knetsch/Thaler*, (o. Fn. 236), S. 203 f.
238 Vgl. *Schewe/Michalik/Hendtker*, (o. Fn. 7), S. 11.
239 Vgl. *Mast*, (o. Fn. 145), S. 204.
240 Vgl. *Mast*, (o. Fn. 145), S. 204 ff.
241 Vgl. *Mast*, (o. Fn. 145), S. 219.
242 Vgl. *Grube/Töpfer*, (o. Fn. 7), S. 174.

Besonders in Zeiten des Umbruchs, wie sie für die Phase der Post Merger Integration gegeben sind, ist Vertrauen von besonderer Relevanz.[243] Vertrauen ist ohne bereits vorhandene Informationen, Wissen und Erfahrungen nicht denkbar.[244] Zudem gewinnt eine Vertrauensbeziehung mit zunehmender Dauer und Intensität an Stabilität.[245] Aufgrund dieser Zusammenhänge ergibt sich ein Vertrauensdefizit, das insbesondere durch die personelle Verzahnung der beiden Organisationen weiter forciert wird, was dann schlagend wird, wenn Mitarbeiter Vorgesetzte aus dem anderen Unternehmen erhalten. Die personelle Verflechtung ist jedoch eine Voraussetzung für erfolgreiche Unternehmenszusammenschlüsse.[246]

Allerdings kann mittels einer offenen, ehrlichen und transparenten Kommunikation dieses Vertrauensdefizit rasch abgebaut werden.[247] Die Transformationskommunikation fungiert hierbei als dialogorientiertes Beziehungsmanagement.[248] Damit kann konstatiert werden, dass eine offene und aufrichtige Atmosphäre zu einer Steigerung des wechselseitigen Vertrauens beiträgt.[249] Vertrauen ist zudem förderlich für den Informationsaustausch sowie die schnittstellenübergreifende Zusammenarbeit.[250] Wesentliche Aspekte, die ebenfalls integrationszuträglich sind und die Zusammenarbeit erleichtern. Zudem ist eine offene Kommunikation zwingend erforderlich, um sämtliche Konflikte und Diskrepanzen im Integrationsprozess eruieren zu können, was wiederum zwingend voraussetzt, dass Kritik sanktionslos geäußert werden kann.[251]

Wie bereits erläutert versuchen Individuen in Veränderungssituationen ihre Besitzstände abzusichern. In diesem Zusammenhang ist der Besitzeffekt (Endowment-Effect) zu thematisieren.[252] Dieser Effekt führt schließlich zum sog. status quo bias, einer kognitiven Verzerrung, bei der es sich um eine retardierende Kraft im Sinne Lewins handelt, die sich in einer starken Präferenz für den Status quo manifestiert. In Anbetracht der Tatsache, dass sich der Mensch auf Gründen der Komplexitätsreduktion Urteilsheuristiken bedient, ist es aus Sicht der Change Agents erforderlich auf den Evaluationsprozess einzuwirken. Hierbei muss jedoch berücksichtigt werden, dass, aufgrund der vorstehend erörterten Effekte, rationale Argumente oftmals ins Leere gehen. Weitaus effektiver ist es auf die Emotionen der Betroffenen einzugehen bzw. die Affektkontrolle weisungsgebundener Mitarbeiter zu fördern und zu unterstützen.[253] Hierzu ist die Face-to-Face Kommunikation der effektivste Weg, mittels derer sich sowohl Unsicherheiten als auch Ängste wirkungsvoll abbauen lassen.[254]

---

243 Vgl. *Bohn*, (o. Fn. 98), S. 57.
244 Vgl. *Bohn*, (o. Fn. 98), S. 22; *Ripperger*, Ökonomie des Vertrauens, Analyse eines Organisationsprinzips, 2. Auflage Mohr Siebeck 2003, S. 42.
245 Vgl. *Bohn*, (o. Fn. 98), S. 25 ff.; *Neubauer/Rosemann*, (o. Fn. 40), S. 122.
246 Vgl. *Gerds/Schewe*, (o. Fn. 5), S. 229 u. 234.
247 Vgl. *Mast*, (o. Fn. 145), S. 282.
248 Vgl. *Mast*, (o. Fn. 145), S. 409, die sich bei ihren Ausführungen allgemein auf Stakeholder bezieht.
249 Vgl. *Franken*, (o. Fn. 144), S. 141.
250 Vgl. *Neubauer/Rosemann*, (o. Fn. 40), S. 126.
251 Vgl. *Wirtz*, (o. Fn. 11), S. 394.
252 Vgl. *Kahneman/Knetsch/Thaler*, (o. Fn. 236), S. 194.
253 Vgl. *Kraus/Becker-Kolle/Fischer*, (o. Fn. 41), S. 112.
254 Vgl. *Gerds/Schewe*, (o. Fn. 5), S. 210.

Ein zentraler Erfolgsfaktor für ein erfolgreiches Change Management ist die Konsistenz von Kommunikation und Handlung, was letztlich Glaubwürdigkeit und Vertrauen schafft.[255] Die Konsistenzbedingung ist offensichtlich verletzt, sofern die im Rahmen partizipativer und feedbackbasierter Ansätze gewonnen Argumente von den Führungsverantwortlichen negiert und mit Macht abgelehnt werden (Nicht-Sollen/Nicht-Dürfen).[256] Hierdurch wird ein unmissverständliches Signal der Inkonsistenz von Wort und Tat an die Belegschaft geschickt, womit zugleich ein Gefühl des Ausgeliefertseins vermittelt wird. Dies führt zu Frustration und wirkt sich hemmend auf zukünftige Verbesserungsvorschläge aus.

Eine vollständige Beherrschbarkeit der sich im Wandel vollziehenden Prozesse ist eine illusorische Annahme.[257] Aus diesem Grund sind Transformationsprozesse nicht vollständig antizipier- und planbar, was entsprechende Anpassungen erforderlich macht. Die hierbei entstehenden Planungslücken gilt es mittels einer effektiven Kommunikation zu schließen.[258] Schließlich müssen sich Kommunikationsprozesse am Kriterium der Reziprozität messen lassen. Primäres Instrument zur Gestaltung interpersoneller und informationaler Fairness ist die Kommunikation. Damit diese Kriterien erfüllt werden, sind ein respektvolles und beanstandungsloses Verhalten (interpersonale Fairness) sowie adäquate Erklärungen (informationale Fairness) unabdingbar.[259]

Materielle und immaterielle Anreizsysteme

Da die individuelle Trägheit einen Einflussfaktor der Wandlungsbereitschaft bildet, kann aus Sicht des Managements der Leidensdruck als Gestaltungsparameter identifiziert werden, indem individuelle Besitzstände bedroht werden. Der hierdurch entstehende Leidensdruck entspricht im individuellen Kalkül direkten Kosten,[260] die ein Festhalten am Status quo unattraktiv erscheinen lassen. Diese Vorgehensweise kann häufig während betrieblicher Transformationsprozesse beobachtet werden. Allerdings steht dies im Widerspruch zur These der Reaktanz, wonach sanktionierende Maßnahmen dazu führen, dass der Status quo eine Wertsteigerung erfährt.[261] Der intendierte Effekt wird dadurch ins Gegenteil verkehrt.

Bereits Lewin konstatierte, dass es sinnvoller sei retardierende Kräfte zu reduzieren, als Veränderungen durch Druck zu erzwingen. Im Ergebnis wird Widerstand stimuliert, der kontraproduktiv für den Veränderungsprozess ist.[262] Auch vor dem Hintergrund des Framing-Effektes erscheint dieses Vorgehen nicht erfolgsversprechend, da das zusätzlich angedrohte Verlustpotenzial in diesem Fall von den Betroffenen als marginal empfunden wird. Aber ebenfalls unter Gesichtspunkten der Fairness ist der Wandel durch Macht abzulehnen, der zu Umverteilungsprozessen mit entsprechenden Gewinnern und Verlierern führt.[263] Hierdurch ist die Reziprozitätsbedingung verletzt, da es aufgrund der Willkür an einer sachlichen Begründung für die Umverteilung mangelt, was von den Verlierern mit

---

255 Vgl. *Mast*, (o. Fn. 145), S. 71 u. 245; *Schewe/Michalik/Hendtker*, (o. Fn. 7), S. 10 f.
256 Vgl. *Vacek*, (o. Fn. 148), S. 314.
257 Vgl. *Frey/Gerkhardt/Fischer*, (o. Fn. 43), S. 287.
258 Vgl. *Gerds/Schewe*, (o. Fn. 5), S. 273.
259 Vgl. *Frey/Gerkhardt/Fischer*, (o. Fn. 43), S. 294.
260 Vgl. *Lauer*, (o. Fn. 33), S. 33.
261 Vgl. *Lauer*, (o. Fn. 33), S. 50.
262 Vgl. *Cacaci*, (o. Fn. 34), S. 36.
263 Vgl. *Vacek*, (o. Fn. 148), S. 298. Einschränkend ist hier jedoch anzumerken, dass das für Veränderungsprozesse allgemein gilt. Sofern sich jedoch die Initiatoren dieser Umverteilungen direkt identifizieren lassen, können Sanktionen adressiert werden.

Sanktionen quittiert wird. Macht und Druck induzieren im Schlimmsten Fall eine erhöhte Fluktuation.[264] Eine effektivere Strategie besteht darin entsprechende Anreize zu schaffen und Verluste auszugleichen.

Das in M&A-Prozessen charakteristische Klima der Verunsicherung wird von Wettbewerbern genutzt, um Mitarbeiter abwerben zu können.[265] Damit eine Abwanderung von Mitarbeitern mit Schlüsselkompetenzen (High Potentials) verhindert wird, müssen diese identifiziert und mit entsprechenden Anreizen an das Unternehmen gebunden werden.[266] Hierbei wird jedoch das kalkulative Commitment adressiert, das als verhältnismäßig fragil, im Gegensatz zum affektiven Commitment, gilt.[267] Kalkulatives Commitment ist eine Form der Gebundenheit der Arbeitnehmer, da es sich de facto um eine Zwangssituation handelt, die infolge unattraktiver Alternativen besteht („Lock in-Effekt"). Die Notwendigkeit der Bindung von Kernmitarbeitern ist in der Praxis erfolgsrelevant und ein wesentlicher Unterscheidungsfaktor erfolgreicher Fusionen.[268] Ein Problem ergibt sich zudem aufgrund der geringen Effektivität monetäre Anreize. Insofern müssen die Mitarbeiter mit Karriereaussichten und einer proaktiven Karriereplanung sowie dem Einbinden in den Integrationsprozess inkl. entsprechender Mitgestaltungsmöglichkeiten motiviert werden.[269] Als problematisch erweist sich vor dem Hintergrund der Dezentralisierung, sich verflachenden Hierarchien, zunehmender Projektorganisation und Spezialisierung, dass das klassische Karrieremodell sukzessive an Bedeutung verliert. An deren Stelle treten jedoch alternative Karrierewege wie die Fach- und Projektkarriere.[270]

E. Schlussbetrachtung

Einer der entscheidenden Erfolgsfaktoren von Mergers & Acquisitions in der Phase der Post Merger Integration ist der Umgang mit individuellen Widerständen. Für die Bewältigung dieser Widerstände gibt es keine Musterlösungen, vielmehr sind kasuistische Konzepte zu erarbeiten, die an die jeweils geltenden personalen Parameter adaptiert werden müssen. Im Rahmen dieser Arbeit wurden vier zentrale Handlungsfelder zur Beeinflussung individueller Barrieren identifiziert. Hierbei handelt es sich um Kommunikation, Qualifizierung, Partizipation sowie die Ausgestaltung materieller und immaterieller Anreizsysteme. Widerstände entstehen auf individueller Ebene, wodurch sie vom Verhalten des jeweiligen Mitarbeiters determiniert werden. Aus diesem Grund gilt es verhaltensökonomische Erkenntnisse bei der Gestaltung der individuellen Veränderungsbereitschaft zu berücksichtigen. In diesem Kontext sind insbesondere der Framing-Effekt und die Reziprozitätsnorm relevante Einflussfaktoren.

Bezogen auf diese vier Handlungsfelder ist die Kommunikation einer der zentralen Erfolgsfaktoren für die Überwindung individueller Barrieren, wobei die Darstellungsform der Kommunikationsinhalte, aufgrund des Framing-Effektes, erfolgsrelevant ist. Darüber hinaus

---

264 Vgl. *Cacaci*, (o. Fn. 34), S. 25.
265 Vgl. *Gerds/Schewe*, (o. Fn. 5), S. 237; *Gutzy*, (o. Fn. 145), S. 103.
266 Vgl. *Hackmann*, (o. Fn. 14), S. 83.
267 Vgl. *Felfe*, (o. Fn. 66), S. 39 u. 235.
268 Vgl. *Gerds/Schewe*, (o. Fn. 5), S. 228 u. 236 f.
269 Vgl. *Gerds/Schewe*, (o. Fn. 5), S. 237.
270 Vgl. *Holtbrügge*, Personalmanagement, 3. erweiterte Auflage Springer 2007, S. 128.

sind Ausdrucksformen und ein respektvoller Umgang, aus Gründen der Fairness, wichtig. Die Qualifizierung ist ein weiteres Instrument, um Widerständen nivellieren zu können, da sich ein Großteil dieser darauf zurückführen lässt, dass die Belegschaft nicht über die entsprechenden Kompetenzen verfügt, den Wandel aktiv gestalten zu können.

Bei der Partizipation sind Einfluss- und Mitsprachemöglichkeiten sowie Handlungsspielräume zu schaffen, um veränderungsfreundliche Strukturen implementieren zu können. Es hat sich gezeigt, dass Anreizsystemen enge Grenzen gesetzt sind, wodurch deren Wirksamkeit stark eingeschränkt ist. Allerdings ist es für die Teilnahme unabdingbar, dass die Verluste durch Veränderungen, mittels entsprechender Anreize, kompensiert werden. Damit kann konstatiert werden, dass es sich bei Kommunikation und Qualifikation um die wichtigsten Gestaltungsinstrumente handelt, um Mitarbeiter mobilisieren zu können.

Emotionen werden in Entscheidungsprozessen oftmals als hinderliche Störfaktoren angesehen, die es zu eliminieren gilt. Insbesondere in Transformationsprozessen greift diese Sichtweise aber zu kurz. Vielmehr muss der Gemütszustand der Mitarbeiter berücksichtigt und entsprechend modelliert werden, um eine Wandlungsbereitschaft auf breiter Basis induzieren zu können. Regelmäßig beruht Wandlungsbereitschaft aus individueller Perspektive nicht auf einer rein rationalen Entscheidung, sondern wird von einer Vielzahl affektiver Komponenten überlagert, die es zielführend zu kanalisieren gilt.

Die Verfasser

Bekim Asani, LL.M. / Diplom-Kaufmann (FH)

Bekim Asani ist seit 2009 als Corporate Finance Koordinator bei der Hamburger Sparkasse AG tätig. Zuvor arbeitete Bekim Asani 10 Jahre in unterschiedlichen Positionen des Privatkunden- und Firmenkundengeschäfts bei der Hypovereinsbank AG und der Hamburger Sparkasse AG.

Nach erfolgter Ausbildung zum Bankkaufmann absolvierte der Verfasser ein berufsbegleitendes Studium der Betriebswirtschaftslehre an der Fachhochschule für Ökonomie und Management mit den Schwerpunkten Controlling, internationale Rechnungslegung und Finanzwirtschaft. In den Jahren 2011 bis 2013 absolvierte der Verfasser den Postgraduierten-Studiengang „Mergers & Acquisitions" an der Westfälischen Wilhelms-Universität Münster.

Bekim Asani ist spezialisiert auf die Beratung mittelständischer Unternehmen im Kontext von Unternehmensnachfolgen und von M&A – Projekten sowie auf die Umsetzung komplexer Unternehmensfinanzierungen. Der Fokus des Verfassers liegt hierbei in der Anbahnung und Durchführung von Unternehmenskäufen und -verkäufen sowie Begleitung von Unternehmensnachfolgen. Bekim Asani strukturiert zudem Übernahme- und Wachstumsfinanzierungen für mittelständische Unternehmen unterschiedlichster Branchen und in diversen Phasen der Unternehmensentwicklung. Der Verfasser unterstützt mittelständische Unternehmen bei der Einwerbung von Private Equity, Mezzanine sowie weiterer alternativer Finanzierungsformen.

Lars-Michael Böhle, EMBA / Diplom-Kaufmann

Der Verfasser leitet das Bestandskundengeschäft der Region Nordrhein-Westfalen für die CP Corporate Planning AG, dem führenden Anbieter von Business Intelligence (Self-Service BI) Lösungen im deutschsprachigen Mittelstand. Zuvor war er als Assistent des Vorsitzenden der Geschäftsführung und Project Controller Strategy & Business Development bei der Europcar Autovermietung GmbH tätig.

Herr Böhle studierte von 2002 bis 2008 Betriebswirtschaftslehre an der Westfälischen Wilhelms-Universität Münster mit den Schwerpunkten Controlling und Steuern. In seiner Diplomarbeit befasste er sich empirisch mit der Bestimmung von Betafaktoren für die Bewertung nicht börsennotierter Unternehmen.

Sein heutiger Tätigkeitsschwerpunkt liegt im Bereich der integrierten Finanzplanung (GuV-, Bilanz- und Cashflow-Planung). In seiner Funktion als Senior Consultant ist Herr Böhle zuständig für die betriebswirtschaftlich fachliche Konzeptionierung, Projektleitung und Umsetzung werttreiberorientierter Konzernsteuerungsmodelle.

Henryk Ciesielski, EMBA, CEFA

Henryk Ciesielski ist seit einigen Jahren im Bereich der Unternehmensberatung mit den Schwerpunkten Bewertung sowie Corporate Finance-Beratung tätig, meist im Kontext von komplexen internationalen Transaktions- und Restrukturierungsmandaten. Die erste berufliche Station führte ihn in den Bereich Corporate Finance bei Deloitte. Sein Aufgabengebiet umfasste Unternehmensbewertungen, Pre-Transaktionsberatung, Verifikation und Erstellung von Businessplänen, Venture Capital- und Gründer-Beratung. Anfang 2005 wechselte er zu American Appraisal, wo er neben dem Ausbau der Financial Valuation Group auch für die Entwicklung von Transaction and Restructuring Services Group verantwortlich ist. Neben seinem akademischen Werdegang erwirbt er das Berufsdiplom der Deutschen Vereinigung für Finanzanalyse und Asset Management (DVFA) und darf den Titel DVFA-Investment Analyst sowie Certified EFFAS Financial Analyst (CEFA) führen. 2013 absolvierte er den Executive Masterstudiengang Mergers & Acquistions an der Universität Münster. Er ist Teilnehmer von mehreren Expertengruppen und tritt regelmäßig als Redner bei Konferenzen und Schulungen auf. Henryk Ciesielski ist derzeit für American Appraisal in der Region Zentraluropa in den Bereichen Bewertung sowie Transaktions- und Restrukturierungs-Beratung als Director tätig. Sein aktueller Tätigkeitsschwerpunkt umfasst die Beratung im Rahmen von Buy-/Sell-Side Mandaten und Restrukturierungssituationen sowie die Entwicklung und Einführung von operativen Wertsteigerungsprogrammen im Rahmen von Venture Capital- und Private Equity-Transaktionen. Parallel agiert er gleichzeitig als stellvertretender Vorsitzender des Investment Committees bei der Venture Capital Fund Acai und ist aktiv als Mentor für ausgewählte Wachstumsunternehmen.

Jan Philipp Dulce, LL.M. / Rechtsanwalt

Seit 2010 ist der Verfasser als Syndikusanwalt bei der NETINERA Deutschland GmbH, einer Tochtergesellschaft der italienischen Staatsbahn (Ferrovie dello Stato) und einem luxemburgischen Investmentfonds (Cube Infrastructure), tätig. Als Inhouse-Rechtsanwalt begleitete er den Kauf- und Verkaufsprozess durch die Deutsche Bahn AG an das vorgenannte Konsortium.

Seine berufliche Laufbahn begann bei Volkswagen Consulting in Wolfsburg bevor er als Rechtsanwalt zunächst bei SKW Schwarz und dann bei FPS Fritze Wicke Seelig tätig war. Als Rechtsanwalt betreute Herr Dulce vor allem M&A-Transaktionen im Bereich von Public Private Partnerships (PPP) und Privatisierungen, sowie internationale Investoren bei der Ansiedlung in Deutschland.

Herr Dulce studierte Rechtswissenschaften an der Freien Universität Berlin und als Erasmus-Stipendiat an der Université de Fribourg in der Schweiz. Darüber hinaus studierte Herr Dulce in Hagen Betriebswirtschaftslehre. Von 2011 bis 2013 belegte Herr Dulce den Postgraduierten Studiengang „Mergers & Acquisitions" der Westfälischen Wilhelms-Universität in Münster und schloss diesen mit dem Titel LL.M. ab.

Sein heutiger Tätigkeitsschwerpunkt liegt auf der Restrukturierung und Refinanzierung der NETINERA-Gruppe. So wirkte er u.a. federführend bei der Finanzierung von Regionalzügen im Wert von rund 350 Mio. EUR mit.

Heiko Hoffmann, LL.M / Diplom Kaufmann (FH)

Der Autor startete seine berufliche Laufbahn 2002 bei einer großen Wirtschaftsprüfungsgesellschaft in Hamburg. Während er dort zunächst bei der Prüfung von Jahres- und Konzernabschlüssen mitwirkte wechselte er zeitnah in den Bereich Financial Advisory Services, wo er neben der Begleitung von nationalen und internationalen Unternehmenstransaktionen u.a. auch an komplexen Unternehmensbewertungen im Rahmen von Squeeze-out-Verfahren sowie an Due Diligence und Werthaltigkeitsprüfungen beteiligt war.

Im Jahre 2006 wechselte er zu einer mittelständischen Unternehmensberatungsgesellschaft mit den Schwerpunkten Sanierung und Restrukturierung. Neben der Erstellung von Sanierungs-, Restrukturierungs- und Controllingkonzepten war er u.a. auch am Auf- und Ausbau der Abteilung Mergers & Acquisitions (Distressed M&A) beteiligt.

Seit 2008 ist Herr Hoffmann Leiter Mergers & Acquisitions bei der Hamburger Hafen und Logistik AG, einem führenden Hafenlogistikunternehmen in Europa. Schwerpunkt seiner Tätigkeit ist die Unterstützung der strategischen Unternehmenssteuerung durch Strukturierung, Durchführung und betriebswirtschaftliche Begleitung des gesamten Transaktionsprozesses (M&A). Darüber hinaus ist er in konzernweite Reorganisations- und andere Sonderprojekte von strategischer Bedeutung eingebunden.

Herr Hoffmann studierte von 1997 bis 2001 Betriebswirtschaftslehre an der Hochschule Wismar (Abschluss als Diplom-Kaufmann (FH)), ist geprüfter Bilanzbuchhalter International (IHK) und hat 2013 den Postgraduierten-Studiengang „Mergers & Acquisitions" an der Westfälischen Wilhelms-Universität Münster als Master of Laws (LL.M.) erfolgreich abgeschlossen.

Die Verfasser

Malte Hönig, LL.M.

Der Autor begann im Jahr 2006 seine berufliche Laufbahn mit einem dualen Studium bei der Siemens AG. Dabei sammelte er drei Jahre lang Erfahrungen in vielfältigen kaufmännischen Tätigkeiten an mehreren Standorten des Sectors Energy. Im Anschluss war er von 2009 bis 2013 als Business und Project Controller im Kraftwerksbau von Siemens beschäftigt. Seit Juni 2013 ist Malte Hönig als M&A Inhouse Consultant für die Siemens AG in München tätig.

Die duale Ausbildung umfasste neben einem IHK-Abschluss als Industriekaufmann und einer Siemens-Stammhauslehre ein Studium in Wirtschaftswissenschaften an der Friedrich-Alexander-Universität Erlangen-Nürnberg mit Schwerpunkt Betriebswirtschaftslehre. Zwei Jahre nach seinem Abschluss absolvierte er berufsbegleitend den Masterstudiengang in Mergers & Acquisitions an der Westfälischen Wilhelms-Universität Münster.

Sein heutiger Tätigkeitsschwerpunkt liegt innerhalb der Umsetzung von Carve Out Projekten aus der Sicht des Workstreams Transitional Service Agreements in der Begleitung des Transaktionsprozesses. Seine Aufgaben umfassen neben der Koordinierung zahlreicher interner Schnittstellen im Wesentlichen den Austausch mit Kaufinteressenten über den Datenraum und die Vor- und Nachbereitung sowie die Teilnahme an Bietergesprächen und Vertragsverhandlungen.

 **Gabriele Jansen, LL.M.**

Gabriele Jansen ist Diplom-Ingenieurin der Optischen Messtechnik, Wirtschaftsingenieurin und hat 2013 den Postgraduierten-Studiengang „Mergers & Acquisitions" an der Westfälischen Wilhelms-Universität Münster als LL.M. abgeschlossen.

Mit ihrem Unternehmen Vision Ventures berät sie Käufer und Verkäufer von Unternehmen aus den Bereichen Industrielle Bildverarbeitung (Machine Vision) und Optische Technologien der Automatisierungstechnik bei nationalen und internationalen Unternehmenstransaktionen. Vision Ventures ist in diesen Märkten zu Hause, versteht die Stärken, Einsatzgebiete aber auch Grenzen der eingesetzten Technologien, die verschiedenen Business-Konzepte der Market Player, die Werttreiber und die Marktdynamik. Ein weltweites Netzwerk in diesen Märkten ist der maßgebliche Erfolgsfaktor bei der Adressierung des besten strategischen Fits. Das Leistungsspektrum der Vision Ventures reicht von der Strategieberatung über die Begleitung von Wertsteigerungsprozessen in der Vorbereitung von Unternehmenstransaktionen über die marktbezogene Unternehmensbewertung bis hin zur kompletten Betreuung bei Kauf oder Verkauf von Unternehmen und Unternehmensteilen.

Neben der unternehmerischen Tätigkeit ist Frau Jansen als Gründungsmitglied der EMVA (European Machine Vision Association) seit 2003 ehrenamtlich im Vorstand des europäischen Industrie-Verbandes tätig und arbeitet regelmäßig als Beraterin für die Europäische Kommission.

Die Verfasser

Dr. Ute Richter, EMBA / Rechtsanwältin

Die Autorin ist Wirtschaftsanwältin und Syndikusanwältin in einem mittelständischen Unternehmen in Hamburg, das in ganz Europa größere Immobilienprojekte realisiert, wie beispielsweise Shopping-Center. Der Arbeitsschwerpunkt der Autorin als Syndikusanwältin liegt neben der immobilien – und baurechtlichen Betreuung des Unternehmens in der gesellschaftsrechtlichen Investorenbindung und Begleitung u.a. in M & A Projekten.

Nach mehrjährigen Tätigkeiten als Wirtschaftsanwältin und Managerin in Wirtschaftskanzleien in München, Berlin und Düsseldorf hat die Autorin auch in der engen Zusammenarbeit mit Wirtschaftsprüfern als Beraterin von strategischen - und Finanzinvestoren bei Unternehmenskäufen umfangreiche Erfahrungen in der Begleitung und Planung von Unternehmenstransaktionen und der Betreuung insbesondere mittelständischer Wirtschaftsunternehmen sammeln können.

Im Jahr 2013 wurde der Autorin der Titel „EBMA" des Masterstudienganges „Mergers & Acquisitions" der Westfälischen Wilhelms-Universität in Münster verliehen.